U0492797

本书受中国社会科学院老年科研基金资助

中国量化经济史丛书

清代农业的发展和不发展

（1661~1911年）

AGRICULTURAL
DEVELOPMENT
IN
QING CHINA,
A QUANTITATIVE STUDY,
1661-1911

史志宏 著

社会科学文献出版社
SOCIAL SCIENCES ACADEMIC PRESS (CHINA)

中国量化经济史丛书
学术委员会

Jan Luiten van Zanden（范赞登，教授、博士，荷兰乌德勒支大学）
史志宏（教授、博士，中国社会科学院）
Stephen Broadberry（教授、博士，英国伦敦政治经济学院）
Debin Ma（马德斌，教授、博士，英国伦敦政治经济学院）
James Lee（李中清，教授、博士，香港科技大学）
李伯重（教授、博士，香港科技大学）
陈争平（教授、博士，清华大学）
龙登高（教授、博士，清华大学）
Jaime Reis（教授、博士，葡萄牙里斯本大学）

中国量化经济史丛书
编纂委员会

主编：史志宏
副主编：徐毅（教授、博士，广西师范大学）
　　　　Bas van Leeuwen（巴斯·范鲁文，博士，高级研究员，荷兰国际社会史研究所）

丛书序

　　源远流长的中华文明在人类历史上独树一帜，绵延不绝。公元 15 世纪末以前，中国在经济、政治、文化、科技各方面一直走在世界的前列，是当时地球上最富裕、最发达的国家之一。16 世纪以后，随着近代西方资本主义的全球性扩张，中华古文明走向衰落。1840 年以后，中国更陷入了半殖民地、半封建的悲惨境地。然而，从 1949 年新中国成立起，经过全体中国人民数十年艰苦卓绝的奋斗，今天全世界都看得很清楚：中华民族已经不可阻挡地走在了伟大复兴的道路上，不久的将来，定可重登世界文明之巅，重享昔日的荣光。这，将是在 21 世纪的人类历史上写下浓墨重彩一笔的世界性大事。

　　随着中国经济在世界上的迅猛崛起，从 20 世纪后期开始，特别是进入 21 世纪以来，不仅分析中国经济的现状、展望其未来发展前景的讨论成为国际、国内关注的焦点，而且，重新认识和评价中国经济过往的发展历程、发展水平及其同时期世界经济中的地位，也日益在经济史学界形成研究热潮。这其中，量化中国不同历史时期的经济发展水平并与同时期的世界其他经济体进行比较的所谓"中国历史国民账户"及其国际比较研究，无论在国内还是在国际的学术舞台上，都正在蓬勃开展，成为关注和参与者越来越多的热门课题。

　　受中国经济史量化研究的国际性学术热潮的鼓舞，同时也因为深感在这场国际学术对话中来自中国本土学者的声音总体来说还不够强大和有力，从几年前开始，我们与荷兰乌德勒支大学的经济史同行共同策划了这套"中国量化经济史丛书"。此项计划，得到了中国社会科学院社会科学文献出版社和荷兰 Brill 出版社的热情响应和全力支持，即这套书不但要出中文版，而且还将由 Brill 出版英文版，向西方学界推介我们的研究成果。

　　按照计划，这套丛书的每部著作都将分成两个部分，第一部分为作者的原创性研究，是一部独立的学术专著；第二部分为资料附录，将作者为撰写该专著收集的主要原始数据在考订、整理的基础上系统公布出来，以方便国际国内同行对作者的研究进行学术审校和做进一步的研究。整套丛书选题的时间范围始于宋代，止于清朝灭亡。每一朝代，又按农业、手工业、商业、国际贸易等经济的主要部门以及政府财政、工资、物价、学校教育、社会福利等项专题，分门别类进行组稿和写作，以期最终形成对宋代以后近千年中国经济发展历程各个方面进行量化考察的系列研究成果，同时贡献一个与国际、国内同行共享的经过考订和整理的原始资料历史数据库。

　　中国的经济史研究有重视计量研究的长期传统。早在20世纪40年代，由当时的中央研究院社会科学研究所巫宝三研究团队完成的《中国国民所得（一九三三年）》一书，就是国际上最早的关于中国历史国民账户研究的力作之一。20世纪50年代以后，中国大陆学者在具有自己特色的经济史研究中，以中国社会科学院经济研究所的专家为主体，严中平教授组织和指导，不但搜集、整理并出版了一大批分门别类的宝贵的近代经济史资料和统计数据，而且，从20世纪60年代起，以许涤新、吴承明教授为首的一批承接《中国资本主义发展史》研究任务的学者，为了写作这部三卷本的巨著，在收集定性研究资料的同时，还有针对性地对中国近代各个时期国民经济主要部门的产品产量、产值、贸易量、物价水平等项指标进行了量化考察和估计。沿着前辈学者开辟的道路前行，以中国学者的原创性成果与国际学界进行对话，发出我们自己的声音，是策划、出版这套丛书的初衷。我们期待着这项计划的最终完成。

　　是为序。

史志宏
2014 年 4 月于南城独步斋

目 录
CONTENTS

导 言 ·· 1
  一 本书缘起 ·· 1
  二 历史数据 ·· 5
  三 研究方法 ·· 6
  四 前人成果 ·· 8

第一章 耕地面积 ·· 11
  一 清官书的田亩数字非实际耕地数 ··································· 12
  二 清代各时期实际耕地面积估计 ······································ 18

第二章 粮食的平均亩产和总产量 ··· 48
  一 亩产量 ··· 49
  二 总产量 ··· 78

第三章 粮食总产值 ··· 83
  一 现存的清代粮价数据 ·· 83
  二 道光三十年的粮价和清代各时期粮食总产值估计 ············· 86
  三 粮食的生产成本和粮食生产增加值估计 ························· 90

第四章　种植业总产值和农业总产值 ……………………………………… 99
　　一　种植业总产值 ……………………………………………………… 99
　　二　林牧渔业和农业生产总值 ……………………………………… 119

第五章　清代农业的发展与不发展 …………………………………… 128
　　一　清代农业是中国传统农业发展的最高峰 ……………………… 128
　　二　清代农业发展的局限 …………………………………………… 140

附录一　清代人口估计和人口资料 …………………………………… 147
　　一　清代官方的人口统计 …………………………………………… 147
　　二　本项研究各时点的人口总数估计 ……………………………… 148

附录二　清代的耕地面积记录 ………………………………………… 165

附录三　清代的粮食亩产记录 ………………………………………… 179

参考文献 ………………………………………………………………… 319

导　言

一　本书缘起

本书是笔者对清代农业生产指标进行量化研究的初步成果。此项研究的最初尝试，肇端于1980年代中后期笔者在中国社会科学院研究生院经济系攻读博士学位期间。当时国内经济史学界受西方（美国）"计量史学"的影响，正出现一股小小的"计量研究"热潮[1]。在这一风气之下，笔者于1988年完成的博士论文《清代前期的小农经济研究》，不但从生产关系如土地所有制、租佃关系、地租形式、赋役制度以及国家与农民的关系等方面分析和考察清代前期的农民经济，而且还试图对当时的农业生产发展状况

---

[1] "计量史学"（Cliometrics）是将计量经济学（Econometrics）应用于历史研究的一个西方经济史研究流派，诞生于1950年代至1960年代美国"新经济史学"（New Economic History）对"历史主义"的传统经济史研究或曰"旧经济史学"（Old Economic History）的批评和"革命"之中。1980年代，"新经济史学"在西方，特别是在美国，早已蔚为大观并成为经济史研究的主流，但在改革开放不久的中国，仍属刚刚引进的"新学问"，对当时更重视"定性研究"的国内经济史学者冲击不小，提倡"定量研究"的声音，以及重视"量化"的研究实践在国内经济史学界随之兴起，形成一股小小的"热潮"。然而，就研究的实际而言，当时绝大多数国内学者的所谓"计量"研究，仍属传统的统计学方法，而非西方"计量史学"那种模型先导、应用数学公式推导各种变量之间关系并得出结论的研究范式。真正可以归入"计量史学"风格的国内学者的经济史研究，只是在最近十几年才"热"起来，并且践行者大都是一些青年学者和刚刚踏入这一领域的研究生。而国内经济史研究的主流，包括笔者这样一贯重视"量化研究"的人，其实至今也没有完全接受计量学派的研究理念，认为其所倡导的经济数学模型、"计量推导"最多只是经济史研究的工具之一，并不能作为普适方法无条件地在所有研究中应用。对于这一话题，后文将进一步申述笔者的意见。

进行定量化研究，利用读博几年时间里花费很大精力收集和整理的历史数据，对清前期主要是鸦片战争前的耕地面积、粮食亩产和总产量以及劳动生产率等农业生产指标做了尝试性的初步估计。这些成果在1980年代末、1990年代初以中、英文论文及专著的形式陆续公开发表。①

博士毕业后到中国社会科学院经济研究所工作，因承担研究室的集体著作《中国近代经济史：1895～1927》和《中国近代经济史：1927～1937》两部书②的写作，负责其中的财政和内债部分，以及其他课题任务，笔者暂时中断了清代农业生产指标的量化研究工作，不过对国内外此项研究进展的关注，以及相关史料的收集和整理，始终也没有停止。

重回此项研究的契机是2009年参加在荷兰乌德勒支举办的第15届世界经济史大会。这次大会使笔者深切感觉到：在1990年代以后的20年时间里，与笔者此项研究的背后主题高度相关的"历史国民账户研究"或曰"历史GDP及其国际比较研究"，已经和正在发生着重大而深刻的变化。肇始于1981年发表的法国经济学家保尔·贝洛赫《工业革命以来国民经济发展差异的主要趋向》③一文的反传统呼声而在西方学术界掀起的关于现代经济增长起源问题的讨论，不但已经逐渐升温为热门话题，而且随着讨论的深

---

① 见史志宏《清代前期的耕地面积及粮食产量估计》，《中国经济史研究》1989年第2期；《清代前期的农业劳动生产率》，《中国经济史研究》1993年第1期；《清代前期的小农经济》，中国社会科学出版社，1994，第140～154、188～203页。用英文写作的"The Development and Underdevelopment of Agriculture during the Early Qing Period (1644–1840)"一文先在1989年9月日本东京庆应大学举办的一个学术研讨会上宣读，次年又在比利时鲁汶举办的第10届世界经济史大会B-3 Session发表，会后收入Akira Hayami 与 Yoshihiro Tsubouchi 合编的论文集"Economic and Demographic Development in Rice Producing Societies: Some Aspects of East Asian Economic History (1500–1900)"，由鲁汶大学出版社出版 (Leuven University Press, 1990)。

② 前书由汪敬虞主编，人民出版社2000年出版；后书由刘克祥、吴太昌主编，人民出版社2010年出版。两书均为国家社会科学基金重点课题。

③ 见 Paul Bairoch, "The Main Trends in National Economic Disparities since the Industrial Revolution", in Paul Bairoch and Maurice Levy Leboyer, eds., *Disparities in Economic Development since the Industrial Revolution*, New York: St. Martin'S Press, 1981, pp. 3–17。贝洛赫在这篇文章中批评了自克拉克和库兹涅茨以来西方长期国民账户比较研究低估工业革命之前亚非国家经济发展水平的传统观点，历史上第一次提出了在进入近现代经济增长之初，亚非发展中国家的人均国民收入并不远逊于西方国家，中国当时的人均收入甚至还超过一些西方国家（如法国）的观点。贝洛赫此文还按照1960年美元的价格估算了1800～1977年共8个年份的中国人均收入，建立起一个包括了前近代、近代直至当代的中国人均收入序列。

入，一些研究者更将探究的视野由工业革命向前延展至欧洲近代早期，甚至到了更为久远的中世纪，最终导致"历史国民账户体系"（The System of Historical National Accounts）这一颇具创意的新概念被正式提出，还出现了一套有别于现代国民账户核算方法的历史统计学新方法[①]。被简·德弗里称为"早期近代主义者的挑战"（Revolt of the Early Modernists）[②] 的这场关于现代经济增长起源问题的讨论在推动欧洲近代早期与中世纪晚期国民账户研究的同时，还随着20世纪后期中国经济在世界上的迅速崛起而引发了西方学术界认识与了解欧洲以外世界的强烈冲动，关于中国历史国民账户的研究因之成为许多西方学者感兴趣的热门课题之一。1989年出版的美国匹兹堡大学教授托马斯·罗斯基的《战前中国的经济增长》[③] 一书对中国近代（1914～1918年、1931～1936年）国民收入与人均收入的重新估算，1990年代中期以后陆续发表的英国数量经济史学家安格斯·麦迪森的《世界经济观测》、《中国经济的长期表现》、《世界经济千年史》和《世界经济千年统计》等系列著作，[④] 都是西方学者研究欧洲以外，包括中国在内的亚洲及世界其他地区经济历史表现的重头著作，并为这场讨论提供了有关中国历史国民账户的新数据。2000年美国普林斯顿大学出版社出版的著名历史学

[①] 正式提出"历史国民账户体系"概念及其一整套研究规范和方法的是荷兰乌德勒支大学的范·赞登（Jan Luiten van Zanden）教授及其领导的经济史研究团队，其有关理念详见Jan-Pieter Smits, Edwin Holings & Jan Luiten van Zanden, *Dutch GNP and Its Components, 1800 - 1913*, Ggdc Research Memorandum, 2000, 23 (July), pp. 21 - 30. 当然，如果不究其名而究其实，将衡量一个经济体一定时期内的发展水平的统计工具"国民账户体系"的GNP/GDP（Gross National/Demestic Product）、国民收入（National Income）等概念引入历史领域的相关研究实际上早就存在了。自1940年英国经济统计学家科林·克拉克《经济进步的条件》（Colin Clark, *The Conditions of Economic Progress*, Macmillan, London: 1940）一书出版以来，对各国历史GDP以及各国长期国民账户的国际比较研究，在1990年代以前就已经展开，并成为西方经济史研究的一个重要分支。但是这些较早时期的历史GDP研究，同今天正在蔚为大观的"历史国民账户"研究在时代背景、研究理念以及研究方法上都有诸多不同，也没有形成今天这样的研究"热潮"。

[②] Jan de Vries, "The Industrial Revolution and the Industrious Revolution", *Journal of Economic History*, Vol. 54 (2), 1994, pp. 249 - 270.

[③] Thomas G. Rawski, *Economic Growth in Prewar China*, University of California Press, 1989.

[④] Maddison, Angus, *Monitoring the World Economy, 1820 - 1992*, OECD Development Centre, Paris, 1995; *Chinese Economic Performance in the Long Run*, OECD Development Centre, Paris, 1998; *The World Economy: A Millennial Perspective*, OECD Development Centre, Paris, 2001; *The World Economy: Historical Statistics*, OECD Development Centre, Paris, 2003.

家、加州学派代表人物彭慕兰的《大分流》①一书，则为这场讨论进一步推波助澜。尽管彭慕兰的著作没有使用 GDP 和人均 GDP 指标，而是用个人收入与消费来衡量中国与欧洲的经济发展水平，但其观点同样挑战了克拉克、库兹涅茨以来的西方传统观点。彭慕兰的著作在西方影响甚广，出版后引发了西方学术界关于中国和西欧经济分流及其产生原因的热烈而持久的争论。这场争论，原本并不都是在定量研究的层面上展开的，但随着讨论的深入，越来越多的"大分流"讨论参与者感到只有进行定量分析才能更好地说明问题，于是也加入到了历史国民账户的研究之中，即出现了"大分流"讨论与历史国民账户研究以中西经济比较这一主题为背景的"合流"。

上述 20 世纪后期至 21 世纪初期西方经济史学界研究的新动向，笔者在参加第 15 届世界经济史大会期间不但深切地感受到了，而且由此激发了强烈的"参与进来"的研究冲动。正因如此，回国后笔者立即联合两位青年学者一起申报了 2010 年度国家社会科学基金重点项目"十九世纪上半期的中国经济总量估值研究"并得到立项（10AJL003）。在此项课题中，笔者亲自承担农业部分的估值研究；手工业及商贸、交通、服务业的研究则委托两位青年学者去做。本来课题的计划结项时间是 2012 年底，但实际做来曲折甚多，困难远比最初估计的要大得多。好在几位同仁齐心协力，最终九转功成，于不久前拿出了结项成果——《19 世纪中期的中国经济总量研究》②。目前这部关于农业指标的量化研究专著是在课题结项书稿农业估值部分的基础上加以扩充，并对所得结果进行初步分析的产物。

本项研究对笔者 1980 年代关于清代农业生产指标研究的改进之处主要有：①研究的时段不再局限于鸦片战争以前，而是向后推移到 1911 年，即将清代整个历史时期全都包括进来，涵盖了中国历史古代末段、近代前段两个大的时间段。②对各项指标进行量化估计的时间点不再仅仅局限于 19 世纪中期（原来是 1840 年前），而是又向前、向后延展，选取了 1661 年（顺治十八年）、1685 年（康熙二十四年）、1724 年（雍正二年）、1766 年（乾隆三十一年）、1812 年（嘉庆十七年）、1850 年（道光三十年）、1887

---

① Kenneth Pemeranz, *The Great Divergence: Europe, China, and the Making of the Modern World Economy*, Princeton University Press, 2000.
② 这还只是一个初稿，尚很粗糙，需做更细致的打磨并补充资料、完善分析结论，才能交付出版。

年（光绪十三年）和1911年（宣统三年）共计8个估计时点，这样估出的结果便形成了包括清代历史各个发展阶段的完整的时间序列，便于对整个清代农业进行长时段的数据观察和分析。③1980年代的研究只对耕地面积和粮食的亩产和总产量等指标做了估计，此次则在这些指标之外，还对粮食生产的总产值和增加值、经济作物的产值和增加值以及包括林、牧、渔业在内的全部农业的总产值都做出估计，可以说衡量清代农业发展状况的基本指标都已经具备了。④1980年代的研究依据的资料相对有限，估计结论自然也就比较粗糙。此次则得益于近30年来众多学界同仁的共同努力发掘，以及笔者本人在此期间对相关历史资料和数据的进一步收集和整理，研究依据较之原来大大丰富，因而对估计结论的可靠性的自信心远比过去要强。

二 历史数据

本项研究的最大着力点是历史数据的收集和整理。尽可能完备地收集与所研究内容相关的第一手历史资料，是一切严肃认真的量化经济史研究的基础，没有这第一步的基础工作，整个研究就是无源之水、无本之木，无论事先的研究设计看起来多么完美，以后的路也没有办法走下去。那种不亲自或很少亲自收集第一手资料，几乎完全依赖从他人相关成果中摘引二手、三手来源的现成数据来做研究的做法，笔者以为是不可靠的，所得结论不足凭信。所以，从"十九世纪上半期的中国经济总量估值研究"课题立项开始，笔者就在课题组内提出"从史料入手，重建历史数据"是我们做这个项目的研究路径的不二选择，要在这件事上花大力气，下大功夫。要通过做这个项目，不但提出我们对所研究时段的中国经济总量的估计，而且还要在用以支持这个估计的历史数据的发掘上有所贡献，为学界提供超过前人的系统的原始资料数据库。这些资料，将来连同我们的估计结果一起发表，以方便后人的进一步研究。①在农业生产指标估值这项工作上，笔者所收集、整理的历史数据来源于上千种清代官私文献、档案以及近代

---

① 见史志宏、徐毅《关于中国历史GDP研究的点滴思考》，《中国经济史研究》2011年第3期。

的调查，其中主要是地方志。为收集尽可能多的清代亩产数据，本项研究查阅的清代方志数量不下两三千种，涵盖全国所有内地省份和大部分边疆地区，最终整理出来的清代粮食亩产数据总数有3000多个（其中许多是合并处理过的，原始数据数量在万数以上）。根据这批粮食亩产资料整理的"清代南方水稻亩产量"和"清代北方旱粮亩产量"构成本书附录的核心部分。表中，每个数据都注明了资料来源和笔者对原始数据所做处理的简要说明，读者可以按图索骥查到这些数据的原始出处并对笔者的处理合理与否做出自己的判断。

三　研究方法

在研究方法上，本项研究没有什么特别之处。从正文的章节安排可以看出，本研究是依据现代国民账户的 GDP 核算方法，按照粮食生产、经济作物生产和种植业以外的林牧渔业生产的部门划分，一个部门一个部门地分别估计其产值，然后将所得结果加总。具体估算各部门的产值时，也是以生产法核算为主。例如，种植业中的粮食生产，笔者先估计粮食的种植面积和亩产量，然后以之为依据计算粮食的总产量，又根据价格资料计算粮食的总产值，再从中扣除生产成本（中间投入），最终得出粮食生产的增加值——总之就是老老实实地一步一步算账。当然，做历史 GDP 研究与现实 GDP 的核算不同：由于很难找全规范核算所必需的所有当期数据，有时甚至连最基本的关键数据都无法直接获取，具体估算过程中迂回曲折的种种变通做法必不可免；在极端缺乏当期数据的情况下，有时还不得不使用较晚时期的数据做逆向回归推算（如清中期以后的耕地面积），或利用较为可信的相关研究成果及他处、他期的数据，包括近代的调查统计数据进行比例法推算（如林牧渔业的产值估计）等。正因为很难像核算现实 GDP 那样获取所有必要的数据，一些基本数据只能依据所掌握的资料通过各种迂回曲折的方法近似地估计出来，历史 GDP 的研究者，包括笔者，一般将自己的研究定义为"估算"，而不称为"核算"。尽管如此，就所用方法的整体而论，笔者是遵循 GDP 指标的核算原则，并且是以生产法为主体来进行研究的。这也是迄今为止大多数历史 GDP 研究者所使用的方法。

在历史 GDP 的估算方法上，近来也有学者试图别开生面，另创新路。

如一些主张将计量经济史的方法引入历史 GDP 研究的学者认为，过往中外学者估算历史 GDP 的方法只能称为"会计核算"，而由于各家所见资料不同，估计的结果往往彼此相差很多。计量经济史的方法是"根据经济学原理已经反复证明的函数关系，对不可能存在于文献中的关键数据，利用已知的数据以计量经济学的方法推算出来"①。对这种创新尝试，笔者在原则上并不反对，甚至认为在特定的条件下，如在"会计核算"因缺乏足够史料而实在无法进行，而"计量推导"又确有把握的情形之下，或者在"会计核算"已经得出结果，但这个结果是否准确尚不能完全自信，有必要采用其他方法进行验证的情形之下，也可不妨一试。但是，从历史 GDP 研究的根本方法上说，笔者对这种创新不敢轻易尝试，而宁愿进行"会计核算"。

笔者之所以主张谨慎对待在历史 GDP 研究中使用"计量推导"，是因为对倡导者所高扬的那些"经济学原理已经反复证明的函数关系"能否普适于现代市场经济以前的前近代乃至更古远时代的传统经济，持高度怀疑态度。笔者以为，那些所谓"经济学原理已经反复证明的函数关系"，绝大多数其实只是现代市场经济条件下各种经济变量之间关系的数学表达或者说是数学抽象。这些"函数关系"即便在现代市场经济运作中已被"反复证明"，因而可以放心利用，由一些已知数据来推算未知数据，但其能否在传统时代的非市场经济或二元经济中也一例适用，是难以让人放心的，因为在后者的经济运行中，那些看起来相同或相似的经济变量之间是否存在同样的"函数关系"，还并没有被"反复证明"。在市场经济条件下，农民家里的粮食存量与市场上的粮食价格当然存在一定的"函数关系"，但是在市场发育不充分、不完全的传统社会里，农民家里的存粮有相当一部分是不能出卖或根本就不准备出卖的，在这种情形之下，其与市场上的粮食价格还存在同样的"函数关系"，适用同样的数学公式么？迄今为止，经济学对现代市场经济出现以前的人类社会的其他经济形态及其运行规律的研究还很不充分，更遑论去"反复证明"那些根据现代市场经济提炼、抽象出来的经济变量之间的"函数关系"了。20 世纪以前中国社会的经济活动并没

---

① 见刘巍《近代中国 GDP 估算：数量分析方法的尝试》，《中国经济史研究》2011 年第 3 期。同样推崇计量经济史研究方法，并认为目前其在国内学者的研究中尚不普及的原因在于进入的"门槛"较高的还有刘文革《中国计量经济史研究的回顾与展望》一文（载《广东外语外贸大学学报》2009 年第 6 期）。

有全面、系统的文献记录，现有数据都是经济史研究者从海量的史籍，有些还是只言片语中去爬梳整理、考据提炼才最终得到的。经济史研究者就是根据这些并不完整、缺失多多，并且质量高低不齐地拼凑起来的数据，经过"会计核算"，有时甚至还要进行被讥笑为"揣测"式的估计，才得以复原当时经济在个别时点上的并不十分清晰，也并不敢肯定其准确程度如何的全貌。在这种情况下，那些"函数关系"谈何已被"反复证明"？既然还未被"反复证明"，在并不完全相同的社会条件下运用那些"函数关系"去推算文献记载所缺失的数据，至多也只能被认为是"试水"罢了，与"揣测"其实也相距不远（揣测也是要有史实依据的）。所以，问题的关键并不在于"计量推导"的"门槛"高不高——"门槛"再高，稍抬抬腿也还是可以迈过去的。何况，当前一些研究所谓的"计量推导"，大多还只是线性回归之类的浅层次应用，本质上仍属统计学范畴，稍学过些经济数学的人都能掌握，算不得什么高深的知识。问题只在于，笔者认为，在目前这个阶段，在现有的研究条件下，将"计量推导"全面应用于历史 GDP 的研究，条件还不成熟。这是笔者仍然宁愿老老实实做"会计核算"的根本原因。在研究方法上，笔者推崇已故吴承明老前辈"史无定法"的遗训，无论哪种方法，只要适用，都可以用。这里，"适用"笔者以为应该是选择哪种研究方法的唯一条件。

四　前人成果

在本书研究所涉及的时间段内，国内学者对农业产值做过总体估计的，就笔者所见，目前只有张仲礼、刘瑞中、刘逖等人。张仲礼是第一位将中国近代国民收入研究前推到晚清时期的学者。他在 1962 年出版的英文著作《中国绅士的收入》[①] 一书中，对 1880 年代的中国国民生产总值做了全面估计。其中农业产值的估计，张仲礼的研究根据 1887 年清官方记录的耕地面

---

① Chung-Li Chang, *The Income of the Chinese Gentry, Studies on Their Role in Nineteenth-century Chinese Society*, Washington: University of Washington Press, 1962. 本书中译本由费成康、王寅通翻译，以《中国绅士的收入——〈中国绅士〉续篇》为书名，于 2001 年由上海社会科学院出版社出版。本书对 1880 年代农业生产的估值见中译本后附增补篇《绅士收入在国民收入中的地位》，第 289～300 页。

积（约 9.12 亿亩）、1929～1933 年卜凯调查的各种农作物种植比例和来自晚清至民国时期多种调查资料的农作物单位面积产量数据，首先估计出 1880 年代农作物的产量。然后，根据海关报告及其他调查资料记载的农作物单位价格，估算出农作物的产值，再加上牲畜、渔业等非种植业的产值（按主要农作物产值的 10% 计算），得出当时农业的总产值。最后，从估出的总产值中扣除 10% 的生产成本，算出农业生产对当时国民生产总值的贡献为 16.7 亿两白银的结论。可以看出，张仲礼的研究虽然尽量利用了当时能够看到的第一手资料，但其估计总体上十分粗糙，估出的结果与本书对 1887 年农业产值的估计（37.2 亿两）相比，约低 55%。

刘瑞中的研究是 1987 年发表的。[①] 他的论文响应贝洛赫批评西方长期国民账户比较研究低估工业革命之前亚非国家经济发展水平的意见，分别估算了 1700 年、1750 年和 1800 年三个年份的中国人均收入并与同时期的英国进行比较，指出在工业革命发生之前的 18 世纪早期和中期，英国的真实人均收入仅比中国略高，两国之间经济水平的差距只是在那之后的一百年里才逐渐拉大的。刘瑞中的农业产值研究在讨论耕地面积、粮食亩产的基础上先估出粮食总产量，然后根据价格资料估算粮食生产净值，再加上经济作物、牲畜、水产品等其他农业收入的净值，最终算出农业的总收入。刘氏研究用于估算的数据，基本摘自他人的研究成果，加上一些假定和修正，随意性很大；估出的农业净值为 1700 年 5.17 亿两，1750 年 8.75 亿两，1800 年 12.69 亿两，百年间增长 145%，在传统时代，这几乎是不可能的。

刘逖的研究是近年发表的较新成果。[②] 他的估计首先确定粮食产值，然后按照粮食作物与经济作物的比例、林牧渔业与种植业的比例，推算出农业总产值。其粮食生产的估算方法："从生产法角度对粮食产量进行估计，同时用支出法进行校验。"刘逖估算使用的数据，与刘瑞中一样，全部摘引自现有前人成果，加上一些假定和修正。其估计结果为：1600 年第一产业净产值 4.9 亿两，1840 年 30.7 亿两，即从明后期到清代鸦片战争前中国农

---

① 见刘瑞中《十八世纪中国人均国民收入估计及其与英国的比较》，《中国经济史研究》1987 年第 3 期。
② 见刘逖《前近代中国总量经济研究（1600～1840）：兼论安格斯·麦迪森对明清 GDP 的估算》，上海世纪出版集团，2010。在这部专著之前，作者曾发表过两篇相关论文：《1600～1840 年中国国内生产总值的估算》，载《经济研究》2009 年第 10 期；《论安格斯·麦迪森对前近代中国 GDP 的估算》，载《清史研究》2010 年第 5 期。

业产值增长了约 5.3 倍。刘逖的研究，违背最普通的历史、史料学以及经济学常识的地方不少，已经有人撰文批评，[①] 此处不再评论。

上述总体研究之外，在耕地面积、粮食的亩产量和总产量、经济作物的种植及其生产效益等与本书研究相关涉的清代农业史的各个方面，近30年来也都有不少新的研究成果涌现出来。尤其自1990年代以来，随着区域经济史研究的广泛开展，以往深埋在各地档案及官私文献中的或零散或系统的历史数据被越来越多地发掘出来，在相关问题研究的深度和广度上已远非1980年代时可比。这些成果，数量庞大，涉及面广，与本书研究内容的关涉或直接或间接，笔者对其所用数据及结论与观点或同意或有所保留，非专文不足以申说和评论。相关文献，除见书后参考文献目录外，凡直接相涉者，正文各章节另有说明，以见学术的相承流变。

本项研究原打算在估完清代各时点的农业产值之后，除做关于清代农业发展情况的纵向分析之外，还要做一点横向的与同时期欧洲农业的国际比较研究。历史GDP研究本来就是与国际比较相联系的，是题中应有之义。1994年笔者申请到英国学术院王宽诚奖学金赴伦敦亚非学院（SOAS）做访问学者，目的就是收集英国及欧洲的农业史资料，为中西农业比较研究进行准备。但是这一研究始终没有开展，本书亦未能涉及，主要原因是笔者自感对欧洲农业的历史情况了解有限，尤其缺乏第一手研究资料，故轻易不敢动笔。另外一个原因是欧洲与中国一样，面积广大，各地发展水平不一，情况复杂（如西欧与东欧、南欧的情况差别很大），选择单独的某一个欧洲国家（如英国或荷兰）与中国比较，因不可比之处太多，总觉不妥；[②] 而以欧洲整体或西欧整体与中国比较，又非目下笔者能力所及。思忖再三，只能暂付阙如。

希望这本小书的出版，能够对清代农业史乃至整个中国古代经济史的量化研究工作，有所助益和推动。

---

① 见倪玉平《评〈前近代中国总量经济研究（1600~1840）〉》，《中国史研究》2013年第1期。
② 在中西比较方面，李伯重先生以他所研究的江南地区与英国进行比较，笔者以为是可行的。

第一章 耕地面积

核实耕地面积是研究清代农业产值首先要解决的问题。清官书的耕地数字不仅自身矛盾错误之处甚多，而且明显与事实不符，历来启人疑窦。数十年来，史家就此聚讼纷纭，于揭示其不真、不实之种种并探究原因以外，一些研究者更进一步，或通过修正官书册载数字，或由近现代调查统计入手向前推演，试图得到清代的真实耕地面积，成果颇丰。① 本章继续沿

---

① 最先对清官书田亩数字不实问题做出经典研究的是旅美华人历史学家何炳棣。早在1959年，何炳棣在其《中国人口研究》（Ping-ti Ho, *Studies on the Population of China, 1368-1953*, Harvard University Press, 1959. 中译本题名为《明初以降人口及其相关问题：1368~1953》，葛剑雄译，三联书店，2000）中就指出了中国"传统的土地数据"实只为"交纳土地税的单位数目"，并对形成明清两代官书册载田亩数与民间实际耕作田亩数巨大差距的诸种因素，特别是"折亩"问题，做了实证分析。1980年代，何先生又写出专著《中国古今土地数字的考释和评价》，进一步发挥他的观点，由中国社会科学出版社于1988年出版（此书出版之前，其核心部分先以《南宋至今土地数字的考释和评价》为题，发表于《中国社会科学》1985年第2、3期）。何炳棣之外，美国学者德·希·珀金斯在其1969年出版的专著《中国农业的发展（1368~1968年）》中亦指出"清朝中期耕地面积数字的可靠性特别差"（上海译文出版社1984年中译本，第16页）。此后，清官书耕地面积不实就日益成为国内外研究者的共识。1980年至1990年代初，国内学者发表专文对清官书耕地数字的可靠性提出质疑并对其不实的原因做出分析的主要有潘喆、唐世儒（1984）、高王凌（1989、1992）、江太新（1995）等人，均见本书后附文献目录。笔者1989年发表的论文《清代前期的耕地面积及粮食产量估计》（《中国经济史研究》1989年第2期，第47~62页），亦对清官书耕地面积不实问题进行了研究（更详尽的分析见拙著《清代前期的小农经济》，中国社会科学出版社，1994，第140~148页）。对清代实际耕地面积做出研究的主要成果有（不包括对个别省或个别地区历史耕地进行修正重估的研究）：〔美〕德·希·珀金斯《中国农业的发展（1368~1968年）》，相关内容见宋海文等中译本，上海译文出版社，1984，第15、310~315页，估计数为1766~1770年9.5亿市亩，1873年12.1亿市亩；史志宏《清代前期的耕地面积及粮食产量估计》，《中国经济史研究》1989年第2期，估计数为康、雍之际（1720年代）9亿市亩，鸦片战争（1840年）前11.47亿市亩；章有义《近代中国人口和耕地的再估计》，《中国经济史研究》1991年第1期，估计（转下页注）

袭笔者 20 余年前研究此问题时的思路，并加以修正、扩充，拟对清代各个时期的耕地面积给出自己的估计。

一 清官书的田亩数字非实际耕地数

在清朝的前 200 年中，中国人口持续、快速增长，至 19 世纪中期，已从明万历中期（1600 年前后）的 1.5 亿人左右增加到 4.36 亿人至 4.5 亿人，达到传统时代人口的最高峰值。[①]人口的持续增长导致许多传统农业区人多地少，人地矛盾凸显，土地压力剧增。清前期各省之间、内地与边区之间大规模的移民垦荒活动一直没有停歇，人口不断从人多地少的地区流向土地资源相对丰富的地区，即为此种矛盾发展的结果。至晚到 19 世纪上半期，不但内地省份传统农业区的土地，包括许多过去未加耕作的山头地角、以往人迹罕至的一些深山老林地带，都已经尽量耕垦；而且，在西南、西北、蒙古沿边、东北以至东部岛屿如台湾等边疆地区，或由于政府组织屯田，或由于内地移民自行前往开发，亦都有大片农地被开垦出来。晚清时期，虽然人口增长趋于停滞，但在业已形成的巨大人口压力下，一些边疆地带的农业开发依然继续有所推进，尤其蒙古、东北等原先"禁地"的相继"放垦"，使农耕区进一步扩大。

以上史实表明，清代的耕地数量较之前代必有较大的增加。然而，清官书记载的田亩数字完全不能反映这 200 多年里耕地扩张的过程。清官书的全国田亩记载有两个系列：一为《清实录》各年年末的"田、地、山、荡、畦地"总数，时间从顺治八年起至雍正十二年止（1651～1734 年）。此系列的田亩数，顺治八年（1651）为 2.91 亿亩，十八年（1661）为 5.27 亿亩；

（接上页注①）数为 1812 年 10.5 亿市亩，1851 年 10.76 亿市亩，1887 年 11.25 亿市亩；郑正、马力、王兴平《清朝的真实耕地面积》，《江海学刊》1998 年第 4 期，称道光时已有耕地 20 亿亩；周荣《对清前期耕地面积的综合考察和重新估算》，《江汉论坛》2001 年第 9 期，估计数为 1812 年 22 亿余亩，1840 年 21 亿余亩；葛全胜、戴君虎、何凡能等《过去 300 年中国部分省区耕地资源数量变化及驱动因素分析》，《自然科学进展》2003 年第 8 期，估计数为内地 18 省 1661 年 7.98 亿亩，1724 年 10.73 亿亩，1820 年 11.66 亿亩，1873 年 11.57 亿亩。此外，据吴慧《中国历代粮食亩产研究》一书引述，日本学者尾上悦三曾估计 1840 年中国耕地面积为 13.65 亿亩，1850 年 13.78 亿亩（农业出版社，1985，第 198 页）。

① 关于清代各个时期人口的估计及其相关资料，参见本书附录一。

康熙四十六年（1707）以前除平三藩期间的十五年（1676）、十六年（1677）两年外，各年均在 5 亿亩以上，四十七年（1708）起超过 6 亿亩，五十五年（1716）起超过 7 亿亩，六十一年（1722）达到 8.51 亿亩；雍正朝（1723~1735 年）各年均在 8 亿亩以上，其中元年（1723）至四年（1726）以及十二年（1734）均超过 8.9 亿亩，记载数最高的雍正四年（1726）为 8.97 亿亩。①

另一系列为《大清会典》、《清朝文献通考》、《大清一统志》和《户部则例》等政书、志书记载的顺治至光绪各朝若干年份的分省田亩数字。此系列记载的全国田亩总数，顺治十八年（1661）为 5.49 亿亩，康熙二十四年（1685）约为 6.55 亿亩，雍正二年（1724）约为 7.24 亿亩，乾隆十八年（1753）约为 7.51 亿亩，三十一年（1766）约为 7.81 亿亩，四十九年（1784）为 7.18 亿亩（民田），嘉庆十七年（1812）为 7.92 亿亩，二十五年（1820）为 7.8 亿亩，咸丰元年（1851）为 7.56 亿亩，同治十二年（1873）为 7.57 亿亩，光绪十三年（1887）为 9.12 亿亩。②

从官书的田亩记载可以观察到：清朝时期的耕地面积以雍正朝为界，以前增加较快，以后则增速放缓；特别是从乾隆中起直至晚清光绪十三年以前的一个多世纪里，耕地亩数不仅再没有大的变化，而且除个别年份外，多数年份的田亩数还不如乾隆中期。官书数字显示的清代耕地变化，就雍正朝以前数十年的情况而言，与其时国家耕垦的大趋势相吻合，应该说在一定程度上反映了实际。清初承明季长期社会动荡及战争之后，虽宣布按照明代原额征收赋税（免除明季加派），但面对人丁死逃、土地抛荒的局面，实征中不得不大量开除荒亡，由此导致官书的田亩数字远逊于明代。顺、康时期，随着清政权统一全国，社会逐渐安定下来，经济恢复，在政府垦荒政策的激励下，以往荒弃的土地被重新开垦耕种。大体到康熙后期至雍正初年，内地省份就基本恢复了明代的耕地规模。康熙五十一年（1712），皇帝描述当年历经战火、荒残特甚的西南几省恢复耕垦的情形说："前云南、贵州、广西、四川等省遭叛逆之变，地方残坏，田亩抛荒，不堪见闻。自平定以来，人民渐增，开垦无遗。或沙石堆积，难于耕种者，亦间有之，而山谷

---

① 此系列各年田亩数见本书附录二，附表 2-1。
② 此系列各年田亩数见本书附录二，附表 2-3 至 2-12。

崎岖之地，已无弃土，尽皆耕种矣。"① 这番话，应当不是夸大之词。

明代后期的全国田地数，《明会典》记万历六年（1578）为 7.01 亿亩②，《明熹宗实录》记明末农民大起义前夕的天启六年（1626）为 7.44 亿亩③。与之比较，《清实录》的康熙五十五年（1716）数已经比明万历六年数多出 2400 万亩，六十年（1721）数只比明天启六年数少 800 万亩；六十一年（1722）的统计，则比天启六年数多出 1 亿余亩④。雍正《大清会典》的雍正二年（1724）数虽然比天启六年数尚少 2000 万亩，但超过万历六年数 2300 万亩。这里不准备讨论明清官书土田数字的高低差异问题，只想指出：顺、康时期官书土田数字不断增加，到康熙后期至雍正初年重新达到明代的水平，正是同一时期社会经济恢复、清初抛荒土地逐渐复垦耕种的反映，即是说，这二者是高度相关的。

然而，这以后的官书田亩数字几乎完全没有反映出雍、乾、嘉、道各朝持续大规模开垦，耕地继续扩张的历史事实⑤。清代版图远比明代为大，农业区的范围远比明代为广，土地的垦殖强度也大得多，可是即便是在各地垦殖已达到很高程度的乾、嘉时期，官书册载的田亩数字也并不比明代高出多少，这是无论如何都难以令人置信的。

清官书的田亩数字与近代的耕地统计也不相衔接。民国时期 1929~1933 年的全国耕地至少有 14 亿市亩以上⑥，合清制 15 亿多亩。这个数字其实仍远低于当时的实际耕地面积，但即便这个数字，也仍然要比清前期的嘉庆十七年（1812）数高出 7 亿多亩，比清代最高的光绪十三年（1887）数也高出 6 亿多亩。若说这里面包含了清末民初东北、北部长城蒙古沿边及西北等边疆地区继续开垦的因素，那么以相同的地域即内地 18 省进行比较，二者的差距也高达 3 亿~4 亿亩，而我们确知，内地各省自乾、嘉以后早已没有多少余地可垦，增出如此之多的耕地绝无可能。

---

① 《清圣祖实录》卷 249，康熙五十一年二月壬午。
② 万历《明会典》卷 17《户部四·田土》。
③ 《明熹宗实录》卷 74。
④ 康熙五十五年（1716）的数字为 7.25 亿亩余，六十年（1721）的数字为 7.356 亿亩余，六十一年（1722）的数字为 8.51 亿亩余，分见《清圣祖实录》卷 270、卷 295 及《清世宗实录》卷 2。
⑤ 关于雍、乾以后各省及边疆农地开发的详尽叙述见笔者《清代前期的小农经济》，中国社会科学出版社，1994，第 123~140 页。
⑥ 见严中平等编《中国近代经济史统计资料选辑》，科学出版社，1955，第 356 页表 80。

以上事实说明清官书的田亩数字,特别是乾隆以后的数字是不可靠的,远低于实际的耕地面积。那么原因何在?对这个问题,自何炳棣以来,学界已有基本共识,主要有以下几个原因。

首先,清官书的数字,就其实质而言,只是政府征税的"田额",而非实际的耕地面积。清代从来没有进行过全国规模的土地清丈。入关之初,清王朝就确定了按照明代万历旧额征收赋税的政策:"地亩钱粮,俱照前朝会计录原额,自顺治元年五月初一日起,按亩征解,凡加派辽饷、新饷、练饷、召买等项,悉行蠲免。"① 颁行于顺治十四年(1657)并一直沿用到雍正时期的清朝第一部《赋役全书》,即是按照这个精神编定的:"钱粮则例,俱照万历年间,其天启、崇祯时加增,尽行蠲免。"② "俱照前朝会计录原额"、"俱照万历年间"的钱粮征收政策,决定了作为清代征收田赋基本依据的田亩数,从一开始就不是在清查实际耕地的基础上确定的,而只是一个从前代沿袭下来的"田额"。清初,由于人逃地荒,无法按照"原额"征收,实征数做了一定程度的豁免,即所谓"开除荒亡"。以后,随着社会秩序恢复、抛荒土地垦复,实征数乃不断向"原额"靠拢。这个过程,如上文所说,大抵到康熙后期至雍正初年就结束了。当时无论国家册载的土地、人丁数还是以之为依据的"地丁钱粮"征数,都基本恢复了明代的"原额"。清朝赋税征收的基本原则或者说"祖制"是"不加赋"。因此当地丁钱粮达到了明代"原额",它的进一步增加就基本上停止了。康熙五十一年(1712)议定、次年在"万寿恩诏"中正式颁布的"盛世滋生人丁永不加赋"决定③,就是清廷这一立场的体现。田赋征收虽未有明确宣示的类似政策,但自雍正以后,各省历年奏销的"地丁"即田赋银的实征数一直稳定在3000万两左右,其中包括2600多万两田赋银和雍正年间并入田赋的300余万两人丁银④。"不加赋"政策下田赋银征数的稳定是以国家征赋

---

① 《清世祖实录》卷9,顺治元年十月甲子。
② 《清世祖实录》卷112,顺治十四年十月乙亥。按康熙时期,曾重修顺治全书,名《简明赋役全书》(康熙二十四年命重修,二十七年书成),但未颁行。
③ 见《清圣祖实录》卷249,康熙五十一年二月壬午;《清朝文献通考》卷19《户口考一》。
④ 乾、嘉间数见《清朝文献通考》"田赋考"各卷,乾隆、嘉庆《大清会典》,乾隆续修《大清一统志》,嘉庆《重修大清一统志》;道光后期数见王庆云《石渠余纪》卷3《直省地丁表》、《直省岁入总表》。晚清时期,这个3000万两左右的征数还有所减少,如光绪十七年(1891)的地丁奏销数只有2367万两,加上"粮折"、"耗羡"才达到3093万两,见刘岳云《光绪会计表》卷1《入项总表》,光绪辛丑教育世界社印,第2页。

"田额"的稳定为前提的。

其次,"折亩"制度的影响。所谓"折亩",就是为了征税公平,将民间肥瘠等次不同的土地分别按照一定比例折算成划一的政府征税土地单位,一般为几亩折算一亩。因远较民间的实际耕作亩要大,折亩通常也称"大亩"、"大地"、"粮地",而实际耕作亩则称为"小亩"、"小地"。"上行造报则用大地,以投黄册;下行征派则用小亩,以取均平"[1]。此种制度,北宋王安石的"方田均税法"已开其端,明代进一步流行,明后期遍及南北许多省份,清代因之[2]。折亩的存在,无疑使官书的田亩数字大大低于实际的耕地面积。笔者曾用现存直隶获鹿县编审册的地亩数字与该县县志的记载比对,作为典型案例观察折亩对官书田亩数的影响。根据编审册,获鹿县民间地亩与官册粮地的折算比率大体为每民间上地3亩余、中地5.8亩余、下地8.59亩余折合官册粮地1亩,平均约为5.95亩折算粮地1亩。仅据现存的该县139甲编审册(全县共181甲)统计,民间实有耕地总数已达47.7万余亩,高出乾隆初该县册载的17.3万余亩"额内、额外地"总数1.75倍余[3]。可见,折亩对官书田亩数字的影响不容小觑。

再次,"免科"及民间隐匿、瞒报因素的影响。清代自康熙、雍正之际恢复了征赋田地"原额"以后,由于继续增加钱粮已经不再是政府追求的目标,民间新垦田地升科的政策日趋宽松。雍正元年(1723)规定:"嗣后各省凡有可垦之处,听民相度地宜,自垦自报,地方官不得勒索,胥吏亦不得阻挠。"[4] 十三年(1735),议准大学士朱轼奏请,永远停止"民间田地之丈量、首报"[5]。至乾隆五年(1740),更发布上谕规定无论边省、内地,凡属山头地角不成丘段之零星土地,听民垦种,"永免升科"[6]。此种"永免升科"的零星土地,最初尚有质量、亩数的限制,各省规定不同;后来,为鼓励开垦,进一步放松限制,有些地方的招垦不再区别亩数,垦种

---

[1] 顾炎武:《日知录》卷10《地亩大小》。
[2] 参见何炳棣《中国古今土地数字的考释和评价》,中国社会科学出版社,1988,第26~29、65~82页。按"折亩"的现象,梁方仲认为"在上古时便已存在"(见《中国历代户口、田地、田赋统计》,上海人民出版社,1980,第528页)。
[3] 获鹿县编审册及该县县志土地数字的详细情况及相关分析,见拙著《清代前期的小农经济》,中国社会科学出版社,1994,第145~147页。
[4] 《上谕内阁》,雍正元年四月二十六日。
[5] 《清高宗实录》卷5,雍正十三年十月辛巳。
[6] 《清朝文献通考》卷4《田赋考四》。

之地概免升科①。这样，乾隆以后许多新垦耕地都合法地没有进入官方的赋册。

为规避赋税，民间绅富及一些地方官与吏胥相互勾结，隐匿、瞒报耕地的情况历代都存在，清朝自然也不例外。尤其在雍、乾以后清廷新垦升科的政策日趋宽松、各地官府对民间耕地"报垦"、"清隐"的执行力度大打折扣的大环境下，土地的漏报和瞒报现象就更加严重，这无疑也会造成官书田亩数字的严重失实。清代的地方报垦，固然有"以溢额为功"的情况，但总体是瞒报的多。不仅土地所有者特别是地主豪绅自己瞒报，而且许多地方官为保存地方实力或者顾及自身的钱粮考成，也有意少报甚至不报（特别是在册载田亩已经达到额数的情况下）。雍正时清查，各省多有隐漏的土地清出，仅四川就比旧册"增多殆及半"，由原来的23万余顷增加到44万余顷②。这里面有大量的浮占荒地，但也存在不少以往隐漏瞒报的熟地。当时有人估计各省"欺隐"的土地有"十之一二"③，是完全可能的。乾隆以后，鉴于生齿日繁，民生维艰，为缓解社会矛盾，清政府鼓励山区、边地开荒，报垦升科政策的执行十分宽松，垦荒升科主要靠垦民自己首报，隐漏不入政府册籍的土地自然更多。

最后，有大量民族地区的耕地未入统计。由于统计田亩数字是为了征税，清代对非由政府派官直接管理的边远少数民族地区耕地，如"回地"、"夷地"、"番地"、"苗田"、"傜（指瑶族）田"、"僮（指壮族）田"、"土司田"等，一般不加统计，既不查丈，官书也不记录。这也在一定程度上影响了全国统计数字的准确性。

当然，官书田亩数字的情况极其复杂，既存在上述种种导致其较实际耕地"紧缩"的因素，也存在着使其失之过高的"膨胀"因素，如以小于官定标准亩的民间"小亩"入册（主要是在江浙一些地方）、将一些非农业用地（"山"、"塘"之类）也计入官册土地的顷亩数之中，以及一些地方官"邀急公之名"而虚悬浮报等。对此，一些研究者已经指出④。不过，这

---

① 《清朝文献通考》卷4《田赋考四》，并参看王庆云《石渠余纪》卷4《纪劝垦》。
② 《清史稿》卷294《宪德传》，又见雍正《四川通志》卷5《田赋》。
③ 雍正《朱批谕旨》卷132上，雍正五年十一月初六日四川巡抚宪德奏。
④ 参见何炳棣《中国古今土地数字的考释和评价》，中国社会科学出版社，1988，第88~99页；江太新《关于清代前期耕地面积之我见》，载《中国经济史研究》1995年第1期。

两个方面因素的影响绝不可以等量齐观。前一方面的因素所导致的后果是全局性或大面积发生的,而后一方面因素或者只对部分地方的耕地统计有影响,或者作用所及只是少数个别案例,并非普遍情况。正如何炳棣指出的:"使土地数缩减的因素显然远远大于使之膨胀的因素","传统的土地统计数字必然大大低于实况"。[①] 官书数字中的"膨胀"因素至多只能在一定程度上部分地抵消"紧缩"因素的影响,即起到某种"中和"作用,而不可能从根本上改变在田赋定额、折亩、免科、隐漏、大量民族地区耕地不入统计等因素的综合作用下官书数字远远低于实际耕地数的事实。

二 清代各时期实际耕地面积估计

既然官书数字远非实际的耕地面积,那么清代的实际耕地到底有多少?这个问题,如本章开头所说,包括笔者在内,已有不少研究者进行过探讨,但因对清官书数字与实际耕地之间偏差程度的认识不同,采用的修正或估计方法不同,所得结论彼此差异很大。下面仍以笔者20多年前研究此问题的思路为基础,修正、扩充原来的结论,对清代各个时期的耕地面积给出自己的估计。

1. 康、雍之际及19世纪中期的耕地面积

1980年代笔者写作博士论文《清代前期的小农经济》时,对清前期实际耕地面积的估计选择了两个时点,一个是康、雍之际,另一个是鸦片战争前夕的1840年。选择前者,是为了考察经过顺治、康熙两朝的恢复,到康熙末,至晚到雍正初年,清王朝开始迈进"盛世门槛"时的耕地规模。选择后者,则是为了判断当清前期行将结束,王朝历史处于"近代前夕"时的耕地规模。这两个时点与"清初"相接,上联明代,可供勾画整个清前期国土垦殖利用的发展脉络。

上述思路,本书研究依然不变。不过,本次重估,将"近代前夕"的时间点稍向后移至道光末年,即1850年,而不再以1840年的鸦片战争作为清前期结束的标志。这一改变,是因为以鸦片战争作为中国古、近代历史

[①] 何炳棣:《明初以降人口及其相关问题:1368~1953》(《中国人口问题》,葛剑雄中译本),三联书店,2000,第145页。

和清代前、后期历史的分界，从宏观、整体的角度说固然是正确的，但具体的历史演进是一个过程，不是历史的每一个方面都与宏观划界的标志性事件在时间上完全同步。以清代的农业历史说，第一次鸦片战争对它的直接影响并不大，其深远的影响要到第二次鸦片战争以后，随着外国势力侵入内地，才逐渐显现出来。而夹在两次鸦片战争中间、从咸丰朝开始的太平天国大起义，对清朝农业的直接影响远比第一次鸦片战争要大。清前期农业发展的多方面指标都是在此前达到历史的峰值，而后便陷入了近代长期停滞不振的局面。因此，本项研究估计"近代前夕"时的各项农业指标，将时间点划定在道光末年。

（1）康、雍之际的耕地面积

当年估计康、雍之际的耕地面积，是通过分析《清实录》康熙六十一年至雍正十二年（1722～1734）的田亩数与《大清会典》等官书数字之间的差异，得出此期间的《清实录》数字为非折亩的计量单位，因此更接近于当时的实际耕地面积的判断，并以之为基础，将可能的隐漏土地也计算进去，得出康熙末、雍正初的实际耕地为 9.79 亿清亩，约合 9 亿市亩的结论。这个估计使用的方法，至今看仍然是合理的。但是当年的估计失之保守。当时在估计隐漏未报的耕地数量时，因清人有欺隐之地占"十之一二"的说法（雍正五年十一月初六日四川巡抚宪德奏折中语），出于稳妥的考虑，取其下限，按 10% 的隐漏比例进行估算。其实，综合考虑清政府的行政效率和康熙皇帝晚年的宽大行政风格，即使按 20% 的比例估计欺隐，也并不过分[①]。按这个比例计算，康、雍之际的实际耕地面积为 10.68 亿清亩，约合 9.84 亿多市亩。这一估计，可能仍然保守，因为虽然折亩、隐漏的因素在这一修正中得到了考虑，但官册未予登记的少数民族耕地仍未能增加进去。这一部分耕地在康雍之际有多少，是一个很大的课题（这牵涉对其时边疆耕垦水平的认识和评估），笔者目前还没有精力进行此项研究。作为一种折中，笔者以为，在目前的资料和认识条件下，将康雍之际的实际耕地粗估为 11 亿清亩即 10.14 亿市亩（将上面的估计数再向上做 3% 的修正），似乎较为合理。

[①] 据民国时一些地方的调查和估测，田亩的隐瞒比例一般在 30% 以上，参见卜凯《中国土地利用》，台北学生书局，1985，第 192～194 页；马黎元《中国耕地面积之又一估计》，载《经济建设季刊》第 3 卷第 2 期，1944。

上面的估计是依据《清实录》的田地数做出的。《清实录》的田地记载只有全国总数，没有分省数字。为了对各省的田亩面积也做出估计，我们再尝试以《大清会典》的雍正二年（1724）田地数为基础进行分省实际耕地的估计，这样做，除了可以得到分省的实际耕地面积外，还可以与上面以《清实录》数字为依据做出的估计互相验证：如果两个估计的结果一致或相差不远，就更可以说明我们的估计结论是合理的。

据雍正《大清会典》，雍正二年的全国耕地为民田68379.14万亩，屯田3945.28万亩，学田38.87万亩，合计为72363.3万亩。此外，其时另有宗室庄田133.38万亩、八旗庄田1401.28万亩，再加上内务府庄田和少量的其他官田①，官书记载的雍正初年田地面积总数约为7.41亿亩。清代官书田亩数存在折亩、隐漏等问题的主要是征赋民田，而屯田、学田、旗地及其他官田一般不存在折亩问题，这些田地册载数的准确度总的说也高于民田（即隐漏不登记的数量较少）。因此，我们对官书数字的修正只针对民田；各种官田的数字虽也不见得完全准确，但一来因其没有民田那样严重的倾向性偏差，二来数量较少，即便不修正也不至于对估计的最终结果有重要影响，均暂仍其旧。

修正官书民田数字的具体办法是以官书的各省民田数乘以一个综合考虑折亩及隐漏等因素的校正系数。这个校正系数，从全国整体说，我们认为可以假定平均折亩率比实际亩大20%、平均隐漏率亦为20%，合计为$1.2 \times 1.2 = 1.44$。但实际各省折亩的情况不同（如北方直隶、陕西等省折亩十分普遍，折亩与实际亩的折换比例也较高；而在江苏、浙江等省，这个问题并不严重，甚至存在以民间小亩入册的情况），官册登录数字的隐漏情况也各不相同（有过大规模开荒的省份通常隐漏较多，而清初荒残不十分严重、前朝存留的地籍又较为完整的省份的隐漏情况就相对要好一些），如果以相同的校正系数去修正官书各省的民田数，不仅不合理，而且会导致有些省修正以后的数字十分荒谬。所以，根据各省的不同情况，我们分别确定校正系数，具体如下。

---

① 以上宗室庄田、八旗庄田数见雍正《大清会典》。乾隆《大清会典》记内务府庄田数为190万余亩。又《清朝文献通考》另记有清初官田10万余亩。

表1-1 雍正二年（1724）各省民田面积修正系数

省　份	修正系数	说　明
直隶	1.8	折亩与实际亩折换率1.5，隐漏率20%：1.5×1.2=1.8
山东	1.44	折亩与实际亩折换率1.2，隐漏率20%：1.2×1.2=1.44
山西	1.44	折亩与实际亩折换率1.2，隐漏率20%：1.2×1.2=1.44
河南	1.8	折亩与实际亩折换率1.5，隐漏率20%：1.5×1.2=1.8
陕西	1.95	折亩与实际亩折换率1.5，隐漏率30%：1.5×1.3=1.95
甘肃	1.95	折亩与实际亩折换率1.5，隐漏率30%：1.5×1.3=1.95
江苏	1.32	折亩与实际亩折换率1.1，隐漏率20%：1.1×1.2=1.32
安徽	1.68	折亩与实际亩折换率1.4，隐漏率20%：1.4×1.2=1.68
浙江	1.32	折亩与实际亩折换率1.1，隐漏率20%：1.1×1.2=1.32
福建	1.44	折亩与实际亩折换率1.2，隐漏率20%：1.2×1.2=1.44
江西	1.2	江西田折亩案例很少，暂不调整，隐漏率取20%
广东	1.56	折亩与实际亩折换率1.3，隐漏率20%：1.3×1.2=1.56
广西	2.73	折亩与实际亩折换率1.5，隐漏率40%，未登记少数民族田30%：1.5×1.4×1.3=2.73
湖北	1.0	不修正，参见表1-2注释
湖南	1.0	不修正，参见表1-2注释
四川	2.52	折亩与实际亩折换率1.5，隐漏率40%，未登记少数民族田20%：1.5×1.4×1.2=2.52
云南	3.0	综合考虑折亩（与实际亩折换率不低于1.5）、隐漏（不低于30%~40%）、未登记少数民族田（不低于40%）等因素，按3.0取值
贵州	3.0	综合考虑折亩（与实际亩折换率不低于1.5）、隐漏（不低于30%~40%）、未登记少数民族田（不低于40%）等因素，按3.0取值

修正结果如表1-2所示。

表1-2 雍正二年（1724）分省耕地面积估计

单位：万亩

省　区	册载民田	实际民田估计	屯田	学田	旗地及其他官田	官民田合计
全国总计	68379[①] 65590[①]	100480	3945	39	1735	108235[②] 106500[②]
直隶	6259.4	11266.9	745.0	12.7	—	12024.6
山东	9677.4	13935.5	244.3	4.2	—	14184.0
山西	4274.1	6154.7	647.4	2.8	—	6804.9

续表

省　区	册载民田	实际民田估计	屯田	学田	旗地及其他官田	官民田合计
河南	6588.8	11859.8	—	1.6	—	11861.4
陕西	2584.4	5039.6	480.5	0.5	—	5520.6
甘肃	1177.1	2295.3	998.9	3.1	—	3297.3
江苏	6812.9	8993.0	116.0	4.4	—	9113.4
安徽	3299.9	5543.8	118.6	1.6	—	5664.0
浙江	4569.0（3655.2）③	4824.9	17.7	1.8	—	4844.4
福建	1120.0④ 又台湾：58.1⑤	1612.8 又台湾：58.1	77.1	0.9	—	1690.8 又台湾：58.1
江西	4786.3	5743.6	68.3	0.7	—	5812.6
广东	3124.7	4874.5	49.5	1.5	—	4925.5
广西	795.3	2171.2	19.1	1.4	—	2191.7
湖北⑥	5357.4	5357.4	182.1	0.9	—	5540.4
湖南⑥	3052.8	3052.8	72.4	0.4	—	3125.6
四川	2144.6	5404.4	5.7	0.03	—	5410.1
云南	641.1	1923.3	80.6	—	—	2003.9
贵州	122.9	368.7	22.1	0.4	—	391.2
东北地区⑦	58.1	—	—	—	—	2035.3
奉天	58.1	—	—	—	—	1829.3
吉林	—	—	—	—	—	59.6
黑龙江	—	—	—	—	—	146.4

资料来源：本表册载官民田数均见雍正《大清会典》。

说明：本表所用单位"亩"实指"清亩"，与现今亩的换算比例为 1 清亩约合 0.9216 市亩。为行文方便本书以下标注清代官方数字时皆简写为"亩"。

注：①68379 万亩为雍正《大清会典》所载本年各直省（包括奉天）民田总数。因本表对浙江和福建的册载数做了调整（从浙江册载数中扣除 20% 的山、塘等非耕地，福建以康熙二十四年数替换雍正二年数，又另计台湾田园），故各省合计总数与册载总数不同（为 65590 万亩）。

②106500 万亩为各省民、屯、学田总数，不包括旗地及其他官田 1735 万亩在内，108235 万亩内则包括了此数。由于 108235 万亩这个数内已经包括了分布在东北的一部分旗地，再与 1735 万亩全国旗地相加，稍有重复计算，不过应该不是很严重，因为清代的旗地大部分还是分布在直隶境内。又本表"实际民田估计"的全国总数 100480 万亩因仅为内地 18 省数的合计，不包括东北耕地在内（东北耕地修正数是官民田合计在一起的，不能分拆），故此总数与右列各项官田的合计数少于包括东北在内的各省官民田合计总数。

③浙江的官册田面积内不仅有田、地，还包括有山、塘、荡、滩等非耕地在内，本项研究一律从中扣除 20% 作为非耕地（理由见后文对浙江清初原额田亩面积的分析）。浙江本年的实际耕地面积系根据这个官册修正数进行估计的。

续表

④清官书记载的福建田数,顺治十八年为 10345754 亩,康熙二十四年为 11199548 亩,雍正二年为 30527664 亩,乾隆十八年为 12827087 亩,三十一年为 13804703 亩,雍正二年数独高,与前后全不衔接,应有误。本表以该省康熙二十四年数替换雍正二年的官书册载面积并据此进行估计。

⑤此据乾隆《续修台湾府志》卷 4《赋役一·土田》。原资料记:台湾府旧额田、园实在共 18453 甲有零,康熙二十四年至雍正十三年续垦田、园共 34408 甲有零,合计共 52862 甲。按每甲合内地 11 亩折算。

⑥清代康、雍之际的湖北、湖南两省耕地,据龚胜生研究,册载面积与实际面积相差不多,见所著《清代两湖农业地理》,华中师范大学出版社,1996,第 79 页。我们认为龚先生的论证是有说服力的,因此本表对雍正二年两省的册载耕地数不作修正。不过,是年二省的屯、学田在本表内均仍另计,故官民田合计的实际耕地面积估计数比龚著稍高(龚著估计雍正二年湖北实际耕地 50 万顷、湖南 30 万顷,见第 81 页表 12)。

⑦东北耕地,《大清会典》仅记雍正二年奉天(奉天、锦州二府)有民田 580658 亩。本表东北地区耕地的估计采用叶瑜、方修琦、任玉玉、张学珍、陈莉的研究成果《东北地区过去 300 年耕地覆盖变化》,载《中国科学》D 辑《地球科学》2009 年第 39 卷第 3 期,第 340~350 页。该项研究估计辽宁(奉天)1683 年耕地面积为 5396 平方千米,1735 年为 13684 平方千米(官民田都在内),年平均增长率为 1.8% 稍多。表内的雍正二年辽宁耕地面积估计数系按此年平均增长率计算。吉林、黑龙江雍正二年耕地面积估计数按该研究估计的 1735 年数(分别为 458 平方千米、1124 平方千米)的 80% 计算。

表 1-2 估计的各省官民田总数约计 10.82 亿亩,与我们依据《清实录》记载粗估的康、雍之际全国耕地 11 亿清亩的结论十分接近。如果考虑到这个表的全国总数只包括内地 18 省及东北地区耕地,西北新疆(南疆回地)及长城沿边的蒙古耕地尚未包括在内,并且此表对云、贵等西南省份耕地的估计受限于官册提供的基准数据过低,那么当时全国真实的耕地面积或许还要略超过 11 亿亩。总之,根据目前掌握的资料,我们认为将康、雍之际的全国耕地面积估计为 11 亿清亩上下(合 10.14 亿市亩)是合理的。

(2) 19 世纪中期的耕地面积

利用史料提供的线索对既有的官书记载进行修正的方法只适用于估计清初经济刚刚恢复时期的耕地数量。那时去明代未远,人口数量、农业地域及垦殖开发程度都与"明盛世"大体相当。有这样一个明确的"参照系",对当时即便不完全反映现实却也不至于偏离事实太远的官书数字进行修正,无疑是可行的。但这种方法不适用于估计清前期末段的耕地面积。道光后期的人口、农业地域、垦殖程度均已与康、雍之际很不相同,固守"原额"的官书数字早已远远偏离了现实。在这种情况下,显然很难再以官书的数字作为估计的基础。

正是因为考虑到此点,笔者当年估计鸦片战争前的耕地面积时,采用了撇开官书数字,在充分考虑历史变化的前提下依据严中平等编《中国近代经济史统计资料选辑》中"抗战前各省的耕地面积"和"近代中国耕地面积指数"两份资料,向前反演推算的方法,结论是鸦片战争前全国耕地总面积为12.45亿清亩或11.47亿市亩。11.47亿市亩的全国耕地数字既反映了雍正以后各地开垦的成就,也与民国时期的调查数据相衔接,在逻辑上是能够成立的。但是这个估计,今天看也是失之保守了,有必要重新加以修正。

原估计的主要问题是推算时所依据的民国时期数字偏低。当时使用民国数字作为推算的基点,是因为这批数据毕竟来源于近代土地调查,相对来说比较可靠。而现在的情况已经有所不同。尤其是20世纪80~90年代全国土地利用现状"概查"、"详查"结果的公布,使人们头脑中的"中国耕地总量"概念从过去的十几亿亩一下膨胀到20亿亩上下[1];一些学者更从此次调查的结果出发,回溯得出新中国成立时的1949年中国耕地总量可能已经有21亿多亩的结论[2],更使得历史研究者面临着对过去的研究结论重加检讨的新课题。毕竟,即便是对19世纪中期的耕地面积进行估计,其结论也不仅要能够与近代数据相衔接,而且还要能够经得住更晚时期的现代数据的检验。这是一个完整的数据链条,其中任何环节的"异常",都应找出原因,探求合乎逻辑的解释。20世纪30年代前期到1949年新中国成立这段时间的社会环境不允许全国耕地总量出现重大变化,而新中国时期的耕地数据,即便是1980~1990年代调查以前的统计,也一直比民国抗战前的数字要高出许多,并且后者的整个链条是"自洽"的,整体上不容置疑。所以,结论只能是民国时期的数字仍然偏低较多,以其为基数推算更前时期的耕地面积,结果也必然同样偏低较多。基于如上判断,本项研究改以虽然时间较后但也更为可靠的1949年以后的数字作为推算基点。

然而采用1949年以后哪个时期的数字作为推算基点仍然颇为踌躇。虽然已经有学者将20世纪较晚时期的20亿亩耕地数字前推到了1949年,并

---

[1] 据1999年由国土资源部、国家统计局、全国农业普查办公室联合发布的调查结果,截止到1996年10月底,全国耕地总面积为19.51亿亩。
[2] 如由国家信息中心和原国家土地管理局(1998年并入新成立的国土资源部)等单位科研人员组成的"耕地问题研究组"即持此种意见,见所著《中国耕地递减问题的数量经济分析》,经济科学出版社,1992,第163~170页附表。

且还有学者以此为基数进一步向前推演，认为清代嘉、道时期即已有耕地20亿亩以上[①]，但这毕竟只是部分学者的观点。实际上，关于解放以后我国耕地面积变化的趋势，目前在研究者中是有不同意见的[②]，因此能否将1980～1990年代的20亿亩耕地数字反演到1949年，更仅仅是一个探讨中的课题，而远非已经得到普遍认同的定论。笔者不是中国现代耕地数据研究的专家，在这个问题上无法做出足以自信的独立判断。在目前情况下，不采用虽然更新、更准确，但同时也时段太后、中间变化太多的20世纪晚期数字，无疑是稳妥的选择。

最终选定作为推算基准的是国家统计局公布的各省区历年耕地数据中1952年的数字。选择1952年数字是因为当时国民经济已经基本恢复，统计数据比较完整（1949年的统计不全，有些省没有该年数字）；同时，这个时点距1949年也比较近，新时期的变化还未大规模发生。具体的思路仍然是使用《中国近代经济史统计资料选辑》中从晚清到民国抗战前的耕地面积指数表，将该表的同治十二年（1873）指数借用到道光末，即设1850年指数为100，另以该表1933年指数为1952年这个新基点的指数，然后由1952年耕地面积向前回推道光末年的耕地面积。东北、西北、蒙古等边区耕地没有指数，结合他种资料另作估计；内地个别省的1850年耕地按此方法推算有疑问，也另作估计。推算结果如表1-3所示。

表1-3 1850年各省区实际耕地面积估计

省　　区	推算耕地面积		1952年耕地面积及指数	
	万市亩	万清亩	万市亩	指数[③]（1850年=100）
全国总计	132042	143275	161878[①] 157532[②]	（123） （120）

[①] 见周荣《清前期耕地面积的综合考察和重新估算》，载《江汉论坛》2001年第9期。此外郑正、马力、王兴平等人也估计清朝时已有耕地20亿亩（见所著《清朝的真实耕地面积》，载《江海学刊》1998年第4期），不过他们采用的不是使用某一时期数据进行推算的方法，而是通过对历史、现实耕地数据的比较和对不同时期历史大趋势的"判断"，得出其结论；对这20亿亩耕地是如何分布在各省和地区的，他们没有给出具体数字。

[②] 参见葛全胜、戴君虎、何凡能等《过去三百年中国土地利用变化与陆地碳收支》（科学出版社，2008）第110～113页关于过去50年中国土地利用变化总体趋势研究中不同意见的概述。

续表

省区		推算耕地面积		1952年耕地面积及指数	
		万市亩	万清亩	万市亩	指数③ (1850年=100)
内地各省	内地各省合计	119561	129732	121705	(102)
	直隶	13443.9	14587.6	13175.0	98
	山东	13913.2	15096.8	13774.1	99
	山西④	6625.4	7189.0	6934.7 (7287.9)	110（105）
	河南	11681.7	12675.5	13434.0	115
	陕西	7478.6	8114.8	6805.5	91
	甘肃	4622.0	5015.2	5454.0	118
	江苏	8448.8	9167.5	9293.7	110
	安徽	8105.3	8794.8	8672.7	107
	浙江⑤	5340.8	5795.1	3061.5 (4165.8)	78（57）
	福建⑥	2604.2	2825.7	1927.0 (2109.4)	81（74）
	又台湾⑦	916.0	993.9	(1308.5)	(143)
	江西⑧	4762.6	5167.8	4121.6 (4334.0)	91（87）
	广东	4866.0	5279.9	4963.3	102
	广西	3137.4	3404.3	3859.0	123
	湖北	5352.5⑨	5807.8⑨	6023.9	128（113）
	湖南⑩	5837.4	6334.0	5518.2 (5136.9)	88
	四川⑪	7470.7	8106.2	8217.8	110
	云南⑫	2780.4	3016.9	3642.3	(131)
	贵州	2174.5	2359.5	2826.9	130
东北	东北地区合计	5675⑬	6158	23909	(421)
	奉天	3044.5⑬	3303.5	7186.5	(236)
	吉林	1581.1⑬	1715.6	6993.0	(442)
	黑龙江	1049.8⑬	1139.1	9729.0	(927)
西北	西北地区合计	1484	1610	3012	(203)

续表

省 区		推算耕地面积		1952年耕地面积及指数	
		万市亩	万清亩	万市亩	指数③ (1850年=100)
西北	新疆	1140.2⑭	1237.2	2314.7	(203)
	青海	343.3	372.5	696.9	203
蒙古	蒙古地区合计	5322	5775	8906	(167)
	宁夏	1156.9	1255.3	1145.3	99
	内蒙⑮	4165.4	4519.7	7761.0 (5950.5)	(186)
	西藏	—	—		

资料来源：1952年各省区耕地面积见国家统计局国民经济综合统计司编《新中国五十年统计资料汇编》，中国统计出版社，1999，C部分各省区市第11表（原资料耕地面积单位为千公顷，本表统一换算为万市亩）；部分省区耕地的推算基准采用1933年或1949年的数字，前者据严中平等编《中国近代经济史统计资料选辑》，科学出版社，1955，第356页表80，后者据农业部1950年9月修订的《全国耕地面积统计表》（油印本），见章有义《近代中国人口和耕地的再估计》，载《中国经济史研究》1991年第1期。各省区耕地面积指数见严中平等编《中国近代经济史统计资料选辑》第357页表81（此指数表系由民国政府中央农业实验所与金陵大学农业经济系根据各省农情报告员所呈报的1500余份报告编制出来的，原资料见《农情报告》第12期，第117页）。本表各省区名称仍依清朝，直隶（河北）包括今北京、天津在内，江苏包括今上海在内，广东包括今海南在内。又清代甘肃包括的新疆、青海、宁夏部分，本表剔出另计。

注：①原资料的1952年全国总数。
②表内各省区1952年耕地面积的合计数。
③各省耕地面积指数为借用到1952年的各该省1933年的耕地指数；个别省因未依1952年耕地面积推算，其按照1952年耕地面积计算的指数另附于原指数之后（括号内数）。又全国耕地总计栏及各省区耕地合计栏的指数，为根据表内数字计算所得结果，非原指数表所有，均放在括号之内，以示区别。
④山西1952年耕地6934.7万亩，1949年5310.3万亩，均低于1933年的7287.9万亩，本表以1933年数为基准推算1850年耕地。
⑤浙江1952年耕地3061.5万亩，1949年4469.6万亩，1933年4165.8万亩，本表以1933年数为基准推算1850年耕地。
⑥福建1952年耕地1926.96万亩，1949年2109.4万亩，1933年2109.5万亩，本表以1949年数为基准推算1850年耕地。
⑦台湾1949年有耕地1308.5万亩，本表按这个数的70%估计其1850年耕地面积。
⑧江西1952年耕地面积4121.6万亩，1949年4017.6万亩，1933年4333.95万亩。本表以1933年数为基准推算1850年耕地。
⑨湖北耕地，按1952年耕地面积及原指数推算，1850年为4706万余亩，合5106万余清亩。本表的本年耕地数系依据龚胜生《清代两湖农业地理》（华中师范大学出版社，1996）第81页表嘉庆二十五年（1820）和同治十二年（1873）两个年份的耕地估计数，用年均增长率推算出来的。
⑩湖南耕地，1952年为5518.2万亩，1949年为5136.9万亩，本表按1949年数推算。
⑪四川1933年耕地15544.8万亩，1949年10986.8万亩，1952年8217.75万亩，1952年数较

续表

之1933年数减少47.1%。此后四川耕地面积最高的年份1957年数也仅约为8537万亩。考虑到四川民国时期的耕地数字可能过高,本表仍按1952年耕地数推算该省1850年耕地面积。

⑫按原指数表,云南1933年耕地指数为331,比1873年、1887年、1913年(分别为100、111、113)高出太多,疑有误。本表按131推算(即假设1952年指数为131)。

⑬东北数字采用叶瑜、方修琦、任玉玉、张学珍、陈莉的研究成果《东北地区过去300年耕地覆盖变化》(载《中国科学》D辑《地球科学》2009年第39卷第3期,第340~350页),按照该文表1、表2重建的辽宁、吉林、黑龙江1780年和1908年耕地面积,以此期间的耕地年均增长率推算其各自的1850年耕地面积。

⑭按青海指数推算。

⑮内蒙耕地推算面积按自治区统计局发布的1947年(该区耕地数据的最早年份)396.7万公顷(5950.5万亩)的70%计算。按据原指数表,民国时期察哈尔的耕地面积指数为104,绥远为88,宁夏为99,可见至少在北部各省的汉、蒙沿边地带,清代的垦殖程度并不低。当年笔者推算热河耕地面积时,因无该省民国指数,按1933年数据的80%计算。本表推算整个内蒙地区的耕地面积,基数按最低选取,比例按基数的70%计,相信推算数较之实际面积只低不高。

表1-3的推算结果肯定还是偏低。原因有两个:一个是1952年的数据本身就比实际数低。20世纪80年代中期以前的国家耕地面积统计,由于历史和现实的多种原因,与实际耕地数量之间存在着一定的差距,总的情况是偏低,这是多数研究者已有共识的,也是数据发布者公开承认的。另一个是对内地以外的边疆地区耕地的估计可能偏低,对这些地区耕地的估计,我们总体上采取保守态度。

尽管如此,我们相信,这个结果较之原先的估计,是更加接近于实际的。从表1-3可以看出,虽然估算的道光末全国耕地总量比1952年数字要低得多,但差距主要是出在边疆地区的数字上;单以内地省份的数字比较,则前者仅比后者约低1.8%,有些省的道光末数字还要高于1952年的数字。这个结果完全符合我们对清前期内地农业区垦殖状况的判断。边疆地区耕地数字较低,一方面是因为在缺乏足够史料依据的情况下,估计得比较保守;另一方面,更是因为当时这些地区的开发程度本来就相比内地要差得多。东北、蒙古及新疆的不少地方都是在清后期至民国初年才得到进一步开发的。所谓"道光年间的耕地面积约等于宣统年间的数字,也即约等于1949年的数字"只是一个关于近代耕地数量变化的整体性、趋势性的判断。这个判断对于内地传统农业地区来说固然大致不错,但却未必适用于边疆地区的情况,不能因为有这样一个先入为主的整体性、趋势性判断,就把许多后来的账也都囫囵算到前面去。

总之,至少在目前的资料条件下,我们认为表1-3的估算结果应该是比较合理和妥当的。按照这个估算结果，道光末年的耕地面积比康熙末、雍正初经济刚刚恢复时增加了 3 亿多亩，增加幅度在 30% 以上，反映了雍、乾以后内地与边疆地区持续开垦的成绩。与明代相比，根据各种资料，我们估计明盛世万历中的耕地面积约为 9 亿亩（合 8.29 亿市亩）①，道光末的耕地估计数比之多了约 5.3 亿亩，增加近 60%。在传统时代，这实在应该算是一个不小的成绩。

2. 其他时点的耕地面积

有了康、雍之际和 19 世纪中期两个时点的耕地面积，再进一步估计清代其他时期的耕地就比较容易了。本小节分别估计 1661 年、1685 年、1766 年、1812 年、1887 年和 1911 年 6 个年份的耕地面积。这 6 个年份，前两个属于"清初"，是清王朝完成统一，社会经济秩序恢复，国家发展重新步入正轨的"起始点"；中间两个一为清朝鼎盛阶段的乾隆中期（乾隆三十一年），一为"盛世"过后嘉、道走下坡路阶段的中间点（嘉庆十七年）；最后两个，前者处在经历过太平天国大起义以后，社会秩序和经济发展相对稳定的所谓"同光中兴"时期（光绪十三年），后者则是武昌起义的枪声响起，清王朝 268 年统治的终结之年（宣统三年）。这些年份，都是清朝历史的关键"时点"。当然，选择这些年份，也是因为它们都有清官书的当年耕地面积记录（1911 年除外），可供研究参考并与我们的估计结果进行对照。

（1）1661 年的耕地面积

1661 年为清顺治十八年。对这一时点的全国耕地，我们仍然按照估计康、雍之际耕地的方法，从该年的官册数字入手，通过消除折亩及隐漏等"紧缩"因素的影响，来重建实际耕地面积。不过，在进行这一工作之前，还需考虑当时官书数字的特殊情况，对其中同时存在的"膨胀"因素进行

---

① 明官书记载的万历、天启年间耕地数为 7 亿多亩，见《明会典》及《明熹宗实录》。许涤新、吴承明主编的《中国资本主义的萌芽》一书依据官书记载，估计万历初的耕地面积为 7.842 亿亩，其中约有民田 7 亿亩，余为官田（见该书第 40 页）。但明官书关于万历初民田数字的记载是不可靠的，主要是湖广数字过大，明显不实。现用清雍正二年的湖广耕地数进行修正，则万历时的民田总数只有 5.66 亿多亩。但这个修正数是包含了折亩及隐漏等因素在内的，假定其因折亩因素比实数低 20%，又因隐漏因素比实数低 20%，可得民田实数约为 8.15 亿亩。当时的官田数约为 0.82 亿亩。官、民两项合计，估计明后期的耕地总数约为 9 亿亩上下，折合今市制约当 8.29 亿市亩。

"挤出水分"的工作。

清王朝自1644年入关以后,进行了长达20年的残酷战争,直到顺治末、康熙初年,才最终平定南明及大西、大顺农民军残部的武装抵抗,实现对大陆国土的统一[①]。在战争条件下,清廷的赋役政策虽然是以明朝万历原额作为征收依据,并在确定实征数时根据各地的荒亡情况做了一定程度的减免即所谓"开除荒亡",但这种"开除"极不彻底。当时的动乱环境和战争期间窘迫的政府财政不允许较为彻底地"开除荒亡",按照实际的土地、人丁征收赋役。这种情况,决定了清初的册载田亩面积除了存在从前朝继承下来的各种"紧缩"因素的影响以外,还受到当时特殊环境所导致的"膨胀"因素的影响,这一时期的官册田亩数字,其实是包含了相当数量的抛荒耕地在内的。

清初的抛荒耕地有多少,准确的数字恐怕永远难以弄清,但不离大谱的大致框估还是可以做的。前文提到,明末农民大起义前夕的天启六年(1626),全国土田册载数为7.44亿亩;清初顺治十八年的数字,《清实录》的记载为5.27亿亩,康熙《大清会典》的记载为5.49亿亩,前后比对,顺治十八年清王朝基本统一全国时的册载耕地较之明末减少2亿亩上下。然而这2亿亩的失额数肯定远非其时抛荒耕地的全部,因为直到康熙六年(1667),湖广道御史萧震还奏报称:"查各省荒田,尚有四百余万顷。"[②] 也许400万顷荒地的数字失之过大,但足证顺治十八年时的抛荒田地绝对不止2亿亩。在《清代前期的小农经济》一书中,笔者曾粗估清初的全国荒田面积,认为不少于2.5亿亩[③]。这应该是一个最低的估计。

检视顺治十八年的分省田地记载,至少陕西、湖广两省的数字是存在较大问题的。先看陕西的数字。为了说明问题,我们将官册记载的清前期陕西、甘肃(清初为一省,康熙以后分立)的民田数字汇集在一起,如表1-4所示。

[①] 顺治十八年年底,退入缅甸的南明永历帝为清军所俘,次年在昆明被缢杀,南明亡。拥戴南明抗清的原大西农民军将领孙可望于顺治十四年降清,另一将领李定国于永历帝被杀后不久病亡。大顺将领李来亨统率的"夔东十三家军"在康熙三年(1664)彻底失败。

[②] 《清圣祖实录》卷22,康熙六年闰四月戊子。

[③] 史志宏:《清代前期的小农经济》,中国社会科学出版社,1994,第16页。

表1-4 清前期各朝陕西、甘肃民田面积

单位：万亩

省份	清初原额	清初实熟	顺治十八年（1661）	康熙二十四年（1685）	雍正二年（1724）	乾隆十八年（1753）	乾隆三十一年（1766）	嘉庆十七年（1812）
陕西	3898	2698	3733	2912	2584	2524	2596	3068
甘肃	2753	1350① 1082②		1031	1177	1778	2363	2480
合计	6651	4048③ 3780④	3733	3943	3761	4302	4959	5548

资料来源：清初原额及实熟数据康熙《陕西通志》卷9《贡赋》、乾隆《甘肃通志》卷13《贡赋》。顺治至嘉庆各朝数见《大清会典》及《清朝文献通考》。

注：① 此为康熙《陕西通志》所载陕西布政使司除荒外的实熟地数。
② 此为乾隆《甘肃通志》所载清初实熟地数。
③ 康熙《陕西通志》所载陕西东、西布政使司实熟地合计数。
④ 康熙《陕西通志》陕西东布政使司实熟地与乾隆《甘肃通志》清初实熟地的合计数。

表1-4显示，从陕、甘二省民地的合计数看，在清前期各朝，虽然直至19世纪上半期，二省的耕地数量还没有完全恢复到清初的"原额"水平，但随着时间的推移，其耕地面积还是逐渐有所增加的，似乎反映了清前期这一地区的耕垦进程。分省观察则有所不同。分省的数字，清前期耕地一直在增加的其实只是甘肃一省，陕西的耕地在雍正、乾隆两朝非但基本没有增加，而且还少于清初及康熙二十四年；嘉庆十七年的数字也只是比清初实熟地多出370万亩，较之原额则还有830万亩的巨大差距，与该省康、雍时期基本垦复了清初的抛荒田地，乾隆以后又有数百万外省移民进入陕南开发山区的历史进程完全对不上号！这就提出了两个问题需要回答：第一，清初的"原额"数是怎么回事？第二，为什么自清初起，陕西的实征耕地数没有像其他大多数省份那样随着垦荒的进程逐渐有所增加，恢复当初的"原额"，反而是非但长期不增加，一度还有所减少，直到19世纪上半期也只是比清初实征数稍有增多，而远少于"原额"？

关于第一个问题。康熙《陕西通志》的6651万余亩"原额民地"数字出自清初所编《赋役全书》①，但是在现存的明代典籍中并不能找到这个

---

① 康熙《陕西通志》卷9《贡赋》已注明："皇清田赋、户口悉依康熙二年题定简明全书"。又刘大钧《中国农田统计》（载1927年刊印的《中国经济学社社刊》第1卷《中国经济问题》，第23~26页）亦曾引录这个数字，注明出自顺治十四年陕西《赋役全书》。

"原额"的出处。据明万历《会典》，明代陕西布政使司（所辖地域相当于清代康熙以后的陕、甘二省）的征赋田地数在洪武二十六年（1393）为3152.5万亩，弘治十五年（1502）为2606.6万亩，万历六年（1578）为2929.2万亩[1]，均只在3000万亩上下，还不到6651万余亩的一半。康熙《陕西通志》所记"明陕西布政使司"的夏秋地数也只有3153.3万亩。那么，清初6651万余亩的"原额"数字是怎么回事？笔者怀疑，这个"原额"数字与明代文献中仅见一次的《明实录》万历三十年（1602）全国"官民田土"11.62亿亩这个数字有关[2]，而这个数字，早已有研究者指出，不过"是万历朝较广泛地执行'丈量'的积累结果"，是由于很多原行大亩的地方"奉令将大亩折成小亩重新入册"[3]。如果这个推断不错，那么清初陕西布政使司总计6651万余亩的民地"原额"，与明《会典》等文献所记载的该省3100多万亩耕地，在面积上实际是相同的，只是各自所用的度量单位"亩"的大小有所不同罢了，前者为实亩、小亩，后者则为折亩、大亩。

如此一来，上面的第二个问题也就容易解释了。原来，清初陕西的所谓"除荒外实征熟地"，其实并没有真正开除荒地，而只是将实亩（小亩）数当作"原额"，将其与折亩（大亩）之间的差额当作抛荒土地"开除了"，一个数字游戏而已。非但如此，在将小亩折换成大亩的过程中，还出现了"溢额"：明代陕西布政使司田额最多时才不过3100多万亩，而顺治十八年的实征熟地却有3700多万亩。正是因为在清初并没有真正开除荒地，所以后来陕、甘二省的总计田亩数字才长期变化不大（雍正二年数与顺治十八年数大体相当）。至于清前期陕西、甘肃耕地变化的不同，合理的解释是：当初将小亩折换成大亩作为实征熟地的时候，陕西东布政使司方面采用的折换率偏紧，致使换算出来的实征熟地数高达近2700万亩[4]，几与全

---

[1] 见明万历《会典》卷17《户部四·田土》。
[2] 这个怀疑，无法证实，因为《明实录》万历三十年的数字只有一个全国总数而无各省分数。
[3] 见何炳棣《中国古今土地数字的考释和评价》，中国社会科学出版社，1988，第103页。又赵冈在《从安徽省耕地统计来推估全国耕地面积》（载《中国社会经济史研究》2011年第4期）一文中论及这个数字时，与何炳棣意见相同，也认为是将折亩还原为实亩统计的结果。
[4] 陕西全省（包括甘肃）的"原额民地"总数为6651万亩，顺治十八年"实熟民地"为3733万亩，平均折换率为1.78。而东布政使司的这个折换率只有1.44（用3898万亩"原额"除以2698万亩"实熟"）。

省原来的大亩额数相等。在这种情况下，势必造成后来赋粮征收的困难，所以只能长期维持该数基本不变，甚至不得不一度向下调整，直至150年后的嘉庆时期，由于不断地开垦，耕地增加，官册数额才有所上升；西布政使司（甘肃）方面则采用了较宽的折换率，甚至在将小亩折大亩的同时很可能还确实开除了一部分荒地，致使甘肃的征赋民地数从一开始就比较低（低于明代的大亩额数），所以后来随着清初抛荒地的复垦和垦荒的扩大，官册耕地数也就不断增加，向着真正的"原额"靠拢①，这与大多数省清前期耕地变化的情况是一样的。

根据如上判断，在本项研究中，我们将顺治十八年陕西全省（包括甘肃）的实熟民地按照明代陕西布政使司3150万亩田地数的70%进行调整，结果为2205万亩。陕西是明末清初遭受战争、饥荒蹂躏，荒残最甚的省份之一。时人记载，清初那里许多地方"几成无人之区……里甲寥落，户口萧条"②，人民"半死于锋镝，半死于饥馑，今日存者，实百分之一。……是以原野萧条，室庐荒废，自宜君至延绥南北千里内，有经行数日不见烟火者，惟满目蓬蒿与虎狼而已"③。陕西在清初荒残如此严重，其耕地的抛荒率按照明代原额的三成估计，应该并不过分。

湖广的征赋民田面积，《大清会典》记载的顺治十八年数为7933.5万亩。刘大钧《中国农田统计》引录的顺治十四年《赋役全书》湖广清初民田原额数为7587.5万亩（刘氏原文称此为湖南原额，实应为湖广）。又据康熙《湖广通志》，清初湖广的民田原额为8164.2万亩，其中北布政使司（湖北）为5352.8万亩，南布政使司（湖南）为2811.4万亩④。这些关于清初湖广民田的记载，彼此差别不大，应该就是清初继承下来的明万历清丈以后的核实数字，粗略地说大约在8000万亩。然而这8000万亩的民田耕

---

① 陕西西布政使司（甘肃）清初的"原额民地"为2753万亩，"实熟民地"为1350万亩（康熙《陕西通志》的记载）或1082万亩（乾隆《甘肃通志》的记载），按前者计算折换率为2.0，按后者算更高达2.54。不过，导致甘肃"实熟民地"只有"原额民地"一半甚至还不足一半的因素可能不只是采用了较宽的折换率（小亩折大亩也是有一定标准的），还可能存在开除抛荒土地的因素，即甘肃清初征赋实熟地额数低是由于这两方面因素共同作用的结果。
② 白如梅：《会剿备饷疏》，载康熙《陕西通志》卷32《艺文》。
③ 杨素蕴：《延属丁徭疏》，载康熙《陕西通志》卷32《艺文》。
④ 湖广全省及北布政使司田额见康熙《湖广通志》卷12《田赋上》，南布政使司田额见同书卷13《田赋下》。

地在顺治十八年的时候绝非都是实实在在耕作着的。湖广在清初的荒残程度并不亚于陕西。顺治时湖北光化县知县王良弼初到任时，"城中止十七家"①。顺治中清军占领湖广、四川、两广等地时，"弥望千里，绝无人烟"②。所以，《大清会典》所载的顺治十八年近8000万亩民田内，肯定是包含着大量抛荒田地的。其时湖广的实在耕地有多少？根据龚胜生提供的顺治十八年阿思哈题本档案史料，是年该省民田项下的实在成熟田地为5277万亩，此外有新垦田地89万余亩、更名项下废藩册报实熟田地541万余亩、归并卫所屯田670余万亩，合计征赋实熟田地约为6578万亩。这个数字，较之《大清会典》数字只少17%，当然还不算开除荒地十分彻底。据龚氏提供的顺治十八年十一月初六日湖广巡抚杨茂勋题本档案史料，当时湖广的各项实在成熟田地，实只有5867万余亩。③ 这个数字，比《大清会典》数低26%，如龚氏所说，"大概是比较客观真实的"。

　　陕西、湖广之外，山西、江西、浙江等省的顺治十八年耕地数字也都明显过高。山西是年的民田面积为4078.7万亩，比明万历六年的该项田地面积3680.4万亩还多出398.3万亩。查雍正《山西通志》，山西原额官民田共地4754.5万余亩，其中民田原额多少不详，但该志说雍正时的"实在民田熟地"为3511.9万亩，又"节年开垦民田共地"582.3万余亩④。清代方志的地籍数字一般来自《赋役全书》或修志当年的奏销册，按照此类官册的记载惯例，《山西通志》所云3511.9万亩"实在民田熟地"应为清初除荒后的征收实额，而另计的582.3万余亩"节年开垦地"则为自清初至雍正时期的历年报垦之数。如此，清初的官册民地原额就大致应在4094.2万亩左右，与《大清会典》顺治十八年的民田面积4078.7万亩基本一致。可见，《大清会典》这一年的民田面积是按原额记录的，而非开除了抛荒耕地的实征熟地⑤。根据山西在清初的荒残程度，其实即便3511.9万亩的实征熟地，也肯定还是有未经开除的荒地在内。本项研究按照20%的荒地比例修正《大清会典》顺治十八年数字，将山西本年的实熟地面积估计为

---

① 见嘉庆《湖北通志》卷61《名宦三》。
② 见刘余谟《敬陈开垦方略疏》，载《皇清名臣奏议》。
③ 以上见龚胜生《清代两湖农业地理》，华中师范大学出版社，1996，第73页。
④ 雍正《山西通志》卷39《田赋一》。
⑤ 刘大钧《中国农田统计》引录顺治十四年《赋役全书》记载山西原额田地为4347.3万亩。这个数字，应该不只是民田。

3263 万亩。

江西耕地，明万历《会典》所记万历六年数为 4011.5 万亩，万历三十九年《赋役全书》的记载为 4779.2 万亩①，《大清会典》的顺治十八年数为 4443 万亩。即便江西清初继承下来的民田原额系来自万历后期的《赋役全书》，4443 万亩这个数字也明显过高（仅比万历后期数少 7%）。顺治八年，江西巡抚夏一鹗曾题报："通省有主荒田四万四千五百六十六顷有奇，无主荒田二万四千三百九十八顷有奇"②，合计为 689.6 万余亩。据此，我们将顺治十八年江西的实熟民田面积下调到 4090 万亩③。

浙江田亩数字的问题主要出在其中包含了部分非耕地在内。明万历《会典》记载的万历六年浙江布政使司民田面积为 4669.7 万亩。康熙《浙江通志》记载的原额田亩面积与此相差不远，为 4788.7 万亩。不过，查这个原额的组成却是：原额田 2795.6 万亩，原额地 610.7 万亩，原额山 1274.7 万亩，原额荡、塘、滩、河、溪、湖、潭、坎、厈等共 107.7 万亩④。这其中，真正严格意义上的耕地只是田、地两项；后两项中，除"山"会包含一部分农业用地在内（如种植经济作物等），绝大部分显然不能算作农业用地。田、地两项占浙江清初原额田亩面积的 71.2%，即便算上山地中的部分农业用地，耕地的总比例也不会超过 80%。浙江顺治十八年的田亩数字是 4522.2 万亩，本项研究从其中扣除 20% 的非耕地面积，按 3617.8 万亩修正其官册面积，然后再以此为基础估计其实际耕地面积。至于"除荒"，因浙江在清初的荒残并不十分严重，顺治年间也陆续有所开垦，就不考虑了⑤。

按照如上讨论"挤出"顺治十八年册载耕地数字的"水分"之后，我们仍按表 1-1 的校正系数，分别对各省的实际耕地面积进行估计，如表 1-5 所示。

---

① 见刘大钧《中国农田统计》。
② 顺治朝题本，屯垦类，顺治八年六月二十六日江西巡抚夏一鹗题。
③ 夏一鹗的题奏在顺治八年，到顺治十八年时当初的荒地应当已有部分垦复，但对顺治时期的垦荒成绩不能估计过高，同时还要考虑顺治八年的报荒不一定完全以及万历后期的原额数字是否过高等问题。本项研究估计的江西顺治末 4090 万亩实熟民田面积比明万历六年的民田数字还略高一些，应该不算很低。
④ 见康熙《浙江通志》卷 14《田赋》。
⑤ 刘大钧《中国农田统计》记浙江清初田亩原额为 3404.3 万亩，实额 3406.3 万亩，应该是只算了田、地两项。

表 1-5 顺治十八年（1661）分省耕地面积估计

单位：万亩

省 区		册载民田	册载民田面积修正	实际民田估计	屯、学等官田	旗地	官民田合计
全国总计		54936① 54926①	49252	73193	屯：3079 学：33②	1535	77840③ 76305③
直隶		4597.7	4597.7	8275.9	屯：745.0 学：8.7	—	9029.6
山东		7413.4	7413.4	10675.3	屯：212.5 学：4.0	—	10891.8
山西		4078.7	3263.0	4698.7	屯：512.1 学：2.9	—	5213.7
河南		3834.0	3834.0	6901.2	屯：— 学：1.5	—	6902.7
陕西		3732.9	2205.0	4299.8	屯：904 学：2.6	—	5206.4
江南④	江苏	6369.0	6369.0	8407.1	屯：112.8 学：4.4	—	8524.3
	安徽	3165.5	3165.5	5318.0	屯：118.1 学：1.6	—	5437.7
浙江		4522.2	3617.8	4775.5	屯：17.5 学：1.8	—	4794.8
福建		1034.6	1034.6	1489.8	屯：— 学：0.9	—	1490.7
江西		4443.0	4090.0	4908.0	屯：47.4 学：0.7	—	4956.1
广东		2508.4	2508.4	3913.1	屯：43.1 学：1.3	—	3957.5
广西		539.4	539.4	1472.6	屯：— 学：1.3	—	1473.9
湖广		7933.5	5867.0	5867.0	屯：298.4 学：1.1	—	6166.5
四川		118.8	118.8	299.4	屯：4.6 学：0.04	—	304.0
云南		521.2	521.2	1563.6	屯：41.2 学⑤：—	—	1604.8
贵州		107.4	107.4	322.2	屯：22.1 学：0.4	—	344.7
奉天		6.1		6.1			6.1

续表

资料来源：顺治十八年册载民田数见康熙《大清会典》卷20《户部四·田土一》，旗地数见同书卷21《户部五·田土二》，屯、学田数见同书卷22《户部六·田土三》。按据原资料说明，本表屯田数系康熙二十四年数据，旗地及学田数为康熙二十二年数据。

注：① 原资料载是年全国总数为549357640亩，据各省数合计的总数为549257633亩。
② 原资料载全国学田总数为37万余亩，据各省数合计的总数为33万余亩。
③ 76310万亩为不计旗地的民、屯、学田总面积，77845万亩内计入了旗地。
④ 江苏、安徽耕地的校正系数不一样，故分开估计。据康熙《江南通志》，顺治十四年江南"实在田地"共9601万亩，其中江苏布政使司6416万亩，占66.8%，安徽布政使司占33.2%。本年江南田地总数为9534.5万亩，两个布政使司各自的田地数，即按照这个比例分配。
⑤ 云南学田不计顷亩。

（2）1685年的耕地面积

1685年为清康熙二十四年，是清朝历史上又一个重要的时间节点。从康熙二十年起到这一年，清王朝先后平定了"三藩"叛乱，收复了台湾、开放了"海禁"并开始在闽、粤、江、浙设关通商，这一系列历史事件标志着清王朝最终完成了对全国的统一并建立起稳固的统治。明末清初动乱时代的结束、长达一个多世纪的国家核心统治区的和平繁荣局面，可以说是从这一年开始的。

康熙二十四年的耕地面积，可以用已经估计得到的顺治十八年实际耕地面积为基数，按照顺、康两个年份间耕地面积变化的增长百分比来计算求得。前文说过，清雍正以前官书数字虽也不实，但所显示的耕地变化，与其时国家耕垦的大趋势相吻合，是同一时期社会经济恢复、清初抛荒土地逐渐复垦的反映，大体上符合实际。从顺治十八年到康熙二十四年全国及各省官册耕地面积的增长情况如表1-6所示。

表1-6 顺治十八年至康熙二十四年官册耕地面积及增长指数（1661~1685）

省　区	顺治十八年册载耕地面积（万亩）	康熙二十四年册载耕地面积及指数	
		面积（万亩）	指数（顺治十八年面积=100）
全国总计	54926	60784	110.67
直隶	4597.7	5434.3	118.20
山东	7413.4	9252.7	124.81
山西	4078.7	4452.2	109.16
河南	3834.0	5721.1	149.22

续表

省　区	顺治十八年册载耕地面积（万亩）	康熙二十四年册载耕地面积及指数	
		面积（万亩）	指数（顺治十八年面积=100）
陕西	3732.9	2911.5	105.61
甘肃		1030.9	
江苏	6369.0	6751.5	106.01
安徽	3165.5	3542.7	111.92
浙江	4522.2	4485.7	99.19
福建	1034.6	1120.0	108.25
江西	4443.0	4516.1	101.65
广东	2508.4	3023.9	120.55
广西	539.4	780.2	144.64
湖北	7933.5	5424.0	85.88
湖南		1389.2	
四川	118.8	172.6	145.29
云南	521.2	648.2	124.37
贵州	107.4	96.0	89.39
奉天	6.1	31.2	511.48

表1-6中，有几个省的康熙二十四年指数需要讨论。首先是安徽。《大清会典》记载的本年安徽田地面积为3542.7万亩，不仅比雍正二年还高，而且在官书记载的清前期该省耕地数据中，也仅低于乾隆三十一年和嘉庆十七年数字。然而据民国《安徽通志稿》源自历年奏销册的数据，安徽的"实额田地"，顺治十四年为3183.7万亩，康熙二十二年为3253.7万亩，雍正十三年为3365.5万亩，以后乾隆十八年为3276.7万亩，嘉庆七年为3321.6万亩，道光四年为3407.9万亩[①]，从未达到过3500万亩以上。根据《安徽通志稿》的数据，安徽的"实额田地"从顺治十四年到康熙二十四年仅增加了2.2%左右，本项研究即按照这个增长幅度估计安徽康熙二十四年的耕地面积。

湖北、湖南的指数也有问题。二省康熙二十四年的册载耕地总和较之顺治十八年湖广册载耕地数不仅没有增加，而且还减少了14.12%。然而如

---

① 见民国《安徽通志稿》卷5《田赋中·赋额一》。

前文已经揭示的,《大清会典》记载的顺治十八年湖广耕地面积是以顺治十四年《赋役全书》所载原额为依据的,并不是实征耕地,因而是虚高的。其时湖广的实征熟地,根据档案史料,实只有5870万亩左右,故康熙二十四年的册载耕地数实际是增加的。据龚胜生估计,康熙二十四年的实际耕地,湖北为4870万亩,湖南为1400万亩,合计为6270万亩[①],比顺治十八年的湖广耕地总数有6.8%的增加。本项研究,我们直接采纳这个研究结论,不再对二省的康熙二十四年耕地面积另作估计。

表中还有两个省的康熙二十四年册载耕地较之顺治十八年减少了,一个是浙江,另一个是贵州。浙江的耕地面积只减少了不到1%,无关大局。考虑到浙江在整个清代都是一个地狭人稠的省份,没有多少荒地可开,耕地面积一直变化不大,我们对本年的浙江耕地增长假定为零,仍以表1-5估计的该省顺治十八年实际耕地面积为本年耕地数。贵州的康熙二十四年册载耕地面积比顺治十八年少了10.61%,令人不解。贵州虽是受到三藩之乱影响的省份之一,但同样受到影响的广西、四川、云南等省的册载耕地都非但没有减少,反而大幅增加,何以贵州独异?贵州在当时虽还没有进入大规模开发,但也没有导致其耕地大幅减少的历史事件发生。本项研究,我们仍假定从顺治十八年到康熙二十四年贵州耕地是增长的,其增长幅度按照这期间的全国平均增长水平来设定。

根据以上讨论,我们对康熙二十四年的全国分省耕地面积估计如下表。

表1-7　康熙二十四年(1685)分省耕地面积估计

单位:万亩

省区	顺治十八年民田面积	康熙二十四年增长指数(顺治十八年面积=100)	康熙二十四年民田面积估计	屯、学等官田	旗地	官民田合计
全国总计	73193	(115.72)	84696	屯:3079 学:33	1535	89343[①] 87808[②]
直隶	8275.9	118.21	9782.9	屯:745.0 学:8.7	—	10536.6
山东	10675.3	124.81	13323.8	屯:212.5 学:4.0	—	13540.3

---

① 见龚胜生《清代两湖农业地理》,华中师范大学出版社,1996,第81页。

续表

省区	顺治十八年民田面积	康熙二十四年增长指数（顺治十八年面积＝100）	康熙二十四年民田面积估计	屯、学等官田	旗地	官民田合计
山西	4698.7	109.16	5129.1	屯：512.1 学：2.9	—	5644.1
河南	6901.2	149.22	10298.0	屯：— 学：1.5	—	10299.5
陕西	4299.8	105.61	3405.8	屯：148.4 学：0.6	—	3554.8
甘肃	1074.9	105.61	1135.2	屯：755.5 学：2.0	—	1892.7
江苏	8407.1	106.01	8912.4	屯：112.8 学：4.4	—	9029.6
安徽	5318.0	111.92	5424.4	屯：118.1 学：1.6	—	5544.1
浙江	4775.5	99.19	4775.5	屯：17.5 学：1.8	—	4794.8
福建	1489.8	108.25	1612.7 又台湾：23.1[③]	屯：— 学：0.9	—	1613.6 又台湾：23.1
江西	4908.0	101.65	4989.0	屯：47.4 学：0.7	—	5037.1
广东	3913.1	120.55	4717.2	屯：43.1 学：1.3	—	4761.6
广西	1472.6	144.64	2130.0	屯：— 学：1.3	—	2131.3
湖北	5867.0	—	4870.0	屯：153.4 学：0.8	—	5024.2
湖南		—	1400.0	屯：145.0 学：0.3	—	1545.3
四川	299.4	145.29	435.0	屯：4.6 学：0.04	—	439.6
云南	1563.6	124.37	1944.6	屯：41.2 学[⑤]：—	—	1985.8
贵州	322.2	89.39	356.6	屯：22.1 学：0.4	—	379.1
奉天	6.1	511.48	31.2	—		31.2

续表

资料来源：本表顺治十八年民田面积用表1-5实际民田估计数。屯、学田及旗地面积均为康熙间数，亦见该表。各省本年耕地面积指数见表1-6及上文讨论。

注：① 本数包括1535万亩旗地。
② 本数不包括旗地。
③ 康熙《台湾府志》卷5《赋役·土田》载：康熙二十二年地归版图，清查旧额田园实在共18453甲有零，康熙二十四年新垦田园共2565甲有零，合计共21018甲。按每甲合内地11亩折算。

(3) 1766年和1812年的耕地面积

1766年为乾隆三十一年，1812年为嘉庆十七年。前文说过，通过修正既有的官书数据来重建清代实际耕地面积的方法只适用于清初经济恢复时期，但不适用于估计乾隆以后的耕地面积。清代自乾隆以后，农业地域随着人口的快速增长而不断扩大，固守"原额"的官书数字愈来愈偏离现实，在这种情况下，显然很难再以官书的数字作为估计的基础。所以，对清中期乾隆三十一年和嘉庆十七年的实际耕地面积，我们利用已经得到的雍正二年（1724）和道光三十年（1850）的耕地数据，通过计算这100余年间各省耕地年平均增长率的方法，来进行估计。表1-8是推算结果。

表1-8 乾隆三十一年、嘉庆十七年耕地面积估计

省 区		雍正二年至道光三十年（1724~1850）耕地面积及年均增长率			乾隆三十一年（1766）实际耕地面积（万亩）	嘉庆十七年（1812）实际耕地面积（万亩）
		雍正二年耕地面积（万亩）	道光三十年耕地面积（万亩）	年均增长率（%）		
全国总计		108235 其中旗地：1735	143275	—	116170	127763
内地各省合计		104465	131360①	—	111841	121434
内地各省	直隶	12024.6	14587.6	0.1535	12824.7	13762.3
	山东	14184.0	15096.8	0.0495	14481.9	14815.3
	山西	6804.9	7189.0	0.0436	6930.6	7071.0
	河南	11861.4	12675.5	0.0527	12126.8	12424.3
	陕西	5520.6	8114.8	0.3062	6277.0	7224.9

续表

省　区		雍正二年至道光三十年（1724~1850）耕地面积及年均增长率			乾隆三十一年（1766）实际耕地面积（万亩）	嘉庆十七年（1812）实际耕地面积（万亩）
		雍正二年耕地面积（万亩）	道光三十年耕地面积（万亩）	年均增长率（％）		
内地各省	甘肃	3297.3	5015.2 又宁夏1255.3 又青海372.5	0.5575	4164.5	5378.1
	江苏	9113.4	9167.5	0.0047	9131.4	9151.2
	安徽	5664.0	8794.8	0.3498	6558.7	7701.5
	浙江	4844.4	5795.1	0.1423	5142.5	5490.2
	福建 又台湾	1690.8 58.1	2825.7 993.9	0.4084 2.2791	2006.5 149.7	2420.2 422.1
	江西	5812.6	5167.8	-0.0933	5589.1	5354.2
	广东	4925.5	5279.9	0.0552	5041.0	5170.6
	广西	2191.7	3404.3	0.3501	2538.2	2989.1
	湖北	5540.4	5807.8	0.0374	5628.1	5725.7
	湖南	3125.6	6334.0	0.5623	4050.9	5119.5
	四川	5410.1	8106.2	0.3214	6190.6	7175.3
	云南	2003.9	3016.9	0.3252	2296.7	2666.6
	贵州	391.2	2359.5	1.4360	712.0	1371.8
边疆地区合计		2035	11915	—	4329	6329
边疆地区	奉天	1829.3	3303.5	0.5366	2290.3	2929.6
	吉林	59.6	1715.6	1.7269	122.3	268.9
	黑龙江	146.4	1139.1	0.6173	189.6	251.6
	新疆②	—	1237.2	—	371.2	618.7
	蒙古②	—	4519.7	—	1355.9	2259.9

资料来源：雍正二年、道光三十年耕地面积分别据表1-2、表1-3。

注：① 为使各年数据与所反映的行政区域相一致，表1-3中另计的宁夏、青海耕地数字在本表中移至甘肃栏内，故内地各省耕地的合计总数略高于表1-3；相应地，本表边疆地区耕地的合计总数则低于表1-3。

② 新疆、蒙古的耕地面积，乾隆三十一年数按道光三十年的30％估计，嘉庆十七年数按道光三十年的50％估计。

如表1-8所示，按照我们的推算，乾隆三十一年全国耕地面积总数已经达到 11.6 亿余亩，嘉庆十七年更达到近 12.8 亿亩。而官书的数字，乾隆三十一年的民田面积约为 74145 万亩，屯田为 3928 万亩，又其时全国学田约计 115.9 万亩，内务府官庄 57.5 万亩，宗室并八旗官员兵丁庄田 1522 万余亩，再加上分布在盛京及吉林各地的八旗庄田共计 694 万余亩①，这些政府载籍耕地的总和，只约计 8 亿亩出头；嘉庆十七年的官书全国田亩总数，更只有 7.9 亿余亩②，还不到 8 亿亩。如果我们用估计雍正以前耕地面积的方法对这两个年份的官书数字进行修正，那么乾隆三十一年的民田数乘以 1.44 的校正系数，只约为 106769 万亩，加上屯、学等官田及旗地，全国总数也不过才 11.3 亿亩，与表 1-8 的推算有 3000 万亩的差距；嘉庆十七年的官书田亩数，即便不进行官、民田的分拆，用其直接乘以 1.44 的校正系数，也只有 11.4 亿余亩，与表 1-8 推算的当年实际面积有 1.4 亿亩的差距。可见，官书的数据，越到后来与实际偏差越大。这正是我们估计乾隆以后实际耕地时，不再使用校正官书数字的方法的原因。

(4) 1887 年和 1911 年的耕地面积

1887 年为清光绪十三年，1911 年为宣统三年。估计这两个年份的耕地面积，我们的思路仍同估计 1850 年的耕地面积相同，即以国家统计局公布的 1952 年耕地面积为基数，借用严中平等编《中国近代经济史统计资料选辑》中从晚清到民国抗战前的耕地面积指数表，向前逆推；该指数表未涉及的地区，另作估计。民国抗战前的耕地面积指数表以 1873 年的耕地面积为 100，分别计算了 1893 年、1913 年和 1933 年的耕地指数。前面估计 19 世纪中期耕地时，我们将这个指数表的 1873 年指数借用到 1850 年，将 1933 年指数借用到 1952 年。此次，我们将该表 1893 年指数借用到 1887 年，1913 年指数借用到 1911 年。这样做之所以可行，理由有两点：第一，该指数表反映的中国近代耕地变化总体说是可信的。中国自鸦片战争以迄清亡，内地核心农业区的耕垦因早已达到饱和，耕地数量不会有大的变化，该表 1893 年、1913 年两个年份的 22 省（清代内地 18 省加民国以后分立的察哈

---

① 乾隆三十一年民田数见《清朝文献通考》卷 4《田赋考四》，屯田数见卷 10《田赋考十·屯田》，学田数见卷 12《田赋考十二·官田》，内务府官庄、宗室并八旗官员兵丁庄田及盛京、吉林各处旗庄数字见卷 5《田赋考五·八旗田制》，其中学田数为乾隆十八年的，内务府官庄为乾隆十六年奏销数，其他旗地原资料未注明统计年份，但均为乾隆朝数。
② 嘉庆十七年数据见嘉庆《大清会典》卷 11。

尔、绥远、宁夏和青海）的耕地总指数均为101，与此情况相合，应该说是不离大谱的。第二，1893年与1887年仅相距6年，1913年与1911年更仅相距2年，在各年耕地变化不大的情况下，耕地指数的借用是完全没有问题的。

当然，晚清时期耕地也不是全无变化。如在太平天国起义的十几年间，各战区因人口死、逃而出现相当数量耕地抛荒的现象是肯定的。但是这种战争创伤恢复起来会比较快，光绪十三年时去战争结束已有20多年，在耕土地数量应已恢复到战前。晚清时期耕地变化的另一个方面是北方蒙古和东北地区的"放垦"，增加出不少耕地。这是近代以来中国耕地继续有所增加的主要地区。抗战前的耕地面积指数表不包括东北三省，蒙古地区也仅涉及察哈尔及绥远所辖地方，故这些地方的耕地需另作估计。以抗战前的耕地面积指数表为基础估计出内地核心农业区的耕地，再加上晚清"放垦"增出的蒙古、东北地区耕地，就是这一时期全国的实际耕地。

推算结果如表1-9所示。

表1-9 1887、1911年各省区实际耕地面积估计

省 区		1952年耕地面积及指数		推算耕地面积					
				1887年			1911年		
		万市亩	指数	指数	万市亩	万清亩	指数	万市亩	万清亩
全国总计		161878① 157532②	100	(88)	138938	150758	(93)	145823	158228
内地各省合计		121705	100	(100)	121581	131925	(101)	123087	133558
内地各省	直隶	13175.0	100	100	13175.0	14295.8	102	13438.5	14581.7
	山东	13774.1	100	104	14325.1	15543.7	106.1	14614.3	15857.5
	山西③	6934.7 (7287.9)	100	93.6	6821.5	7401.8	100	7287.9	7907.9
	河南	13434.0	100	86.1	11566.7	12550.7	101.7	13662.4	14824.7
	陕西	6805.5	100	107.7	7329.5	7953.0	104.4	7104.9	7709.3
	甘肃	5454.0	100	98.3	5361.3	5817.4	99.2	5410.4	5870.7
	江苏	9293.7	100	91.8	8531.6	9257.4	92.7	8615.3	9348.2
	安徽	8672.7	100	99.1	8594.6	9325.7	100	8672.7	9410.5
	浙江④	3061.5 (4165.8)	100	130.8	5448.9	5912.6	93.6	3899.2	4230.9

续表

省 区		1952年耕地面积及指数		推算耕地面积					
				1887年			1911年		
		万市亩	指数	指数	万市亩	万清亩	指数	万市亩	万清亩
内地各省	福建⑤	1927.0 (2109.4)	100	118.5	2499.6	2712.2	113.6	2396.3	2600.2
	台湾⑥	(1308.5)	100	(85)	1112.2	1206.8	—	—	—
	江西⑦	4121.6 (4334.0)	100	108.8	4715.4	5116.5	102.2	4429.3	4806.1
	广东	4963.3	100	99.0	4913.7	5331.7	99.0	4913.7	5331.7
	广西	3859.0	100	85.4	3295.6	3576.0	95.1	3669.9	3982.1
	湖北⑧	6023.9	100	81.3 (92.1)	5548.4	6020.4	85.2 (94.3)	5681.5	6164.8
	湖南⑨	5518.2 (5136.9)	100	100	5136.9	5573.9	101.1 (94.1)	5193.4	5635.2
	四川	8217.8	100	92.7	7617.9	8266.0	94.5	7765.8	8426.4
	云南⑩	3642.3	100	84.7	3085.0	3347.4	101.5	3696.9	4011.4
	贵州	2826.9	100	88.5	2501.8	2714.6	93.1	2631.8	2855.7
东北	东北地区合计	23909	100	(37.4)	8931	9690	(56.9)	13605	14762
	奉天⑪	7186.5	100	(45.5)	3268.3	3546.3	(48.8)	3507.6	3806.0
	吉林⑪	6993.0	100	(47.9)	3348.1	3633.1	(79.1)	5534.6	6005.4
	黑龙江⑪	9729.0	100	(23.8)	2314.1	2511.0	(46.9)	4562.9	4951.1
西北	西北地区合计	3012	100	(83.3)	2509	2722	(86.2)	2596	2817
	新疆⑫	2314.7	100	(83.3)	1928.1	2092.1	(86.2)	1995.3	2165.0
	青海	696.9	100	83.3	580.5	629.9	86.2	600.7	651.8
蒙古	蒙古地区合计	8906	100	(66.4)	5917	6421	(73.4)	6535	7091
	宁夏	1145.3	100	101	1156.8	1255.2	103	1179.7	1280.1
	内蒙⑬	7761.0 (5950.5)	100	(61.3)	4760.4	5165.4	(69)	5355.5	5811.1
	西藏	—	—	—	—	—	—	—	—

资料来源：同表1-3。因本表设1952年指数为100，各省1887年（原指数表1893年）、1911年（原指数表1913年）的指数均根据原指数表重新换算过。个别省未依1952年耕地面积推算，其按照1952年耕地面积计算的指数另附于原指数之后（括号内数）。又全国耕地总计栏、各省区耕地合计栏及不在原指数表内的省区的指数，因系根据表内数字计算所得的结果，亦放在括号之内，以

续表

示区别。

注：① 原资料的1952年全国总数。

② 表内各省区1952年耕地面积的合计数。

③ 山西耕地以1933年数7287.9万亩为基准推算。

④ 浙江耕地以1933年数4165.8万亩为基准推算。

⑤ 福建耕地以1949年数2109.3万亩（福建1933年耕地数与1949年相同）为基准推算。

⑥ 台湾1949年耕地1308.5万亩，本表按此数的85%估计其1887年耕地。

⑦ 江西耕地以1933年数4334万亩为基准推算。

⑧ 湖北耕地，按1952年耕地面积及原指数推算，1887年为4897.4万市亩（合5314万清亩），1911年为5132.4万市亩（合5569万清亩）。本表这两个年份的耕地，依据龚胜生《清代两湖农业地理》（华中师范大学出版社，1996）第81页表嘉庆二十五年（1820）和同治十二年（1873）两个年份耕地的年均增长率，以表1-3估计的1850年耕地为基准进行推算。

⑨ 湖南耕地以1949年数5136.9万亩为基准推算。

⑩ 云南1887年、1911年的耕地指数按1952年为131计算，参看表1-3注⑫。

⑪ 东北耕地的估计利用叶瑜、方修琦、任玉玉、张学珍、陈莉的研究成果《东北地区过去300年耕地覆盖变化》（载《中国科学》D辑《地球科学》2009年第39卷第3期，第340~350页），以该文表1、表2估计的东北三省1780年、1908年、1914年3个年份的耕地数字为基础，按1780~1908年的耕地年均增长率推算1887年耕地面积，按1908~1914年的年均增长率推算1911年耕地面积。

⑫ 新疆耕地按青海指数推算。

⑬ 内蒙耕地以自治区统计局发布的1947年数据396.7万公顷（5950.5万亩）为估计基准，1887年面积按此数的80%计，1911年面积按90%计。

表1-9显示，晚清时期的两个年份，内地各省的耕地数量与1952年相比基本一致，反映出中国核心农业区的耕垦在晚清时就已经达到饱和；东北三省及蒙古地区的耕地，则在这一时期增加较快，不过直至清亡，其耕地数量仍与1950年代初有较大差距，这种情况，也与该两个方向上的农业开发在近代的发展历程相吻合。表1-9的推算结果，总体上应该是靠谱的。

以上，通过不同的方法，重建了从清初直至清亡各个时期总计8个年份的实际耕地面积，如表1-10所示：

表1-10 清代各时期分省实际耕地面积估计

单位：万亩

省 区	顺治十八年（1661）	康熙二十四年（1685）	雍正二年（1724）	乾隆三十一年（1766）	嘉庆十七年（1812）	道光三十年（1850）	光绪十三年（1887）	宣统三年（1911）
全国总计	77840	89343	108235	116170	127763	143275	150758	158228
直隶	9029.6	10536.6	12024.6	12824.7	13762.3	14587.6	14295.8	14581.7

续表

省　区	顺治十八年(1661)	康熙二十四年(1685)	雍正二年(1724)	乾隆三十一年(1766)	嘉庆十七年(1812)	道光三十年(1850)	光绪十三年(1887)	宣统三年(1911)
山东	10891.8	13540.3	14184.0	14481.9	14815.3	15096.8	15543.7	15857.5
山西	5213.7	5644.1	6804.9	6930.6	7071.0	7189.0	7401.8	7907.9
河南	6902.7	10299.5	11861.4	12126.8	12424.3	12675.5	12550.7	14824.7
陕西	5206.4	3554.8	5520.6	6277.0	7224.9	8114.8	7953.0	7709.3
甘肃		1892.7	3297.3	4164.5	5378.1	6643.0①	7702.5②	7802.6②
江苏	8524.3	9029.6	9113.4	9131.4	9151.2	9167.5	9257.4	9348.2
安徽	5437.7	5544.1	5664.0	6558.7	7701.5	8794.8	9325.7	9410.5
浙江	4794.8	4794.8	4844.4	5142.5	5490.2	5795.1	5912.4	4230.9
福建	1490.7	1613.6	1690.8	2006.5	2420.2	2825.7	2712.2	2600.2
台湾	—	23.1	58.1	149.7	422.1	993.9	1206.8	—
江西	4956.1	5037.1	5812.6	5589.1	5354.2	5167.8	5116.5	4806.1
广东	3957.5	4761.6	4925.5	5041.0	5170.6	5279.5	5331.7	5331.7
广西	1473.9	2131.3	2191.7	2538.2	2989.1	3404.3	3576.0	3982.1
湖北	6166.5	5024.2	5540.4	5628.1	5725.7	5807.8	6020.4	6164.8
湖南		1545.3	3125.6	4050.9	5119.5	6334.0	5573.9	5635.2
四川	304.0	439.6	5410.1	6190.6	7175.3	8106.2	8266.0	8426.4
云南	1604.8	1985.8	2003.9	2296.7	2666.6	3016.9	3347.4	4011.4
贵州	344.7	379.1	391.2	712.0	1371.8	2359.5	2714.6	2855.7
奉天	6.1	31.2	1829.3	2290.3	2929.6	3303.5	3546.3	3806.0
吉林	—	—	—	59.6	122.3	268.9	1715.6	3633.1	6005.4
黑龙江	—	—	—	146.4	189.6	251.6	1139.1	2511.0	4951.1
新疆	—	—	—	371.2	618.7	1237.6	2092.1	2165.0
蒙古	—	—	—	1355.9	2259.9	4519.7	5165.4	5811.1

资料来源：据表 1-2、表 1-3、表 1-5、表 1-7、表 1-8、表 1-9。

注：① 此数包括表 3 另计的宁夏、青海耕地在内。
　　② 此二数包括表 9 另计的宁夏、青海耕地在内。

第二章 粮食的平均亩产和总产量

关于清代粮食的亩产和总产量问题，国内外已有不少研究，采用的方法、得出的结果各不相同[1]。就方法而言，主要有两个：一个以设定的人均粮食需求数量为前提，通过人口估算总产量，再用这个估出的总产量按照耕地面积计算平均亩产；另一个从文献记载的亩产个例入手，通过对亩产个例的研究来估计总平均亩产，然后，用平均亩产按照耕地面积估算总产量。这两种方法，第一种需要确定人均粮食需求的数量（包括口粮及维持社会经济运转所必需的其他粮食消费）。然而这个数量其实是弹性很大的，即便参考历史记载和近现代调查，研究者依然要在一个波动幅度相当大的数量区间内进行主观判断和选择，就是说，用于以后一切估算的"人均粮食需求"这个前提，在其取值的确定上是相当"武断"的，而不同的取值会导致估算结果的大不相同[2]。

第二种方法是1980~1990年代以来在研究者中得到更多采用的主流方法。通过亩产个例的调查来确定亩产，一般虽然也会受到研究者主观因素的影响，但历史记载的粮食亩产差异，远没有"人均粮食需求"那样大的

---

[1] 此课题研究成果甚多，不能一一开列，可参看石涛、马国英《清朝前中期粮食亩产研究述评》，载《历史研究》2010年第2期，第143~155页。

[2] 例如，使用这种方法估计中国明代以来粮食产量的美国学者珀金斯（Dwight H. Perkins）就说过："中国按人计算的原粮的平均产量，很少低于四百斤（两百公斤）或高于七百斤（三百五十公斤）"，"无法直接确定较早时期的波动幅度"，见所著《中国农业的发展（1368~1968年）》（宋海文等译，上海译文出版社，1984，第12~13页），并参看该书第396~411页附录六对此问题的详细讨论。在如此大的一个波动范围内选取数值，研究者的主观因素绝对是起决定作用的。珀氏在研究中使用了500~600斤这个"较为狭小的波动幅度"，但即便如此，也足以使某一具体时期的粮食产量的估计出现很大差异，但同时却又都是"合理"的。

弹性取舍空间，研究者主观选择的余地要小得多，因而所得结果也必然客观得多。采用此法得出的研究结论，其可靠性主要取决于研究者收集的亩产个例的数量、质量、地域覆盖范围和粮食品种的代表性等客观的史料因素。

本章估计清代粮食的亩产和总产量，仍然沿袭笔者在1980年代研究此问题时的思路，即从亩产个例入手，根据历史记载并参考近代的调查，首先分别讨论南北方水稻、旱粮在不同农作方式下各自的亩产水平及其占用耕地的比例，并以之为依据估算粮食作物的总平均亩产；然后，以这个总平均亩产和对当时粮食生产占用耕地面积的估计为依据，估算全国的粮食总产量。

一　亩产量

在传统时代，人口、耕地、粮食产量（亩产和总产）这些关乎农业生产状况的指标彼此有密不可分的内在关联。清代人口和耕地的变化都以19世纪中期为重要时间节点，此前呈不断增长的态势，此后则进入长期变化不大的基本停滞状态。这种情况，反映了清代农业发展的总体趋势。因此，我们对清代粮食亩产的观察，也从19世纪中期开始，首先估定它在这一时点上的发展水平；然后，再分别向前、向后延伸，研究其他时期的亩产水平。

1. 本项研究使用的粮食亩产量数据

本项研究使用的粮食亩产数据，是我们从大量清代官私文献，主要是各省地方志中搜集整理出来的，在地域上涵盖了全国所有的内地省份和部分边疆地区，涉及的地方州、县（包括散厅）近800个，约当其时全国基层行政单位总数之半。数据的总量超过3000个，远超过以往的研究[①]。这

[①] 前人收集并发表的清代粮食亩产量数据，绝大部分都集中在郭松义《清前期南方稻作区的粮食生产》（载《中国经济史研究》1994年第1期）、《清代北方旱作区的粮食生产》（载《中国经济史研究》1995年第1期）两篇专文及赵刚、刘永成、吴慧、朱金甫、陈慈玉、陈秋坤编著的《清代粮食亩产量研究》（中国农业出版社，1995）一书中。其他一些研究者的著作，特别是一些区域性研究的专著和论文，也对清代粮食亩产量数据的搜集做出了贡献。前人发表过的数据资料，凡已经见到的，我们在做本项研究时均一一根据原始文献重加核实、订正并吸收进各省数据表（少数无法得见原始出处，又判断其大体可靠者则注明转自某文某书）。这些已经公布的数据资料（包括本人在过往研究中贡献的），据我们统计，总共约有1000多个（出现在我们数据表中的不到1000个，因为有些做了合并处理）。

些数据有不少是根据原始资料所记载的众多数据经过合并计算处理过的,若按我们收集的最原始数据统计,总量当以万数计。

当然,这些数据也同过往研究者所使用的数据一样,不可避免地存在着一些先天缺陷或不足。首先,由于很大一部分数据是根据地方志书、官方档案以及民间租册、地契等文献所记录的地租事例,按照地租率为50%的假定,经过折算而得到的,这部分数据不可能是统计学意义上的准确的亩产数字,而只能算是一种估计。地租率为50%是清代地租的常态,但毕竟还存在着"四六分成"、"三七分成"以及"倒四六"、"倒三七"分成的情形。在定额租已经十分普及的情况下,由于某地块的实际亩产量每年并不确定,按照50%的地租率计算亩产更只能是对该地块常年亩产水平的一个大致的估计。所以,这部分按照地租率为50%的假定,根据地租额数推算而得到的亩产数据,较之实际亩产,既有可能存在"高估"的情况,也有可能存在"低估"的情况。这是没有办法的事,因为舍此不可能有更好的方法将历史文献中大量记录的地租数据转化为亩产数据,从而服务于我们的研究。幸好,本项研究所依据的并不是少量的个别事例,而是在"尽可能穷尽资料"的宗旨下,从大量文献广泛搜罗,最终得到样本数量不算很少的事例。在"大数法则"的作用下,个别事例的"高估"或"低估"误差,应该能够得到相当的"冲销",从而保证研究结果总体上的准确性。

其次,即便那些在历史文献中明确记载的亩产数据,很多也是当时人的一种估计,而且有些是数值并不确定的一个产量范围如"二三石"、"三四石"之类。这里,我们面临的问题是如何看待和处理古人的此类记载。既然是估计,就只能是"在通常情况下大概如此"而非确切的亩产。这与用地租数据折算亩产量的情形是一样的,并不能期望个别数据的统计学意义上的准确性,而只能追求"大数法则"下总体结果的合理性。对于"二三石"、"三四石"之类的记载,虽然古人给出的数字是模糊的,但为了进行研究,我们也不得不将其看作一个确切的产量区间并将其中间值"2.5石"、"3.5石"记录进数据表。这种数学处理,当然并不意味着所录入的数据具有统计学意义上的准确性。

再次,有部分数据,由于原始记载中直接的信息不充分,是根据其他相关记载,经过迂回曲折的计算才得到的,当然也不能期望其完全准确。例如用地租数估算亩产量要知道某地块的顷亩数和地租总量才有可能进行计算，但有的记载可能只有地租总量，而没有该地块的顷亩信息。在这种情况下，该地块的顷亩数就只能通过间接的方法进行估计，然后才能进一步计算亩产量。最常见的情形是用田种数估算顷亩数。清代许多地方民间不以顷亩计量田地，而按播种的升斗数计量。这种以播种数计量田地的方法，在某一确定的地区，田种与顷亩之间是有一个大概的对应标准的，因此，根据某地区种田的顷亩折算标准，由田种数去推算顷亩，原则上是可行的。但是这种推算常常也存在风险。因为不是所有史料都在记载某地块田种数的同时也记载有该地种田的顷亩折算标准，我们不得不使用从其他史料得到的某个标准，而这个标准，并不一定适合该事例所在的那个地方。事实上，种田的顷亩折算标准的地域性较强，即便在同一省、同一府，也可能不一样。如同在安徽省内，又同在滁州直隶州地域内，州城一带"田以种计，大率种一斗得田一亩"①；而距离不远的来安县却是"每种一石，计田三亩零"②，即约每种 3.3 斗计田 1 亩。所以，如果不能准确掌握某田种与顷亩的折算标准，在估算亩产量时就可能会产生误差，甚至是很大的误差。面对这样的问题，我们的处理方式是：在用田种数折算某地块顷亩数的时候，一方面尽可能在该地区的史料中搜求当地种田的确切顷亩折算标准，以避免因折算标准使用不当而产生误差；另一方面，对最终估算出的亩产数据是否合理进行常识判断，如与同一地区的其他亩产数据相差过大，而其间的差异又不能得到合理的解释，那么，这个数据宁可舍弃不用。我们希望，这种谨慎的态度能够尽可能减少因信息不充分，需要迂回曲折计算，对于亩产估计的准确性所造成的不利影响。

也有极个别事例在估算亩产时使用的地块顷亩是通过其他相关信息，例如田赋数，推算出来的。这些事例的原始记载只有该地块的地租额数及应纳税粮（或税银）数，而无地块的顷亩数，我们不得不通过税粮（银）的信息来间接推算。此种曲折计算，较之用田种数推算顷亩，存在着更大的不确定性：清代的田赋征收大多根据田地的等次而分别制定不同的科则，有些地方的田赋科则非常繁细复杂。尽管这些科则可以在《赋役全书》或地方志中查得，但除非能从史料中获知某地块的等次信息，要根据其所纳

---

① 光绪《滁州志》卷 2 之二《食货志·土产》。
② 韩梦周：《理堂外集·劝谕业佃瘠田加粪文》。

税粮（银）数来准确推算顷亩大小，仍然十分困难。多数情况下，由于不知地块的等次，我们只能使用当地田赋的平均征数进行大致推算。这样估出的地块顷亩，自然难以准确；再据之推算亩产量，当然也同样不能完全准确。为了尽量减小误差，作为在不得已情况下获取田地顷亩信息的一种方法，我们对其应用设定有严格的条件，即如果不知道某地块的等次，那么当地的田赋科则最好是单一的；按田地等次征收的，其最高科则与最低科则之间的差距不能过大，以保证使用平均征数计算出的地块顷亩误差能限定在一个较小的区间之内。当然，最后推算出的亩产量，也同样要与该地区的其他亩产数据进行比较，明显有悖常理的，宁可舍弃不用。

最后，对这些亩产数据的准确性产生影响的，还有来自于清代各地区极为纷繁复杂、五花八门而不统一的度量衡制度的困扰。为了研究的方便，我们的数据表所记录的产量是以"石/亩"为计量单位的，其中，"亩"为清代官亩，即按"部铸弓尺"，以"五尺为步，步二百四十为亩"定义的官定亩积之"亩"；"石"为以清代部颁"仓斛"定准之"仓石"。原则上，所有的数据，无论其原始记载的计量单位为何，都要换算为标准计量单位的数值录入数据表。然而这只是一种理想状态，实际上不可能完全做到。这里面临的问题，不仅仅是原始记载的计量单位五花八门[①]，其中大多是地方性的，我们不可能完全弄清楚它们与标准计量单位的换算关系；而且，史料信息本身的模糊、不充分，也常常导致无法进行准确换算。例如在江南的许多地方，我们知道那里的"亩"有大、小之分，"大亩"的弓步数多于官定的240步标准，有260步、360步、430步、480步、540步、600步、720步等多种亩积。但即便知道这些，对于某条具体史料，如果不知道其中提到的"亩"属于哪一种，仍然不可能将其换算为标准亩。在这种情况下，因不得不按原始记载录入数据表，所记录下的亩产量当然也就与按标准亩计量的产量有一定距离。又如标示产量的"石"，不仅存在着原始记载中其他计量单位（釜、钟、斛、箩、碗、桶、秤、砠、斤、担等）与其换算的

[①] 关于清代度量衡制度的不统一及各地民间计量习俗的复杂性，前人已多有研究和介绍，可参看郭松义《清代田土计量种种》，载《清史研究通讯》1984年第1期；《清代的量器和量法》，载《清史研究通讯》1985年第1期；《清代的亩制和流行民间的田土计量法》，载《平准学刊》第3辑，中国商业出版社，1986；黄冕堂《清代农田的单位面积产量考辨》，载《文史哲》1990年第3期。

问题，而且，即便同为"石"系列（石、斗、升、合），不同地方的标准也并不一致。尤其各地民间使用的"乡斗"、"市斗"往往与"官斗"（仓斗）有成倍的差距，而弄清某一具体史料记载的为何种"斗"以及当地"斗"与官斗的换算关系，实非易事。在有些情况下，我们经过比对多种史料，觉得有相当把握，对原始记载的"斗"量数按官斗标准做了换算；但更多的情况则是，或因原始记载的信息模糊、不充分，或因不清楚当地斗量与官斗之间的换算关系，只能仍按原始记载的数值录入数据表。因乡斗、市斗一般比官斗要大，以其计量的产量较之按官斗计量自然要低一些。这种处理方式，虽属不得已，却符合我们做本项研究始终遵循的一个基本原则，即对清代亩产量的估计，理想的目标当然是"实事求是"，既不"高估"，也不"低估"，但是具体到个别事例，当必须在"高"与"低"两个数值间做出选择取舍时，如无确实把握，宁可"就低不就高"。我们相信，此种"谨慎"的态度，较之无把握的"高估"，也许更有助于本项研究最后得到一个"求实"的结果。

尽管存在着上述种种不尽如人意之处，我们相信，如果不以"统计学意义上的准确性"作为衡量标准，而只当作清代各地亩产水平的大致反映，这批数据是完全合格、可以放心使用的。较之以往仅凭数百、最多千把数据做出的研究，由于数量更多、覆盖面更广，以其为依据得出的对当时亩产量的估计，也一定更为可信。

2. 19世纪中期的粮食亩产量估计

清前期的粮食生产，主要是水稻、大小麦、玉米、高粱及粟、黍等杂粮和各种豆类、薯类作物。本项研究，我们将粮食作物区分为水稻与旱粮两类，其中前者主要是在南方各省生产，北方仅有少量种植，后者则南北方均有出产[①]。

（1）水稻亩产

南方水稻亩产

水稻是南方各省广为种植的主要粮食作物之一。本项研究总计收集了涉及南方12省共计500余府州县的稻作亩产量数据共2321个，其中属清前

---

① 为了研究上的方便，本项研究按省份区分"南方"和"北方"，南方包括江苏、安徽、浙江、江西、福建、广东、广西、湖北、湖南、四川、云南、贵州十二省；北方包括直隶、山东、河南、山西、陕西、甘肃六省及新疆、东北、蒙古等地区。

期者1802个，属晚清者519个，如表2-1所示。

表2-1 南方各省水稻亩产量事例分布

单位：个

省　份	府州县数①	事例数	时间分布		
			清前期②		晚清③
			清前期合计	嘉、道时期	
总计	519	2321	1802	733	519
江苏	34	89	79	30	10
安徽	35	247	228	135	19
浙江	45	98	79	34	19
江西	56	187	140	42	47
福建	35	146	132	33	14
广东	52	237	212	67	25
广西	40	195	116	58	79
湖南	41	275	209	96	66
湖北	45	368	218	80	150
四川	48	211	136	96	75
云南	58	175	170	7	5
贵州	30	93	83	55	10

资料来源：据本书后附"清代南方水稻亩产量"各分省表。

注：①本项研究制作的亩产量事例表按清代基层行政单位州、县（包括散厅）登录所收集到的事例；少数事例或因无法确定其所在的具体州县，或因该数据的原始来源明确指明其反映了所在府或直隶州（直隶厅）的一般情况，以府、直隶州（厅）为单位进行登录，统计时该府、直隶州（厅）与州县一起计数。
②指道光（含）以前各朝的事例。
③指咸丰至清末各朝的事例。

清代南方各省州县一级行政单位的总数，根据《清史稿·地理志》统计，大约只有900个出头（包括台湾），即便算上土州、土县、土司，也就1000个稍多。我们收集到亩产数据的行政单位的数量超过其半数，可以说已经覆盖了南方水田稻作区的绝大部分地方。

这些数据的数学处理，理论上，由于每个数据所代表的耕地面积不一样，有的只是一小块稻田的产量记录，有的却反映了很大一个区域的产量水平，计算这些数据的平均数应采用加权平均的方法。但这是不可能做到的，因为我们并不总是知道每个数据所代表的地域面积有多大。所以，我们只能使用简单的算术平均方法，无论计算一省的平均亩产，还是计算各省的总平均亩产，都是如此。所得结果如表2-2。

表2-2 南方各省稻作的平均亩产量

省　份	平均亩产量（石/亩）		
	全部事例平均	清前期事例平均	嘉、道时期事例平均
12省总平均	3.10	3.06	3.21
江苏	3.13	3.21	2.42
安徽	2.81	2.79	2.93
浙江	3.93	4.05	4.28
江西	3.10	3.02	3.36
福建	4.17	4.25	5.41
广东	3.73	3.47	3.68
广西	2.31	2.15	2.22
湖南	3.23	3.05	3.16
湖北	2.19	2.17	2.28
四川	3.41	3.29	3.66
云南	2.56	2.58	2.31
贵州	2.64	2.70	2.76

资料来源：同表2-1。按表内亩产为稻谷产量。

表2-2中，为了从多方面观察，我们对每个省的稻作亩产都给出了3个平均数，即按包括晚清事例在内的全部清代事例计算的平均数、仅按清前期（清初至道光）事例计算的平均数和仅按嘉庆、道光两朝（18世纪末至19世纪上半期）事例计算的平均数。从中可以看出，除个别省（江苏、福建）外，总的说各省的3个平均数之间相差不大。如果以清代全部事例的平均数为100，则其余2个平均数与其差距最多也不超过正负10%。还可看出：按清前期事例平均的亩产，虽与按清代全部事例平均的亩产差距不大，但多数省（7个）都要稍低一些；而按嘉、道时期事例平均的亩产则正相反，多数省（也是7个）的数字要稍高一些。全部12省总计的平均结果是：以全部事例的平均数为100，则清前期事例的平均数为98.7，嘉、道时期事例的平均数为103.5。以上情况，详见表2-3。

表 2-3 南方各省稻作按不同时期事例计算的亩产平均数比较

省　份	指　数		
	清代全部事例平均	清前期事例平均	嘉、道时期事例平均
12省总平均	100	98.7	103.5
江苏	100	102.6	77.3
安徽	100	99.3	104.3
浙江	100	103.1	108.9
江西	100	97.4	108.4
福建	100	101.9	129.7
广东	100	93.0	98.7
广西	100	93.1	96.1
湖南	100	94.4	97.8
湖北	100	99.1	104.1
四川	100	96.5	107.3
云南	100	100.8	90.2
贵州	100	102.3	104.5

资料来源：根据表 2-7 计算。

表 2-3 的亩产平均数比较只具有参考价值，并不能仅凭此就得出什么确定的结论。严格说，这三种亩产平均数不具有完全的可比性，因为无论是按清前期事例计算的平均数还是按嘉、道事例计算的平均数，其所依据的事例都是包括在整个清代的事例之中的，不仅在数量上要大大少于第一种平均数的事例依据[①]，而且，由于这些事例的分布并不均衡，不是我们收集到资料的每一个州县都有，其在地域上的代表性亦要稍差一些。不过，从表 2-3 可以看出，按嘉、道事例平均的亩产不但在 12 省的总计结果中要高于其他两个平均数，而且在分省计算的平均数比较结果中也明显具有这个特点；如果单与清前期事例的平均数比较，则 12 省中有 10 个省均前者高于后者。这至少反映出：在嘉庆、道光时期，稻作的平均亩产水平是比较高的。基于此，我们认为，根据表 2-2，可以将嘉、道时期事例的平均数

---

① 根据表 2-1，清代全部事例共 2321 个，其中清前期事例 1802 个，占 77.6%；嘉、道时期事例 733 个，占全部事例的 31.6%，占清前期事例的 40.7%。

3.2石作为其时南方稻作平均亩产的高限,而据清代全部事例和清前期事例分别计算出的两个平均数,即亩产3石或稍多一点,则可以作为估计值的低限。这个产量区间,换算为近代市制大约为每市亩438~468市斤[①]。

需要指出的是,我们在收集这批亩产量数据的时候,并没有区分单季稻、多季稻或稻麦复种等情形,而只是录入了史料记载中的产量数值(与稻复种的麦、豆等旱粮产量没有计入)。因此如上估计的3~3.2石产量区间是指一亩水田全年的稻谷总产量,而非一季产量。如果只算一季产量,当时水稻的平均亩产应该在这个水平以下,我们估计最高也不会超过2.7石[②]。

如果将只种稻水田(单季或多季种植)与稻旱粮复种水田的稻产量分开来估计,情况又有所不同。根据看到的史料,前者通常要比后者高一些。清代史料中只种一季晚稻的稻谷产量,每亩3石以上者十分常见,双季稻、多季稻的总产量又比只种一季晚稻者至少提高20%,多数情况下还要更多一些[③]。而与旱粮复种水田的稻产量,因受品种、二季轮作农时安排以及耕作精细程度、肥料投入多少等多种因素的影响,一般比只种一季晚稻者要低一些,超过3石者不多。综合考虑,本项研究将只种稻水田一年的总亩产估计为3.3~3.5石(按上述南方稻作总平均亩产3~3.2石区间上调10%);与旱粮复种的稻产量,按水稻一季的平均产量再下调10%,粗估为每亩2.4石。

北方水稻亩产

北方地区的水稻种植在清前期有所拓展。闵宗殿先生曾查阅地方志,统计出直隶、山东、河南、山西、陕西、甘肃等省及新疆、蒙古、辽宁、

[①] 按稻谷1清石=1.036市石、1市石=130市斤、1清亩=0.9216市亩换算。

[②] 据严中平等编《中国近代经济史统计资料选辑》,科学出版社,1955,第361页表85,20世纪30年代抗战前全国籼粳稻的平均亩产量为:1931年336斤,1932年383斤,1933年351斤,1934年281斤,1935年347斤,1936年355斤,6年平均为342斤。我们认为,清代嘉、道时期的南方水稻平均亩产,即便高于上述产量,也不会超过400斤(亩产2.7石折算为市亩市斤约为每亩395斤)。

[③] 据《浙江省地方农事试验场成绩报告》(浙江省地方农事试验场编,民国13年),1920年代,该试验场种植的双季稻平均约比单季晚稻增产20%。清代的一些事例更高于此。如康熙末苏州织造李煦在当地试种双季稻,两季的各自亩产,康熙五十五年为3.7石、1.5石,五十六年为4.1石、2.5石(《李煦奏折》第198、204、226、233页),第二季对总产量的贡献分别达到了28.8%和37.9%。同时期江宁织造曹频在上元县推广双季稻,情形亦大致相同,见《红楼梦学刊》1980年第2期《江宁织造曹家档案史料补遗(下)》。

吉林等地有水稻种植的州县总数逾400个，纬度最高的地区达到北纬44度以上①。就我们见到的资料，北方的水稻单产，高者能达到每亩5~6石，甚至更高，不逊于南方的高产田。如京畿地区，雍正时委派怡亲王允祥总理水利营田，据允祥雍正五年八月奏报，当时在京东滦州等6州县，京西庆都等8州县，天津、静海、武清等3州县，京南正定等10州县总共开营稻田3287顷余，另有文安、安州、新安、任丘等州县"民间自营己田"5000余顷，"据各处呈报，新营水田，俱禾稻茂密，高可四五尺，每亩可收谷五、六、七石不等"②。又如陕西汉中地区，据道光初严如熤记载，"水田夏秋两收，秋收稻谷，中岁乡斗常三石"③，按官斗计，即为亩产6石。仍在陕南汉中府，《西乡县志》记载：道光十四年知县胡廷瑞筑南河堤，筹款购秧田1石余斗，年收租谷40~50石④。田数按15亩计，租数按45石计，平均亩产亦约为6石。在河南，乾隆时光山县龙台里刘圣庙保有书院田14亩，岁征租谷市斗35石⑤，市斗产量已为5石，换算成官斗更高。固始县普济堂乾隆三十四年置买义田50亩，岁收租谷120石⑥，折算产量亦接近5石。商城县嘉庆时有书院田269亩，每年租稞仓斗稻谷705.6石；又置买田120亩，每年租稞仓斗稻谷315石⑦，两例折算产量均超过5石。又商城东岳庙有充公义学田2亩，年收租10.5石，亩产更超过10石了。在山东青州府，乾隆时记载说那里"海上斥卤原湿之地皆宜稻"，"但雨阳以时，每亩可收五六石，次四五石"⑧。

当然北方水稻亩产量较低的事例也不少。如京畿玉泉山的稻田，据康熙三十年皇帝说，其产量"一亩不过一石"⑨。康熙四十年代，总兵蓝理在天津一带开渠引水种稻，据直隶巡抚赵弘燮奏报的种稻田数及收获谷数计算，康熙四十四年亩产量为1.28石，四十五年为0.43石，四十六、四十七

---

① 闵宗殿：《清代的人口问题及其农业对策》，载《清史研究通讯》1990年第1期。
② 《清世宗实录》卷60，雍正五年八月己酉。
③ 严如熤：《三省边防备览》卷8《民食》。
④ 民国《西乡县志·建置志》。
⑤ 乾隆《光山县志》卷14《学校》。
⑥ 乾隆《光州志》卷31《恤政志》。
⑦ 嘉庆《商城县志》卷5《学校志上》。
⑧ 《钦定授时通考》卷21。
⑨ 《清圣祖实录》卷153，康熙三十年十二月丁亥。

年为 1 石，四十八年为 0.5 石①。雍正年间，天津葛沽有义学起租稻田 338.9 亩，每年纳租米 93.25 石，雍正四年以后减租，每年实收租米 76.2525 石②。此例，按前一种租额折算产量，约为亩产 1.1 石；按后一种折算，仅约 0.9 石。陕西西安府蓝田县有学田水地 8 亩，每年租稻 3.2 石③，折算亩产量仅为 0.8 石。汉中府沔县马家堰下渠南水沟有水田 1.5 亩，嘉庆年间知县马允刚将其拨入书院，每年收米租 6 斗④，折算稻谷亩产量只有 1.6 石。在长安、洋县、宁羌州、鳌屋等陕西州县，我们也都见到亩产仅为 2 石或稍多一些的低产事例⑤。在上面引证过高产事例的河南省商城县，亦有亩产不足 2 石或仅 2 石稍多的低产事例⑥。南阳县光绪间稻产，"熟年每亩约收六斗，每斗带籽二十四斤"⑦，按官斗计带籽产量也才 1 石稍多。

就一般情况而言，北方稻作的产量以每亩 2～3 石者为多。由于我们收集到的事例数量不多（仅百余例），难以根据其平均数估计产量，在本项研究中姑以 2～2.5 石作为北方稻作的产量区间，折算成市亩市斤大约为 292～365 斤/亩。

据我们见到的一些民国时期的北方水稻产量记载，大体也在每亩 300 多斤到 400 斤之间。如民国《井陉县志料》记载："邑中沿河之水皆产稻"，全境稻地约 9000 余亩，每亩产量约 300～400 斤。⑧ 又民国《涿县志》记载，该县稻田面积约 12314 亩，年产稻米约 14770 余石，⑨ 合稻谷产量，也在 300 斤以上。参考民国时期的产量，我们认为，将 19 世纪中期北方水稻

---

① 天津历年种稻田数及收获谷数见《康熙朝汉文朱批奏折汇编》第 1 册，第 207 页：直隶巡抚赵弘燮等奏报稻田数及其情形折（康熙四十五年十二月十一日）；第 292 页：直隶巡抚赵弘燮奏报已垦地亩去年收谷实数并收贮缘由折（康熙四十七年二月初十日）；第 2 册，第 458 页：直隶巡抚赵弘燮奏报水田收得稻谷数目折（康熙四十八年三月初三日）；第 636 页：直隶巡抚赵弘燮奏报天津稻田收成谷数折（康熙四十九年三月初五日）。
② 光绪《重修天津府志》卷 35《学校》。
③ 雍正《蓝田县志》卷 1《建革·儒学》。
④ 光绪《沔县志》卷 2《学校志》。
⑤ 长安县事例见黄冕堂《清史治要》205 页。洋县事例见光绪《洋县志》卷 3《学校志》。宁羌州事例见光绪《宁羌州志》卷 2《建置·书院》。鳌屋事例见民国《鳌屋县志》卷 4《教育》，转引自乾隆《西安府志》。
⑥ 见嘉庆《商城县志》卷 6《学校志下》。
⑦ 见潘守廉《南阳府南阳县户口地土物产畜牧表》。
⑧ 民国《井陉县志料》第五编《物产》。
⑨ 民国《涿县志》第三编《经济·实业》。

的平均亩产量估计在这个区间之内,是合适的。当时北方稻作产量较之南方单季稻作产量的低限值,不会相差太远。

清前期北方地区种稻虽有拓展,但毕竟种植面积有限。当时北方的绝大部分耕地仍然是旱作。因此,北方稻作产量的高低,对于其时全国水稻的平均产量,不会有大的影响。

(2) 旱粮亩产

北方旱粮亩产

我们收集到的北方旱粮亩产量事例分布情况如表2-4所示。

表2-4 北方地区旱粮亩产量事例分布

单位:个

省 份	府州县数	事例数	时间分布		
^	^	^	清前期		晚清
^	^	^	清前期合计	嘉、道时期	^
总计	261	607	430	95	177
直隶	32	92	38	9	54
山东	48	140	104	33	36
河南	29	57	36	5	21
山西	34	74	62	6	12
陕西	58	128	104	26	24
甘肃(内地)	26	53	46	6	7
新疆	20	24	24	0	0
东北	14	39	16	10	23

资料来源:见本书后附"清代北方旱粮亩产量"各分省表。

从表2-4可以看出,北方旱粮亩产量事例较之南方稻作产量事例要少得多,8个省区总计才607个;不算新疆、东北等边疆地区,6个内地省份的事例数更只有544个。这些事例中,清前期事例所占比例也比南方稻作事例要小,仅为70.8%(南方稻作事例的这个比例为77.6%)。更缩小时间范围到嘉、道时期,事例数只有95个;除山东、陕西相对较多,分别达到33个、26个外,直隶、河南、山西、甘肃均还不到10个。显然,在这种情况下,观察北方旱粮的平均亩产,不可以使用清前期事例,特别是嘉、道时期事例来平均,因为数量太少,地域代表性尤其有限。但用清代全部事例来平均,应该还是可以的。清代在北方省区设立的州县(包括散厅)一级行政单位,总数600多个;不算边疆地区,只有500多个。我们收集到事例的州县数,占此地区州县总数的40%左右,在各省各类型生产地区的分布也大体均衡,有相当的代表性。607个事例总量不算太多,但也不算太少,可以在相当程度上冲销个别事例"高估"或"低估"因素的影响,得到一个相对可靠的平均结果。计算结果见表2-5。

表2-5 北方地区旱粮生产的平均亩产量

单位:石/亩

省份	直隶	山东	河南	山西	陕西	甘肃(内地)	新疆	东北	总平均
产量	0.63	0.68	0.78	0.41	0.92	0.50	0.95	0.56	0.68

资料来源:同表2-4。

从表2-5可以看出,当时北方旱粮的单产,的确仍然只能"以斗计";换算成市亩市斤①,直隶约为99斤,山东为107斤,河南为123斤,山西为65斤,陕西为145斤,甘肃为79斤,新疆为150斤,东北为88斤,总平均产量约为107斤。其中,明显高于平均产量的为河南、陕西、新疆3省区。河南地处黄河中下游的中原地区,黄淮海冲积平原占该省土地的大部分,气候温湿,雨量充沛,适合农耕,是北方旱粮作物的主产区之一。我们收集到的河南亩产数据,直观感觉与相邻的山东省的情况差不太多,都是产量高的可以达到2~3石,但多数都在数斗到石余之间。不过,极端低产的1~2斗的事例在河南不多,而后者较多,故平均下来,河南的亩产量要稍高于山东。陕西的情况是一方面存在着陕北一些地方亩产量仅1~2斗甚至几升的极端低产事例,另一方面,在关中平原和陕南等生产条件较好的地区(陕南在地理上已经属于南方),亩产水平普遍较高,1~2石的事例不少,2~3石的也有。以故,陕西的平均亩产反而是北方内地省份中最高的。新疆是新垦区,收集的数据又都是军屯产量,而军屯大多是选在水土条件较好的地方,劳力、耕畜、籽种都有保障,所以产量也比较高。

山西、甘肃及东北的产量均低于北方的平均水平。山西地处黄土高原,纬度偏北,丘陵和山地占全境面积的2/3以上,年平均降水量仅为数百毫

---

① 不同作物每石的重量不一,这里我们统一约略按1市石=140市斤、1清石=1.036市石、1清亩=0.9216市亩换算,公式为:清石/清亩计量的产量×140×1.036÷0.9216。

米，地表水资源也不多，农业生产条件较之相邻的直隶、陕西、河南均相差不少。虽然晋中，特别是晋东南地区的情况相对较好，但从我们收集的产量数据看，亩产能够达到1石或稍多一些就已经是不多见的高产了。在气候高寒的晋北，特别是沿边口外一带，亩产仅斗余甚至"不及斗"的低产事例十分常见。产量普遍不高加上相当数量极端低产事例的存在，大大拉低了山西的平均亩产水平。甘肃适合农业生产的地方不多，仅在引黄灌溉的东北部宁夏府近河套地区以及河西走廊的一些绿洲地带，才有比较像样的粮食生产，其整体农业情况是"地高气寒"，"田虽广而瘠，粪种无法，丰年亩仅收数斗"①。东北大部分是新垦区，虽土地肥沃，但气候寒冷，作物生长期短，又地广人稀，耕作粗放，所以整体亩产水平也不高②。

不过有一点需要指出，表2-5的数值为不计复种因素，每亩地一季作物的产量。而实际上，清代的北方旱作，除东北、甘肃、新疆及直隶、山西、陕西的北部地区以外，各粮食主产区已经比较普遍实行了二年三熟或三年四熟的轮作复种制度，一些较南的地方甚至可以一年二熟。当时在华北平原及陕西关中地区十分流行小麦与豆类及高粱、玉米、谷子、黍、稷等作物的轮作复种。典型的方式是：第一年种一茬秋粮，收获后播种冬小麦，次年夏收后接种豆类作物或播种杂粮，然后休闲一季，再周而复始。山东登州府的记载说，"麦后种豆、黍"③。沂州府的记载说，"坡地（俗称平壤为坡地）两年三收，初次种麦，麦后种豆，豆后种蜀黍、谷子、黍、稷等谷"；"涝地（俗称污下之地为涝地）二年三收亦如坡地，惟大秋概种穄子"④。康熙时人蒲松龄的《农桑经》亦记载有其家乡济南府淄川县小麦与豆、谷、黍等作物轮作复种的情形。在河南，乾隆初尹会一奏报说许多地方"于五月刈麦之后，在麦地播种"豆子、晚谷⑤。《密县志》亦记载："凡地二年三收"⑥。直隶中、南部在乾隆以后发展出不少井灌园地，因有水

---

① 龚景瀚：《澹静斋文钞》卷3《平凉府纪恩碑》。
② 东北一些地方斗量偏大，可能也是史料记录的其亩产量较低的一个原因。如在吉林地区，有的地方以苞米450斤为一石，合45斤一斗，较之通常斗量大出2倍（见民国《双山县乡土志》）。这类地方的亩产记载，当然要大大低于按官斗计量的产量。此种情形，北方其他地方也常见。
③ 康熙《登州府志》卷8《风俗》。
④ 吴树声：《沂水桑麻话》。
⑤ 尹会一：《尹少宰奏议》卷3《河南疏二·敬陈农桑四事疏》。
⑥ 嘉庆《密县志》卷10《风土志·谷种》。

灌溉，"土性宜种二麦……收后尚可接种秋禾"①。陕西关中平原除二年三熟已经普及外，更有一年二熟者。如咸阳县，"东南、正南地沃饶，农民于麦后复种秋谷，可望两收"②。陕南汉中盆地属亚热带气候区，水田一般稻麦两熟，旱地则多实行麦与豆、粟、高粱等复种，亦多两熟。

复种因素对北方旱粮产量的影响不可低估。在麦、豆、杂粮两年三熟的轮作复种情况下，以中等偏下产量计算，即便平均一熟的产量仅 6～7 斗，该地一年的总产量也完全可以达到或接近 1 石。康熙四十三年，皇帝在谈到其巡幸过的北方各省情形时说："小民力作艰难，每岁耕三十亩者，西成时除完租外，约余二十石。"③ 按对半租计算，亩产约为 1.3 石。四十六年又说："内地之田"（按此指北方地区），丰年亩收"一二石"④。他是就一般情况泛泛而论，其实当时实行了复种的地方多是生产条件较好的各主产粮区，每亩单季的产量本来就高，一年的总产量当然更不止此。我们认为，计入复种因素，也充分考虑不复种及产量较低地区的情况，将高低产扯平，北方旱粮的平均亩产按一年的总产量计算达到 1 石上下，应该是没有问题的。本项研究将北方旱粮每亩一年的总产量，估定为 0.9～1.1 石，换算为市亩市斤，约为亩产 142～173 斤，中值在 157 斤左右。

南方旱粮亩产

清代中期以后，南方主产粮各省普遍实行连作多熟的耕作制度，不仅旱地一般都在两熟以上，而且水田亦多连作。其中水田的连作，除种双季或多季稻外，随着小麦、杂粮的推广，稻与麦或杂粮的复种也有很大扩张，成为各稻作区一种重要的农作方式。此种与稻复种的水田旱作产量，在江南地区（一般以冬小麦与稻复种，俗称"春花"）多在每亩 1 石上下，高可达 1.5 石左右。如包世臣记载，嘉庆时，苏州稻麦二熟之田每亩中岁可收麦 0.7 石，上岁收 1.2 石⑤。另一则道光朝的记载则说该地稻麦二熟田收春麦 1.5 石⑥。较早些的一则关于苏、湖一带稻麦二熟田产量的记载说那里的中

---

① 乾隆《无极县志》卷末《艺文》。
② 卢坤：《秦疆治略》。
③ 《清圣祖实录》卷 215，康熙四十三年正月辛酉。
④ 《清圣祖实录》卷 231，康熙四十六年十月己亥。
⑤ 包世臣：《齐民四术》卷 2《庚辰杂著二》。
⑥ 文柱：《蚕桑合编序》。

年之入总计为 3 石①，其中的春花，至少应在 1 石左右。浙江桐乡清初的记载也说在"田极熟"的情况下，春花可以收到 1.5 石，一般情况下则稻与春花"大约共三石为常"②。在浙江南部、广东、四川等地，当时还有稻与小麦、大豆、玉米、荞麦等复种一年三熟的情况。在这种耕作制度下，除只种一季小麦的地方（如广东一些地方实行小麦与早、晚两季稻复种三熟），那些种两季旱作、一季水稻的地方（浙江、四川的一些地方实行小麦—早稻—秋大豆或荞麦复种三熟）的两季旱作合计的产量无论如何应该更高，否则连工本都收不回来，绝无可能实行。综合考虑各种复种耕作的情况，本项研究将南方水田与稻复种的旱粮一年的总产量，估定为每亩 1~1.5 石。此种水田的稻产量，前文说过，我们按每亩 2.4 石粗略估计，将其与复种的旱粮产量相加，则此种农作方式下一年的粮食总产量，应大致在每亩 3.4~3.9 石之间，其中值折算为市亩市斤约为每亩 566 斤③。

南方旱地的粮食产量，单季耕种不会比北方低，加之大多为连作多熟，至少两熟，少数地方更有三熟者，平均每亩耕地一年的总产量，即便最保守的估计也应在 2 石以上。本项研究将其粗估为 2.5~3 石，其中值折算为市亩市斤约为每亩 433 斤。

（3）全国平均粮食亩产

讨论完南北水田、旱地在不同农作方式下各自的亩产水平以后，就可以尝试着估算当时全国平均的粮食亩产量了。

计算全国平均粮食亩产需要利用耕地数字。根据第一章的估计，道光末的全国总耕地面积为 143275 万亩（清亩），其中北方省份耕地为 76222 万亩，占全国总耕地面积的 53.2%；南方各省耕地共 67053 万亩，占全国总耕地面积的 46.8%。北方耕地中，假定旱地比例为 99%，水田为 1%，则北方旱地占全国总耕地面积的比例约为 52.7%，水田约占 0.5%。南方耕地中，假定旱地、水田各占一半，水田中与旱粮复种之田的比例为 40%，种单季或多季稻之田的比例为 60%，则南方旱地占全国总耕地面积的比例为 23.4%，水田中与旱粮复种之田的比例为 9.4%，只种稻水田为 14.0%。以上讨论结果如表 2-6 所示。

---

① 陈斌：《量行沟洫之利》，载《皇朝经世文编》卷 38。
② 张履祥：《杨园先生全集》卷 50《补农书下》。
③ 因系稻、麦合计，按 1 市石合 138 斤折算。

表2-6　不同农作方式耕地在全国耕地总面积中的占比估计

单位：%

北方		南方			总计
旱地	水田	旱地	水旱复种	水田	
52.7	0.5	23.4	9.4	14.0	100

将上文估计的北方旱地亩产0.9~1.1石、水田稻作亩产2~2.5石、南方旱地亩产2.5~3石、与旱粮复种的水田总亩产3.4~3.9石、只种稻的水田亩产3.3~3.5石按各种耕地的权重计算，可得到全国水旱粮食总平均亩产的估算结果如下：

a. 按低限计算，平均亩产 = $0.9 \times 0.527 + 2 \times 0.005 + 2.5 \times 0.234 + 3.4 \times 0.094 + 3.3 \times 0.14 \approx 1.85$（石/亩）；

b. 按高限计算，平均亩产 = $1.1 \times 0.527 + 2.5 \times 0.005 + 3 \times 0.234 + 3.9 \times 0.094 + 3.5 \times 0.14 \approx 2.15$（石/亩）。

上面的估算没有对清前期玉米、番薯等新品种粮食的推广在产量上的影响加以评估。玉米亩产的事例在我们的数据表中收录了一些，番薯则没有涉及。事实上，无论玉米还是番薯，至晚到清中期以后，在南、北各省均已广泛种植。玉米在四川、陕西、湖广、云南、贵州、广西及安徽、浙江、江西等省山区的种植尤为普遍。道光《内江志要》说："今之芋麦，俗名包谷者是也，蜀中南北诸山皆种之。"[1] 严如熤记载，川北巴山老林地区的保宁府沿边各县，广元"山农以包谷杂粮为重"，南江"民食所资，包谷杂粮"，通江"民食以早春荞、豆、麦、秋稻、包谷为主"；太平厅也"山多田少，稻收不过百分之一，民食全赖包谷杂粮"[2]。在陕南，包谷为山内主粮，"与大、小二麦之用相当，故夏收视麦，秋收视包谷，以其厚薄定岁丰歉"[3]。石泉县大山里，"乾隆三十年以前，秋收以粟谷为大庄，与山外无异；其后川楚人多，遍山漫谷皆包谷矣"[4]。在鄂西山区，随着雍正改土归

---

[1] 道光《内江志要》卷1《物产》。
[2] 严如熤：《三省边防备览》卷8《民食》。
[3] 严如熤：《三省山内风土杂识》。
[4] 道光《石泉县志》卷4《事宜》附录。

流后大批流民涌入,"坡陀硗确之处皆种包谷"①,"深林剪伐殆尽,巨阜危峰,一望皆包谷也"②。襄阳府的南漳、谷城、均州一带山里,玉米"为贫民所常食"③。湘西沅州府的原土司地区在乾隆时遍种玉米,"省民率携孥入居,垦山为陇,列植相望"④。云南、贵州、广西几省多山,适宜玉米生长。自明万历间引种后,云南在康熙时即已遍种玉米于全省⑤。贵州自乾隆以后也广泛种植,贵阳、兴义、遵义等府及普安直隶厅尤普及⑥。遵义府甚至"岁视此为丰歉,此丰,稻不大熟亦无损",被称为"农家之性命"⑦。广西山区的农业在乾、嘉、道几朝有很大发展,玉米为推广种植的主要作物之一。如《镇安府志》记载:玉米在该府最初只有"天保县山野遍种",到乾隆二十年代,"汉土各属,亦渐多种者"⑧。在东南各省山区,皖南徽州、宁国、池州三府嘉、道时"漫山种之"⑨。皖中大别山区的霍山县在乾隆四十年代,玉米"延山漫谷,西南二百里皆恃此为终岁之粮"⑩。浙江各山区州县"棚厂满山相望",搭棚开垦的外省流民种植的主要作物之一即为玉米⑪。江西广信府在乾隆后期,土人于山上种植苞粟,"获利甚丰"⑫。

番薯自明万历年间由吕宋、安南等国引种到闽、广沿海地区,在清前期传播很快,先是南方各地,乾隆以后,随着藤种冬藏技术的解决(窖藏法),更向北方扩散。嘉、道时,除边疆地区外,内地省份已普遍引种,尤以广东、福建、浙江、江西、云南、四川、山东、河南等省种植较广。在一些省份,番薯已是一种重要作物。如福建省,据记载,"闽中多种番薯,迩来栽种尤盛,闽地糇粮,半资于此"⑬,"其用比于稻谷"⑭,"以此物之盛

---

① 道光《鹤峰州志》卷6《风俗》。
② 道光《建始县志》卷3《物产》。
③ 乾隆《襄阳府志》卷6《物产》。
④ 乾隆《沅州府志》卷20《物产》。
⑤ 康熙《云南通志》卷12《物产》。
⑥ 爱必达:《黔南识略》卷1、26、27、28、31。
⑦ 道光《遵义府志》卷17《物产》。
⑧ 乾隆《镇安府志》卷4《物产》。
⑨ 道光《徽州府志》卷5之二《食货志·物产》。
⑩ 乾隆《霍山县志》卷7《物产志》。
⑪ 张鉴等:《雷塘庵主弟子记》卷2。
⑫ 乾隆《广信府志》卷2《地理·物产》。
⑬ 陈云程:《闽中摭闻》卷1。
⑭ 乾隆《宁德县志》卷1《舆地志·物产》。

衰，卜年岁之丰歉"①。广东沿海一些地方"农民咸藉此以为半岁粮"②。他如浙江"沿海及岛中居民，以此代谷"③，江西贵溪山乡名之曰"薯粮"④，均反映出番薯在当地已是重要作物。在北方的山东胶州，番薯也"繁衍与五谷等"⑤。

玉米、番薯均不仅对气候环境、生长条件要求不高，无论南北山区、丘陵、平原，硗确瘠地，皆可种植，而且高产。玉米的单产，在相同的地区，一般都高于传统的旱粮作物如小麦、大豆及粟、黍等杂粮。据20世纪三四十年代的调查，1931~1936、1946、1947年共计8个年份的全国主要粮食作物亩产量，玉米平均约为182斤，比同期小麦亩产（146斤）高25%，比小米（164斤）高11%，比大豆（153斤）高19%，而与种植远不如其广泛的高粱（182斤）持平⑥。番薯的产量更高。根据清代史料，番薯产量高可达亩产数千斤，低产亦有数百斤，平均可按亩产千斤计。千斤鲜薯，按四折一计算，可得薯干250斤，相当于稻谷500斤（约3.84市石），或粟谷417斤（约3.09市石）。因此，清前期推广种植玉米、番薯，不仅对开发山区、利用空闲余地，从而扩大耕地有重要意义，而且，对提高粮食平均亩产的作用，亦不容小觑。吴慧先生曾估算，清前期玉米和番薯的广泛种植，可使粮食平均亩产增加17斤左右⑦。这个说法，我们认为是不过分的。据此，上文对19世纪上半期中国粮食总平均亩产量估算数的上、下限，应再分别上调1斗，即可估计在1.95~2.25石的产量区间，换算为市制，为每市亩303~349市斤⑧，中值可按326斤计。

3. 其他时点的粮食亩产量估计

（1）19世纪中期以前的粮食亩产量

清前期人口从顺治末的1.2亿左右增加到道光末的4.36亿，增长2.6倍之多，而同期耕地仅增加不到1倍（从7.78亿亩增加到约14.33亿亩）。因此，即便只是维持不断增长的人口的生存需要，清前期的粮食亩产量也

---

① 嘉庆《同安县志》卷14《物产》。
② 《台海采风图考》卷2。
③ 赵学敏：《本草纲目拾遗》卷8。
④ 道光《贵溪县志》卷12《物产》。
⑤ 道光《胶州志》卷14《物产》。
⑥ 据严中平等编《中国近代经济史统计资料选辑》，科学出版社，1955，第361页表85。
⑦ 见吴慧《中国历代粮食亩产研究》，农业出版社，1985，第183~188页。
⑧ 因有稻谷在内，每市石粮食按138斤计算。

必然是增加的；仅有耕地的增加而没有粮食亩产的提高，绝不足以维持这片国土上在不到两个世纪的时间里增出的如此之多人口的需求。

清前期粮食亩产量的提高，有三大因素起了决定性的作用，即农作制的改进，精耕细作集约经营的发展，以及源自美洲的高产作物的引种推广[①]。

首先是农作制的改进，表现在轮作复种在南北各地的普遍推广和间套方式的多样化。不同作物的轮作复种多熟制并非清代才有，但在清代以前，复种多熟的农作制无论在南方还是北方都还不是十分普及，只是到了清前期，才在南北普遍推广，成为广大地域里的主流耕作方式。清前期，在北方地区，包括陕西中部的关中平原和黄河下游的华北平原，日益普及了小麦与豆类作物及高粱、谷子、黍、稷等杂粮轮作复种二年三熟或三年四熟的耕作制度。在南方各水稻产区，水旱轮作复种的二熟制也随着小麦、杂粮种植的普及而从长江下游的江浙一带扩展到中上游的江西、两湖、四川等省以及云南、贵州的一些地方，北线则一直推进到汉水上游的陕南和江苏、安徽二省的江北地区；岭南的两广等地，更有三熟制的发展。双季稻、多季稻的种植，清前期也比以往时代更多更广。轮作复种多熟制之外，充分利用土地的各种间作、套作的生产方式也获得了发展，更加普遍化和多样化。轮作复种及间作、套作的推广和普遍化是清前期农业生产的重要特点，由于复种指数提高，即便单季、单种作物的产量不变，每亩耕地的一年总产出水平也必然会增加。当然，清前期还有不少地方，特别在北方省份的广大地域，如上面提到的二年三熟区以北的地方，仍然以一年一熟的农作制为主，但由于普及了豆、谷轮作换茬的耕作方法，使地力得到保养，产量也会有所提高。

精耕细作的集约化经营是中国古代农业的长期传统。清前期，一方面人口空前增加，而耕地增加有限，要解决众多人口的吃饭问题，只能力图在有限的耕地上种出更多的粮食来；另一方面，当时的经济结构注定了新增人口的绝大多数只能从事农业，即农业劳动力的供给更加充足，这在必要性和可能性两个方面都推动了精耕细作的集约经营传统的进一步发扬。清前期的农业生产工具和设备较之前代并无重大改进，但是依凭着大量劳

---

① 关于清前期农业在这几个方面发展变化情况的详细叙述，参见拙著《清代前期的小农经济》，中国社会科学出版社，1994，第155~179页。

动力的投入（当然也包括增施肥料、修建水利设施等资本投入），在土壤耕作、选种、施肥、灌溉和栽培技术等一些方面，都将传统农艺学的精耕细作特点发挥到了极致。传统农艺学的高度发展和普遍化应用，是清前期农业单位面积产量提高的主要原因之一。

源自美洲的玉米、番薯等高产作物于明代中后期传入中国，到了清前期，特别是到了乾隆以后，在南北各地广泛种植，不仅对山区开发及各省传统农业区瘠地砂壤乃至房前屋后、沟边地头的空闲余地的充分利用起了重要作用，而且带动了平均亩产量的提高。上文估计，到19世纪上半期，玉米和番薯的推广种植可使全国粮食平均亩产增加至少1斗即5%左右。这个估计是绝对不过分的。

利用我们收集的亩产量事例做按朝代划分的平均亩产观察，从长时段来看，从清初至道光的亩产水平也是逐渐有所提高的。表2-7是根据近1800个事例做出的清前期各朝南方12省平均亩产量的统计结果。

表2-7 清前期各朝南方稻谷平均亩产量比较

单位：个，石/亩

省份	顺治、康熙、雍正 （1644~1735）		乾隆 （1736~1795）		嘉庆、道光 （1796~1850）	
	事例数量	平均亩产	事例数量	平均亩产	事例数量	平均亩产
合计	435	2.89	616	2.91	738	3.21
江苏	30	4.12	19	2.95	30	2.42
安徽	33	2.59	60	2.72	135	2.93
浙江	19	3.84	26	3.90	34	4.28
江西	35	2.90	63	2.75	42	3.36
福建	56	3.64	43	4.14	33	5.41
广东	52	3.59	93	3.25	67	3.68
广西	26	2.53	32	1.79	58	2.22
湖北	15	2.17	110	2.06	80	2.28
湖南	20	2.92	93	2.98	96	3.16
四川	13	1.94	25	2.53	101	3.66
云南	127	2.15	36	2.87	7	2.31
贵州	9	2.29	16	3.01	55	2.76

资料来源：据本书后附"清代南方水稻亩产量事例"各分省表。在全部清前期事例中，个别事例无法判定其属于哪一朝代，未加计算，故本表各朝事例总数略少于表2-1的清前期事例数统计。

表 2-7 之所以不完全按照朝代而只将清前期粗划为三段，把各时间段的事例合并在一起统计是因为做此种长时段的亩产量变化观察，用于统计的事例样本须满足两个条件，即第一，事例所在的地域不但要广，而且要前后一致；第二，样本的数量要足够多，否则做出的前后比较没有什么意义。然而，我们搜集到的亩产事例并不能完全满足这两个条件。这些事例，尽管从总体说已经涵盖了南方各省的广大地域，有着充分的代表性，但若分割开来，每个朝代的事例所代表的地域往往并不全面，并且前后朝代的事例所代表的地域也往往不完全一致，在这种情况下，如果用于统计的事例样本数量再不够多，那么做出的前后亩产水平比较就会受到不同地域的亩产水平和个别高产或低产事例因素的干扰，所得结果必然要打折扣，不足凭信。为了最大限度地降低这些影响观测结果准确性的不利因素的干扰，我们只能将所观测的时间段划分得粗一些，以使每一段都能有较多的事例和较大的地域代表性。即便如此，表 2-7 的统计结果也只有观测趋势的参考价值，并不能从中得出精确的前后变化多少的定量结论。

从表 2-7 可以看出，清前期各朝的南方稻谷平均亩产，无论是 12 省事例统计的总结果还是多数省事例的统计结果，都显示出亩产水平从前到后逐渐有所提高的趋势。12 省事例统计的总结果为：从顺、康、雍时期到乾隆时期，再到嘉庆、道光时期，各省的平均亩产是逐段提高的，从前到后共计提高了 11% 左右。分省观察，则安徽、浙江、福建、湖南和四川 5 省也都显示了同一变化趋势；江西、广东、湖北、云南、贵州 5 省的亩产虽非从前到后逐段上升，但以嘉、道时期与顺、康、雍时期比较，也是提高的。就是说，全部 12 省中，共计有 10 省的嘉、道时期平均亩产水平比清初的顺、康、雍时期要高。这种情况，我们认为，是代表了清前期亩产水平的变化总趋势的。

旱粮的情况，由于我们收集的事例数量太少，难以像表 2-7 那样做单产水平变化的观察。但如上文所说，在清前期，无论南方还是北方，由于复种指数提高、精耕细作和农艺水平进步以及玉米、番薯等高产作物的推广等因素的作用，旱粮的亩产总体水平也会有所提高。

根据上面的分析和判断，本研究对 19 世纪中期以前各个时点的粮食平均亩产水平做如下估计。

顺治十八年至雍正二年（1661~1724）

本期 60 余年中，顺治十八年的粮食亩产为清代粮食亩产变化的起始点。在一项早年的研究中，笔者曾对明万历中期（1600 年前后）的粮食生产做出过平均亩产 1.65 石，约合 243 市斤的估计[①]。这个产量，约比 19 世纪中期的亩产水平低 1/4 多。顺治十八年距离明万历中期过了半个多世纪，其时的粮食平均亩产我们按 1.7 清石约估，按市制换算，为每市亩 258 市斤左右[②]。这个产量，约比明盛世的亩产水平高出 6.2%，为 19 世纪中期水平的 79.1%。其余两个时点，康熙二十四年的亩产我们按 1.75 石约估，雍正二年的亩产按 1.85 石约估，即 60 余年间总计增长了 8.8%，其中前 24 年增长 3%。换算为市制，康熙二十四年的产量为每亩 266 斤，雍正二年为每亩 281 斤。

乾隆三十一年（1766）

此时清王朝处于鼎盛时期，人口已经达到 2.78 亿，超出明万历盛世几近 1 倍，是清初人口低谷时的 1.2 亿的 2.3 倍。此时点的平均粮食亩产，我们认为至少应该已经达到 2 石上下，即比清初时期的末段康、雍之际又有了 10% 的提高。换算成市制，这个产量为每亩 310 斤左右。

嘉庆十七年（1812）

此时点粮食亩产提高的余地已经不大，我们按 19 世纪中期的每亩 2.1 石水平估计，合市制每亩 326 斤。

（2）晚清时期的粮食亩产量

关于晚清农业的总体状况，曾有研究做出"基本趋向衰退"，"衰退是主要的，发展是局部的"的论断[③]。对这个判断，笔者是赞同的。晚清时期，虽然西北的新疆屯田、北部的察绥等的蒙古地区和东北三省放荒招垦使中国在内地传统农业区之外又增加出大量农耕土地，形成了几个一时颇为兴盛的新农区，尤其东北地区，主要是从这一时期开始，逐渐由清前期地广人稀的封禁之地转变为拥有良田上亿亩的中国主要粮仓之一；在东南

[①] 见拙著《清代前期的小农经济》，中国社会科学出版社，1994，第 197 页。这个估计的依据及估算过程，将在笔者的另一部关于明代农业产值研究的专著中进行详细说明。
[②] 清初的粮食构成中，稻谷的比例较大，故顺治、康熙、雍正三个时点的亩产在折算市制时均按每市石合 135 斤算。乾隆以后旱粮占比增加，我们改按每市石合 138 斤估算。
[③] 严中平主编《中国近代经济史（1840~1894）》上册，人民出版社，1989，第 932 页。

沿海，广东珠三角地带的筑围沙田、台湾等海岛的招垦开发也有很大成绩，但是，晚清农业的这些积极表现并不能掩盖其在总体上趋于停滞甚至衰退的态势。从太平天国大起义开始的长达十数年的战争和社会动乱给内地传统农业区，特别是长江流域、黄淮流域各省以及西南云贵地区造成的破坏性影响极为严重，"大半人民死亡，室庐焚毁，田亩无主，荒弃不耕"的战争惨状①，在咸、同时期的各个战区随处可见。同治二年五月，李鸿章描述新近收复的江南松江府和太仓州各属的情形说："自粤逆窜陷苏、常，焚烧杀掠之惨，远接宋建炎四年庚戌金阿术故事，盖七百有三十年，无此大劫"，"向时著名市镇，全成焦土，孔道左右，蹂躏尤甚。……连阡累陌，一片荆榛。凡田一年不耕便为荒田，今已三年矣，各厅县册报，抛荒者居三分之二，虽穷乡僻壤，亦复人烟寥落。间于颓垣断井之旁，遇有居民，无不鹄面鸠形，奄奄待毙"②。战后，在同治后期至光绪前期，各地的抛荒土地虽然绝大部分都渐次复垦，但劫后余生、一贫如洗的农民重回土地后缺种、缺肥、缺耕畜的现象极为普遍，加之大量人口死亡，一些地方地广人稀，农田耕作在不少地方都趋向于粗放化。这种耕作的粗放化，土地施肥量减少为一重要表现："昔日之农有无相通，百亩之粪自易为之；今日之农，生计已蹙，一家数口，饘粥不给，更何力以粪田？"③ 即便在向来讲究精耕细作、集约经营的江南地区，其稻田耕作的"三通膏壅"之制在战后也只是"惟富农有之；若贫农，荒秋糊口尚艰，奚暇买草子撒田，为来岁膏壅计？又无力养猪，只赊豆饼壅田，其壅力暂而土易坚，故其收成每歉"④。也有的地方耕地的利用率降低了，如安徽省怀宁县在道光前本有早、晚双季稻，晚清以后，"地质大异，每种晚稻，所入犹不足偿耕耨之费，是以皆易早晚二季为中迟一季"⑤。光绪初，直隶天津县的农民因为缺乏耕牛，播种之地仅占全部耕地的十分之三⑥。耕作的粗放化，必然带来平均亩产量的降低。

农田水利设施的破坏失修、频繁的天灾、繁重的赋税征派也是造成农

---

① 王韬：《弢园文录外编》卷7《平贼议》。
② 李鸿章：《李文忠公全书·奏稿》卷3《裁减苏松太粮赋浮额折》。
③ 民国《涡阳县志略》。
④ 光绪《松江府续志》卷5《疆域志·风俗》。
⑤ 民国《怀宁县志》卷6《物产》。
⑥ 《申报》光绪二年六月初二日。

业衰退的重要原因。光绪二十二年八月御史华辉奏陈太平天国之役后的南北水利情形说:"中国水利,惟江南各省最为讲求,自发捻构乱以来,旧日河渠,亦多湮塞,民既无力修复,官亦置若罔闻。而于山僻省份及北方高燥、中原寥廓之区,则地方各官直不知水利为何事,惟日持三尺法以催比征徭而已。甘肃、陕西等省,田地多荒废。水利之不修,河患所由日亟也。"①直隶、山东、河南、皖北等地,更是"河道处处淤浅,甚者竟成平陆"②。水利破坏失修,自然会大大降低农业的抗灾能力,导致水旱等自然灾害频发。表 2-8 是根据中国社会科学院经济研究所藏清代户部抄档对晚清 60 年间黄河、长江流域 12 省受灾州县数的统计,从中可以看出:晚清时期,以 20 年为一档,受灾州县的数字整体上呈不断上升的趋势,最后 20 年与开头的 20 年相比,不但 12 省的受灾州县总数,而且大多数省的受灾州县数,都上升了至少 1 倍,反映出这一时期自然灾害的发生频率愈来愈频繁,灾害影响的范围愈来愈扩大。需加说明的是,1851~1870 年的统计中,各州县所受之灾除水、旱、风、雹、虫等自然灾害外,还包括一部分"兵灾",如果将这部分"人祸"灾害剔除,则表 2-8 的前后对比会更加强烈。

表 2-8 晚清时期黄河、长江流域 12 省受灾州县数统计(1851~1910 年)

单位:个

州县数 年代 省份	1851~1870 年	1871~1890 年	1891~1910 年
合计	3015	6439	7673
直隶	376	885	928
山东	563	987	1171①
河南	238	1176	754
山西	21	452	481
陕西	32	254	481
甘肃	39	84	280
江苏	708	827	1117
浙江	362	334	612
安徽	310	673	626

① 朱寿朋:《光绪朝东华录》卷 135,光绪二十二年八月壬辰。
② 何嗣焜:《存悔斋文稿》卷 4。

续表

省份 \ 年代 \ 州县数	1851~1870年	1871~1890年	1891~1910年
江西	108	285	432
湖北	202	386	594
湖南	56	96	197

资料来源：中国社会科学院经济研究所藏清代灾荒表（经济所藏清代抄档之一），见李文治编《中国近代农业史资料》第一辑，三联书店，1957，第720~722页"长江流域六省历年灾荒表"；第733~735页"黄河流域六省历年灾荒表"。按原资料的统计并不完全，江苏、浙江、江西等省均有缺报的年份（1860~1870年代）。又本表各州县所受之灾，1850~1860年代的统计除自然灾害外，还包括"兵灾"在内。

注：① 1909年山东计有9府、3直隶州报灾，但具体受灾州县未详，故本年受灾州县未入统计。

晚清时期农民的赋税负担之重也是十分突出的。清前期的田赋征收，自乾隆以后大体一直维持在地丁银3000万两上下，此外有随征耗羡银300万~400万两、另征的屯田赋银数十万两以及漕粮等赋粮几百万石，这些通通算在一起以银计不会超过4000万两。而到晚清时期，镇压太平天国战争时期的普遍加征（四川的"按粮津贴"、"按粮捐输"，云南、贵州等省的"厘谷"，江苏、安徽等省的"亩捐"和"芦田捐"，广东沿海地区的"沙田捐"，有漕各省的"漕折"，等等）且不去说，即以"承平"以后经过清理、规范的光绪时期作为"正项"奏销的数目而言，甲午战前十年间历年地丁、粮折、耗羡三项合计的平均征数仍然高达3000万两以上①。考虑到这时距离一场全国规模的战争动乱结束不过20余年，仍处在经济恢复时期，又此仅为官样的例行奏销数字而非实际征数，许多额外加征及经征官吏的勒派需索并不在内，这个征数实在是不算低了。甲午战后，历次赔款及为此所借外债的本息摊派、各省地方兴办"新政"的经费摊派等加征接踵而来，田赋的征数进一步上升。据户部光绪二十九年（1903）的报告，是年仅地丁一项的实征即达到2800余万两，算上耗羡、粮折、漕折、租课等项，田赋银的合计总数高达3700余万两②。光绪末清理财政以后，原来

---

① 见刘岳云《光绪会计表》卷1《入项总表》，光绪辛丑教育世界社印本，第2页。
② 见周棠《中国财政论纲》，上海政治经济学社，1912，第165~176页。按周棠所引户部报告，是年田赋各项征数为地丁2808.7万两，耗羡464.5万两，粮折46.4万两，漕折漕项309.7万两，租课89.5万两，合计为银3718.8万两。

不入奏销的各种"外销"款项被清理出来，宣统元年（1909）的田赋收数达到4396万两①。度支部宣统三年预算案（二年定案）的预算数进一步将田赋征数加至4810万两，后资政院通过该预算案时又将其修正为4966万两②。清末的田赋征数不仅比甲午前的奏销数字高出约2/3，而且比清前期的田赋数（按4000万两算）高出近1/4。这还不是晚清时期加之于农民的全部负担。这一时期大量增加的"正杂各税"和"杂收入"，其中有不少也是由农民承担的③。考虑到这一层，晚清时期农民的税负，就更不是清前期所能比的了。

晚清农业生产的衰退在各省历年奏报的收成分数上有清楚的反映④，如表2-9所示。从中可以看出：无论南北，各省的收成分数自19世纪中期以后都呈现出长期下降的趋势。20世纪头10年，各省平均收成分数较之19世纪中期以前10年的收成情况大约下降了一成，即10%左右。这与上面表2-8的同期自然灾害情况的统计数据相呼应，是能够互相印证的。

表2-9　晚清时期各省10年平均收成分数统计

以十分收成为100

各省收成分数	年份	1841~1850年	1851~1860年	1861~1870年	1871~1880年	1881~1890年	1891~1900年	1901~1910年
平均	夏收	72	68	63	64	64	62	62
	秋收	72	68	64	63	63	61	61

① 据吴廷燮《清财政考略》附《宣统元年岁出岁入等表》各省数合计。
② 见宣统二年十二月二十七日资政院总裁溥伦等奏折所附宣统三年总预算案清单。
③ 清代征于土地和农民的税收，除地丁、漕粮等所谓"正赋"外，"杂赋"中的官田（包括入官旗地及各省学田、公田等）地租、芦税及征于民间田房买卖的契税等也与农民负担有关。杂赋征收，清前期不多，乾隆以后每年仅为100余万两。晚清甲午前历年奏销的"杂赋"亦为100多万两，另有"租息"数十万两。不过，这只是奏销数，实际晚清时期各地各种名目的杂税杂捐愈来愈多，除一部分附加于"正赋"征收外，以独立名目征收者更多。清末财政改革，将大部分杂税捐清理出来，宣统三年预算案的"正杂各税"收入高达2616万两，"杂收入"高达3524万两。这些杂项税捐收入，相当大的部分最后是要落到农民头上的。所以，讨论晚清的农民税负，不能仅仅考虑"正赋"中的田赋征收。
④ 收成分数的奏报是清代各省农情报告制度的一部分。清制，各省除每月奏报全省及各属的雨雪粮价外（每月上旬奏报上月情况），另于每年四月奏报田禾夏收分数，八月奏报秋收分数。收成分数的奏以满收为十分（即100%），以下分为九分、八分、七分、六分、五分几个等级（不及五分者为"成灾"，将按照灾情程度进入蠲赈等救荒程序）；处在相邻两个等级之间的情况以下一等级的分数加上"有余"二字进行描述，如"九分有余"即为九分以上不足十分，"八分有余"即为八分以上不足九分，余类推。

续表

各省收成分数	年份	1841~1850年	1851~1860年	1861~1870年	1871~1880年	1881~1890年	1891~1900年	1901~1910年
直隶	夏收	79	71	68	65	—	—	—
	秋收	81	75	68	68	—	—	—
河南	夏收	65	63	55	55	55	55	55
	秋收	64	59	55	55	55	55	55
山西	夏收	69	63	58	58	—	—	—
	秋收	66	64	61	60	—	—	—
陕西	夏收	72	65	63	63	64	62	63
	秋收	66	65	62	59	60	56	55
浙江	夏收	—	—	—	—	—	—	—
	秋收	69	66	61	56	55	55	55
安徽	夏收	65	65	55	55	55	55	—
	秋收	75	65	55	55	55	55	—
江西	夏收	75	75	66	73	74	70	66
	秋收	75	75	65	69	70	68	66
湖北	夏收	75	69	65	65	62	61	61
	秋收	67	68	66	63	62	61	60
湖南	夏收	75	70	67	72	66	65	59
	秋收	82	74	75	74	73	69	68
福建	夏收	—	70	70	71	73	69	68
	秋收	75	73	71	74	70	65	68

资料来源：中国社会科学院经济研究所藏清代农业生产收成表（经济所藏清代抄档之一），见李文治编《中国近代农业史资料》第一辑，三联书店，1957，第755~760页"各省历年夏季收成分数统计"和"各省历年秋季收成分数统计"。按这批抄档系据清代各省每年例行奏报的收成分数清单制成。

说明：原资料以"十分"为满收，以下按九分、八分、七分、六分、五分分级递减，本表改为百分制；又抄档用"+"代表原资料"某分有余"的描述（如八分有余即记作8+），本表为方便计量，一律按5%计入该分数之中（用85表示8+、75表示7+，等等）。再原资料有些年份数据不全，遇此情况，我们只按有数据的年份计算平均分数，如某个10年档期只有5个年份有数据，就只根据这5个年份的数据计算10年平均数。

本项研究收集的晚清时期500多个南方12省水稻亩产事例，按全部事例平均的亩产量约为3.07石，分省计算后再做算术平均的结果为3.12石，均低于嘉、道时期的平均亩产3.21石水平。尽管这个比较因为不能满足

"地域一致"和"大样本量"的前后比较原则,因而不能从中得出完全确定的,尤其是定量的结论,但是,12个省中有8个省的亩产量都是晚清时期低于清前期,高于清前期的仅有4个省①,这一事实至少能够佐证晚清时期粮食亩产量有所降低的整体趋势。另一个取自晚清江南地区租簿的事例,则从微观的层面佐证了这一趋势,如表2-10所示:

表2-10 晚清江南某县一块稻田的历年产量(1894~1903年)

年 份	麦 季		稻 季	
	产量(斗)	指数(1894=100)	产量(斤)	指数(1894=100)
1894	6.00	100	320	100
1895	8.00	133	360	113
1896	10.00	167	270	84
1897	3.60	60	340	106
1898	4.00	67	300	94
1899	3.20	53	280	88
1900	2.00	33	184	58
1901	—	—	340	106
1902	—	—	260	81
1903	—	—	270	84

资料来源:中国社会科学院经济研究所藏景记租簿,见李文治编《中国近代农业史资料》第一辑,三联书店,1957,第754页表。按原表编者注:此租簿的交租佃户为陶忠寿,佃田1.5亩,采分租制,对半分。表内产量一栏数字,系据历年所收租额计算而得。又原表的个别指数计算有误(小数点后的最后一位数应该进位而未进位),本表做了改正。

依据以上对晚清农业趋势的判断,本项研究对晚清两个时点的粮食平均亩产估计,按照19世纪中期的水平总计下调10%,将光绪十三年(1887)的平均产量估计为2石,宣统三年(1911)的平均产量估计为1.9石,换算成市制分别为每亩310斤和295斤左右。

---

① 此4省为江苏、广东、广西和湖南,其各自的晚清时期事例平均的水稻亩产量分别为:2.58石、5.85石、2.55石、3.79石。其余8省晚清时期事例平均的亩产量分别为:安徽2.56石,浙江3.42石,江西3.33石,福建3.4石,湖北2.22石,四川3.66石,云南2.03石,贵州2.08石。

二 总产量

在估计了平均亩产量的基础上,粮食的总产量可以用平均亩产量乘以粮食生产用地的面积计算出来。本书第一章对清代各个时期的总耕地面积做了估计,但是没有估计粮食生产用地的面积。下面首先估计各个时期的粮食生产用地面积,然后再据以估算各时期的粮食总产量。

1. 粮食生产用地面积

由于人口激增,耕地紧张,我国种植业以粮食生产为主体的特点在清代表现得十分突出。尽管粮食生产用地在当时的全部耕地中占多大比例并无直接史料可供判断,但20世纪上半期至50年代初的统计数据可以提供参考。

早期的数据有民国初年的统计。据北洋政府农商部发布的《农商统计表》计算,1914年农作物总种植面积为16.28亿亩,其中稻、麦、豆、黍、玉米、高粱等粮食作物的种植面积为13.7亿亩,占作物总种植面积的84.2%;1915年作物总种植面积为9.98亿亩,其中粮食面积为8.6亿多亩,占86.8%[①]。

国民政府时期,根据国民政府主计处统计局发布的《中华民国统计提要》,1933年各种粮食作物的耕作总面积为6635364千公亩(约合9.95亿余亩),约占其时7672507千公亩(约合11.51亿亩)总耕地面积的86.5%[②]。又据1947年版的《中华民国统计提要》数据(仅为部分省份的统计)计算,1937年粮食作物种植面积约占农作物总种植面积的86.3%,1947年占85.4%[③]。

---

① 据农商部总务厅统计科编《中华民国四年第四次农商统计表》(1917年12月刊行)第50~105页各表数字计算。按农商部公布的数据均系据各省报告照录,未加任何订正,数字间抵牾、荒谬之处颇多,表内数字计算亦多错误,只可观其大体。1914、1915两年的农作物种植面积虽总数相差甚远,但各种作物面积的相对比例,两年比较尚无大的不同,故本项研究予以采用。

② 见《中华民国统计提要》,上海商务印书馆,1936,第469页表129(耕地数据);第505~506页表136(主要作物耕作面积数据)。按该耕地数据为1930年江苏等25省的耕地总计。该书表136开列的粮食以外作物只有棉花、油菜籽两种,无法据之计算所有作物的总耕作面积,而只能根据耕地数据估算粮食作物的占比,这比按播种面积计算可能要稍高一些。

③ 据该书第15页表5。

解放初期，粮食播种面积占总播种面积的比例仍维持在上半个世纪的水平上；由于当时的特殊情况，甚至还更高一些。据国家统计局公布的数据，1949 年全国农作物总播种面积为 124286 千公顷，其中粮食作物播种面积为 109959 千公顷，约占 88.5%；1952 年总播种面积 141256 千公顷，其中粮食播种面积 123979 千公顷，占 87.8%①。

以上数据显示，20 世纪上半期直至 50 年代初，粮食生产用地占总耕地的比例最低也在 84% 以上，最高时则接近 90%②。根据这些近代数据，我们对清代各个时期的粮食用地占总耕地的比例做如下判断：晚清时期的这个比例应大致与民国时期持平，再往前则应估计得稍高，但考虑到清代经济作物种植一直在不断扩大的情况，粮食用地的占比最高也只能估计到 90% 稍高。具体说，我们认为，将清代各个时点的粮食生产用地比例估计在 85%~92% 的区间是合适的。基于这个总体判断，本项研究将清代各时点的粮食生产用地比例估定如下：晚清两个时点（1887 年、1911 年）为 85%，19 世纪上半期的两个时点（1812 年、1850 年）为 87%，乾隆中（1766 年）为 90%，清初三个时点（1661 年、1685 年和 1724 年）为 92%。以上估计，我们认为，应该是不离大谱的。据此，推算清代各个时期的粮食生产用地面积如表 2-11 所示。

表 2-11　清代各时期的粮食生产用地面积估计

单位：亿亩

年　份	总耕地面积		粮食生产用地面积		
	清亩	市亩	占总耕地比例（%）	清亩	市亩
顺治十八年（1661）	7.78	7.17	92	7.16	6.60
康熙二十四年（1685）	8.93	8.23	92	8.22	7.58
雍正二年（1724）	10.82	9.97	92	9.95	9.17

---

① 据《中国农业统计资料汇编（1949~2004）》，中国统计出版社，2004，第 32 页表 2-12。
② 事实上这种情况一直延续到 1970 年代末，1981 年以后才降至 80% 以下，见上引书表 2-12。

续表

年 份	总耕地面积		粮食生产用地面积		
	清亩	市亩	占总耕地比例（%）	清亩	市亩
乾隆三十一年（1766）	11.62	10.71	90	10.46	9.64
嘉庆十七年（1812）	12.78	11.77	87	11.12	10.25
道光三十年（1850）	14.33	13.20	87	12.47	11.49
光绪十三年（1887）	15.08	13.89	85	12.82	11.81
宣统三年（1911）	15.82	14.58	85	13.45	12.40

资料来源：本表各年总耕地面积见第一章表1-10；市亩面积按1清亩=0.9216市亩换算。

2. 各时期的粮食总产量

（1）19世纪中期的粮食总产量

本项研究的粮食平均亩产估计是以19世纪中期的亩产估计为基础，进而扩展到其他时点的亩产的，因而粮食总产量的估计也从19世纪中期开始。按照前文的估计，19世纪中期的粮食平均亩产量为每清亩1.95~2.25石；其时的耕地总面积约为14.33亿清亩，其中粮食生产用地面积占87%，约为12.47亿清亩。据此，可计算19世纪中期的粮食总产量如下：

按低限计算，粮食总产量=1.95×12.47≈24.3（亿石）；

按高限计算，粮食总产量=2.25×12.47≈28.1（亿石）。

还可以按另一种方式，即按我们分别估计的南、北方不同农作方式下水稻、旱粮各自的平均亩产量来计算总产量，如表2-12所示。

表2-12　19世纪中期南、北方不同农作方式各自粮食产出量和总产量估计

农作方式	耕作面积		亩产		总产量	
	面积（百万亩）	占比（%）	低限（石/亩）	高限（石/亩）	低限（百万石）	高限（百万石）
全国总计	1247	100	1.950	2.250	2432	2806
北方合计	663.4	53.2	1.010	1.212	669.6	804.1
南方合计	583.6	46.8	3.020	3.430	1762.6	2002.0

续表

农作方式		耕作面积		亩　产		总产量	
		面积（百万亩）	占比（%）	低限（石/亩）	高限（石/亩）	低限（百万石）	高限（百万石）
北方	旱地耕作	657.2	52.7	1.000	1.200	657.2	788.6
	水田种稻	6.2	0.5	2.000	2.500	12.4	15.5
南方	旱地耕作	291.8	23.4	2.700	3.200	787.9	933.8
	水旱轮作	117.2	9.4	旱作：1.000 水稻：2.400	旱作：1.500 水稻：2.400	旱作：117.2 水稻：281.3	旱作：175.8 水稻：281.3
	水田种稻	174.6	14.0	3.300	3.500	576.2	611.1

资料来源：粮地面积据表2-11；不同农作方式的耕地面积按表2-6的各自占比计算得出。南北方旱地的亩产根据上文对玉米、番薯等粮食新品种推广在粮食产量上的影响的讨论，在原估计数的基础上重新做了调整。

根据表2-12的计算，在其时全国26.2亿石粮食总产出（按高、低限的中值计，下同）中，北方的粮食总产量约计为7.4亿石，占28.2%；南方为18.8亿石，占71.8%。又此总产量中，旱粮的产量南北总计为17.3亿石，占总产量的66%；水稻产量为8.9亿石，占34%。旱粮的总产量中，北方出产7.2亿余石，占42%；南方出产10亿石，占58%。水稻几乎全部为南方所产，其8.75亿石的产量占8.9亿石的全国总产量的98.3%，北方所出仅约1400万石，占比不足2%。

（2）其他时点的粮食总产量

清代其他时点的粮食产量因平均亩产估计得比较粗糙，不可能像19世纪中期的产量那样按南、北地域并区别旱粮、水稻不同粮食种类分别估计，但简单地估算全国总产量还是可以的。表2-13是根据本项研究对各时点粮食平均亩产和粮食用地面积估计数据计算得到的结果。

表2-13　清代各时期的粮食总产量估计

年　份	平均亩产量（石/亩）	粮食生产用地面积（亿亩）	粮食总产量	
			按清石计（亿石）	折合市制（亿市斤）
顺治十八年（1661）	1.70	7.16	12.2	1706
康熙二十四年（1685）	1.75	8.22	14.4	2014

续表

年　份	平均亩产量（石/亩）	粮食生产用地面积（亿亩）	粮食总产量 按清石计（亿石）	粮食总产量 折合市制（亿市斤）
雍正二年（1724）	1.85	9.95	18.4	2573
乾隆三十一年（1766）	2.00	10.46	20.9	2988
嘉庆十七年（1812）	2.10	11.12	23.4	3345
道光三十年（1850）	2.10	12.47	26.2	3746
光绪十三年（1887）	2.00	12.82	25.6	3660
宣统三年（1911）	1.90	13.45	25.6	3660

资料来源：粮食平均亩产据本章第一节，粮食用地面积据表2-11。

表2-13显示，清代前期，由于粮食的平均亩产量和耕地面积都在不断增加，粮食的总产量在这两方面的合力作用下增长十分可观：道光三十年的产量约当顺治末年的2.15倍（按石数算，按市斤算则接近2.2倍）；晚清时期，虽然耕地面积继续有所增加，但平均亩产量降低，总产量较之19世纪中期不仅没有增长，反而有一定程度的下降，反映了这一时期农业生产发展的总体停滞甚至衰退的趋势。

第三章 粮食总产值

粮食产值是粮食产量的价值计量。农业生产不仅仅是粮食的生产，此外还有经济作物的种植并包括畜牧、渔业、林业等众多其他生产部门，产品种类更是多种多样，单纯的产量计量无法描述其总体规模。描述农业总体规模唯一可行的方法只能是价值计量。粮食的产值可以利用现存的清代粮价资料进行估算。但由于在传统经济下，每年生产出来的粮食只有很少一部分进入市场，而非市场经济下绝大部分粮食都进入市场流通，这里所估计的"产值"，不过是以小部分进入市场的商品粮的价格作为标准计量的粮食生产"价值"，与充分市场经济条件下的"粮食产值"，不是一个概念。这是不言而喻的。

一 现存的清代粮价数据

现存的清代粮价记载有两种：一种为只涉及某一地域、某一时点或某一时间段的孤立的非系统的零星记载，散见于实录、政书、会典等各种官书和编纂这些官书所依据的原始档案，以及当时官员或民间人士自行刻印的奏牍、文集、笔记之类的私人著述之中；某些地方志、个别残存的商店账簿等地方性文献或民间档案中也有一些。另一种为基于制度规定，由各省地方官员层层呈报，督抚定期汇总并奏报皇帝的全国性、长时段的系统记载，即今天绝大部分仍然保存完好的清宫档案"粮价单"中的粮价数据。

前一种资料，尽管就总体而言，如果尽量搜集，应该具有可观数量，至少找到上千条不成问题①，排比起来，对于研究清代各时期粮价的变化及其历史走势，无疑是有重要价值的，但对于我们的研究目的来说，依靠这些资料去做粮食产量的价值计量并不是最好的选择。其一，这些资料所记录的粮价数据尽管总量不少，但在时间上分散在清代各个时期，具体到任一时间点的数据都不是很多，不足以形成估计一个时点平均粮价的足够样本数量。其二，这些数据在地域的分布上极不均匀，绝大部分都集中在长江三角洲的"江南地区"，其他地方的数据很少。虽然江南是当时国内重要的商品粮集散地之一，但是在清代的中国，由于地域广袤、市场分散、层级众多且又彼此缺乏紧密联系，一个或少数地方的市场再重要，也不能说那里的粮价就代表了全国的一般水平。其三，这些数据大部分都是米价记录，很少有反映其他粮食价格的，而清代生产的粮食，并非仅仅只有稻米。此外，这些数据的相当一部分在质量上也存在缺点：历史文献中的这些粮价数据之所以受到当时人的关注并被记录下来，往往是因为超出了正常的水平，例如大灾之年某一时间段的极度"腾贵"的米价、大有之年某一时段的"伤农"谷价等。这些特殊情形之下的粮价，当然不能被视作代表了正常的粮价水平。又例如，有些数据，不是出自记载者的实地调查和即时记录，而是来自于传闻或多年之后的模糊回忆，此种数据，其准确性自然也要存疑。

就我们的研究需要而言，粮价单的系统数据更为有用。清代各省对粮价的奏报始于康熙朝，到乾隆初年形成有统一内容、格式、按月奏报的规范制度。乾隆以后制度：各省地方官员必须按月呈报本地粮价，由督抚汇总后专折奏报皇帝并随折附开粮价清单。此种粮价清单以府及直隶州、直隶厅等为单位②，依次分别开列各该府或州、厅主要粮食的当月价格。各省开列价格的粮食种类各按本省出产择定其重要者报告（全国总计报告的粮食种类约近40种）。粮价单中的粮食价格，一般开列有"最低"和"最高"两种（也有只开"当月价"的）并注明与上月比较的增减情形；各该府或

---

① 例如彭信威在《中国货币史》一书中，为研究历史上的货币购买力变动，曾大力搜集米价数据，提供了从明正统元年（1436）开放银禁至民国时期1935年停止以银两作为本位货币前后长达500年间的1000多条米价资料，其中清代米价记录多达900余条。但即便如此，他所收集的清代米价数据还远远没有达到或接近达到穷尽这一时期历史文献中米价资料的程度。
② 个别地方直接以州县粮价报送。

州、厅当月粮价系"平"、"贵"或"贱"的情况,亦一并注明。

粮价单的数据,尽管从部分事例看,不能否认确实存在着"官样文章"甚至涉嫌造假的情况,因而可能与实际粮价有一定距离甚至严重不符,但这批长时段的系列数据的总体可靠性不容置疑。此点,已经有多位研究者做过专门论述,我们不再讨论①。

本项研究使用经济所藏清代粮价单抄档道光三十年(1850)各省的粮价平均数计算19世纪中期及其他时点的粮食总产值②。之所以这样选择是因为:第一,如上面所说,清代直到乾隆时才建立起规范的粮价奏报制度,而在此前,虽然也有一些官员奏报粮价,但并没有形成后来那种系统的官方粮价记录。因此,单凭这批粮价单,不足以支撑起用每个时点的粮价核算该时点粮食产值的研究;而撇开粮价单,另以其他资料的数据去估计乾隆以前各时点的粮价,如上文所说,又会面临因数据样本不足且有种种缺陷,难以保证估计结果的准确性的问题。第二,用每个时点的粮价计算该时点的粮食产值,所得结果如要在不同时点间进行比较,以观察清代农业的发展,还必须讨论各时点间的物价水平变化,因为同样的产量,由于不同时点的物价水平不同,计算出的产值也不同,是不能直接进行比较的。

---

① 关于清代粮价单数据可靠性问题的讨论,见 Han-sheng Chuan(全汉昇)and Richard A. Kraus, *Mid-Ch'ing Rice Markets and Trade: An Essay in Price History*, published by East Asian Research Center, Harvard University, 1975; Yeh-Chien Wang(王业键),"Secular Trends of Rice Prices in the Yangzi Delta, 1638 – 1935", in T. G. Rawski and Lillian M. Li eds., *Chinese History in Economic Perspective*, University of California Press, 1992;陈春声:《市场机制与社会变迁——18世纪广东米价分析》,中山大学出版社,1992;彭凯翔:《清代以来的粮价——历史学的解释与再解释》,上海人民出版社,2006。清代的粮价奏报不依靠独立的专门机构和专业的调查人员,而是由地方各级行政机构(州县、府、布政使司)通过层层上报来进行,亦无为此设置的专项经费。在这种情况下,由于负责收集粮价信息的地方机构都是"额外"承担此项工作,且需"额外"负担由此产生的行政成本,加之官僚机构固有的"具文"、"敷衍塞责"陋习,其所上报的粮价信息不准确或不全面是完全可以想象的。但是,正如全汉昇所指出的,一方面由于不存在地方政府倾向性造假的利益动机,另一方面也由于存在着各级官员之间的利益牵制,以及皇帝还有其他渠道获知粮价信息可以与本处的粮价报告互相印证,地方政府上报粮价时蓄意造假的情况是不可能系统、大面积发生的。王业键使用是否与当地受灾时应有的米价变化相一致、是否与其他来源的比较可信的米价记载相一致两种方法对苏州粮价单的米价记载进行检验,则在经验的层面论证了粮价单数据的可靠性。陈春声的研究虽然列举了一些确实存在的粮价单涉嫌作弊事例,但也肯定在大多数情况下粮价单的数据是可靠的。

② 这批抄档粮价数据已经以《清代道光至宣统间粮价表》作为书名(中国社会科学院经济研究所编),由广西师范大学出版社于2009年出版,共23册。

而用一个时点的粮价统一核算各时点的粮食产值,就不存在这个问题,这在研究上是便利的。至于选择道光三十年的粮价,是因为本项研究对各时点指标的估计,均以19世纪中期指标的研究为基础(如耕地面积、亩产量等),由之向前、向后进一步扩展,从而得到连续的指标序列。估计粮食产值,自然也应以这一年的粮价为计量标准。

二 道光三十年的粮价和清代各时期粮食总产值估计

1. 道光三十年的平均粮价和19世纪中期的粮食总产值

本年的粮价单,包括了内地18省及新疆和奉天地区的共计270府、直隶州、厅等行政单位的数万个粮价数据①;虽有个别地方缺失全年或个别月份数据,但总体上相当完整②。本年的粮价水平,除个别省全年或某些月份稍高(如江苏省本年粮价属于"贵中",安徽省各府州则或全年价"贵"或某些月份价"贵"),绝大多数地方的价格均为价"中"或"平"。计算全国平均粮价的方法是:首先,按照原单所开府、直隶州、厅等行政单位,用简单算术平均的方法,分别计算其各自的全年平均米价和旱粮粮价;然后,仍然使用算术平均的方法,计算全国各省区平均的当年米价和旱粮粮价③。最终计算结果如表3-1所示。

表3-1 道光三十年各省区平均粮价

单位:银两/仓石

省　　区	稻米均价	旱粮均价	原单所开粮食种类
全国平均	北方①:2.35 南方②:1.79	北方①:1.13 南方②:1.23	
直隶	—	1.17	粟米、高粱、糜米、麦、黑豆

---

① 本年粮价单,新疆以宜禾、迪化、昌吉、阜康、绥来、奇台六州县和吐鲁番直隶厅的数据上报,此六州县亦计入报告粮价的270个行政单位数中。山西的行政单位中,包括归绥道在内。
② 本年粮价单缺河南归德府、江西南昌府数据。缺失月份数据的情况也是个别的,而且均只缺一月数据。
③ 道光三十年平均粮价的计算,河南归德府、江西南昌府的数据以道光二十七年数据代替;少数缺失月份数据的地方,按现有各月的数据计算全年平均粮价。计算旱粮平均粮价时,原单中已加工粮食如粟米、糜米等的价格,均按六折(60%)估算其原粮价格。又甘肃粮价以"两/京石"为单位,与他省使用"两/仓石"不同,计算时按1京石合0.7仓石换算。

续表

省　区	稻米均价	旱粮均价	原单所开粮食种类
奉天	1.99	0.97	稻米、粟米、粟谷、高粱、小麦、黑豆
山东	3.10	1.35	稻米、粟米、粟谷、高粱、小麦、黑豆
山西	—	1.18	小米、麦子、荞麦、高粱、豌豆
河南	—	0.85	粟米、小麦、谷子、高粱、黑豆
陕西	1.97	0.96	大米、小米、小麦、大麦、糜米、豌豆、黄豆
甘肃	—	1.37	粟米、小麦、豌豆、糜子、青稞
新疆	—	1.16	小麦、粟米、豌豆、青稞、糜谷、高粱
江苏	2.44	1.34	上米、中米、糙米、小麦、大麦、黄豆、小米、秫秫
安徽	2.02	1.25	上米、中米、糙米、小麦、大麦、黄豆、秫秫、粟米
江西	2.31	1.13	稻米、小麦、大麦、黄豆
浙江	2.14	1.30	籼米、细籼、晚米、细晚、大麦、小麦、黄豆
福建	1.67	—	上米、中米、下米
湖北	1.66	1.13	上米、中米、下米、大麦、小麦、黄豆
湖南	1.92	1.25	上米、中米、下米、大麦、小麦、黄豆
广东	1.73	—	上米、中米、下米
广西	1.29	—	上米、中米、下米
四川	1.93	1.55	中米、大麦、小麦、黄豆、莜子、青稞、油麦
云南	1.46	0.91	白米、红米、小麦、莜、豆
贵州	0.86	—	上米、中米、稗米

资料来源：中国社会科学院经济研究所藏清档粮价单。

注：①指直隶、奉天、山东、山西、河南、陕西、甘肃、新疆。
②指江苏、安徽、江西、浙江、福建、湖北、湖南、广东、广西、四川、云南、贵州。

表3-1中，有水稻种植的直隶和河南均无米价数据，因此北方地区的稻米平均价格只能使用奉天、山东和陕西的数据进行计算。这三个地方的米价，奉天和陕西与南方各省相比只是中等略高，山东米价则明显偏高。道光一朝，山东的米价不仅在北方，即在全国也是高的。由于山东的米价高，表3-1计算的北方稻米平均价格可能要高于实际均价，不过，由于北方水稻种植面积不大，产量有限，即便使用的均价稍高，也不会对最终粮

食总产值的计算结果产生很大影响。北方地区每仓石2.35两的稻米价格，折算为稻谷价可以按每仓石1.18两取值。

南方各省的稻米均价，由于也只是简单的算术平均，而山多田少、产量相对较少却米价很低的云南、贵州等省也都以相同权数参与平均，所得计算结果可能较实际略低。但除了算术平均一法外，我们实在没有更好的办法计算各省的平均价格（无法分别确定各省的产量权重）。而且，由于参与平均的省份较多，云、贵二省即便在算术平均的情况下，其米价在整个南方稻米均价计算中所占的权重也不过只有16.7%，并不会对最终结果产生重大影响。表3-1计算的南方稻米均价为每仓石1.79两，大体上还是合理的。据此，折算为稻谷价格，本项研究将南方的水稻均价按每仓石0.9两估计。

旱粮的平均价格南、北方相差不多，南方略高于北方。由于在计算时，凡原始数据为加工过的成品粮价格者（如粟米、糜米等）均已折算为原粮价格，本项研究即按北方旱粮均价每仓石1.13两、南方旱粮均价每仓石1.23两分别取值。

根据以上粮食均价，利用本书第二章表2-12北方及南方各自的旱粮、稻谷产量数据，可计算得到19世纪中期全国粮食的总产值如表3-2所示。

表3-2　19世纪中期全国粮食总产值估计

地区	粮食种类	产量（百万石）低限	产量（百万石）高限	平均价格（两/石）	产值（百万两）低限	产值（百万两）高限
总计		2432	2806	1.086-1.097	2642	3077
北方	旱粮	657.2	788.6	1.13	742.6	891.1
	稻谷	12.4	15.5	1.18	14.6	18.3
南方	旱粮	905.1	1109.6	1.23	1113.3	1364.8
	稻谷	857.5	892.4	0.90	771.8	803.2

2. 其他时点的粮食总产值

其他时点的粮食产值仍以道光三十年的粮价估算。不过，这不是指用于最后计算的"全国平均粮价"，而是指稻谷和旱粮各自的该年平均价格。由于各时点的粮食构成不同，其各自的"全国平均粮价"应与19世纪中期有所不同。按照表3-2的数据计算，19世纪中期的全国平均粮价，大体在每石1.09两左右（按中值计，下同），这其中，旱粮均价为每石1.19两，按照旱粮产量在粮食总产量中的比例，占全国平均粮价的权重为66%；稻谷均价为每石0.9两，占全国粮食均价的权重为34%。本项研究，19世纪以后各时点的全国平均粮价，仍按19世纪中期的每石1.09两取值，以前则另做估计。清初时期，粮食生产仍主要局限在传统农业区，因而粮食总产量中的稻谷比例比较大，我们估计，至少应不低于50%[①]。雍正特别是乾隆以后，因新开发的山区及各边区耕地绝大部分为旱地，旱粮的产量在粮食总产量中的占比乃逐渐增加，稻谷占比则不断下降。基于这个判断，本项研究对清初顺治十八年、康熙二十四年和雍正二年3个时点的全国平均粮价中的水稻、旱粮价格权重，按各占50%估计，计算结果为每石1.04两；乾隆三十一年的全国平均粮价，按水稻价格权重45%、旱粮价格权重55%估计，结果为每石1.06两。

依照如上估计的全国平均粮价，计算得到清代各时期全国粮食总产值如表3-3所示。

表3-3 清代各时期全国粮食总产值估计

年　份	粮食总产量 （亿石）	全国平均粮价 （两/石）	粮食总产值 （亿两）
顺治十八年（1661）	12.2	1.04	12.7
康熙二十四年（1685）	14.4	1.04	15.0
雍正二年（1724）	18.4	1.04	19.1
乾隆三十一年（1766）	20.9	1.06	22.2
嘉庆十七年（1812）	23.4	1.09	25.5
道光三十年（1850）	26.2	1.09	28.6
光绪十三年（1887）	25.6	1.09	27.9
宣统三年（1911）	25.6	1.09	27.9

资料来源：粮食总产量据第二章表2-13。

[①] 根据本书第一章表1-10的各时期分省耕地面积估计，顺治十八年南方12省的耕地总面积约计为4.06亿亩，占全国7.78亿亩总耕地的52%。以后南方耕地的占比虽逐渐降低，但直到雍正二年仍占49%，即接近一半。假定清初南方耕地的60%为水田，40%为旱地，其中水田的产量3倍于北方旱地，旱地的产量2倍于北方旱地，那么在南北方耕地各占一半的情况下，南方水田的稻谷产量即占全国粮食总产量的50%；在南方耕地多于北方（例如顺治十八年）或南方水田比例及稻谷产量更高于如上估计（这是很可能的）的情况下，稻谷产量占全国粮食总产量的比例会更高。

如上结果只是"毛产值",而非扣除了生产成本之后的"增加值"。下面,我们讨论扣除成本以后的粮食生产增加值问题。

三 粮食的生产成本和粮食生产增加值估计

通过对种子、耕畜、肥料、大小农具等生产要素投入的计算来直接估计清代粮食生产的成本是不容易的,但通过匡算当时一年的粮食总产出中用于必不可少的消费部分的数量,对其时粮食生产成本的最大边界进行估计,则是可行的。这是因为,在生产和再生产持续进行的情况下,一年的粮食总产出必然要分割成如下等式中的几个部分:

粮食总产出 = 当年粮食总消费 + 生产成本 + 用于扩大再生产的剩余

上式中,当"用于扩大再生产的剩余"等于零,即假定其时的生产只是简单再生产时,那么"粮食总产出"便等于"当年粮食总消费"与"生产成本"之和,即粮食的生产成本可以用"粮食总产出"减去"当年粮食总消费"来求得。这样一来,问题便相对简单了,因为粮食总产出是已知的,而粮食总消费可以通过匡算全国一年的口粮、工业及其他用粮耗费来估计。

1. 19世纪中期的粮食生产成本和粮食生产增加值

(1) 粮食总消费

口粮

估计历史上一定时期的口粮消费需首先确定当时条件下恰当的人均口粮标准。清人计算一人一天的口粮需要历来以成年"大口"一升、未成年"小口"半升为标准,折合成今天的市制,大约为大口一斤二三两、小口六两多一点。这个标准,大体上可以满足一人一天的需要,因此本项研究也继续沿用这个标准。

19世纪上半期的人口年龄结构,根据我们查阅过的部分地方志资料(此种资料多来源于各地官方的"保甲烟户册"),未成年人口在总人口中所占比例大体为30%~40%[1]。例如《重纂福建通志》关于道光九年(1829)该省各类人户中未成年人口数的记载,见表3-4。

---

[1] 清代官方记录一般将未成年人口称为"小口",指未满16岁的人;也有的地方将16岁以下者称为"幼丁"。

表 3-4 道光九年（1829）福建省未成年人口占总人口的比重

人户类别	人口总数	未成年人口数	未成年人口占总人口的比重
总计	17347799	6686674	38.54
土著民户	15509614	6023511	38.84
土著灶户	171511	61468	35.84
土著屯户	474739	176569	37.19
流寓民户	1191935	425126	35.67

资料来源：道光《重纂福建通志》（同治十年正谊书院刻本）卷48《户口》。

该项资料还记载了台湾府台湾、凤山、嘉义、彰化四县及淡水厅嘉庆十六年（1811）的人口年龄结构情况：在总共1901833名口"男妇大小户口"中，"幼丁男女"计803459名口，占总人口的42.25%。

又如道光《济南府志》记载，道光十七年（1837）山东通省人口总数为31533763人，其中未成年人口为12199610人，占总人口的38.69%。该府各州县及济南、齐河、德州三卫的未成年人口占比情况如表3-5所示。

表 3-5 道光十七年（1837）山东济南府未成年人口占总人口的比重

州县卫	人口总数	未成年人口数	未成年人口占总人口的比重
总计	4202510	1518746	36.14
历城县	603177	233854	38.77
章丘县	463879	155228	33.46
邹平县	322156	132204	41.04
淄川县	132216	48037	36.33
长山县	191517	64283	33.57
新城县	164553	62140	37.76
齐河县	338675	100280	29.61
齐东县	130472	41429	31.75
济阳县	200194	56819	28.38
禹城县	232072	99320	42.80
临邑县	115278	39323	34.11
长清县	292284	109755	37.55
陵县	126010	42754	33.93
德州	118063	50961	43.16

续表

州县卫	人口总数	未成年人口数	未成年人口占总人口的比重
德平县	209889	57993	27.63
平原县	187973	60431	32.15
济南卫	174667	92168	52.77
齐河卫	83436	29369	35.20
德州卫	115999	42398	36.55

资料来源：据道光《济南府志》卷15《户口》。按原资料将济南卫人口按其驻地归属，于历城、章丘、济阳、长清四县后分别开列，今合并计算。

福建、山东以外的其他地方，我们也收集了一些19世纪上半期未成年人口在总人口中占比的数据，见表3-6。

表3-6　19世纪上半期各地未成年人口在总人口中所占比重

府州县	年代	人口总数	未成年人口数	未成年人口占总人口的比重	资料来源
河南长垣县	1808	317988	150208	47.24	嘉庆《长垣县志》卷7
河南洛阳县	1813	366750	107169	29.22	嘉庆《洛阳县志》卷33
河南尉氏县	1824	156034	54575	34.98	道光《尉氏县志》卷6
河南河内县	1823	422071	138267	32.76	道光《河内县志》卷12
河南泌阳县	1827	152019	54731	36.00	道光《泌阳县志》卷6
山西大同县	1829	162845	67255	41.30	道光《大同县志》卷9
山西阳曲县	1842	354340	144115	40.67	道光《阳曲县志》卷7
陕西宁陕厅	1828	115391	33690	29.20	道光《宁陕厅志》卷2
陕西洛川县	1805	93990	36140	38.45	嘉庆《洛川县志》卷9
甘肃西宁县	1853	328250	148553	45.26	民国《西宁府续志》卷4
甘肃碾伯县	1853	228370	73453	32.16	同上
甘肃大通县	1853	73667	26018	35.32	同上
甘肃贵德厅	1853	19769	7532	38.10	同上
甘肃巴燕戎格厅	1853	27565	10454	37.92	同上
甘肃循化县	1853	177729	61459	34.58	同上
甘肃丹噶尔厅	1853	19068	7193	37.72	同上
江苏青浦县	1816	210350	53342	25.36	光绪《青浦县志》卷6
湖北云梦县	1839	360877	119799	33.20	道光《云梦志》卷3
湖南邵阳县	1849	706054	187545	26.56	道光《宝庆府志》卷83

续表

府州县	年代	人口总数	未成年人口数	未成年人口占总人口的比重	资料来源
湖南新化县	1849	453188	115905	25.58	同上
湖南武冈州	1849	391319	77687	19.85	同上
湖南新宁县	1849	101149	31337	30.98	同上
湖南城步县	1849	89231	30525	34.21	同上
广西浔州府	1826	877337	371690	42.37	道光《浔州府志》卷18
广西平南县	1833	160856	68153	42.37	道光《平南县志》卷10

以上19世纪上半期的数据显示，当时未成年人口在总人口中的占比，总体上可以判定在30%~40%的区间，属于现代人口学中"稳定型"的人口年龄结构。考虑到清代乾隆以后基于保甲制度的"大小男妇"民数调查及造报脱胎于"摊丁入地"以前的人丁编审，许多旧时的观念、习惯仍然沿袭下来，不重视妇女及未成年"小口"的清查，漏报的情况较多[①]，本项研究将19世纪中期未成年人口占总人口的比例估定为40%，即一个5口之家，有3个成年人、2个未成年小孩。我们相信，这是符合当时的实际情况的。

按照上述大、小口分别的口粮标准和未成年人口占总人口的比例，可以计算出19世纪中期全国4.36亿人一年的口粮消费为12.73亿石。此为加工后的成品粮，折算成原粮大约为21.2亿石，约占其时粮食总产量26.2亿石的80.9%。

工业及其他用粮

清代手工业生产消耗粮食，主要是酿酒，其余如纺织业中的棉纱、棉布上浆以及制酱、制粉、制作糕点、裱糊等行业虽也用到粮食，但数量远

[①] 此点在当时许多地方志的保甲人口数据中都有表现，如违反常理的男女比例数据、过低的未成年人口比例数据甚至完全没有未成年人口统计的"民数"等。这些违反常理的数据，有时已经到了荒唐的程度。例如表3-6中的江苏青浦县嘉庆二十一年（1816）数据，据县志，是年该县编查的"男妇大小"人口中，"幼童"（指男童）数为40456人，"幼女"数为12886人，性别比达到了令人不可思议的3.14，显然女童漏报甚多，由此自然也就导致了该县未成年人口在总人口中较低的占比。又如陕西宁陕厅数据，据道光厅志记载，道光八年（1828）该厅115391总人口中，计有男大丁50119人，男小丁20288人，女大口31583人，女小口13402人，成人的性别比为1.59，儿童的性别比为1.51，显然女性人口无论大小都漏报甚多。

少于酿酒。此外，家禽、家畜的饲养等也需耗用一部分粮食。

清代酿酒业十分兴盛，规模远超前代。其时的酒品仍以粮食酒如烧酒、黄酒、米酒等为主，每年消耗掉的大小麦、高粱、黍、玉米、稻米等粮食不在少量。

以当时的"北五省"即直隶、河南、山东、山西、陕西来说，据乾隆初方苞说，"西北五省烧酒之坊，本大者分锅叠烧，每岁耗谷二三千石，本小者亦二三百石。烧坊多者每县至百余；其余三五斗之谷，则比户能烧。即专计城镇之坊，大小相折，以县四十为率，每岁耗谷已千数百万石"①。晚清光绪四年（1878），直督李鸿章亦奏云："通省烧锅约计千余家，每日需用高粱两万余石，每月共需六七十万石，即以每人日食一升而论，该烧锅等一日之费已占二百数十万人之食。"② 此系就直隶一省而言，若算上河南、山东、山西、陕西并连同东北等其他北方地区都包括在内，北方的烧锅耗粮，恐怕应数倍于方苞所说的一年"千数百万石"。

酿酒需要酒曲，故烧锅多，踩曲亦必同时兴盛。踩曲在清代已是与酿酒分开的专门行业。制造酒曲的主要原料为大小麦。其时河南是北方各省酒曲的主要来源地之一，据乾隆初巡抚尹会一奏报："豫省产粮惟二麦为最广，而耗费麦粮者莫如踩曲为最甚。凡直隶、山、陕等省，需用酒曲，类皆取资于豫。故每年二麦登场后，富商巨贾，在于水陆马（码）头、有名镇集，广收麦石，开坊踩曲，耗麦奚啻数千万石。"③ 其他北方省份也有制曲颇具规模的地方。如山东汶上县，据康熙县志记载，"每年麦熟后，富户客商在水陆城镇地方开店收麦，立桩踩曲，每一桩收麦多可数千石，少亦不下几百石。以一处推之，各处糜烂小麦，难以数计"④。又如陕西关中产麦区，雍正时，每年民间麦收之后，"不以积贮为急务，而以踩曲为生涯，所费之麦，不可数计"⑤。乾隆初，咸阳、朝邑等关中州县曲坊制造的曲块通过山西、河南商人销至外省，"盈千累万，骡负船装，每年耗费之麦，不下数十万石"⑥。

---

① 见《方望溪全集·集外文》卷1《奏札·请定经制札子》。
② 光绪《畿辅通志》卷107，李鸿章疏。
③ 尹会一：《尹少宰奏议》卷2《议禁酒曲疏》。
④ 礼科给事中岳峰秀疏，见康熙《汶上县志》卷6《艺文》。
⑤ 雍正十一年史贻直奏，见《皇清名臣奏议》卷31。
⑥ 档案：乾隆三年十月十一日查郎阿奏。

南方酿酒耗粮不亚于北方。上引方苞《请定经制札子》在估计西北五省烧锅每岁耗谷千数百万石后又说：东南十省每年因酒耗谷"亦千余万石"。南方出酒大省如湖南，据同治时巡抚恽世临说，湖南向称"足米之区"，而"民鲜盖藏，动形匮乏"者，民间嗜酒耗粮为其主要原因之一，"合通省计之，每岁耗谷不下数百万石"①。当时仅湖南善化一地，每日烧锅用谷即多达千余石，一年约计要用40万余石②。他如衡阳，所出衡酒远近闻名，"广西、四川尤重之"，"商贾廛肆恃贩酿为食者殆万人"③，耗谷之多，自不待言。又如四川，据道光时皇帝说，"四川省各州县开设醋坊，多者千座"④。绵竹大曲、泸州大曲以及今五粮液酒之前身"杂粮酒"等，已是当时著名的川酒品牌。贵州虽非产粮大省，但仁怀县茅台村所出的茅台酒、遵义董公寺所出的小曲酒（今董酒前身），均在清代即已出名。

江苏、安徽、浙江等省也都是南方酿酒耗粮大户。乾隆初，两江总督那苏图奏称：镇江、淮安、徐州、凤阳、颍州等处向来为踩曲著名地方，每当麦收之际，"富商大贾挟持重资，赴各处大镇，多买麦石，广为造曲"⑤。乾隆十三年两江总督尹继善也奏称：两江地方"酿酒数千家，获利既重，为业日多，约计岁耗糯米数百万石，踩曲小麦又数百万石。民间将肥田种糯，竟有一县种糯多于种稻者"⑥。嘉、道时人包世臣分析苏州虽为产稻之乡，但本地所产不足供用，每年都有大量客米输入的原因时说："苏州无论丰歉，江广安徽之客米来售者岁不下数百万石，良由槽坊酤于市，士庶酿于家，本地所产，耗于酒者大半故也。中人饭米半升，黄酒之佳者，酒一石用米七斗，一人饮黄酒五六斤者不为大量，是酒之耗米增于饭者常七八倍；烧酒成于膏（高）粱及大小麦，膏粱一石得酒三十五斤，大麦四十斤，小麦六十余斤，常人饮烧酒亦可斤余，是亦已耗一人两日之食也。"⑦

为了获得19世纪中期全国每年消耗于酿酒的粮食数量的确定数字，下面我们尝试从酒的消费角度，对其做一匡估。方苞曾这样估计"饮者"即

---

① 恽世临：《通饬禁用谷米作酒札示》，见光绪《善化县志》卷20《政迹》。
② 光绪《善化县志》卷16《土产》。
③ 同治《衡阳县志》卷11《货殖》。
④ 《清宣宗实录》卷356，道光二十一年八月癸卯。
⑤ 档案：乾隆三年七月六日那苏图奏。
⑥ 《清高宗实录》卷319，乾隆十三年七月。
⑦ 包世臣：《安吴四种》卷26《齐民四术二·庚辰杂著二》。

经常饮酒者在人口中的比例:"今天下自通都大邑,以及穷乡小聚,皆有酤者,沃饶人聚之区,饮酒常十人而五,与瘠土贫民相较,约六人而饮者居其一。"① 经常饮酒者在人群中占 1/6,这个比例虽不一定精确,但来自于言者的经验观察,我们不妨即以其为依据进行估算。不过方苞这里所说的 1/6 应指成年男性中的"饮者"比例,而不是包括女性及未成年儿童都在内的所有人口。女性及儿童当然也有喝酒的,但毕竟不普遍,同时按常理而言,方苞在论及此问题时应该不会将这部分人口也包括在内。当时全国约计 4.36 亿人,按成年人口 60% 算,再从中除去一半女性人口,则成年男性人口数约为 1.3 亿。用此 1.3 亿男性成年人口除以 6,经常饮酒的人数约计为 2167 万。这些经常饮酒的"饮者",按其每次饮酒一斤(包世臣说"一人饮黄酒五六斤不为大量",饮烧酒"亦可斤余")、每年饮酒 80 次(即四五天喝一回)计,可以计算得到一年的酒消费量约计为 17.3 亿斤。其时粮食酒的出酒率,按包世臣的说法,制作烧酒,高粱一石得酒 35 斤,大麦一石得 40 斤,小麦一石得 60 余斤;又据乾隆初江苏巡抚张渠说,粳米一石可出酒 80 余斤②。以平均粮食一石出酒 50 斤计,烧造 17.3 亿斤酒需粮 3460 万石③。

以上估计,是按烧酒消费量计算的,没有估计消费量也不少的黄酒和米酒的耗粮情况(此两种酒每人每次的饮量更多)。如果算上,当时一年耗于酿酒的粮食数量恐怕不少于 5000 万石。

酿酒以外,纺织业中的棉布上浆应是另一耗粮大项。据许涤新、吴承明估计,此项耗粮约为每年 1300 万石④。酿酒、纺织业上浆再加上其他以

---

① 方苞:《方望溪全集》卷 6《与徐司空蝶园书》。按:在《请定经制札子》中,方又说:"天下沃饶,人聚之地,饮酒者十人而五,与瘠土贫民相较,以最少为率,四人而饮酒者一人。"见《方望溪全集·集外文》卷 1《奏札》。
② 档案:乾隆五年闰六月十一日张渠奏。
③ 徐建青《清代前期的酿酒业》(载《清史研究》1994 年第 3 期)一文,曾对乾隆初年的全国酒消费量及耗粮数量作出估计,结论是全年消费酒 35 亿斤、耗粮 7000 万石。我们觉得徐女士的估计数过高。她是按当时 1 亿人口的 1/10 为"饮者",每位"饮者"日饮酒一斤、全年天天饮酒来计算的。这里,全部人口的 1/10 为"饮者"的假定不知何据,全年天天饮酒的假定则完全不合常理。日常生活中,即便醉鬼,也未必全年天天饮酒且每饮必一斤,这是不可能的。何况,做酒消费量的估计不应假定每位饮者都是醉鬼,而应按大多数经常饮酒的常人的情况来估计。
④ 见许涤新、吴承明主编《中国资本主义的萌芽》(《中国资本主义发展史》第一卷),人民出版社,1985,第 320 页。

粮食为原、辅材料的传统手工行业的用粮以及家禽家畜的粮食消耗，我们认为，将19世纪中期口粮以外的其他粮食消费数量估计为7000万~8000万石，绝不过分。这个数量，约占其时粮食生产总量的2.7%~3.1%。

(2) 粮食生产成本和扣除成本后的粮食生产增加值

将如上19世纪中期全国一年口粮消费21.2亿石、工业及其他用粮7000万~8000万石的估计数合计，当时一年的粮食消费总量为22亿石左右。用其时一年的粮食总产出26.2亿石减去这个消费总量，差值为4.2亿石。这4.2亿石粮食，即为当时粮食生产成本的最大边界。不过，即便在道光末年，虽然粮食生产已经达到了中国传统农业发展的高峰，即将进入近代长期停滞甚至衰退的前夕，从接触到的各种资料做整体观察，似乎也还不是仅能维持简单再生产的情况。我们姑且假定当时的粮食总产出在扣除了生产成本和当年消费总量以后，还能有占总产出3%~4%即0.8亿~1亿石的剩余，则生产成本应相应调整到3.2亿~3.4亿石，按价值计为银3.5亿~3.7亿两。这个生产成本，按中值计算大约占其时粮食总产出的12.6%。

19世纪中期的粮食总产出按价值计约为银28.6亿两，从中扣除3.6亿两生产成本（高、低限的中间值），增加值为25亿两。

2. 其他时点的粮食生产成本和粮食生产增加值

上面对19世纪中期粮食生产成本占总产值的12.6%的估计与20世纪上半期的相关调查和研究结果相距不远，处在一个中间的位置[1]，我们认为，乾隆中至清末的所有时点，都可以按照这个比例估算生产成本。清初顺治、康熙、雍正3个时点的生产成本比例，由于当时人、地压力还不太大，生产相对粗放，则可以估计得稍低一些，本项研究按10%取值。

根据如上估计，可计算得到清代各时期的粮食生产成本和扣除成本后的粮食生产增加值如表3-7所示。

---

[1] 根据1920年代卜凯对7省17个地区2866个农场的调查（1921~1925），种植业的平均生产成本为10%稍低，见所著《中国农家经济》，张履鸾译，上海商务印书馆，1937，第84页第23表（田场收入表）和96页第31表（田场支出表）。又巫宝三《中国国民所得（一九三三年）》根据1930年代的调查资料，估计种植业的生产成本（包括稻、麦等28种作物）为14.9%，见该书第49页第五表并参看该书第237~248页对"作物所得减除额的计算"的说明。

表 3-7　清代各时期粮食生产成本和粮食生产增加值估计

年　　份	总产值（亿两）	粮食生产成本 占总产值的比例（%）	粮食生产成本 数额（亿两）	增加值（亿两）
顺治十八年（1661）	12.7	10.0	1.27	11.4
康熙二十四年（1685）	15.0	10.0	1.50	13.5
雍正二年（1724）	19.1	10.0	1.91	17.2
乾隆三十一年（1766）	22.2	12.6	2.80	19.4
嘉庆十七年（1812）	25.5	12.6	3.21	22.3
道光三十年（1850）	28.6	12.6	3.60	25.0
光绪十三年（1887）	27.9	12.6	3.52	24.4
宣统三年（1911）	27.9	12.6	3.52	24.4

第四章　种植业总产值和农业总产值

上面估计了种植业中最重要的粮食产值。本章估计包括经济作物在内的种植业总产值，并在此基础上，估计包括林、牧、渔业在内的全部农业总产值。

一　种植业总产值

1. 经济作物的种植情况及其生产效益

清代有规模种植的经济作物，主要是棉、麻、桑、茶、甘蔗、烟草等；此外，如花生、大豆等油料作物，竹、杉等造纸原料，红花、蓝靛等染料，以及药材、花草、瓜果蔬菜、花卉等，也都有一定的生产规模。种植这些经济作物，一般说投入的工本比种植粮食要多，但经济收益也高于粮食生产。

下面就棉、麻、桑、茶、甘蔗、烟草等主要经济作物的种植情况及其相较于种粮的收益做些讨论。

（1）棉

棉花是清代种植最广的经济作物，遍及南北东西。根据地方志的记载，清前期内地十八省以及东北、新疆等地，均已种棉，集中成片的规模化种植地区则有长江下游三角洲地带的江南滨海棉区、中游的江汉平原棉区和华北平原的山东、河南、直隶各省棉区等。种棉的收益，乾隆时山东蒲台县有记载说："工本较五谷费重，其获利亦丰。"[1] 曹州府有记载说："五谷之利，不及其半。"[2] 同时期河南巩县有记载说："收花之利，倍于二麦。"[3]

---

[1] 乾隆《蒲台县志》卷2《物产》。
[2] 乾隆《曹州府志》卷7《风土》。
[3] 乾隆《巩县志》卷7《物产》。

陕西韩城有记载说：木棉"计亩可收禾稼之利二倍许"①。嘉庆时包世臣说江南"松、太利在棉花梭布，较稻田倍蓰"②。道光时汪喜荀引松江志说："木棉多收，利倍于粟。"③

清代的棉花产量，就未经轧核的"子花"（籽棉）而言，一般可达每亩百斤左右，高的可达两三百斤。如乾隆《御题棉花图》说：种棉"稔年收子花百二十斤，次亦八九十斤"④。嘉庆时农书《木棉谱》说：浙江余姚海滨之人种棉"亩得二三百斤"⑤。道光时上海人张春华说当地木棉"一亩之入，有百斤者为满担，倍者为双担；双担是年之极丰者，不恒有"⑥。包世臣说棉田"盛者收干花二石"⑦。较晚的材料如光绪时的农书《植棉纂要》说："中国古法种棉，一株结子百余，每亩岁收二三百斤"；如今因古法失传，"北地之棉每亩出花六七十斤，南中之棉出花百斤"⑧。其实即便在当时的北方，也有亩产百斤以上的，如光绪《完县乡土志》即记载："物产以棉花为最，丰稔之岁，每亩可获百斤以上。"⑨

不过，其时各地使用的棉种，衣分率普遍不高。《植棉纂要》说：中国棉种如江花、北花、浙花、吴种及紫花、大叶青等，"其棉皆轻，惟浙与吴下者棉稍重，亦仅二十而得七，余皆二十而得四"；最重的黄蒂、宽大衣、黑核、青核四种，"皆二十而得九"⑩。按照这个记载，当时中国多数棉种的衣分率只有20%～35%，仅少数能够达到45%。所以，当时每亩100斤籽棉的产量，即便使用的是黑核、青核之类衣分率较高的棉种，去籽后所得"净花"（皮棉），也只有45斤左右；若亩产籽棉不足百斤，使用的又是一般棉种，"净花"产量自然更低。光绪《望都县乡土志》记固店村棉花"每亩所获无过二三十斤者"，光绪《遵化通志》记当地山坡沙砾之处种棉，

---

① 乾隆《韩城县志》卷2《物产》。
② 包世臣：《安吴四种》卷26《齐民四术二·答族子孟开书》。
③ 汪喜荀：《从政录》卷2《种木棉花考》。
④ 乾隆：《御题棉花图·轧核》。
⑤ 褚华：《木棉谱》。
⑥ 张春华：《沪城岁事衢歌》。
⑦ 包世臣：《安吴四种》卷25《齐民四术一·农一上》。
⑧ 饶敦秩：《植棉纂要》。
⑨ 光绪《完县乡土志·村镇》。
⑩ 饶敦秩：《植棉纂要》。又光绪《束鹿县乡土志》亦记载云："江花出楚，绒二十而得五；北花出畿辅、山东，绒二十而得四；浙花二十而得七；又一种紫花，绒二十而得四。"

"每亩弹花不过十余斤",应该都是当时北方棉产量较低的例子。

清代棉花的价格,据郑光祖《醒世一斑录》记载的江南苏州府昭文县情况,自清初以至雍正,每担(100斤)以"钱二千上下为常价"。乾隆以后"价渐增,担亦不出三千"。乾隆四十六年"六月十七日风潮后,价长以倍,越一岁竟至六千;自此而后,常价终在四千"。从乾隆五十九年至嘉庆年间,虽个别年份因水旱灾荒出现价格大幅上涨,但灾后均价格回落。"道光元年,以连岁丰收,价降至三千二三百。三年水荒,次年春价至十一千。后数岁,以四千四五百为常。十三年冬,又至十千。十五年冬,八千四百,后复旧。二十年后,连岁价至八九千。自二十四年而后,价一落再落,近又以五千为常价矣。"① 从这个记载来看,清前期昭文县的棉价,撇开非常态年份的涨落不论,就常价而言,大体上在雍正以前为每担2000文上下;乾隆以后价渐增,以四十七年为分水岭,此前每担价格在3000文以下,以后则以4000文为常价;道光以后,价格进一步上涨,末期以每担5000文为常价。郑光祖的棉价记载,除清初至雍正一段因高度概括,统以"钱二千上下为常价"描述之,没有反映出明清鼎革之际直至康熙早期江南棉价的剧烈变动且普遍高昂的情况外②,对乾隆以后棉价趋势的记述,大体还是靠谱的。可以佐证的资料如汪辉祖说,浙江绍兴府萧山县的棉价在乾隆五十六年因歉收而陡涨之前,"向不过三四十文一斤"③,即每100斤的价钱为3000~4000文,与郑光祖的记载是合拍的。

上引棉价均为"子花"价格,而非去籽皮棉之价。按通常的价差,当时一斤皮棉的价格为籽棉的3倍左右。乾隆二十年代曾任福建福宁府知府的李拔著《种棉说》,提到"八口之家,种棉一畦,岁获百斤,无忧号寒。市肆所鬻,每斤不过百钱"④。其中"市肆所鬻,每斤不过百钱"之棉当为皮棉,籽棉价按其1/3计算为30余文,则"岁获百斤"之籽棉价格为3000余

---

① 郑光祖:《醒世一斑录·杂述六·棉花价》。
② 据叶梦珠《阅世编》卷7《食货四》的记载,江南松江棉价在明天启时为每百斤担值银1.6~1.7两,崇祯初渐升至4~5两。甲申之后除短时间内"因南北阻隔,布商不行",价格一度跌至钱2000文,准银0.5~0.6两外,整个顺治时期价格最低时也在银2两以上,最贵时高达银9两。康熙早期,棉价仍波动且只有个别年份低至银2两以下。康熙二十三年,"上白好花"的价格降至每百斤1.3~1.4两,按当时银钱比价约合钱1400~1500余文。此后,江南地区的棉价大概就趋于平稳了。
③ 见汪辉祖《病榻梦痕录》卷下,乾隆五十七年条。
④ 见乾隆《福宁府志》卷38《艺文·种棉说》。

文，与郑光祖记录的乾隆前期江苏昭文县棉价大体相当①。尽管福建与江苏相距甚远，但两地棉价相差不大，李拔的这个记载表明，郑光祖记载的江南棉价，在清前期应是有一定代表性的。

郑光祖不但记载了棉价，还记载了同时期昭文县的粮价。据他说，康熙时期米价低廉。自雍正至乾隆初，"米升钱十四五"；乾隆中连年丰稔时的米价"石不出千"；五十年以后"升米以钱二十为常"。嘉庆间，升米常价"亦必四十"。道光三年大水以后"二十年来，升米以钱三十二三为常，惟十四年因岁歉，升米至五十二。近五年来，升米值二十二三，为罕睹也"。麦价则"五六十年来，石以钱二千为常价"。嘉、道间，间有至三四千时。道光十四年后"皆以二千二三为常价"。麦价"大歉之年较米价八折，大丰之岁六七折，向如是也。近三四年石价一千五六，较米价仅五六折矣"。②

将郑氏记载的棉、粮价格合看，清前期，除去嘉庆时以石米四千为常价的一个时期外，每百斤籽棉的价格大致相当于同期石米价格的 1 倍多到 2 倍，道光末年更达到 2.2 倍；与麦价相较，则每百斤籽棉的价格始终是 2 倍或 2 倍多于石麦价格，道光末年为 3 倍余。其时江南的粮食产量，如前所说，亩产稻米 2 石是一个常规产量，稻、麦复种则大约"共三石为常"。棉的产量，大约每亩可产籽棉 100 斤或者更多（如亩产"双担"的情况）。这就是说，每亩棉的生产效益，一般可与种粮持平，有时还可能更高一些。如此看来，包世臣所说的"松、太利在棉花梭布，较稻田倍蓰"虽有夸张之嫌，但种棉至少不输于种稻是可以论定的；考虑到与种棉联系在一起的纺织卖布收益，松、太一带自明代以来宜棉之处大都改种棉花，是完全可以理解的。

江南这样的稻麦高产区之外，种棉的收益一般比种粮要高是可以肯定的。尤其在粮食产量普遍不高的北方地区，种棉收益更大大高于种粮。如前文所说，清前期北方各地旱作粮食的产量大都只能以斗计，算上复种每亩一年的总产量大概也只能勉强达到一石上下。这个产量，按照第三章表 3-1 的道光三十年北方旱粮均价计算，大约为每亩产值 1.13 两，合钱 2200~2300 文。当时北方的棉产量，即便亩产籽棉只有 70~80 斤（合皮棉 20 余斤），产值也有 3500~4000 文，如果稍稍高产一些，就要"倍于"种

---

① 每百斤 3000 余文的价格比昭文略高，但这是按"市肆所鬻"的皮棉价推算的，会有一定误差；同时福建本地产棉少，市肆之棉多为外来，价格也会高一些。

② 分见郑光祖《醒世一斑录·杂述六》米价、麦价。

粮了。所以，清人"收花之利倍于二麦"、种棉"计亩可收禾稼之利二倍许"的说法，并非毫无根据。就全国情形综计，按前文的估计，19世纪中期全国粮食总产值为银28.6亿两，种植粮食的耕地面积为12.47亿亩，平均每亩产值2.3两，约合钱4600余文。种棉每亩产值按5000文算，约为种粮收益的1.1倍。在后文估算种棉总产值时，我们按棉田每亩产值2.5两计。这个估计，应该是不算过分的。

（2）麻

麻作为历史悠久的纺织原料作物，虽自明代以后重要性下降，种植区域缩小，但直到清代仍未完全被种棉所取代。尤其在南方广大地区，特别是江西、福建、广东、湖南、四川等省，都仍存在一些地域集中且数量不小的规模生产。这些地方所种的麻基本都是苎麻，用来纺织夏季清凉织物。道光时吴其濬说："江南安庆、宁国、池州山地多有苎，要以江西、湖南及闽、粤为盛。江西之抚州、建昌、宁都、广信、赣州、南安、袁州苎最饶，缉纻织线，犹嘉湖之治丝"；"湖南则浏阳、湘乡、攸县、茶陵、醴陵，皆麻乡"①。福建如福州府："麻，诸邑有之，绩其皮以为布。"② 在气候炎热的广东，由于很多人"以葛苎为常服"，葛、苎的种植十分普遍，如增城、雷州一带多产葛，顺德、三水、普宁等地多产苎。四川种麻与清前期大量闽广移民的进入有关。嘉庆《郫县志》记载："苎麻，郫邑妇女不善纺织，种此常少，近日粤东人多栽此，绩以织布，故常有焉。"③《温江县志》亦记载：苎麻，"皮或织为布，粤东籍家多种之"④。在移民的传播推广下，四川一些地方种麻颇盛。如重庆府的荣昌县，自乾嘉时起，"南北一带多种麻，比户皆绩，机杼之声盈耳。……百年以来，蜀中麻产惟昌州称第一，故植麻艺黍，遍满郊圻"⑤。江北厅也在道光间"多种之，以其利厚而种植易也"⑥。即便在盛产桑蚕、棉花的江浙地区，也有相当规模的苎麻种植和麻纺织。《太湖备考》记载："苎线出叶山山中，女红以此为业"⑦。江苏通州种苎，

---

① 吴其濬：《植物名实图考》卷14。
② 乾隆《福州府志》卷26《物产》。
③ 嘉庆《郫县志》卷40《物产》。
④ 嘉庆《温江县志》卷30《物产》。
⑤ 光绪《荣昌县志》卷16《风俗》。
⑥ 道光《江北厅志》卷3《食货志·物产》。
⑦ 金友理：《太湖备考》卷6。

"每岁三刈，采皮沤去青面暴干，析理小片，始绩为缕"①。浙江桐乡县则"东路田皆种麻，无桑者亦种之，盖取其成之速而于晚稻、晚豆仍不碍也"；"湖州家家种苎为线，多者为布"②。

清代麻特别是苎麻的种植仍能维持相当规模，一是因为麻纺织品仍有一定市场需求，并不是棉纺织品能够完全取代的，二者也因为种麻的经济收益比较高。乾隆《钦定授时通考》谓苎麻："荆、扬间每岁三刈，每亩得麻三十斤，少亦不下二十斤，每斤三百文。"③ 按此计算，每亩麻的产值在钱 9000 文左右，少亦不下 6000 文。这是乾隆初的记载，其时在江南地区"米升钱十四五"，连岁丰稔时甚至"石不出千"（见郑光祖《醒世一斑录》），种稻水田的产值按通常亩产 2 石米算只不过才 2000 多文，与之相比，麻田的收益要高出 3~4 倍。正因为种麻利厚，乾嘉间一些地方才出现了扩大种麻，甚至弃稻种麻的现象。如在湖南省兴宁县："山占其九，田居其一，近来（乾隆初）生齿日繁，食粟益众，民田多不种稻而种麻，以种稻每岁仅一次收获，麻则每年三次刈剥，于是检择膏腴之田，尽其所有以种麻者；且有争批富户之田，情愿加倍纳租以种麻者。东、南两路，废田更甚。"④ 其他如平江、浏阳、湘潭等湖南著名麻乡，也都是在这一时期发展起来的，其中"平江、浏阳之苎，夏间苏杭大贾云集（前来收买）"⑤，湘潭之苎"岁三刈，每亩可数十斤，贩贸南省，获利甚饶"⑥。

参考以上记载，本项研究将种麻收益估定为种粮的 3 倍⑦，即每亩所产

---

① 徐缙、杨廷撰《崇川咫闻录》卷 11。
② 张履祥：《补农书》下（《杨园先生全集》本）。
③ 乾隆《钦定授时通考》卷 78《桑余·麻》。
④ 道光《兴宁县志》卷 6《艺文·苏畅华〈详禁田麻碑〉（乾隆九年）》。
⑤ 嘉庆《巴陵县志》卷 14《风俗·附物产》。
⑥ 嘉庆《湘潭县志》卷 39《风土下·土产》。
⑦ 这是依据上引《钦定授时通考》记载的乾隆初年苎麻产量、价格与其时南方种稻收益对比作出的估计。我们没有找到 19 世纪中期苎麻价格的数据，因此无法估算当时的种麻收益并与同时期种粮收益相比较。19 世纪中期，虽因乾隆以来人口的剧增，粮食价格较乾隆以前上涨不少，但其他物价也在上涨，就比较效益而言，道光末的种麻与种粮收益的差距，未必就比乾隆初小。文中所引地方志记载的乾嘉时期湖南有的地方出现弃稻种麻，甚至"争批富户之田，情愿加倍纳租以种麻"的现象，可以算是旁证。还要考虑到：我们这里作出的种麻收益比种粮高 3 倍的估计，是与全国种粮的平均收益相比较而言的，即不但包括了南方较高的种粮收益，也包括了北方较低的种粮收益（约比南方低一半），因此这个估计还是比较保守的。

值银 6.9 两。

（3）桑

清前期种桑养蚕主要集中在长江三角洲的太湖流域和珠江三角洲两个地区。江南种桑养蚕以浙江的湖州、嘉兴、杭州几府及江苏苏州府的吴县、吴江、震泽等县为盛。唐甄说："夫蚕桑之地，北不逾松，南不逾浙，西不逾湖，东不至海，不过方千里；此外则所居为邻，相隔一畔，而无桑矣。"[①]然而在这片区域里，却是除农田外，几乎尺土必桑："树桑不可以株数计"，"墙隙田旁悉树桑"[②]；"阡陌间强半植桑"[③]；"尺寸之堤，必树之桑"[④]；"乡村间殆无旷土"，每交春夏，桑树"绿荫弥望"[⑤]。此外，江宁一带也有蚕桑："蚕桑盛于苏、浙，金陵间亦习之。"[⑥] 广东珠江三角洲桑蚕区在广州府的顺德、南海、鹤山等县，包括顺德的龙江、龙山二乡，南海的九江、海州、镇涌、金瓯、绿潭、沙头、大同七乡，以及鹤山县的坡山乡，连成一片，形成珠江三角洲著名的桑基鱼塘专业生产区。其中除顺德的龙江、龙山，南海的九江和鹤山的坡头四乡明代即已植桑养蚕外，其余都主要是在清前期发展起来的。南海县的九江乡为这片桑蚕区的中心，清初顺治时桑树之多致"墙下几无隙地"[⑦]。嘉、道时，这片区域桑蚕更盛。有史料说："粤东南海县属毗连顺德县界之桑园围地方，周回百余里，居民数十万，田地一千数百余顷，种植桑树，以饲春蚕。"[⑧] 上述两个地区之外，四川、湖北、河南、山东、陕西、贵州等省，清前期也发展了一定的桑蚕，但规模要小得多。

桑蚕的收益，清初浙江桐乡人张履祥说："桐乡田地相匹，蚕桑利厚。……田极熟，米每亩三石、春花一石有半，然间有之，大约共三石为常耳（下路湖田有亩收四五石者，田宽而土滋也。吾乡田隘土浅，故止收此）。地得叶盛者，一亩可养蚕十数筐，少亦四五筐，最下二三筐（若二三

---

① 唐甄：《教蚕》，载《皇朝经世文编》卷 37《户政十二》。
② 嘉庆《嘉兴府志》卷 32《农桑》。
③ 张仁美：《西湖纪游》，见《武林掌故丛编》第 9 辑。
④ 同治《湖州府志》卷 29《风俗》。
⑤ 乾隆《震泽县志》卷 4《物产》。
⑥ 甘熙：《白下琐言》卷 8。
⑦ 顺治《南海九江乡志》卷 2《物产》。
⑧ 张鉴等：《雷塘庵主弟子记》卷 5。

筐者，即有豆二熟）。米贱丝贵时，则蚕一筐即可当一亩之息矣（米甚贵，丝甚贱，尚足与田相准）。"① 这就是说，米贱丝贵时，一亩桑地的收益可数倍甚至十数倍于一亩稻田；即便遇到"米甚贵，丝甚贱"的极端情况，桑地收益亦"足与田相准"。具体如何？陈恒力先生结合《沈氏农书》及当地其他文献的记载，通过对各等桑地的桑叶产量、桑叶价格、每筐蚕的出丝数量及生丝价格的核算，估计出每亩桑地的收益并与水田稻作的收益进行对比，结论是：当地一亩中等桑地"常年收入约六两五钱余银，接近于二亩二分水田的收入；在蚕桑价好的年景，约近于常年的三倍，即约近于六亩五分水田的收入"，"然遇叶贱之年'与田相准'，即一亩地收入抵一亩田，仅为常年的48%，为好年的16.3%"②。

同样根据张履祥的记载，另有研究者比较了桐乡5亩桑地与5亩稻田的收益，认为5亩稻田可共产米11.25石（单产2.25石），值银11.25两，而5亩桑地可共产叶520个（每亩104个），值银52两，两相比较，"植桑的利益为种稻的4.6倍"③。

与全国平均每亩粮田产值（2.3两）相较，陈恒力推算的每亩桑地6.5两产值为其2.8倍余；后一项研究估计的每亩桑地10.4两产值为其4.5倍余。本项研究，我们将平均而计的每亩桑蚕收益按4倍于种粮收益取值，即每亩产值9.2两。

（4）茶

茶为中国人日常主要饮品，种植历史悠久。乾隆以后，一方面随着人口成倍增加，国内的茶市场扩大；另一方面，欧洲市场也出现了茶叶需求的迅猛增长，茶叶渐成中国对西方出口的最大宗商品。这两个方面，都刺激了种茶规模的扩张。清前期，福建、浙江、安徽、广东以及湖南、四川、云南等省均有成规模的茶叶种植。在福建的建宁府，随着武夷茶成为出口名品，"凡建属之产，尽冒武夷，于是有山无不种茶"④。道光时，建阳县山地"多租于江西人开垦种茶"⑤；"桑麻不过十之一，笋十之二三，惟茶十之

---

① 张履祥：《补农书》下（《杨园先生全集》本）。
② 见陈恒力《补农书校释》，农业出版社，1983，第105页。
③ 见许涤新、吴承明主编《中国资本主义的萌芽》（《中国资本主义发展史》第一卷），人民出版社，1985，第207~208页。
④ 徐经：《雅歌堂文集》卷7。
⑤ 陈盛韶：《问俗录》卷1《建阳县》。

八九"①。同府的欧宁、浦城、崇安等县亦种植甚多。建宁府以外,闽北的延平、邵武二府所产茶均以武夷茶之名出口,种植量很大,每到茶季,延、建、邵一带"棚寮遍野"②。浙江则以杭、湖二府山区出产最盛。杭州府的于潜县"乡人大半赖以资生"③。湖州府长兴、孝丰、武康、安吉州各属"山中产茶甚多,特长兴最著名耳"④。安徽除徽州、池州、庐州、安庆、宁国诸府产茶外,江北六安州的"六安茶"尤其有名。六安茶出自霍山县之大独山,为著名茶乡,"近县百里皆种茶,民惟赖茶以生"⑤。广东种茶以广州、新安、乐昌、潮阳、龙川、长乐、琼州等地为多⑥。乾隆时,鹤山县发展起种茶,"山阜间皆植茶"⑦。道光时更"自海口至附城,毋论土著、客家,多以茶为业"⑧。河源县也在乾隆以后大量生产:"岭南山地产茶者多,而河邑独盛,上管、康禾诸约居人生计多赖此。"⑨ 其他如湖南巴陵、四川泸州、合江等地,均广种茶树。云南普洱茶更当时便"名重于天下"。普洱所属六茶山"周八百里,入山作茶者数十万人,茶客收买,运于各处,每盈路,可谓大钱粮矣"⑩。

19世纪上半期,即嘉、道时期,正是中国种茶、制茶规模随着国内外市场,特别是国外市场需求的增长而迅速扩张的时期,生产量达到了历史的高峰。鸦片战争前(1834~1838年),每年经由广州出口的茶叶平均为42.3万关担,算上陆路出口俄罗斯的茶叶共约45万关担,折合市秤并加折耗(10%),每年出口茶叶共约计60.5万担⑪。五口通商以后,至19世纪

---

① 道光《建阳县志》卷2《物产》。
② 徐继畬:《松龛先生全集》卷3。
③ 嘉庆《于潜县志》卷10《食物》。
④ 同治《湖州府志》卷32。
⑤ 乾隆《六安直隶州志》卷33《艺文·霍山竹枝词》。
⑥ 屈大均:《广东新语》卷15《货语》。
⑦ 乾隆《鹤山县志》卷7《物产》。
⑧ 道光《鹤山县志》卷2下《物产》。
⑨ 乾隆《河源县志》卷11《农功》。
⑩ 檀萃:《滇海虞衡志》卷11《草木》。
⑪ 见许涤新、吴承明主编《中国资本主义的萌芽》(《中国资本主义发展史》第一卷),人民出版社,1985,第327页。按据马士《中华帝国对外关系史》第一卷(张汇文等合译,商务印书馆,1963)第413页附表《茶和丝的出口》,鸦片战争前广州年平均出口的茶叶数量,1830~1833年为5131.1万磅,约合46.54万担;1834~1837年为5898.1万磅,约合53.5万担。

中期，这一数字继续增长。据马士（H. B. Morse）记载，1844~1850年，经由广州、上海出口的茶叶数量每年都在7000万~8000万磅以上①，年平均数为7824.9万磅，折合中国市担约71万担，加上陆路输俄的茶叶及折耗，年均出口总量超过80万担，较之鸦片战争前约计增长了1/3。其时国内每年消费的茶叶，按人均0.5斤、4.36亿人估计，约为220万担。出口、内销两项合计，19世纪中期中国的年产茶总量约为300万担。这个茶产总量，按每亩茶园平均产茶50斤（干毛茶）算，大约需要茶地600万亩。

其时茶叶的价格，就出口外销而言，鸦片战争前广州出口茶的平均价一般为每担20多两，高时甚至超过30两②。五口通商以后，上海、福州也开始有茶叶出口（上海从1844年起，福州从1855年起），价格逐渐有所降低，但直至1850年代中，大约仍能维持在每担20两以上③。考虑到1850年以前广州仍为中国茶叶出口的最主要口岸④，本项研究按每担24两估算出口外销茶的价值。内销茶的价格因无确切记载，姑按出口价的一半即每担12两约略取值⑤。这样，按外销茶80万担、内销茶220万担的总量计算，19世纪中期中国的茶叶总产值应为4560万两（外销茶1920万两，内销茶2640万两）。将此总产值按600万亩茶地平均，每亩茶的价值为7.6两左右。

上面计算的结果是每亩茶地所出茶叶的最终产值，包括了茶叶加工、

---

① 各年出口茶叶的数量，见〔美〕马士《中华帝国对外关系史》（The International Relations of the Chinese Empire）第一卷，张汇文等合译，商务印书馆，1963，第413页附表《茶和丝的出口》。
② 据马士《中华帝国对外关系史》第一卷，鸦片战争前广州茶叶出口的实际税率为每担6两银子，为"广州茶的通常原价的百分之二十到二十五"（第91页），据此计算，"广州茶的通常原价"为每担24~30两。马士又记载：1831~1832年广州出口茶叶335697担，均价31.6元；1836~1837年出口442609担，均价49.1元（第191页），折合成银两，分别为每担22.77两和每担35.37两。从长期价格来看，1722~1833年间，英国东印度公司从广州进口茶叶的历年平均价格高时到每担26~28两，低时仅16~17两（个别年份），平均为24.2两（根据21个年份数据计算）。
③ 据姚贤镐编《中国近代对外贸易史资料（1840~1895）》第一册（中华书局，1962）第582页资料计算，1850~1856年上海几种出口茶叶的均价为每担20.7两。
④ 广州1849年出口茶叶64677500磅，占当年全国总出口量的77.9%；1850年出口55067400磅，占全国总出口量的71.1%，数据见马士《中华帝国对外关系史》第一卷第413页附表《茶和丝的出口》。
⑤ 这是近代标准，参见许涤新、吴承明主编《中国资本主义的萌芽》（《中国资本主义发展史》第一卷），人民出版社，1985，第327页。

运输的费用、贩茶商人的利润以及政府征收的税费等都在内，不光是茶农的种茶收益。由于资料不足，我们很难确切知道茶农收益在其中所占比例。但7.6两的产值是种粮每亩平均收益（2.3两）的3倍多，即便茶农所得仅为其中的30%，那也就与种粮持平了。考虑到乾、嘉、道时期种茶业大发展，许多地区农民改种粮为种茶，"赖以滋生"而并非种粮以外的"副业"的情况，我们认为，种茶至少不比种粮差应该是可以认定的。茶区多为山地，山地不适合种粮，但除茶外还可以有多种经济作物供选择，一些地方选择了种茶，也足以说明种茶是有比较经济效益的，如上述福建建阳县山区"桑麻不过十之一，笋十之二三，惟茶十之八九"的情况，恐怕就是当地农民的一种理性选择。在本项研究中，我们将种茶的收益按种粮的1.5倍进行估计，即平均每亩3.5两。

（5）甘蔗

清前期，闽、粤、川、赣、江、浙等省均有甘蔗种植，尤以闽、粤、川三省为多。福建种甘蔗最多的地方是台湾。康熙时，黄叔璥以御史巡视台湾，一路上见到的是"蔗田万顷碧萋萋，一望葱茏路欲迷"的景象①。乾隆时，台湾（台南）、凤山、诸罗（嘉义）三县"每岁所出蔗糖约六十余万篓，每篓一百七八十斤"②，总斤数过亿，可以想见其时台湾种植甘蔗之多。在广东广州附近的番禺、东莞、增城等县，康熙时，"蔗田几与禾田等"，"连冈接阜，一望丛若芦苇"③。东莞石龙地方"千亩蔗潮"，篁村、白紫两种甘蔗"动连千顷"④。此外如肇庆府的阳春县，雷州府的徐闻县，潮州府的揭阳、大埔、澄海等县，以及廉州府的钦州等地，清前期也都种蔗很多。四川省成都平原南部各州县大都种蔗，内江还有发达的制糖业。

种植甘蔗的收益，明人陈懋仁曾记述福建泉南情形说："稻利薄，蔗利甚厚，（当地农民）往往有改稻种蔗者。"⑤ 清代永安县志记载说："种蔗栽烟，利较谷倍。"⑥ 乾隆时朱仕玠任台湾凤山县教谕，著《小琉球漫志》，亦

---

① 黄叔璥：《台海使槎录》卷4《杂著》。
② 乾隆《续修台湾府志》卷17《物产》。
③ 屈大均：《广东新语》卷27《草语》。
④ 同上书，卷2《地语》。
⑤ 陈懋仁：《泉南杂志》卷上。
⑥ 民国《重印永安县续志》卷9《风俗》。

记载说："糖之息倍于谷。"① 当然也有不同的记载。如乾隆间江西大庾县知县余光璧说："糖蔗一种三四年不易本，初年薄收，仅供工本食用；次年大熟，始得倍收；三年四年则递减而歉矣，合计利比五谷多得无几。"② 不过，总的说，甘蔗在当时是一种收益较大的经济作物（当然须得气候、土质条件适宜），所以才有不少地方的农民"改稻种蔗"，甚至不惜为此而借贷经营。一些甘蔗集中产区大量使用雇用劳动力的事实也证明了种蔗有利可图③。晚清何刚德曾记载江西抚州府种蔗制糖的收益情形说："亩田种蔗五百余丛，每丛可发子蔗十一二株，一丛重二十余斤，轻亦十余斤，计亩田可得蔗万余斤。临川、崇仁所产者多运售南昌各处，计亩田可得钱三四十千；金溪、东乡能煎沙糖，东邑改煎白糖，其利尤厚，计亩田可得钱五六十。……计蔗千斤可得白糖七十斤、沙糖三十斤，以亩产八千斤计之，可得白糖五百六十斤、沙糖二百四十斤。白糖每斤价百钱，沙糖每斤价四十钱，其利奇厚，较之种稻不啻十倍。"④ 这里的十倍之说是指包括了蔗农卖蔗收益、商人贩运利润以及制糖者的收益等都在内的最终总价值而言的，但由此将蔗农的卖蔗收益估计为钱十一二千，即在这一总价值利益链条中占20%左右，应该并不过分。按照这个估计，蔗农每亩种蔗的收益约计为种稻的2倍，即每亩产值4.6两。

（6）烟草

烟草的种植虽从明代中后期才经吕宋传入闽、粤，但很快推广，到明末就已越过长江，及于北地。清前期烟草在全国各省都有种植并出现了一系列成规模的集中产区，成为当时最重要的经济作物之一。

烟草种植的迅速扩张与其巨大的经济收益有关。如在江西赣州府，乾隆时"属邑遍植之，甚者改良田为烟畬，至妨谷收，以获厚利"⑤。建昌府新城县亦因利厚而多将腴田种植烟草，嘉庆时"合大小业约少谷以十余万计"⑥。这样的事情，在清前期的南北各地，曾经普遍发生。

---

① 朱仕玠：《小琉球漫志·序》，台湾成文出版社1983年影印本。
② 乾隆《南安府大庾县志》卷4《地舆志·物产》。
③ 如在四川省内江县，甘蔗种植的方式是"平时聚夫力作，家辄数十百人"，见道光《内江县志要·物产》。
④ 何刚德：《抚郡农产考略》卷下。
⑤ 乾隆《赣州府志》卷2《物产》。
⑥ 见同治《新城县志》卷1《风俗》引嘉庆《大荒公禁栽烟约》。

种烟的收益,康熙时张凤翔《种烟行》说:"种禾只收三倍利,种烟偏赢十倍租。"① 乾隆初方苞说:"种烟之利独厚,视百蔬则倍之,视五谷则三之。"② 又稍晚彭遵泗作《蜀中烟说》谓:种烟"终岁获利过稻麦三倍"③。直隶大兴人舒位《兰州水烟篇》亦谓:"居民业此利三倍,耕烟绝胜耕田夫。"④ 这些,都是当时人根据经验观察所得的估计,应非虚言,本项研究即据此将平均而计的每亩烟田收益按3倍于种粮收益,即每亩6.9两银取值。

2. 清代各时期经济作物总产值和增加值估计

(1) 19世纪中期经济作物的总产值和增加值

有了主要经济作物每亩收益相对于种粮收益的比值,还要知道它们各自的种植面积,才能估算其产值,下面就逐一进行讨论。

棉田

许涤新、吴承明主编的《中国资本主义发展史》第一卷《中国资本主义的萌芽》根据棉纺织史专家徐新吾的研究,估计鸦片战争前中国的棉花产量为970.7万担(市秤),棉田面积约为3487万亩⑤。对这个估计,我们是认同的。本项研究因估计的时间点为道光末即1850年,又用来计算产量的人口基数为4.36亿而不是4亿,我们按棉花总产量1100万担计算,平均亩产按原棉30斤计,结果为全国棉田面积3667万亩⑥;这是市亩,为下一步计算方便,换算成清亩约为3979万亩。

麻田

种麻的土地不像棉田那样可以依据人口、人均消费量估计总产量,并

---

① 见《国朝全蜀诗钞》卷8。按此诗为张氏在福建时作。
② 方苞《方望溪全集·集外文》卷1《奏札·请定经制札子》。
③ 见嘉庆《四川通志》卷75。
④ 见徐珂《清稗类钞·饮食类·舒铁云吸水烟》。
⑤ 见该书第322页表4-8及相应的文字说明。按该书的另一处又比较笼统地认为清前中期棉花的种植面积不会超过5000万亩(耕地总面积的5%),总产量不会超过1000万担,见该书第204页。
⑥ 据北洋政府农商部总务厅统计科编纂发布的民国初年农商统计表,民国3年全国棉田总面积为2842万亩,4年为3225万亩,5年为4017万亩,6年为4761万亩,7年为5169万亩,8年为4563万亩,9年为2970万亩(见《中华民国九年第九次农商统计表》,1924年铅印本,第73页"特用农产物累年比较"表)。虽然这些统计只是根据各地上报的数字汇总而未经核实,并不准确,并且汇总编纂时错漏颇多,不少地方十分荒谬,因此难以为据,但综观大概还是可以的。这一组民国初年的棉田数字说明,我们对19世纪中期棉田面积的估计是不会距离实际太远的。

进一步按照史料记载的每亩产量推算土地面积，而只能依靠近代的调查并参酌历史情况，作出大致的推断。根据民国初年的调查，民国3年（1914）全国种麻土地总面积为793万亩，4年为760万亩，5年为493万亩，6年为470万亩，7年为464万亩，8年为330万亩，9年为345万亩[1]。这其中，民国5年以后各年数字的前面在原统计表上都被冠以"＊"号标记，表明该项数字"报告未全不足以代表全国总数"（见原表编纂"凡例"）。美国学者珀金斯以这些民国初年的调查数据为基础，估计1914~1918年纤维作物（包括黄麻、大麻、苎麻和亚麻）的实际种植面积为941万亩[2]。19世纪中期，棉纤维取代麻纤维作为人们衣着织物基本原料的历史过程还未结束，种麻面积理应大于民国初年（近代麻及麻产品出口数量有限，不足以影响其种植面积）。在本项研究中，我们将道光末年的种麻面积估定为1000万亩，合清亩1085万亩，约为棉田面积的1/4稍多。

桑田

据民国初年的调查，民国3年全国桑田面积为429万余亩，4年为539万余亩[3]。这两次调查的数据可能偏低。据许涤新、吴承明的著作，1840年前全国桑田面积约为240万亩，1894年为480万亩，1919年为625万亩[4]。本项研究即以此为据，将19世纪中期的桑田面积约估为300万亩（以1840年前的240万亩为基数，按1840~1894年的年均增长率推算，1850年桑田面积为273万亩，合296万清亩）。

茶田

前文已经估计，19世纪中期中国年产茶总量至少为300万担，按每亩茶园平均产茶50斤（干毛茶）计，茶田面积约为600万亩。

---

[1] 见北洋政府农商部总务厅统计科编纂发布的《中华民国九年第九次农商统计表》，1924年铅印本，第72~73页"特用农产物累年比较"表。按此表的数据与以往历次农商统计表的相同年份数据，有的稍有差异，我们这里但观其大概，不作细节探讨。

[2] 见〔美〕德·希·珀金斯《中国农业的发展（1368~1968年）》（Dwight H. Perkins, *Agricultural Development in China 1368-1968*），宋海文等译，上海译文出版社，1984，第353页表附3-18。

[3] 分见北洋政府农商部总务厅统计科编纂发布的《民国三年第三次农商统计表》和《民国四年第四次农商统计表》。按接下来5年至9年的五次统计表桑田数据均不可靠：5年、6年数字高达1360余万亩，7年又下降至427万余亩，8年、9年再下降至240余万亩（见9年第9次统计表）。

[4] 见许涤新、吴承明主编《中国资本主义发展史》第二卷《旧民主主义革命时期的中国资本主义》，人民出版社，1990，第290页表2-59、第975页表5-68。

蔗田

此项面积，民国3年的调查数为495万余亩，4年调查数为332万余亩[①]。虽总数看似合理，但各省分数十分荒谬。如民国3年的农商调查，产蔗大省四川的蔗田数为329万余亩，仅一省就占全国总数的2/3，而同样的产蔗大省福建的当年数仅为30万亩，广东仅为40万亩，又明显偏低；在4年的调查表中，四川完全没有蔗田面积数字，福建数进一步降至10万余亩，只是依靠广东数提升至80万余亩，广西数提升至69万余亩（3年数为35万余亩），以及江西、湖南、湖北等省数字的提升，才维持了全国300余万亩的总数，这些，显然与实际不符。珀金斯依据北洋政府农商部的调查，并参考了一些较晚的官方和私人的调查统计以及研究著作，对各省数字进行修正并计算出1914~1918年全国蔗田总面积应为360万亩[②]。珀金斯的估计也不一定完全符合实际，但我们认为基本合理。本项研究姑以此数为基础，加上甲午战争后割让给日本的台湾省的蔗田面积，按450万亩的总数估计19世纪中期的全国蔗田面积[③]。

烟田

此项估计，我们以《中国资本主义发展史》第二卷对1894年烟田的估计数323万市亩为基础[④]，将其下调至300万亩作为19世纪中期的烟田面积，折成清亩约为326万亩。

上述棉、麻、桑、茶、甘蔗、烟草等作物之外，清前期各地还有许多经济作物的种植，但因我们掌握的资料有限，无法单独核算，就不再一一考察了。这些没有单独估计其经济效益及种植面积的作物，有些其实是种植很广的。如民国初年的《农商统计表》所调查的总计13种经济作物的总种植面积中，棉、麻、桑、茶、甘蔗、烟草等6种作物的种植面积在1914

---

① 分见北洋政府农商部总务厅统计科编纂发布的《民国三年第三次农商统计表》和《民国四年第四次农商统计表》。

② 见〔美〕德·希·珀金斯《中国农业的发展（1368~1968年）》（Dwight H. Perkins: Agricultural Development in China 1368–1968），宋海文等译，上海译文出版社，1984，第355页表附3-20。

③ 民国时期的360万市亩折合成清亩约为390万亩。台湾的蔗田面积，乾隆时的蔗产量已在亿斤以上，按亩产量2500斤算，合蔗田40万亩，加上乾隆以后继续扩大的种蔗面积，我们将19世纪中期台湾的蔗田数估计为60万亩。两项数字相加，合计为450万亩。

④ 见许涤新、吴承明主编《中国资本主义发展史》第二卷，人民出版社，1990，第981页表5-72。

年只占44%，1915年占47%，而另外一多半的面积则为落花生、瓜、蔬菜、芋、马铃薯、萝卜及药材等7种作物所占有；其中，蔬菜、芋、萝卜的种植面积都在千万亩以上（蔬菜有2000多万亩），其余的也都各有数百万亩（马铃薯、萝卜的面积均接近1000万亩）。这些没有单独估计但种植同样很广的作物，连同一些地域性的、种植相对较少的经济作物（因名目很多，合计的种植面积也不少），我们将其统归为"其他"一类，其收益一例按2倍于种粮收益取值。

根据以上对各主要经济作物每亩产值及其各自种植面积的估计，可以计算19世纪中期经济作物的总产值如表4-1所示。

表4-1 19世纪中期经济作物总产值估计

种　类	种植面积 面积（百万亩）	种植面积 占全国总耕地面积（%）	种植面积 占经济作物种植面积（%）	亩产值（两/亩）	总产值（百万两）
总计	186.30	13	100	4.36	812
棉	39.79	2.78	21.36	2.5	99.48
麻	10.85	0.76	5.82	6.9	74.87
桑	3.00	0.21	1.61	9.2	27.60
茶	6.00	0.42	3.22	3.5	21.00
甘蔗	4.50	0.31	2.42	4.6	20.70
烟草	3.26	0.23	1.75	6.9	22.49
其他	118.90	8.30	63.82	4.6	546.94

表4-1的计算结果是经济作物的毛产值，要估算增加值还须从中扣除生产成本。经济作物的生产成本各不相同，但总体说要高于粮食生产。本项研究，不再一一考察不同经济作物的生产成本（现有资料不足以支撑这样的研究）。上章讨论粮食产值时，我们估计其生产成本在总产出中占12.6%左右。现在，对于经济作物，我们按生产成本占总产出的15%进行估计。如此，表4-1估算的经济作物8.12亿两总产值中生产成本约为1.22亿两，从中扣除此数，经济作物生产的增加值约为银6.9亿两。

(2) 其他时点的经济作物总产值和增加值

19世纪中期以前各时点的经济作物产值，因无充分的史料依据，不再按作物分别估计产值。根据表4-1的数据，经济作物的每亩平均产值，大约为粮食作物的 1.9 倍（按 1850 年粮价核算，平均每亩产值 4.36 两）。本项研究就按照这个比值，根据我们对各时点经济作物种植面积的估计，以 1850 年的价格分别估算各该时点的经济作物总产值；总产值中应扣除的成本部分，亦按 15% 的比例统一扣除，从而得到增加值的数据，如表 4－2 所示。

表 4－2　19 世纪以前各时期经济作物总产值和增加值估计（1661～1812 年）

年　份	全国耕地（亿亩）	经济作物种植面积 占全国耕地面积（%）	经济作物种植面积 种植面积（亿亩）	亩产值（两/亩）	总产值（亿两）	成本（亿两）	增加值（亿两）
顺治十八年（1661）	7.78	8	0.62	4.36	2.70	0.41	2.29
康熙二十四年（1685）	8.93	8	0.71	4.36	3.10	0.47	2.63
雍正二年（1724）	10.82	8	0.87	4.36	3.79	0.57	3.22
乾隆三十一年（1766）	11.62	10	1.16	4.36	5.06	0.76	4.30
嘉庆十七年（1812）	12.78	13	1.66	4.36	7.24	1.09	6.15

晚清的两个时点有近代调查和他人研究可资参考，我们尝试做较为细致的估计。

光绪十三年（1887）的经济作物总产值和增加值

根据第一章的估计，本年全国耕地总面积为 15.07 亿余亩，其中经济作物种植面积按 15% 估计，为 2.26 亿余亩。

棉田面积：许涤新、吴承明主编的《中国资本主义发展史》根据棉纺织史专家徐新吾的研究，估计鸦片战争前中国的棉花产量为 802.4 万关担，1894 年为 831.75 万关担[1]，据之计算，年均增长率为 0.0665%。本项研究以我们估计的 1850 年棉花产量 1100 万担（市秤）为基数，按此年均增长率，计算得到 1887 年棉花产量为 1127 万担。按每亩产皮棉 30 斤算，这个

---

[1] 分见该书第一卷《中国资本主义的萌芽》（人民出版社，1985）第 322 页表 4－8，第二卷《旧民主主义革命时期的资本主义》（人民出版社，1990）第 979 页表 5－70。

产量需棉田3757万亩,约合清亩4077万亩。

麻田面积:上文说过,麻的种植在晚清时期是趋于减少的,美国学者珀金斯估计1914~1918年麻类作物的种植面积为941万亩。在光绪甲午前这个阶段,我们将其估定为970万亩(比19世纪中期减少30万亩),折成清亩为1053万亩。

桑田面积:这个阶段因生丝成为大量出口商品,桑田面积有较大增加。许涤新、吴承明估计1840年桑田面积为240万亩,1894年为480万亩,约年均增长1.3%。按此年均增长率,由1850年的桑田300万亩推得本年桑田数为482万亩(清亩)。

茶田面积:茶与生丝一样,都是晚清时期大量输出的商品,产量有很大增加。许涤新、吴承明估计,1894年的茶叶产量由1840年前的260.5万担增加到468.17万担[①],增长80%,年均增长1.1%。本项研究按此年均增长率,以1850年的600万亩为基数,将本年的茶田面积估定为900万亩。

蔗田面积:本年的蔗田面积仍按1850年的450万亩估计。

烟田面积:本年的烟田面积比1850年稍微上调,按340万亩估定。

上述之外的经济作物,仍不再单独估计而统归入"其他"一类,产值按每亩4.6两(2倍于1850年粮价)估计。按1850年价格计算的本年经济作物总产值和增加值估计结果如表4-3所示。

表4-3 光绪十三年(1887)经济作物总产值和增加值估计

种 类	种植面积 面积(百万亩)	种植面积 占全国总耕地面积(%)	种植面积 占经济作物种植面积(%)	亩产值(两/亩)	总产值(百万两)	成本(百万两)	增加值(百万两)
总计	226.10	15	100	4.4	995	150	845
棉	40.77	2.70	18.03	2.5	101.93	15.29	86.64
麻	10.53	0.70	4.66	6.9	72.66	10.90	61.76
桑	4.82	0.32	2.13	9.2	44.34	6.65	37.69
茶	9.00	0.60	3.98	3.5	31.50	4.73	26.77

---

① 许涤新、吴承明主编《中国资本主义发展史》第二卷《旧民主主义革命时期的资本主义》,人民出版社,1990,第286页表2-54。

续表

种类	种植面积 面积（百万亩）	种植面积 占全国总耕地面积（%）	种植面积 占经济作物种植面积（%）	亩产值（两/亩）	总产值（百万两）	成本（百万两）	增加值（百万两）
甘蔗	4.50	0.30	1.99	4.6	20.70	3.11	17.59
烟草	3.40	0.23	1.50	6.9	23.46	3.52	19.94
其他	153.08	10.15	67.70	4.6	704.17	105.63	598.54

宣统三年（1911）的经济作物总产值和增加值

本年全国耕地总面积为15.82亿亩，其中经济作物种植面积按15%估计，为2.37亿余亩。6种主要经济作物的种植面积估计如下：

棉田面积：仍以1850年棉花产量1100万担为基数，按年均增长率0.0665%计算，得1911年棉花产量为1146万担；按亩产皮棉30斤计，需棉田3820万亩，合4145万清亩。

麻田面积：比1887年再减少20万亩，按950万市亩估计，合1031万清亩。

桑田面积：按照许涤新、吴承明估计的1840~1919年桑田面积计算年均增长率，推算得到本年桑田面积630万清亩（约合580万市亩）。

茶田面积：甲午后茶叶出口大减，由此影响到产量和种植面积。许涤新、吴承明估计1894年茶叶种植面积936.35万亩，1919年669.5万亩[1]，1/4世纪里净减少28.5%，年均减少1.35%。本研究估计1887年茶田面积900万亩（清亩，下同），假定1894年达到1000万亩，此后逐渐减少，1911年的面积应为800万亩左右（737万市亩）。

蔗田面积：美国学者珀金斯估计1914~1918年全国蔗田总面积为360万亩，本研究即按此数估计清末的蔗田面积。

烟田面积：许涤新、吴承明估计1894年烟田面积322.58万亩，1919年514.51万亩[2]，年均增长1.885%。据此推算，1911年烟田面积约计为444万亩，合清亩481万亩。

---

[1] 许涤新、吴承明主编《中国资本主义发展史》第二卷《旧民主主义革命时期的资本主义》，人民出版社，1990，第970页表5-64。

[2] 许涤新、吴承明主编《中国资本主义发展史》第二卷《旧民主主义革命时期的资本主义》，人民出版社，1990，第981页表5-72。

按1850年价格计算的本年经济作物总产值和增加值估计结果如表4-4所示。

表4-4 宣统三年（1911）经济作物总产值和增加值估计

种 类	种植面积 面积（百万亩）	种植面积 占全国总耕地面积（%）	种植面积 占经济作物种植面积（%）	亩产值（两/亩）	总产值（百万两）	成本（百万两）	增加值（百万两）
总计	237.3	15	100	4.5	1067.85	158.91	908.94
棉	41.45	2.62	17.47	2.5	103.63	15.54	88.09
麻	10.31	0.65	4.34	6.9	71.14	10.67	60.47
桑	6.30	0.40	2.65	9.2	57.96	8.69	49.27
茶	8.00	0.51	3.37	3.5	28.00	4.20	23.80
甘蔗	3.6	0.23	1.52	4.6	16.56	2.48	14.08
烟草	4.81	0.30	2.03	6.9	33.19	4.98	28.21
其他	162.83	10.29	68.62	4.6	749.02	112.35	636.67

3. 清代各时期种植业总产值估计

综合以上粮食作物与经济作物的讨论，本研究对清代各时期种植业产值的估计如表4-5所示。

表4-5 清代各时期种植业产值估计

年 份	粮食 总产值（亿两）	粮食 增加值（亿两）	经济作物 总产值（亿两）	经济作物 增加值（亿两）	合计 总产值（亿两）	合计 增加值（亿两）
顺治十八年（1661）	12.7	11.4	2.7	2.3	15.4	13.7
康熙二十四年（1685）	15.0	13.5	3.1	2.6	18.1	16.1
雍正二年（1724）	19.1	17.2	3.8	3.2	22.9	20.4
乾隆三十一年（1766）	22.2	19.4	5.1	4.3	27.3	23.7
嘉庆十七年（1812）	25.5	22.3	7.2	6.2	32.7	28.5
道光三十年（1850）	28.6	25.0	8.1	6.9	36.7	31.9
光绪十三年（1887）	27.9	24.4	10.0	8.5	37.9	32.9
宣统三年（1911）	27.9	24.4	10.7	9.0	38.6	33.4

二 林牧渔业和农业生产总值

种植业是中国传统农业生产的大头，但不是全部。林、牧、渔业也是传统农业的重要组成部分。因此估计清代的农业总产值，这些部门产出的价值也应包括在内。不过，估算这部分产出，相对于种植业生产来说，更难以从历史文献的记载中去寻求直接的史料依据[①]。唯一现实的解决办法，是参考一些学者对近代农业产值研究的成果，结合我们对清代农业发展状况的判断，对当时农业生产的这一块进行合理的间接推求。因此，本研究估算种植业以外的农业产值，不能不从近代农业总产值的研究成果入手。

1. 近代农业总产值的研究成果

经济史学者对近代农业总产值的研究和估计，就所估计的时间段而言，最早的当数张仲礼对19世纪80年代晚清农业产值的估计。20世纪以后民国时期的农业产值研究主要集中的两个时间段：一为北洋政府时期的1914～1918年，另一为1930年代的抗日战争爆发以前时期。对1914～1918年的农业产值做出估计的有美国学者珀金斯（Dwight H. Perkins）和中国学者吴承明，前者的估计见其1969年出版的著作《中国农业的发展（1368～1968年）》一书的相关部分；后者的估计见1990年出版的许涤新、吴承明主编《中国资本主义发展史》第二卷《旧民主主义革命时期的中国资本主义》一书[②]。1930年代抗战前时期的研究成果较多，代表性的成果主要有张心一利用立

[①] 如果是研究某一特定范围的区域经济，这样直接估算的可能性是存在的，如李伯重先生研究江南华亭—娄县地区的历史GDP（见《中国的早期近代经济——1820年代华亭—娄县地区GDP研究》，中华书局，2010），对种植业以外的养殖业、渔业情况的估算，就是利用当地历史文献的记载作为部分依据的（即便如此，也仍然不得不主要依靠近代的调查数据）。但对我们这样的全国性的研究来说，则没有可能，因为历史文献中的史料太少了，不足以支撑直接估算。这就如同种植业产出中的生产成本估计，具体到某一具体地域（如江南）、具体作物（如水稻），也许有很实在的史料可以凭依，但如果仅凭很少的几条史料就去推断全国的情况，就不一定妥当。本研究中我们估计全国粮食生产成本时没有使用许多研究者都用的那几条常用史料（如姜皋《浦泖农咨》关于水稻种植成本的记载等）去直接计算，而是利用生产成本与粮食总产出、粮食总消费、扩大再生产的剩余之间的数量关系进行间接的宏观推算，就是出于这种考虑。在我们看来，仅就粮食生产成本这个问题来说，采用后一种方法比前一种方法，所得出的结论更为靠谱。

[②] 对1914～1918年农业做出研究的还有许道夫，相关成果见其《中国近代农业生产及贸易统计资料》（上海人民出版社，1983）一书关于中国近代农业生产概况的十几个统计表格。但许道夫的研究只估计了种植业而没有包括林、牧、渔等业在内，而且只有产量估计而没有产值估计，这些与我们的研究目的不合，故此处不加讨论。

法院统计处1929~1931年全国县概况调查资料写成的《中国农业概括估计》(1932年);刘大钧用英文写作、1946年由美国布鲁金斯学会出版的《1931~1936年中国国民收入》(China's National Income, 1931-1936: An Exploratory Study);抗战后期由中研院社会学研究所的巫宝三主持完成、1947年正式出版的《中国国民所得(一九三三年)》;1965年由普林斯顿大学出版社出版的美籍华人学者刘大中与叶孔嘉合著的《中国大陆的经济:国民收入与经济发展,1933~1959》(The Economy of the Chinese Mainland: National Income and Economic Development, 1933-1959),以及稍后于刘、叶著作的珀金斯《中国农业的发展(1368~1968年)》等。此外,1993年出版的许涤新、吴承明主编《中国资本主义发展史》第三卷《新民主主义革命时期的中国资本主义》一书,也对1936年的农业总产值进行了估计。

上述关于中国近代农业总产值估计的代表性研究成果,张仲礼对19世纪80年代产值的估计见表4-6,珀金斯与吴承明对1914~1918年的估计见表4-7;抗战前一段的研究者较多,不方便一一讨论,我们选巫宝三与刘大中、叶孔嘉的两种估计作为代表,见表4-8[①]。

表4-6 张仲礼对19世纪80年代农业总产值的估计

项　　目	产值(亿两)	占比(%)
总计	18.6	100
种植业	17.2	92.3
内:粮食作物	13.70	73.70
经济作物	3.46	18.60
畜牧、渔业等	1.4	7.7

资料来源:据张仲礼《中国绅士的收入——〈中国绅士〉续篇》,费成康、王寅通译,上海社会科学院出版社,2001,第296~297页表32。按本表种植业产值为原表"主要作物"与"其他作物"两项的合计数,粮食作物产值已从原表"主要作物产值"内减去了棉花产值,经济作物产值则为原表"其他作物产值"与棉花产值的合计数。又张氏估计的农业净产值为16.72亿两白银(从总产值中扣除10%的生产成本),但本表的总产值不能按照这个净产值计算,因为表内各项并未分别扣除成本,如按净产值计算各分项的百分比,则各项百分比的合计数将超过100。

---

① 巫宝三的估计项目完整,资料来源广泛而且翔实,可以作为中国学者研究成果的代表。刘、叶的估计在西方学者中提出的时间较早且影响很大,故亦可作为代表。珀金斯的估计,其作物部分是以1914~1918年的单产量估计为基础,按照5%稍多一点的增长百分比的假定推算出来的;种植业和牲畜以外产品的产值,则完全未做独立估计而是借用了刘、叶的估计数。吴承明的估计也未独立估算种植业以外产品的产值,而是根据巫宝三估计的1933年林、牧、渔等业产值占农作物产值的比重,用农作物产值按比例推算出来的。

表4-7 珀金斯、吴承明对1914~1918年农业总产值的估计

项　　目	珀金斯估计 产值（亿元）	珀金斯估计 占比（%）	吴承明估计 生产值（亿元）	吴承明估计 占比（%）	吴承明估计 市场值（亿元）	吴承明估计 占比（%）
总计	165.2①	100	104.9	100	156.9	100
种植业	119.8	72.5	90.1	85.9	134.7	85.9
内：粮食作物	100.9②	61.1	65.30	62.2	101.7	64.8
经济作物	18.9③	11.4	16.55	15.8	20.7	13.2
园艺	—	—	8.26	7.9	12.3	7.8
林牧渔业	45.4	27.5	14.8	14.1	22.2	14.1
内：牲畜	11.4	6.9	1.99	1.9	2.97	1.9
木材	—	—	9.34	8.9	13.96	8.9
家禽	—	—	1.98	1.9	2.96	1.9
水产	—	—	1.53	1.5	2.29	1.5
其他	34.0④	20.6④	—	—	—	—

资料来源：珀金斯的估计见《中国农业的发展（1368~1968年）》（Dwight H. Perkins, Agricultural Development in China 1368-1968），宋海文等译，上海译文出版社，1984，第35页表2-8；吴承明的估计见《中国资本主义发展史》第二卷《旧民主主义时期的中国资本主义》，人民出版社，1990，第1078~1079页乙表一。

注：①珀金斯原表全部农业总产值为160.1亿~170.3亿元，本表取其中数。
②珀金斯原表分粮食91.5亿~101.7亿元、黄豆4.3亿元两项分列，本表此项取原表粮食产值的中数并与黄豆产值合并开列。
③此为珀金斯原表油料作物、棉花及其他纤维、烟叶、茶叶和蚕丝、甘蔗和甜菜几项的合计数。
④珀金斯原表本项数字代表的是农作物和牲畜以外的其他一切未加计算的产品产值。又原表注，本项数字系按农作物和牲畜合计产值的25%估算得出。

表4-8 巫宝三与刘大中、叶孔嘉对1933年农业总产值的估计

项　　目	巫宝三估计 产值（亿元）	巫宝三估计 占比（%）	刘大中、叶孔嘉估计 产值（亿元）	刘大中、叶孔嘉估计 占比（%）
总计	122.7	100	191.8	100
种植业	111.1	90.5	157.3	82.0
内：粮食作物	83.99	68.4	135.6	70.70
经济作物	27.12	22.1	21.7	11.31
林牧渔业	11.6	9.5	34.5	18.0
内：牲畜	6.99	5.7	13.7	7.14
木材	2.86	2.4	6.0	3.13
水产	1.76	1.4	4.1	2.14
其他	—	—	10.7	5.58

资料来源：巫宝三的估计见《中国国民所得（一九三三年）》，商务印书馆，2011，第72页第十六表。

注：刘大中、叶孔嘉的估计见 The Economy of the Chinese Mainland: National Income and Economic

续表

Development, *1933 – 1959*, Princeton University Press, 1965, pp. 140, 397 – 400。按巫宝三原估计表将农作物分为三类:"稻麦等二十八种作物"、"特种作物"、"蔬菜水果",本表将红萝卜、花生、芝麻、油菜籽、烟、棉花、麻、甘蔗 8 种作物从稻麦等 28 种作物中剔出,与原表的特种作物和蔬菜水果并计为"经济作物"。又刘大中、叶孔嘉原表估计的农业净增加值为 187.6 亿元,这是因为从总增加值中又减去了 4.2 亿元贬值,但若我们此表用净增加值来计算表列各项的百分比,则最后各项的百分比合计数将超过 100,故本表的总产值不减去这 4.2 亿元。

以上几表显示,各家对近代不同时期农业总产值及其各主要组成部分的产值的估计差异非常大,可见这一研究的不易,要取得大家公认的结果其实很难。不过这里我们想讨论的主要问题不是各家估计的产值的绝对数,而是农业总产值中各主要组成部分的相对比重,亦即近代中国农业总产值的结构问题。从这一角度看,虽然各家估计的时间段前后相差半个世纪,但种植业特别是粮食的生产在全部农业产出中占绝对大头是所有研究者的共同结论,尽管这个"大头"大到什么程度、在农业总产值中占多大比重,各家的估计有所不同。其中,张仲礼估计的种植业比重最高,为 92.3%。巫宝三估计的时间段虽比张氏要晚半个世纪,但估出的种植业比重也高达 90.5%。其他三位研究者,吴承明、珀金斯对 1914~1918 年种植业比重的估计分别为 85.9% 和 72.5%,刘大中、叶孔嘉估计的 1933 年该项比重为 82%。种植业中的粮食生产比重也是张仲礼的数字最高,达 73.7%;刘大中、叶孔嘉和巫宝三的估计数比张氏略低,分别为 70.7% 和 68.45%;珀金斯与吴承明的估计数最低,都只有 60% 出头(吴承明估计按市场值计算的比重稍高,但也只有 64.8%)。

种植业以外的林、牧、渔等业的比重,张仲礼、吴承明、巫宝三几位中国学者的估计数均不但远低于种植业整体,而且即便与种植业中占比较小的经济作物相比,也还更低一些,其中张仲礼估计的该项比重为 7.7%(经济作物 18.6%),吴承明估计的该项比重为 14.1%(经济作物与园艺合计,按生产值计算为 23.7%,按市场值计算为 21%),巫宝三估计的该项比重为 9.5%(经济作物 22.1%)。珀金斯与刘大中、叶孔嘉三位美国学者的估计与此不同:林、牧、渔等业的比重虽低于种植业整体,但高于种植业中的经济作物,其中珀金斯估计的该项比重为 27.5%(经济作物 11.4%),刘大中、叶孔嘉估计的该项比重为 18%(经济作物 11.31%)。

不过,认真分析和比较便可知道,如上种植业以外产业比重的估计,并不都是各位学者根据自己的独立研究与核算得出的,其源头其实只有两个,即巫宝三和刘大中、叶孔嘉分别对1933年该项比重的估计。如1914~1918年的两个估计,吴承明就明确说他是"以巫宝三估计之1933年的园艺、林业、畜牧业、渔业产值占农作物产值之比重,估计1914~1918年各该业产值"①;珀金斯的估计则是依据刘、叶1933年估计中种植业和牲畜以外产品产值占前者的24%稍多一点的比例,以自己的种植业和牲畜产值估计数,按照25%的整数比例推算出来的②。张仲礼的估计"渔业产品、林业产品、牲畜和畜产品以及杂项农产品的价值以主要农作物价值的10%计算"亦指明是参照巫宝三的估计③。

所以,就现有研究来说,对种植业以外的农业产业产值做出独立估计的,只有巫宝三和刘大中、叶孔嘉两家。我们认为巫宝三的估计资料来源广泛,考据认真,估算过程严谨、审慎④,但对林、牧、渔业产值仅占种植业产值10%左右的估计似乎过于保守(主要是畜牧业这一块估计得太低),而刘、叶的估计又明显过高。在没有更好的研究可以提供参考的情况下,我们觉得借鉴巫宝三的估计而稍作调整,是一个谨慎的选择。

2. 清代各时期的林牧渔业产值估计

(1) 19世纪以后的林牧渔业产值

我们首先对19世纪以后直至清末几个时间点的林牧渔业产值进行估计,采用的方法是参考巫宝三对1933年这几个部门的产值占种植业比重的估计,在稍作调整的基础上进行比例推算。但在给出我们的估计之前,有一个问题须先回答,即1933年相距19世纪以后几个时间点最近的也有20余年之久,最远的有一个多世纪,这期间中国的农业结构有无发生足以导致重大估计误差的变化?关于此点,不可否认,近代以来,由于国门打开,在西方资本主义经济及国外市场的影响下,包括农业在内的中国传统经济已在

---

① 见许涤新、吴承明主编《中国资本主义发展史》第二卷《旧民主主义时期的中国资本主义》,人民出版社,1990,第1079页。
② 见珀金斯《中国农业的发展(1368~1968年)》,上海译文出版社,1984,第35页表2-8说明。
③ 见张仲礼《中国绅士的收入——〈中国绅士〉续篇》,费成康、王寅通译,上海社会科学院出版社,2001,第296页及该页下面脚注②。
④ 巫宝三对牲畜、木材、渔产各项产值的估计,见《中国国民所得(一九三三年)》,商务印书馆,2011,第56~71页。

某种程度上步入了近代化转型的过程,的确发生了一些变化。但是,我们认为,第一,不能高估中国传统经济的变化。事实上,直至20世纪上半期结束的时候,它在主要特征上,无论是产业结构、运行方式,还是生产力基础,都还远远没有完成西方国家那样的"近代化转型",即它的基本面仍然是相当"传统"的。第二,与主要在城市、口岸发展的工业、商业及交通运输与金融服务等产业相比,农业在中国传统经济近代化转型的过程中变化最为缓慢,改变的程度最小。第三,在农业内部,发生改变的主要是种植业生产较之以往传统时代与市场的联系更加紧密,即在一定程度上更加商业化了,至于农业的基本结构,包括种植业特别是粮食生产在整个农业体系中的绝对主导地位这一根本特征,则一直没有太大的变化。正是基于以上判断,我们认为,以巫宝三对1933年种植业以外的农业产业所占比重的估计为基础来估算19世纪以后各该产业的产值,是完全可行的。

19世纪以后几个时点的畜牧、林、渔各业分别占种植业的比重,我们在巫宝三估计数的基础上略作调整,其中畜牧业按8%估计,林业按3%估计,渔业按2%估计(巫宝三估计的这三个比例数分别为6.29%、2.57%、1.58%)。上文估计的种植业产值1812年为28.5亿两,1850年为31.9亿两,1887年为32.9亿两,1911年为33.4亿两(均为增加值),据之按上述比例分别计算得到的各年林牧渔业产值如表4-9所示。

表4-9 19世纪至20世纪初各时点的林牧渔业产值估计

项 目	林牧渔业占种植业比重(%)	林牧渔业产值(亿两)			
		嘉庆十七年(1812)	道光三十年(1850)	光绪十三年(1887)	宣统三年(1911)
合计	13.0	3.7	4.2	4.3	4.3
畜牧	8.0	2.28	2.55	2.63	2.67
林业	3.0	0.86	0.96	0.99	1.00
渔业	2.0	0.57	0.64	0.66	0.67

(2) 19世纪以前各时点的林牧渔业产值

19世纪以前各时点的林牧渔业产值相对于种植业产值的比重估计,我们认为,应当与19世纪以后时期有所不同。清代在人口快速增长的压力下农业发展呈现出的种植业比重愈来愈大,不断挤占其他产业特别是畜牧业的生存和发展空间的变化是一个动态的过程,即逆向来看,在清代的早期和中期,那些被种植业扩张挤占了生存和发展空间的产业相对于种植业的比重,应当比 19 世纪以后时期要大一些。例如,清代种植业扩张的一个重要表现就是内地的农耕生产向边地扩展,逐步侵蚀西北及北部边疆草原游牧区的畜牧业生存和发展空间,但是这个过程是在雍、乾以后,特别是乾隆中期以后,随着内地人口增殖加速,"地不敷种"的人地矛盾恶化,大量流民出边开垦,才真正大规模进行的,而在此前,那些后来被开发为农耕之用(主要是种粮食)的牧区土地,是为当地的畜牧生产贡献产值的[①]。又例如清代种植业扩张的另一个重要表现,即清中期以后农业耕作向各地山区及沿海荒滩岛屿的挺进,这种种植业的扩张虽然增加了耕地,但却毁坏了山林,改变了荒滩岛屿的生态环境,致使那里原来的非农生产条件恶化。显然,在发生这种变化的之前和之后,当地的种植业和其他生产的比重是应该有所不同的。类似的变化也发生在内地的传统农业地区。如乾隆以后,由于耕地紧张,各地普遍开垦利用山头地角一切可耕之地,不但一些原来的牧地和饲料地被开垦为农耕之用,甚至一些河湖滩涂也被围垦,这些都会影响改变所涉及地区前后不同的生态环境和农业产值的比例构成。就连农作制度本身的变化也会产生深刻的影响。清代由于人口压力,很多地方的农民为充分利用土地提高了复种指数,土地的连续利用当然会增加作物产量,但也使以往的秋收后放牧成为不可能,牧地、饲料地的减少和秋后放牧习惯的放弃意味着农户饲养耕牛等大牲畜成本的提高,结果必然导致饲养数量的减少。清代中期以后不少地方都发生了耕畜缺乏,甚至出现用人力代替畜力耕作的现象,就与这种变化不无关系(当然也与人口增殖,人工成本下降有关)。

基于以上认识,本研究将 19 世纪以前的林牧渔业产值相对于种植业产值的比重进行如下调整:1766 年,畜牧业比重上调至 9%,林业比重上调至 3.5%,渔业调至 2.5%,合计为 15%;清初 3 个时点(1661 年、1685 年、

[①] 例如,清初在内蒙古及甘肃、新疆、青海等北部边疆地区曾建有很多官营牧场(太仆寺牧场、上驷院牧场、八旗牧场、绿营牧场等),从事马、驼、牛、羊等牲畜的规模化牧养,一度十分兴盛;乾隆中期以后,这些官营牧场逐渐衰落,大量土地被"招民开垦",成为农业耕地。这些官营牧场土地在生产上的角色,在发生上述变化之前和之后,显然完全不同:之前为畜牧业做贡献,之后则为种植业做贡献。

1724年），畜牧业调至10%，林业调至4%，渔业调至3%，合计为17%。按照如上比重，计算各时点的林牧渔业产值如表4-10、表4-11所示。

表4-10　乾隆三十一年（1766）的林牧渔业产值估计

项　　目	林牧渔业占种植业比重（%）	林牧渔业产值（亿两）
合计	15	3.6
畜牧	9	2.13
林业	3.5	0.83
渔业	2.5	0.59

注：本年种植业总产值（增加值）为23.7亿两，见表4-5。

表4-11　清初各时点的林牧渔业产值估计

项　　目	林牧渔业占种植业比重（%）	林牧渔业产值（亿两）		
		顺治十八年（1661）	康熙二十四年（1685）	雍正二年（1724）
合计	17	2.3	2.7	3.5
畜牧	10	1.37	1.61	2.04
林业	4	0.55	0.64	0.82
渔业	3	0.41	0.48	0.61

注：各时点的种植业总产值（增加值）分别为13.7亿两、16.1亿两、20.4亿两，见表4-5。

3. 清代各时期的农业总产值估计

综合以上讨论，本项研究对清代各时期的农业总产值的估计数如表4-12所示。

表4-12　清代各时期的农业总产值估计

单位：亿两

年份	粮食	经济作物	畜牧	林业	渔业	合计
1661	11.4	2.3	1.4	0.5	0.4	16.0
1685	13.5	2.6	1.6	0.6	0.5	18.8
1724	17.2	3.2	2.0	0.8	0.6	23.8
1766	19.4	4.3	2.1	0.8	0.6	27.2
1812	22.3	6.2	2.3	0.9	0.6	32.3
1850	25.0	6.9	2.6	1.0	0.6	36.1

续表

年份	粮食	经济作物	畜牧	林业	渔业	合计
1887	24.4	8.5	2.6	1.0	0.7	37.2
1911	24.4	9.0	2.7	1.0	0.7	37.8

资料来源：据本章表4-5、表4-9、表4-10、表4-11。

注：按因表4-9、表4-10、表4-11在计算林、牧、渔各业的产值时系取小数点后二位，而该各项产值计入本表时取小数点后一位，后面一位四舍五入，故本表合计的农业总产值与用上述各该表的合计数与表4-5合计数加总的结果有的年份会有小数点后一位的误差。

表4-13 清代各时期农业总产值的构成

单位：%

年份	粮食	经济作物	畜牧	林业	渔业	合计
1661	71.3	14.4	8.8	3.1	2.5	100
1685	71.8	13.8	8.5	3.2	2.7	100
1724	72.3	13.4	8.4	3.4	2.5	100
1766	71.3	15.8	7.7	2.9	2.2	100
1812	69.0	19.2	7.1	2.8	1.9	100
1850	69.3	19.1	7.2	2.8	1.7	100
1887	65.6	22.8	7.0	2.7	1.9	100
1911	64.6	23.8	7.1	2.6	1.9	100

第五章　清代农业的发展与不发展

本章对以上各章估计的清代农业指标进行综合分析，重点讨论这一时期农业的发展和不发展问题。

一　清代农业是中国传统农业发展的最高峰

清代农业在农具改良和生产技术上较之前代并无明显进步，但在土地资源的开发利用和先进的耕作制度与农艺技术的普遍推广上取得了空前的成就。这两方面的成绩，前一方面表现在传统农耕区土地的更充分开发和农耕地域向山区及边地的扩张，其结果是大大增加了中国的耕地总量；后一方面表现在原来只在部分地区应用的诸如轮作、间作、套作、复种多熟等充分利用耕地的先进农作制度以及与中国传统的精耕细作农业相联系的包括土壤耕作、选种育种、田间管理、施肥、灌溉等都在内的精细农艺技术的普遍推广，这一方面，进一步提高了粮食的平均亩产量。粮食平均亩产的提高与耕地的扩张大大增加了粮食的总产量，养活了清代迅速增长的数量空前的庞大人口。

1. 耕地数量

中国农耕土地开发利用的历史轨迹是由北而南，由平原、河谷而山区，由内地而边区。华夏农耕文明诞生于黄河中下游的中原地区，直至魏晋南北朝以前，农地开发主要是在北方的中原地区。西晋末到南北朝时期，随着大量北方人口避乱南迁，南方得到初步开发。此后，又经过唐朝"安史之乱"、五代十国以及北宋末年的"靖康之变"等几次大的北方动乱以及与之相伴的人口南迁，农业重心逐渐由北方转移至南方。但迄至明代，南方农地的开发还主要集中在长江中下游地区、四川成都平原和岭南的珠江三角洲地带。清以前,无论南北,各主要传统农耕区内仍存在着不少可耕土地未加利用,许多深山密林地带仍然人烟稀少,"山未垦,林未开"。

清前期,中国人口在宋、明两代过亿的基础上再创新高,从18世纪初恢复到明代的人口规模(约1.5亿)起,在近一个半世纪里又先后突破2亿、3亿、4亿大关,到19世纪中期达到4.36亿左右。迅速增多的人口使各传统农耕区人多地少的矛盾日趋突出,不但促成了已开发地区土地资源的进一步深度开发,连山头地角、河湖滩涂等零星土地也大都垦种;而且,伴随着清前期始终未绝的南北人口密集的各地区向外跨省域移民的大潮,以往尚处在半开发或未开发状态的各地山区和边疆地区的许多土地也得到开垦,大大拓展了中国农耕区的地域范围。

清前期因大量移民进入而得到开发的内地山区主要有:东南的浙江(浙南、浙西)、江西(赣南、赣东北和赣西北)、福建(闽西)、安徽(皖南)各省的丘陵山区,中部湖南毗邻江西的湘东山区和少数民族聚居的湘西山区、湖北的鄂西南山区,以及川、陕、楚三省交界的陕南、川东北和鄂西北老林山区等。传统农耕区向边疆地区的扩张,在东南方向上表现为大量闽、粤移民迁入台湾及其他沿海岛屿带来的当地农业开发,西南方向上随着雍正时期"改土归流"及随后的汉族移民进入而出现的云南、贵州、广西及四川等省少数民族地区开发,西北新疆、甘肃各地的政府驻军屯田和内地移民屯垦,北部长城沿边蒙古地区(土默特、察哈尔等)的山西、直隶移民开垦,以及东北辽东等地随着源源不绝的山东、直隶"闯关东"移民的到来而出现的开发等。北方蒙古和东北地区的农业开发在清后期随着官方管制的放松乃至最终的"放垦"而得到进一步发展,其过程一直持续到民国时期。东北三省到晚清时期已经逐渐成为中国最重要的新兴农耕区之一,每年都有大量余粮供应关内。

中国历代开垦耕种的土地数量按今天的市亩计在清代以前从未超过10亿亩。根据经济史家赵冈的考证,中国的耕地总面积在两汉时期(西汉晚期至东汉,公元初年至2世纪中)约有5亿余市亩,北宋神宗治平、元丰年间(11世纪60~70年代)达到6.6亿市亩左右,至明盛世神宗万历初年进一步增至7.9亿余市亩,为清以前历代垦田的最高数额[①]。赵氏

[①] 赵冈、陈钟毅:《中国土地制度史》,新星出版社,2006,第96页表2-7。

的估计，除去细节不谈，大体上是靠谱的①；其中缺失的隋唐大一统时期的全国耕地，结合当时的人口数量和农业开发的总体状况，我们认为应该超过两汉，但不及北宋，很可能在6亿亩上下②。从汉至明历代耕地增加的情况见表5-1。

表5-1 中国历朝耕地面积

年　　代	史籍记载耕地数（百万亩）	校正数字（百万市亩）
公元2年（西汉）	827	506
105年（东汉）	732	535
755年（唐）	—	600
1072年（北宋）	462	660
1600年（明）	700+	830

说明：此表的历代耕地数字均只按最高时期截取。西汉、东汉和北宋的数字据赵冈、陈钟毅《中国土地制度史》，第96页表2-7；唐、明两代的数字为笔者估计。

进入清代，虽然历经明末清初的战乱，耕地数量在清初一度减少，但正如本书第一章所指出的，经过顺、康两朝的恢复，大体到康熙中后期就

---

① 笔者认为赵冈先生对明万历年间的耕地数字估计偏低。赵氏的研究着重于讨论万历清丈并在此基础上修正官方记录，但万历时的土地清丈只涉及民田，而民田外尚有皇室、藩王、勋贵等的庄田、军队的屯田以及其他各种官田，另外边远少数民族地区的耕地也不在政府的征赋册籍之内。将民田、官田以及各种不在政府册籍的耕地合算，明盛世的实际耕地至少应有8亿亩以上。按照笔者的估计，明万历中（1600年前后）的政府载籍征赋民田实数为5.66亿余亩，换算成实际耕作亩（而非政府征赋册籍使用的"折亩"）并考虑进隐漏因素，再加上各种官田，当时的全国耕地总面积应在9亿明亩左右，约合今天的8.3亿市亩，相关证据和讨论将在笔者关于明代农业的一部专著中给出。
② 唐代载籍人口最多时为玄宗天宝十四年（755），计891万余户，5292万人（见杜佑《通典·食货七》），不及汉代（汉代载籍人口的峰值为西汉平帝元始二年即公元2年时的1223万余户，5959万余口，见《汉书·地理志》）。这当然不是事实。唐代史学家杜佑估计天宝十四年的实际户数为1400万左右，口数在7500万~8000万之间。葛剑雄《中国人口发展史》（福建人民出版社，1991）估计盛唐天宝年间的人口峰值在8000万~9000万人之间。至于汉代人口，按当代学者王育民《中国人口史》的估计，西汉人口的峰值至少应有6500万人，东汉最盛时则更超过6500万人。如果汉代人口按6500万人算，唐代人口按葛剑雄估计数的中值8500万人算，则盛唐人口比汉代的峰值人口大约要多出30%。唐代农业尚多休耕，土地亦宽（这是均田制得以实行的条件），人均耕地的数量即便已较汉代（约14汉亩上下，合今10市亩左右）减少，也肯定要高于宋代（5~6市亩），姑按人均7市亩计，则8500万人的耕地需求大体在6亿亩上下。

基本垦复了清初抛荒的耕地。康熙末、雍正初，全国耕地总量已经超过明盛世，达到了历史上空前的 10 亿市亩左右的规模。以后，随着人口的持续增长，主要在各地跨省域大规模移民浪潮的推动下，在雍正、乾隆、嘉庆、道光 4 朝的 100 多年时间里，国土得到进一步的深度开发，一方面传统农耕区的山头地角、河湖滩荡被普遍利用起来，成为人们赖以谋生的农田，另一方面许多过去人烟稀少的深山老林地带和偏远的边疆地区也在一波波移民的垦辟下有大量耕地被开发出来。截止到道光末年，按我们的估计，中国的耕地总量达到了 14 亿多清亩，按市亩计在 13 亿亩以上。晚清时期，主要是通过蒙古和东北地区的"放垦"，耕地又有所增加，清末的耕地总量达到 15.8 亿多清亩，合市亩数接近 14.6 亿亩，在地域的分布上也形成了中国近代耕地的基本格局。

根据本书第一章对清代各时点耕地数量的估计（见表 1 – 10），其增长情况如图 5 – 1 所示。

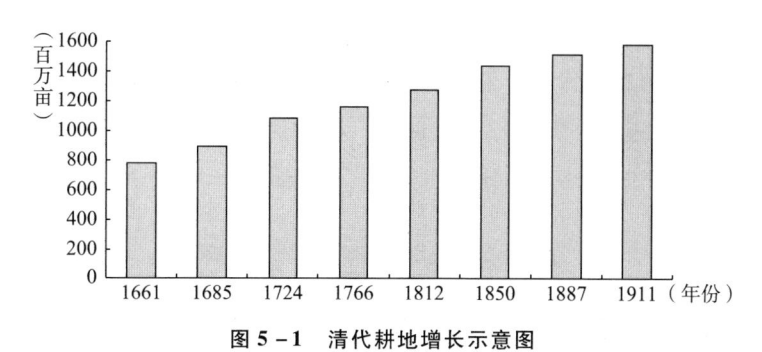

图 5 – 1　清代耕地增长示意图

对照表 5 – 1 可以知道，中国的耕地数量自西汉中期至明万历时期，在长达近 1600 年的时间里只增加了 3 亿多市亩，而在清代 200 多年时间里就增加了 6 亿多市亩，增加的绝对值超过以往 16 个世纪一倍，清代农业在耕地扩张方面的成就实在不容低估。

将汉、唐、宋、明历代耕地的峰值与本项研究估计的清代雍正二年（1724）、道光三十年（1850）和宣统三年（1911）的耕地数值连缀起来，前后 1900 年间中国耕地数量的增长情况如图 5 – 2 所示[1]。

---

[1]　唐代（天宝十四年）耕地峰值按 6 亿市亩计，明万历年间（1600）耕地按 8.3 亿市亩计。

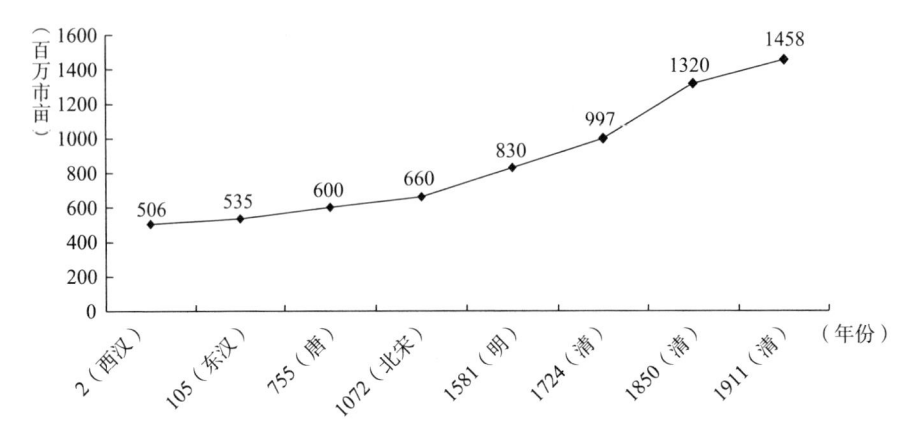

图 5-2 自汉至清中国耕地数量的增长

清代耕地的增加并非是南北东西各地齐头并进的，而是呈现出经济发达的传统农耕区或曰核心农耕区的增加幅度小、经济不发达的半开发或未开发地区增加幅度大的鲜明特点。为了说明问题，我们将当时的中国划分为北方六省（直隶、山东、河南、山西、陕西、甘肃）、东南六省（江苏、安徽、浙江、福建、广东、江西）、中部二省（湖北、湖南）、西南四省（四川、广西、云南、贵州）以及新疆、蒙古、东北几个大的板块①，各板块在清代各时点的耕地变化分别如表 5-2 和表 5-3 所示。

表 5-2 清代各时期分区耕地面积

单位：百万清亩

省区	1661年	1685年	1724年	1766年	1812年	1850年	1887年	1911年
全国总计	778.40	893.43	1082.35	1161.70	1277.63	1432.75	1507.58	1582.28
北方六省	387.79	470.03	554.28	568.06	606.76	643.07	654.48	686.84
东南六省	291.61	308.04	321.09	336.19	357.10	380.25	388.63	357.30
中部二省	61.67	65.70	86.66	96.79	108.45	121.42	115.96	118.00

---

① 这种划分只是就总体而言。甘肃在清代所辖地域处在内地传统农耕区或曰核心农耕区与边疆地区的过渡地带，省内农业比较发达的地方只是河东地区和东北部引黄灌溉的宁夏府近河套地区，河西走廊地区则只有一些星星点点的绿洲农业。将甘肃整体划入内地传统农耕区是因为它在清初与陕西同属一个布政使司，在历史数据的处理和观察上比较方便。四川在清代整体上仍属农业欠发达省份，所以将其与广西及云南、贵州一同归入"西南四省"，当然其中的部分地区如成都平原，在历史上已经有较高程度的农业发展。其他分别划为"北方"、"东南"、"中部"内地核心农耕区的各省也并不是意味着其省内各地农业都很发达。在这些省的内部，在清代也都存在着传统农业从发达地区向不发达地区（如山区）扩张的趋势。

续表

省区	1661年	1685年	1724年	1766年	1812年	1850年	1887年	1911年
西南四省	37.27	49.36	99.97	117.38	142.03	168.87	179.04	192.76
新疆	—	—	—	3.71	6.19	12.37	20.92	21.65
蒙古	—	—	—	13.56	22.60	45.20	51.65	58.11
东北	0.06	0.31	20.35	26.02	34.50	61.58	96.90	147.63

注：据表1-10。本表1661年、1685年和1724年北方六省耕地的合计数内包括有原表计入全国总数而未计入各省区分数内的旗地，以使各地区分数加总符合全国总数。当时旗地不止分布于关内，还有一部分在东北地区，将旗地全部计入北方六省自然不尽合理，但东北的旗地有限（旗地主要在直隶境内），这样做对观察和分析的结果没有影响。

表 5-3　清代各时期分区耕地指数

1724年=100

省区	1661年	1685年	1724年	1766年	1812年	1850年	1887年	1911年
全国总计	71.9	82.5	100	107.3	118.0	132.4	139.3	146.2
北方六省	70.0	84.8	100	102.5	109.5	116.0	118.1	123.9
东南六省	90.8	95.9	100	104.7	111.2	118.4	121.0	111.3
中部二省	71.2	75.8	100	111.7	125.1	140.1	133.8	136.2
西南四省	37.3	49.4	100	117.4	142.1	168.9	179.1	192.8
新疆	—	—	—	100	166.8	333.4	563.9	583.6
蒙古	—	—	—	100	166.7	333.3	380.9	428.5
东北	0.3	1.5	100	127.9	169.5	302.6	476.5	725.5

资料来源：据表5-2。本表各区耕地指数的计算均以1724年为100，唯新疆、蒙古因无该年份数据，改以1766年的耕地数为100。

如表中的数字所显示的，在雍正以前的经济恢复阶段，各地区耕地普遍有相当程度的增加：从顺治十八年到雍正二年，全国耕地总计增加了大约30%，其中在明末清初经历过长期战乱的北方省份和中部的湖广地区，耕地的增加幅度与全国平均水平大体相当；东南六省遭受战争破坏较小，耕地增加幅度也相对较小，不到10%；西南各省，主要是四川省，在战乱时期人口损失巨大，土地抛荒严重，战后大批外省移民入川垦荒，故耕地大幅增加，西南四省耕地总计增加超过60%，远高于全国的平均水平。雍正以后，北方六省、东南六省和中部的湖南、湖北二省这样的传统农耕区继续扩大耕地面积的余地已经不大，耕地扩张主要表现在地处偏远、以往开发程度较低的西南各省和西北新疆、北部蒙古沿边及东北等边疆地区。

从雍正二年到清朝灭亡，在近两个世纪里，全国耕地总计增加了 46.2%，其中北方六省增加了 23.9%，东南六省增加了 11.3%，中部湖南、湖北二省共增加了 36.2%，均低于全国平均水平；而西南四省则大幅增加了 92.8%，其他边疆地区因原来的耕地基数低，更是成倍增加，新疆增加近 5 倍，蒙古增加 3 倍多，东北增加 6 倍余。上述情况，清楚地反映出清代耕地增加的主要方向。

清前期耕地的增加呈现出的传统农耕区向外扩张的趋势在上述各大地区板块内部也同样存在。上面二表显示的北方六省、东南六省和中部二省这几个地区板块自雍正、乾隆以后的耕地增长，主要就是由于上述各地山区的开发[①]。从雍正初的 1724 年到道光末的 1850 年，全国耕地总计增加约 3.5 亿亩（清亩，下同），其中北方六省、东南六省和中部二省共增加 1.8 亿亩，占全国新增耕地的一半还多，说明在这一时期，内地传统农耕区的耕地挖潜（开发山区和其他一切宜农土地）与当时已经开始的各边疆地区的农业大开发，是同时并进的。晚清时期，内地省份的耕地开发接近饱和，几无增加，甚至东南六省和中部二省经过太平天国起义，较之世纪中还有所减少，而各边疆地区的耕地则持续大幅增加，反映出近代以后中国耕地开发的主要方向。

经过清代两个多世纪的开发，中国近代耕地的地域分布格局逐渐形成。如表 5-4 所示，当雍正二年时，北方六省的耕地占全国总耕地的 51.2%，东南六省占 29.7%，中部二省占 8%，合计占比接近全国总耕地的 90%；而西南四省和新疆、蒙古、东北等边疆地区的耕地占全国耕地的比重，总共只有 10% 稍多一点。这种耕地的地域分布，大体也可以看作明代时的情况。然而经过清前期的边地开发，到道光末的 1850 年时，各传统农耕区耕地占全国耕地的比重除中部二省略有上升外，均出现明显下降，14 省的总比重约下降了 10 个百分点，已经不足全国耕地的 80%，西南四省及各边区的耕地比重则上升到 20% 左右。这一趋势在晚清时期进一步发展，1911 年清朝灭亡时，内地核心农耕区耕地的比重已经不足全国总耕地的 3/4，西南四省及各边疆地区耕地的比重则上升到 1/4 多；其中，西南四省耕地增加不多，表明其开发程度已经较高，而边疆地区尤其是东北，则继续增加。与

---

① 清前期内地各省山区开发的情况，参见拙著《清代前期的小农经济》，第 123~133 页。

1952 年的数据相比,清末各地区板块在全国耕地中的占比,除了个别地区(如东北)后来继续有较大变化外,总的格局已经大体相当。图 5-3 是 1724~1952 年中国耕地地域分布变化趋势的示意图。

表 5-4　1724~1952 年中国耕地地域分布变化

	1724 年		1850 年		1911 年		1952 年	
	耕地(百万亩)	占比(%)	耕地(百万亩)	占比(%)	耕地(百万亩)	占比(%)	耕地(百万亩)	占比(%)
全国	1082.4	100	1432.8	100	1582.3	100	1575.3	100
北方六省	554.28	51.2	643.07	44.9	686.84	43.4	614.20	39.0
东南六省	321.09	29.7	380.25	26.5	357.30	22.6	320.41	20.3
中部二省	86.66	8.0	121.42	8.5	118.00	7.5	115.42	7.3
西南四省	99.97	9.2	168.87	11.8	192.76	12.2	185.46	11.8
新疆	—	—	12.37	0.9	21.65	1.4	23.15	1.5
蒙古	—	—	45.20	3.2	58.11	3.7	77.61	4.9
东北	20.35	1.9	61.58	4.3	147.63	9.3	239.09	15.2

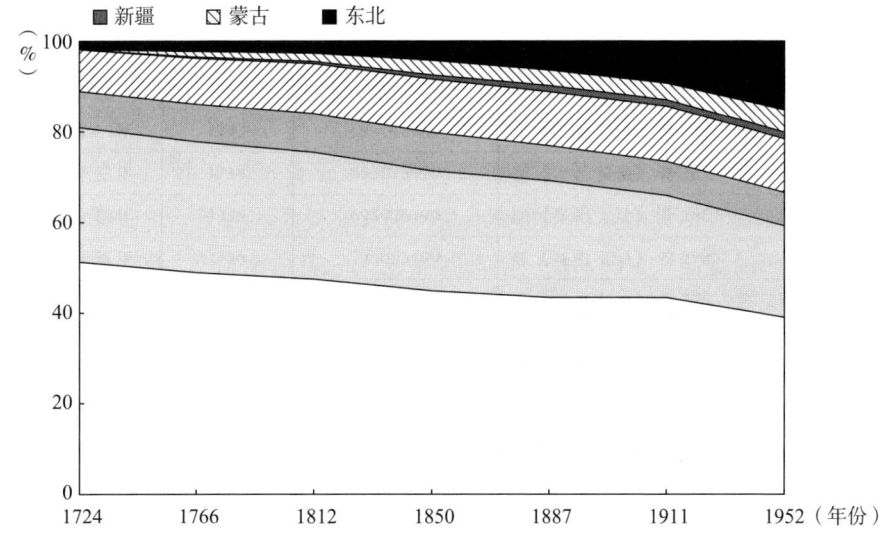

图 5-3　1724~1952 年中国耕地地域分布变化趋势

注:本图系根据表 5-3 的数据并加上 1766 年、1812 年、1887 年 3 个观测点的数据(据表 5-2 的相应年份数据计算得出)制成。

2. 粮食产量

清代农业的进步还表现在粮食的平均亩产和总产量的提高上。根据我们估算,在清代粮食亩产最高的19世纪上半期(嘉庆、道光时期),全国平均亩产达到326斤/亩(市制,下同),比明代万历时期平均每亩243斤的产量高出1/3,这在中国传统农业的发展历史上,是一个很大幅度的提高。

当然,我们对清代粮食平均亩产的估计只是一家之言,近二三十年来有不少关于这一课题的研究成果,结论并不完全一致[①]。但无论哪家的研究,对清代前中期的粮食亩产达到了中国传统农业的最高峰这一点,认知并无不同。吴慧的《中国历代粮食亩产研究》估计了自战国直至清代鸦片战争前的历代粮食亩产,结论如表5-5所示。

表5-5 吴慧估计的中国历代粮食平均亩产量

朝代	亩产（市斤/市亩）	朝代	亩产（市斤/市亩）	朝代	亩产（市斤/市亩）
战国中晚期	216	北朝	257.6	元	338
秦汉	264	唐	334	明	346
东晋南朝	257	宋	309	清前中期	367

资料来源:吴慧《中国历代粮食亩产研究》,第194页表。

按照吴慧的估计,清代前中期的粮食亩产是历代最高的,比汉代(吴氏的估计以汉代的产量为基准而加以扩展)增加了39%,较之明代增加的幅度虽不如笔者估计的大,但也有6.7%左右的提高。吴慧认为:中国历史上粮食亩产的提高,"汉、唐、明和清是三个上升的台阶",其中从汉到唐的亩产提高是由于经济重心南移,水稻生产发展;从唐到明、清的亩产提高,是由于稻田复种指数增加和玉米番薯种植推广。[②] 对吴慧的上述判断,笔者从大的趋势上基本认同,但认为其对明代粮食亩产的估计太过偏高。吴氏指出从唐到明清的粮食亩产提高系由于稻田复种指数增加和玉米番薯

---

① 此课题的研究成果甚多,不能一一开列,可参看石涛、马国英《清朝前中期粮食亩产研究述评》,《历史研究》2010年第2期,第143~155页。

② 吴慧:《中国历代粮食亩产研究》,第195页。

种植推广，但这两个因素在推动粮食产量增加上的作用其实只是到清代才真正显现出来：明代实行稻麦复种二熟的地区仍主要是在长江下游的江南地区，较之宋代虽在地域上有所扩展，但有限；种双季稻或实行二稻一麦三熟的地方仅限于闽、粤。当时南方大多数地方都基本只种一季晚稻。清前期，各种水旱轮作复种多熟的农作制在长江以南普遍推广，向北则推进到了秦岭、淮河一线，实行范围之广远非明代可比。在北方，旱粮作物的二年三熟或三年四熟轮作复种在黄河下游的华北平原以及陕西关中平原遍地开花，实行范围和普及程度均远超明代。至于玉米、番薯等美洲高产作物的引种，虽然明代已开其端，但真正在南北各地普遍推广是在清前期。玉米直到清初康熙时还多只在平原河谷地带传统农区的田畔园圃才有种植，尚未成为主要的大田作物。乾隆以后，随着山区开发，玉米的种植优势得到发挥，开始普遍种植，成为各地山区最重要的粮食作物和人们的基本口粮。番薯的种植在明后期限于闽、粤沿海，清前期开始向内地传播，最初只在南方地区，乾隆以后，随着藤种冬藏技术的解决（窖藏法），才在北方推广，嘉、道时成为各地普遍种植的重要作物之一。所以，复种指数的提高和域外高产作物的引种推广这两个引致中国粮食平均亩产在唐宋基础上再上新台阶的因素其实只是在清前期才真正发挥了作用，即如果说粮食亩产上了新台阶，那么这只能是发生在清前期，而不是在明代。笔者无意低估明代农业的进步。唐以后，明代和宋代一样都是中国粮食平均亩产提高的重要阶段，但与清前期相比，我们相信二者并不处在一个水平上。明代人口虽然过亿，但即便高估，也不可能超过宋代一倍（宋代人口也过亿，明代人口高估也不会达到两亿，笔者估计为 1.5 亿）。清代人口的峰值为 4.5 亿甚至更多，比明代多出两倍不止，而耕地仅比明代增加不到一倍，在这种情况下，说清代的粮食平均亩产只比明代高 6.7%，是很难令人相信的。

促使清代粮食平均亩产提高的不只有复种指数增加和高产作物引种推广两个因素。中国传统农业的精耕细作技术在各主要农耕区的大面积普遍推广也是重要的原因。清前期，一方面人口快速增加，人均耕地减少，要解决众多人口的吃饭问题，只能尽可能在有限的耕地上打出更多的粮食来；另一方面，在传统社会，农业是最大、最主要的经济部门，人们在农业以外的生存出路有限，绝大多数新增人口只能投入农业，而精耕细作农业正是需要大量人工劳动的投入的,这样,就在必要性和可能性两个方面都推动了精耕细作农业传统的进一步发扬。清代的大量农书和地方志都显示出,当时的农业生产无论南北,也无论水旱耕地,在土壤耕作、选种育种、田间管理、施肥、灌溉等各个方面表现出来的精耕细作、集约化经营的特点十分突出,农民的各项农活茬口安排往往极为紧凑,当然也十分辛苦:"农民治其业,自非岁时伏腊、省祠墓、通亲戚,则晴事耕耘,雨勤织绩,赤背而薅草,跣足而犁冰。"① 清前期,由于众多人口的生存压力和劳动人手的大量增加,可以说已将大量投入劳动力、集约化经营的中国传统农艺的特点发挥到极致,这是当时粮食亩产提高的不可忽视的主要原因之一。

清代的粮食平均亩产不仅在19世纪上半期达到了中国传统农业发展的最高峰,而且也高于近代。从19世纪中期起,社会动荡不安,天灾人祸不断,农业生产条件恶化,粮食亩产也从历史的高点开始向下跌落。按照本研究的估计,晚清时期,粮食的平均亩产从嘉、道两朝的每亩326斤(市制)一路下滑到清亡时的295斤,下降幅度接近10%。进入民国,这一趋势仍在延续。整个20世纪上半期,无论区域性的农业情况调查还是学者对全国总体水平的估计,粮食亩产都大大低于清代,基本上只有200多市斤。有学者认为民国时期的粮食平均亩产即便在情况较好的1930年代前半段,也"仍比清中叶下降了百分之二十多"②。

清代的粮食总产量也显示出与亩产相似的变化趋势,即在清前期达到历史的最高峰,远超前代;晚清以后,开始停滞、下滑,一直到20世纪中期以后,这一近代粮食生产的颓势才得以扭转。明代的粮食总产,按照我们的估计,万历中达到最高点时大概为13.66亿石③,折算成市斤约在1858亿斤上下。1930~1950年代若干年份的全国粮食总产量,如表5-6所示。将如上清代前、后历史时期的粮食总产量与清代各时点的粮食总产连缀起来,1600年以后三个半世纪的粮食总产量变化曲线如图5-4所示。

---

① 包世臣:《安吴四种》卷25上《齐民四术一上·农一上·农政·作力》(同治十一年注经堂刻本)。
② 见吴慧《中国历代粮食亩产研究》,第205页。
③ 其时的总耕地按9亿明亩估计,粮食生产用地按占总耕地的92%假设(与清初比例相同),平均亩产按1.65石计,总产量 = 1.65 × (9×0.92) ≈ 13.66(亿石)。

表 5-6　1930~1950 年代若干年份的全国粮食总产量

单位：亿市斤

年份	1931	1932	1933	1934	1935	1936	1946	1947	1949	1952	1957
产量	2192	2338	2321	2016	2244	2318	2249	2150	2264	3278	3901

资料来源：1931~1947 年数据见严中平等编《中国近代经济史统计资料选辑》，科学出版社，1955，第 360 页表 84（原统计的粮食品种为稻、小麦、高粱、小米、玉米、大豆 6 种，其他粮食不在内，故各年总产量仅为这 6 种粮食产量的合计数，应较当时全部粮食作物的总产量低一些。又原统计的单位为市担，今按 1 市担合 100 市斤换算）。1949 年、1952 年、1957 年数据见《中国农业统计资料汇编 1949~2004》，第 35 页，表 2-13。

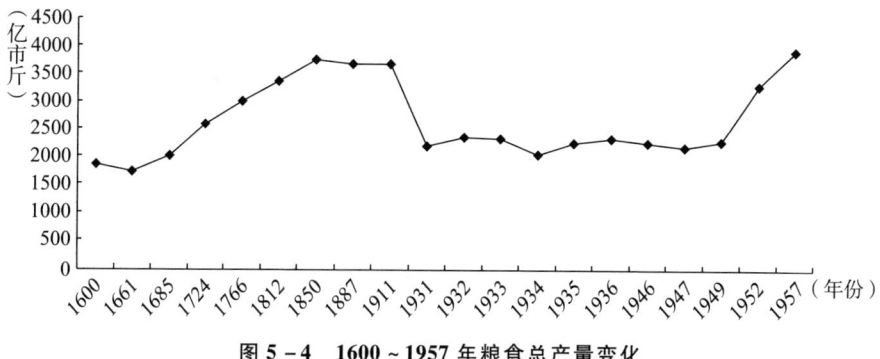

图 5-4　1600~1957 年粮食总产量变化

上述近代粮食产量的数据显示，从晚清开始的粮食总产量下降的局面到民国时期甚至发展得更为严重。粮食总产量的变化，从一个侧面反映了近代中国的历史命运。

3. 种植业结构的变化

清代农业的进步还表现在经济作物种植的发展上。清代，尽管因人口快速增长而使吃饭问题十分突出，绝大多数耕地都不得不用来生产粮食，但即便在这种情况下，经济作物的生产依然有所扩大，棉花、桑、麻等重要手工业原料作物，甘蔗、茶、烟叶等商业性作物，在种植地域上比明代更广，占用耕地的比例比明代更大，产量也有所提高。按照本项研究的估计，经济作物的种植面积，清初仅有 6000 万亩稍多；1850 年增加到 1.86 亿亩，比清初增加 2 倍；晚清时期进一步扩大，1911 年达到 2.37 亿亩，比 1850 年增加 27.4%，为清初的 3.8 倍。经济作物种植面积在总耕地中的占比，清初为 8%，与明代相当；到 19 世纪中期，增加到 13%，清末更增加到 15%，约比清初增加一倍。经济作物的产值（增加值），按 19 世纪中期的银价核算，清初为 2.29 亿两，1850 年为 6.91 亿两，比清初增长 2 倍；清末进一步提高到9亿两左右,比清初多出近3倍。经济作物一般比粮食作物收益要高,经济作物种植面积的扩大意味着种植业整体生产效率的提高并带来种植业结构的变化。本项研究估计的清代各时期种植业产值构成的变化如表5-7所示。

表5-7 清代各时期种植业结构的变化

年份	种植业总产值（亿两）	粮食作物 产值（亿两）	粮食作物 占种植业总产值（%）	经济作物 产值（亿两）	经济作物 占种植业总产值（%）
1661	13.7	11.4	83.2	2.3	16.8
1685	16.1	13.5	83.9	2.6	16.1
1724	20.4	17.2	84.3	3.2	15.7
1766	23.7	19.4	81.9	4.3	18.1
1812	28.5	22.3	78.2	6.2	21.8
1850	31.9	25.0	78.4	6.9	21.6
1887	32.9	24.4	74.2	8.5	25.8
1911	33.4	24.4	73.1	9.0	26.9

注:本表的产值均为扣除了生产成本的增加值。

如表5-7所示,从清初到清末,粮食产值在种植业总产值中的占比下降了约10个百分点,经济作物产值占比则从16.8%上升到26.9%,上升幅度高达60%。在人口成倍数增长,耕地不足,人地矛盾持续紧张的不利发展条件下,种植业结构的这一变化,无疑是十分不容易的。当然,从表中数据也能看出,经济作物产值占比提高的变化,晚清时期的数十年远比此前的近200年更为明显,反映出进入近代社会以后,在被迫纳入资本主义世界经济体系的历史背景下,中国农业发展方向所受到的深刻影响。

二 清代农业发展的局限

虽然在一系列总量指标上清代农业达到了中国传统农业发展的最高峰,但从生产效率上考察,清代的农业却不是历史上最高的。清代农业在劳动生产率以及一系列按人口平均的农业指标如人均耕地面积、人均粮食占有量等方面，都不但低于传统农业历史上曾经达到的高点，而且从变化的趋势上观察，至少从18世纪中期以后就一直在不断恶化。

1. 劳动生产率

农业劳动生产率可以通过平均每个农业劳动力每年能够提供的粮食数量、粮食产值以及农业产值等劳均指标来衡量。清代人口约比明代增加2倍，但由于明、清时期都处在相当稳定的传统农业社会，总人口中的绝大多数人都只能从事农业生产这一点没有，也不可能发生大的变化。在《清代前期的小农经济》一书中，笔者将清前期总人口中的90%估计为农业人口，农业人口中从事生产的人口比例也估计为90%（另外10%为地主及其家庭成员、仆役等不从事或很少从事农业生产的人口），又估计从事生产的农业人口中的劳动力占比为40%，由此估算清前期的农业劳动力数量；至于农业劳动力中从事粮食生产的劳动力的比例，则按75%估计①。上述估计，应该说不离大谱，但是稍嫌粗糙。笔者以为，从明到清，上述人口结构的比例虽无大的变化，但是在不同的历史时期，随着社会的发展，还是应该有所不同。为此，本项研究将上述各项比例做出微调，如表5-8所示；据之估算的各时期农业劳动力数量及其中从事粮食生产的劳动力数量如表5-9所示。

表 5-8　清代各时期的农业人口及其中的劳动力比例估计

年　份	农业人口占 总人口比例（%）	生产人口占 农业人口比例（%）	劳动力占 生产人口比例（%）	粮食生产劳动力占 农业劳动力比例（%）
1600*	95.0	90.0	40.0	90.0
1661	95.0	90.0	40.0	90.0
1685	95.0	90.0	40.0	90.0
1724	95.0	90.0	40.0	90.0
1766	92.0	90.0	40.0	85.0
1812	90.0	90.0	40.0	80.0
1850	90.0	90.0	40.0	80.0
1887	87.0	90.0	40.0	75.0
1911	87.0	90.0	40.0	75.0

* 说明：此处保留1600年数据，是为了对比方便。以下各表同。

---

① 见拙著《清代前期的小农经济》，第199~200页。

表 5-9 清代各时期农业劳动力数量及其中从事粮食生产的劳动力数量估计

单位：百万人

年 份	总人口	农业人口	农业人口中的生产人口	农业劳动力	粮食劳动力
1600	150	142.5	128.3	51.3	46.2
1661	120	114.0	102.6	41.0	36.9
1685	139	132.1	118.9	47.6	42.8
1724	175	166.3	149.7	59.9	53.9
1766	278	255.8	230.2	92.1	78.3
1812	367	330.3	297.3	118.9	95.1
1850	436	392.4	353.2	141.3	113.0
1887	436	379.3	341.4	136.6	102.5
1911	450	391.5	352.4	141.0	105.8

根据表 5-9 估计的各时期农业劳动力数量，就可以计算表内各个年份按照劳均粮食产量、产值等项指标衡量的农业劳动生产率了，结果如表 5-10 所示。

表 5-10 清代各时期的农业劳动生产率估计

年 份	粮食总产量（亿市斤）	粮食总产值（亿两）	农业总产值（亿两）	劳均粮食产量（市斤/每人每年）	劳均粮食产值（两/每人每年）	劳均农业产值（两/每人每年）
1600	1858	12.8	18.0	4021.6	27.7	35.1
1661	1706	11.4	16.0	4623.3	30.9	39.0
1685	2014	13.5	18.8	4705.6	31.5	39.5
1724	2573	17.2	23.8	4773.7	31.9	39.7
1766	2988	19.4	27.2	3816.1	24.8	29.5
1812	3345	22.3	32.3	3517.4	23.4	27.2
1850	3746	25.0	36.1	3315.0	22.1	25.5
1887	3660	24.4	37.2	3570.7	23.8	27.2
1911	3660	24.4	37.8	3459.4	23.1	26.8

表 5-10 显示，清代的农业劳动生产率，清初的几个年份（1724 年以前）情况最好，较之明代，几个衡量指标均有所提高。然而，从乾隆中期起，指标全面恶化，到 1850 年，劳均粮食产量较之 1600 年下降了 17.6%，

劳均粮食产值下降了20.2%，劳均农业产值更下降了27.4%。晚清时期两个年份的农业劳动生产率与1850年相比止跌回升是由于太平天国以后人口数量和从事粮食生产的劳动力比例的变化所致。晚清时期商业性农业发展、经济作物种植扩大带来的从事粮食生产的劳动力比例下降、从事经济作物种植的劳动力比例上升，这一农业种植结构的变化当然会导致农业劳动生产率的提升。但即便在这种情况下，以1911年与1887年相比较，各个指标的变化趋势依然是下降的，说明人口数量的增长对清代农业劳动生产率的影响，实在是太大了。

2. 人均耕地面积和人均粮食占有量

清代的耕地和粮食产出在总量指标上较之明代是上升的，但由于人口增加太多，人均指标反而是下降的，并且下降的幅度很大。表5-11和表5-12是分别按本研究估计的清代耕地总数和粮食总产量计算的人均耕地面积和人均粮食占有量指标。

表5-11 清代各时期的人均耕地面积及指数

以明万历中（1600年）人均耕地为100

年　　份	1661	1685	1724	1766	1812	1850	1887	1911
耕地（亿市亩）	7.17	8.23	9.97	10.71	11.77	13.20	13.89	14.58
人口（亿人）	1.2	1.39	1.75	2.78	3.67	4.36	4.36	4.50
人均耕地（市亩/人）	5.98	5.92	5.70	3.85	3.21	3.03	3.19	3.24
人均耕地指数	108	107	103	70	58	55	58	59

注：明万历中（1600年）总耕地面积为8.3亿市亩（9亿明亩），人口1.5亿，人均耕地5.53亩。

表5-12 清代各时期的人均粮食占有量及指数

以明万历中（1600年）人均粮食占有量为100

年　　份	1661	1685	1724	1766	1812	1850	1887	1911
粮食总产量（亿市斤）	1706	2014	2573	2988	3345	3746	3660	3660
人口（亿人）	1.2	1.39	1.75	2.78	3.67	4.36	4.36	4.50
人均粮食（市斤/人）	1422	1449	1470	1075	911	859	839	813
人均粮食指数	115	117	119	87	74	69	68	66

注：明万历中（1600年）粮食总产量为1858亿市斤，人口1.5亿，人均占有粮食1239市斤。

如表 5-11 和表 5-12 显示的，清代的人均耕地和人均粮食占有量两个指标只是在清初时优于明代，18 世纪以后便随着人口增长而不断下降。到 19 世纪中期，人均耕地只及明代的 55%，人均粮食只及明代的 69%。晚清时期，人口增长放缓，加之东北、蒙古等边疆地区不断有新的耕地开发出来，人均耕地较之世纪中有所增加，但幅度有限；人均粮食指标则在晚清时期继续下降，到清末时只有每人每年 800 市斤稍多。

中国历史上的人均耕地数量，统一按市亩计，汉代为 8~9 亩，唐代在 7 亩上下，宋代为 5~6 亩，明代按我们的估计为 5.5 亩稍多（6 明亩）①。如上的人均耕地水平是与各代的生产力水平相适应的，大体上能够满足当时人们的吃饭需要和社会正常发展对土地产品的需求。清代的人均耕地，除在早期与明代大体相当甚至还更多一些以外，从 18 世纪中期以后，就下降到 4 市亩以内，19 世纪以后几个时点更只有 3~3.2 市亩，即便按清亩计量也远不足 4 亩了。人均 3~4 亩是一个什么概念？清人对维持温饱所需耕地的数量曾经有过估计，大体在 3~5 亩之间。如清初张履祥说："百亩之土，可养二三十人"②；乾隆末洪亮吉说："一岁一人之食，约得四亩，十口之家，即需四十亩矣"③。近人罗尔纲亦认为在晚清中国，人均 4 亩耕地为维持"温饱常数"的最低指标④。此外，如王育民、吴慧等人口史、经济史学者，也都将人均 4 亩耕地看作"饥寒界限"或"才过得去"的人均耕地数量⑤。所以，清代自 18 世纪中期以后，特别是进入 19 世纪以后，人均耕地的数量已经接近于"温饱常数"、"饥寒界限"的水平了。

从人均粮食占有量更可以看清楚问题的严重性。清代自 19 世纪以后的人均粮食占有量只有 800~900 斤，约比明代下降了 1/4 到 1/3，而且从动态的角度观察一直呈不断下降的趋势。这里的人均粮食是按未加工的原粮计算的，换算为成品粮只有四五百斤。这样的人均粮食数量，如果单只满足

---

① 各代耕地总量的估计见表 5-1。按照此表的耕地总量，如汉代人口按 6500 万算，人均耕地为 8.23 亩；按 6000 万算，则人均耕地接近 9 亩。唐代耕地笔者估计不少于 6 亿市亩，人口按葛剑雄估计的 8500 万人算，人均约 7 亩。宋代总耕地约 6.6 亿市亩，人口按 1 亿算，人均 6.6 亩；按 1.2 亿算，人均 5.5 亩。明代人均耕地的估计见正文。
② 《杨园先生全集》卷 5《补农书下》，中华书局 2002 年点校本。
③ 《洪亮吉集·卷施阁文甲集》卷 1《意言生计》，中华书局 2001 年点校本。
④ 罗尔纲：《太平天国革命前的人口压迫问题》，载《中国社会经济史集刊》第 8 卷第 1 期。
⑤ 分别见王育民《中国人口史》，江苏人民出版社，1995，第 549 页；吴慧《中国历代粮食亩产研究》，农业出版社，1985，第 149 页。

当时人的口粮需求自然没有问题,但问题是生产出来的粮食并不能都用来吃。当时的粮食产出,口粮以外的如下几项用途也是必不可少的:(1)种子:留种为次年接续生产所必需;(2)工业用粮:酿酒、棉纺织业中的棉布上浆每年都要消耗掉大量粮食,此外还有其他一些手工行业也以粮食为生产所必需的原辅材料;(3)饲养家禽家畜的饲料粮;(4)备荒用的储备粮。另外,粮食生产出来以后在运输、储藏过程中的消耗和损失也是考察口粮问题时不能忽略、需加扣除的重要因素。如上几项口粮外的必要需求,在19世纪以后的社会条件下,将其比例估计为占当时粮食总产出的20%~30%应该并不为过。所以,考虑到口粮以外的必要用途,19世纪以后的人均粮食占有量不仅不能说没有问题,而且应该说问题很大。表5-13是我们对19世纪至20世纪初几个时点的口粮需求及其在粮食总产出中的占比的估算。

表5-13 1812~1911年间的口粮需求及其占粮食总产量的比例估计

时 期	人口（亿人）	口粮需求（亿石）	粮食总产量（亿石）	口粮占粮食总产量的比例（%）
1812年	3.67	17.9	23.4	76.5
1850年	4.36	21.2	26.2	80.9
1887年	4.36	21.2	25.6	82.8
1911年	4.50	21.9	25.6	85.5

注:口粮需求按总人口中60%为成年大口、40%为未成年小口,大口每人每日吃粮1升、小口半升（均为成品粮）估算,估算结果按60%的原粮出品率折算为原粮记入表内。

如表所示,当19世纪初人口不足4亿的时候,粮食总产出在扣除人口的正常口粮以后尚有23.5%的剩余可以供种子、工业、饲料及备荒储备等项之需,虽不充裕,但总算还能大体满足需要。然而随着人口增长,到了世纪中即1850年的时候,扣除正常口粮以后的余粮比例就降到不足20%了,以后进一步下降,清亡时扣除口粮以后的余粮比例只有14.5%。如此低的余粮比例,无论如何也是不能满足口粮以外的"必要扣除"的。在这种情况下,必然出现人口的生存需要与社会经济正常发展需求"争粮"的局面:满足前者就不能满足后者,反之亦然,最终的结果只能是两者都不能得到充分的满足。这是19世纪中期中国进入近代社会以后一直面临的一个非常大的困境。

劳动生产率下降、多项按人口平均的重要生产指标恶化反映了清代传统农业发展的局限。明乎此，也就不难理解，为什么清代从雍、乾时起，特别到嘉、道以后，粮食问题日趋突出，米价一再上涨；为什么从皇帝到各级官员都不断惊呼"生齿日繁而地不加广"，于是诸如鼓励开垦山头地角一切可耕之地、劝种杂粮、推广番薯等高产救荒作物、提倡精耕细作和改善农田水利设施、禁止用粮食造酒、反对种烟、劝谕节俭等政策措施，得到空前的重视和大力推行；为什么成百上千万的流民不断从传统农业区移往尚未充分开发的山区和边区，而清政府对于流民移垦这些地区，即便是法令上严格封禁的东北、蒙古等地区，在政策限制上也日益宽松，乃至最后完全开禁。民食不足是清代自中期以后就不断发展、日趋尖锐的一个严重问题，是19世纪中期以太平天国大起义为标志的王朝统治危机大爆发的重要促成因素之一。清代的农业，在一方面攀上了中国传统农业发展的高峰，供养了历史上空前规模的庞大人口，但同时，在另一方面，它又是一个在维持巨大人口基本生存需要之外，为整个经济、社会的发展提供必要的充分剩余的能力上，愈来愈力不从心的农业。这一方面，也是观察清代农业时必须看到的。

附录一　清代人口估计和人口资料

一　清代官方的人口统计

清初，承袭明朝征丁制度，对编户人口的统计以"人丁"为主，不及其他。其时制度，年龄16～60岁的成年男子谓之"丁"，国家以都图里甲为基本单位，由所在州县对其定期编审造册（初定三年一次，顺治十三年改定为五年），以为征收丁银、核派徭役的依据。不过，清朝人丁税的征收原则，是以明后期的载籍人口及征数为额（所谓"俱照前朝会计录原额"、"俱照万历年间"），因此定期举行的人丁"编审"，重点只在保证税额，而不在核实真实的人丁数目。其时官册记载的人丁数，本质上只是国家征税的"额数"，在人口统计上的意义并不大。人丁银之外，清初在江西、福建等少数几省还有计口派征的"盐钞银"，也是从明代沿袭下来的，故这些地方除编审男丁外，还编女口。

康熙五十一年（1712），皇帝谕令嗣后征丁以康熙五十年（1711）丁册之数为额，新增人丁不再征收钱粮，于编审时查明实数，另册题报[①]。这以后，清官方的人丁统计在康熙五十年的定额丁数之外，又有"滋生人丁"名目。

雍正时期实行"摊丁入地"改革，丁税并入地亩田赋征收，人丁编审失去意义，逐渐废弛。乾隆三十七年（1772），谕令在全国停止编审造册

[①] 见《清圣祖实录》卷249，康熙五十一年二月壬午。这个决策经九卿议定，于次年以"万寿恩诏"的形式向全国发布。

(有漕地方的漕卫所军丁仍每四年编审一次)。

从乾隆六年（1741）起，清政府实行由各省根据保甲册籍每年造报所属府州县"大小男妇"数目的人口统计新办法。自此，户部据各省报册，每年汇造《各省民数谷数清册》，其数目亦附载于乾隆以后各朝《实录》的每年年末。不过，此种人口统计，不包括八旗、绿营等特殊户籍人口，也不包括蒙藏等少数民族人口。

清末，为预备"立宪"，民政部于宣统年间（1909~1911）举办了中国历史上第一次近代意义上的全国人口调查。但其时清王朝正处在风雨飘摇之中，并无能力做好这次调查，且事未毕而清已亡，直到1912年才由民国政府内务部将各地报告民政部的宣统三年（1911）全国户口总数汇造成册。

二 本项研究各时点的人口总数估计

明代人口：目前学界对明代峰值人口的估计从1.2亿到2亿不等。本项研究将明盛世（万历中，1600年前后）的峰值人口估计为1.5亿。此估计是以明初（洪武二十六年，1393年）全国人口6500万为基数，根据曹树基《中国人口史》第四卷《明时期》对明代人口平均年增长率为4.1‰的推测（见该书第465页，复旦大学出版社2000年版）估算而得。此项估计的详细论证，将在笔者的另一部专著中提出。

清初（1661年、1685年）人口：依笔者的估计，中国在明末清初因战争、饥荒和瘟疫所损失的人口至少有3000余万，即如果明万历中的人口为1.5亿，清初人口的最低谷应该不足1.2亿（比明盛世人口损失20%以上）。在本项研究设定的评估清代农业生产各项指标的起始点顺治十八年（1661），因已处在人口的恢复增长期，笔者将是年的全国人口总数估定为1.2亿。1685年人口以1.2亿为基数，按康熙时期人口年平均增长6‰（曹树基数据，见《中国人口史》第五卷《清时期》，复旦大学出版社，2001，第831~832页表19－1）推算。

雍正初年（1724年）人口：清朝经济的恢复期大体结束于康、雍之际。本项研究将雍正二年（1724）作为这一阶段的终结点和此后"雍乾盛世"的起始点。本年的全国人口，仍以顺治十八年全国人口1.2亿为基数，按康熙时期人口年平均增长6‰推算，估定为1.75亿（曹树基按康熙十八年人口1.6

亿为起始点推算,将康、雍之际的人口估为已达2亿以上,笔者认为过高)。

清中期(1766年、1812年)人口:清朝自乾隆六年(1741)起通过保甲烟户册上报的各省"大小男妇"数目,只能反映清中期以后人口增长变化的大趋势,与实际的人口数目仍有距离,有时误差还很大,此点学界早有共识。曹树基的《中国人口史》第五卷《清时期》通过详细考订,重建了乾隆四十一年(1776)各省的分府人口数目,并在此基础上估定当年人口总数为3.11亿。本项研究采纳了这个估计,并以此为基点,分别按照雍正二年至乾隆四十一年、乾隆四十一年至19世纪中期(1850年)的人口年平均增长率,推算1766年和1812年的人口。

19世纪中期(1850年)人口:道光三十年(1850)的全国人口数,本项研究采用曹树基的估计,以4.36亿人为准。根据《清文宗实录》,是年各省民数为4.14亿,但下一年(咸丰元年,1851年)的数字即高达4.32亿之多(《实录》记载所依据的是年《各省民数谷数清册》基本相同),这其中还不包括八旗、绿营等特殊户籍人口和蒙藏等少数民族人口。据此,有学者认为19世纪中期的全部人口应有4.5亿[①]。这个估计,笔者认为也是合理的。

晚清(1887年、1911年)人口:太平天国大起义以后近20年的战乱和社会动荡使中国又损失了数以千万计的人口。经过光绪初以来十数年的恢复,笔者判断,1887年时人口应已恢复到道光末的水平。不过,近代中国人口发展的总体趋势不是不断增长,而是长期停滞,至少是增长缓慢。基于这一认识,笔者认为,1911年时的人口不会超过4.5亿。

本项研究对清代几个关键时间节点的全国人口数估计如附表1-1所示,清代官方的人口记录见附表1-2至附表1-7。

附表1-1 清代各时期全国人口总数估计

时期	估计人口数(百万人)	附:清官方记载人口数
顺治十八年(1661)	120	19137652(《实录》,"人丁户口")
康熙二十四年(1685)	139[①]	20341738(《实录》,"人丁户口")
雍正二年(1724)	175	25510115(《实录》,"人丁户口";另有"永不加赋滋生人丁"601838)

① 见姜涛《中国近代人口史》,浙江人民出版社,1993。

续表

时期	估计人口数（百万人）	附：清官方记载人口数
乾隆三十一年（1766）	278[②]	208095796（《实录》，"大小男妇"）
嘉庆十七年（1812）	367[③]	333700560（《实录》，"大小男妇"）
道光三十年（1850）	436	414493899（《实录》，"大小男妇"）[④]
光绪十三年（1887）	436	377636000（光绪《会典》）
宣统三年（1911）	450	341423897（清末全国人口普查数）

注：①以1661年1.2亿人口为基数，按年均增长6‰（1661～1724年间年均增长率）估算得出。

②以1724年1.75亿人口为基数，按年均增长11.12‰（1724～1776年间年均增长率）估算得出。

③以1776年3.11亿人口为基数，按年均增长4.58‰（1776～1850年间年均增长率）估算得出。

④《清文宗实录》卷50，载咸丰元年（1851年）各省通共大小男妇432164047名口。此为清代官书人口记录的最高数字。

附表1-2　清顺治至雍正朝人丁数（1）：1651～1734年

年号纪年	公元年份	人丁户口[①]	资料来源
顺治八年	1651	10633326	《世祖实录》卷61
九年	1652	14483858	卷70
十年	1653	13916598	卷79
十一年	1654	14057205	卷87
十二年	1655	14033900	卷96
十三年	1656	15412776	卷105
十四年	1657	18611996	卷113
十五年	1658	18632881	卷122
十六年	1659	19008913	卷130
十七年	1660	19087572	卷143
十八年	1661	19137652	《圣祖实录》卷5
康熙元年	1662	19203233	卷7
二年	1663	19284378	卷10
三年	1664	19301624	卷13
四年	1665	19312118	卷17
五年	1666	19353134	卷20
六年	1667	19364381	卷24

续表

年号纪年	公元年份	人丁户口①	资料来源
七年	1668	19366227	卷 27
八年	1669	19388769	卷 31
九年	1670	19396453	卷 34
十年	1671	19407587	卷 37
十一年	1672	19431567	卷 40
十二年	1673	19393587	卷 44
十三年	1674	17246472	卷 51
十四年	1675	16075552	卷 58
十五年	1676	16037268	卷 64
十六年	1677	16216357	卷 70
十七年	1678	16845735	卷 78
十八年	1679	16914256	卷 87
十九年	1680	17094637	卷 93
二十年	1681	17235368	卷 99
二十一年	1682	19432753	卷 106
二十二年	1683	19521361	卷 113
二十三年	1684	20340655	卷 118
二十四年	1685	20341738	卷 123
二十五年	1686	20341738	卷 128
二十六年	1687	20349341	卷 132
二十七年	1688	20349341	卷 138
二十八年	1689	20363568	卷 143
二十九年	1690	20363568	卷 149
三十年	1691	20363568	卷 153
三十一年	1692	20365783	卷 157
三十二年	1693	20365783	卷 161
三十三年	1694	20370654	卷 165
三十四年	1695	20370654	卷 169
三十五年	1696	20410382	卷 178
三十六年	1697	20410682	卷 186
三十七年	1698	20410693	卷 191
三十八年	1699	20410896	卷 196

续表

年号纪年	公元年份	人丁户口①	资料来源
三十九年	1700	20410963	卷202
四十年	1701	20411163	卷206
四十一年	1702	20411380	卷210
四十二年	1703	20411380	卷214
四十三年	1704	20412380	卷218
四十四年	1705	20412560	卷223
四十五年	1706	20412560	卷227
四十六年	1707	20412560	卷231
四十七年	1708	21621324	卷235
四十八年	1709	21921324	卷240
四十九年	1710	23312236	卷244
五十年	1711	24621324	卷248
五十一年	1712	24623524	卷252
五十二年	1713	23587224 又永不加赋滋生人丁：60455	卷257
五十三年	1714	24622524 又永不加赋滋生人丁：119022	卷261
五十四年	1715	24622524 又永不加赋滋生人丁：173563	卷266
五十五年	1716	24722424 又永不加赋滋生人丁：199022	卷270
五十六年	1717	24722424 又永不加赋滋生人丁：210025	卷276
五十七年	1718	24722424 又永不加赋滋生人丁：251025	卷282
五十八年	1719	24722424 又永不加赋滋生人丁：298545	卷286

续表

年号纪年	公元年份	人丁户口①	资料来源
五十九年	1720	24720404 又永不加赋滋生人丁： 309545	卷290
六十年	1721	24918359 又永不加赋滋生人丁： 467850	卷295
六十一年	1722	25309178 又永不加赋滋生人丁： 454320	《世宗实录》卷2
雍正元年	1723	25326307 又永不加赋滋生人丁： 408557	卷14
二年	1724	25510115 又永不加赋滋生人丁： 601838	卷27
三年	1725	25565131 又永不加赋滋生人丁： 547283	卷39
四年	1726	25579675 又永不加赋滋生人丁： 811224	卷51
五年	1727	25656118 又永不加赋滋生人丁： 852877	卷64
六年	1728	25660980 又永不加赋滋生人丁： 860710	卷76
七年	1729	25799639 又永不加赋滋生人丁： 859620	卷89
八年	1730	25480498 又永不加赋滋生人丁： 851959	卷101
九年	1731	25441456 又永不加赋滋生人丁： 861477	卷113
十年	1732	25442664 又永不加赋滋生人丁： 922191	卷126

续表

年号纪年	公元年份	人丁户口①	资料来源
十一年	1733	25412289 又永不加赋滋生人丁：936486	卷138
十二年	1734	26417932 又永不加赋滋生人丁：937530	卷150

注：①顺治、康熙、雍正三朝实录于各年年末总计人口数时作"是岁，人丁户口"若干，唯雍正十年于所记人丁户口数后另加"丁"字。

附表1-3　清顺治至雍正朝人丁数（2）：1661年、1685年、1724年

省 份	顺治十八年（1661）	康熙二十四年（1685）	雍正二年（1724）
直省人丁总计	21068609	23411448	25284818（25284957）④
奉天	5557	26227	42210
直隶	2857692	3196866	3406843⑤
山东	1759737	2110973	2278305
河南	918060	1432376	2049417
山西	1527632	1649666	1768657
陕西①	2401364	2241714	2164656
甘肃①		273292	302763
江苏②	3453524	2657750	2673208
安徽②		1314431	1357573
浙江	2720091	2750175	2758713
福建	1455808	1395102	1429203
江西	1945586	2126407	2172587
广东	1000715	1119400	1307866
广西	115722	179454	202711
湖北③	759604	443040	453007
湖南③		303812	341300
四川	16096	18509	409310
云南	117582	158557	145240
贵州	13839	13697	21388

资料来源：《清朝文献通考》卷19《户口考一》。

续表

注：①清初陕西、甘肃同辖于陕西总督之下，康熙八年陕、甘分立。又原书康熙二十四年、雍正二年甘肃人丁数均作"巩昌布政使司"人丁若干，系沿袭康熙初年旧称（康熙三年分陕西为左、右二布政使司；六年左布政使司改称西安布政使司，驻西安，右布政使司改称巩昌布政使司，驻巩昌；八年分别改称陕西布政使司和甘肃布政使司）。
②清初江苏、安徽同辖于江南省，康熙时分立。
③清初湖北、湖南同辖于湖广省，康熙时分立。
④括号内为据各省分数合计之全国总数。
⑤原书记顺天府人丁158133丁，直隶布政使司人丁3248710丁，本表将二数合并。

附表1-4　清乾隆至道光朝民数：1741~1850年

年号纪年	公元年份	大小男妇名口	资料来源
乾隆六年	1741	143411559	《高宗实录》卷157
七年	1742	159801551	卷181
八年	1743	164454416	卷207
九年	1744	166808604	卷231
十年	1745	169922127	卷255
十一年	1746	171896773	卷281
十二年	1747	171896773	卷305
十三年	1748	177495039	卷331
十四年	1749	177495039	卷355
十五年	1750	179538540	卷379
十六年	1751	181811359	卷405
十七年	1752	182857277	卷429
十八年	1753	183678259	卷453
十九年	1754	184504493	卷479
二十年	1755	185612881	卷503
二十一年	1756	186615514	卷529
二十二年	1757	190348328	卷553
二十三年	1758	191672808	卷577
二十四年	1759	194791859	卷603
二十五年	1760	196837977	卷627
二十六年	1761	198214555	卷651
二十七年	1762	200472461①	卷677
二十八年	1763	204209828	卷701
二十九年	1764	205591017	卷725
三十年	1765	206993224	卷751

续表

年号纪年	公元年份	大小男妇名口	资料来源
三十一年	1766	208095796	卷775
三十二年	1767	209839546	卷801
三十三年	1768	210837502	卷825
三十四年	1769	212023042	卷849
三十五年	1770	213613163	卷875
三十六年	1771	214600356	卷899
三十七年	1772	216467258	卷923
三十八年	1773	218743315	卷949
三十九年	1774	221027224	卷973
四十年	1775	264561355	卷999
四十一年	1776	268238181	卷1023
四十二年	1777	270863760	卷1047
四十三年	1778	242965618	卷1073
四十四年	1779	275042916	卷1097
四十五年	1780	277554431	卷1121
四十六年	1781	279816070	卷1147
四十七年	1782	281822675	卷1171
四十八年	1783	284033785[②]	卷1195
四十九年	1784	286331307	卷1221
五十年	1785	288863974	卷1245
五十一年	1786	291102486	卷1271
五十二年	1787	292429018	卷1295
五十三年	1788	294852089	卷1319
五十四年	1789	297717496	卷1345
五十五年	1790	301487115	卷1369
五十六年	1791	304354110	卷1393
五十七年	1792	307467279	卷1419
五十八年	1793	310497210	卷1443
五十九年	1794	313281795	卷1467
六十年	1795	296968968	卷1493
嘉庆元年	1796	275662044[③]	《仁宗实录》卷12
二年	1797	271333544	卷25
三年	1798	290982980	卷36

续表

年号纪年	公元年份	大小男妇名口	资料来源
四年	1799	293283179	卷56
五年	1800	295237311	卷77
六年	1801	297501548	卷92
七年	1802	299749770	卷106
八年	1803	302250673[4]	卷124
九年	1804	304461284	卷138
十年	1805	332181403[5]	卷155
十一年	1806	335369469[6]	卷172
十二年	1807	338262439	卷190
十三年	1808	350291724	卷205
十四年	1809	352900042	卷223
十五年	1810	345717214	卷237
十六年	1811	358610039	卷252
十七年	1812	333700560	卷264
十八年	1813	336451672	卷281
十九年	1814	316574895	卷301
二十年	1815	326574895	卷314
二十一年	1816	328814957	卷325
二十二年	1817	331330433	卷337
二十三年	1818	348820037	卷352
二十四年	1819	301260545	卷365
二十五年	1820	353377694	《宣宗实录》卷11
道光元年	1821	355540258	卷27
二年	1822	372457539	卷47
三年	1823	375153122[7]	卷63
四年	1824	374601132[8]	卷77
五年	1825	379885340	卷93
六年	1826	380287007	卷112
七年	1827	383696095	卷131
八年	1828	386531513	卷149
九年	1829	390500650	卷163
十年	1830	394784681	卷182
十一年	1831	395821092	卷203

续表

年号纪年	公元年份	大小男妇名口	资料来源
十二年	1832	397132659	卷228
十三年	1833	398942036	卷247
十四年	1834	401008574	卷261
十五年	1835	401767053	卷276
十六年	1836	404901448⑨	卷292
十七年	1837	405923174	卷304
十八年	1838	409038799	卷317
十九年	1839	410850639⑩	卷329
二十年	1840	412814828⑪	卷343
二十一年	1841	413457311	卷364
二十二年	1842	414686994	卷387
二十三年	1843	417239097	卷400
二十四年	1844	419441336⑫	卷412
二十五年	1845	421342730	卷424
二十六年	1846	423121129⑬	卷437
二十七年	1847	424938009⑭	卷450
二十八年	1848	426737016⑮	卷462
二十九年	1849	412986649	卷475
三十年	1850	414493899⑯	《文宗实录》卷24

① 是年民数，《清朝文献通考》卷19作200473275口。
② 是年民数，《清朝文献通考》卷19作284033755口。
③ 是年民数，湖南、湖北两省及福建之福州等府未经查报。
④ 是年民数，湖北、陕西、福建三省未经查报。
⑤ 是年民数，福建、陕西未经查报。
⑥ 是年民数，王先谦《东华续录·嘉庆二十二》作335309469口。
⑦ 是年民数，直隶武清等31州县及江苏、福建台湾等处未经咨报。又王先谦《东华续录·道光八》记本年民数为375151122口。
⑧ 是年民数，直隶三河等州县、福建台湾府未报。
⑨ 是年民数，福建、湖南册报未到。
⑩ 是年民数，湖南、福建二省暨台湾府册报未到。
⑪ 是年民数，福建、湖南未报。
⑫ 是年民数，福建未据册报。
⑬ 是年民数，王先谦《东华续录·道光五十四》作421121129口。
⑭ 是年民数，福建、台湾未报。又王先谦《东华续录·道光五十六》记本年民数为424938900口。
⑮ 是年民数，台湾府未报。
⑯ 是年民数，江苏、福建等处未经册报。

附表 1-5　清咸丰、同治两朝人口数：1850~1873 年

年号纪年	公元年份	《东华续录》所载人口数	赵泉澄修正数	说　明
道光三十年	1850	414493899	429931034	修正数包括甘肃补造 15437135 口。尚缺福建之台湾府。
咸丰元年	1851	432164047	431894047	赵文指出《东华续录》所记本年人口数为户部汇总时计算错误，右栏修正数系其根据各省区报册重加核算得出。此修正数内尚缺福建之台湾府及广西之永安州。
二年	1852	334403035	379180257	修正数包括江苏补造 44494303 口及巴里坤、乌鲁木齐等处补造 282919 口。尚缺福建之台湾府、湖南、湖北及广西之全州、永安州。
三年	1853	297626556	318227760①	修正数包括福建补造 20313601 口及巴里坤、乌鲁木齐等处补造 287643 口。尚缺安徽，江苏，福建之台湾府，湖北，广西之全州、永安州。
四年	1854	298152503	318845626	修正数包括福建补造 20400669 口及巴里坤、乌鲁木齐等处补造 292454 口。尚缺地区同咸丰三年。
五年	1855	293740282	318845752	修正数包括福建补造 20509228 口、贵州补造 4298880 口及巴里坤、乌鲁木齐等处补造 297362 口。尚缺安徽，江苏，福建之台湾府，湖北，广西之全州、永安州、富川县、桂平县，贵州之八寨等 21 厅州县。
六年	1856	275117661	300294805②	修正数包括福建补造 20574339 口、贵州补造 4301086 口及巴里坤、乌鲁木齐等处补造 301719 口。尚缺安徽，江苏，江西之奉新等 40 州县，福建之台湾府，湖北，广西之全州等 20 州县，贵州之八寨等 21 厅州县。
七年	1857	242372140	291601981	赵文指出《东华续录》所载本年人口总数计算有误，据各省区报册核算实应为 246674035 口。修正数系将此数与福建补造的 20686533 口、河南补造的 23931340 口及巴里坤、乌鲁木齐等处补造的 310073 口相加而得。尚缺安徽，江苏，江西之星子等 50 厅州县，福建之台湾府，湖北，广西，云南，贵州之八寨等 18 厅州县。

续表

年号纪年	公元年份	《东华续录》所载人口数	赵泉澄修正数	说　明
八年	1858	293887502	314626071	修正数包括福建补造20738569口。尚缺直隶之保定等10府，安徽，江苏，福建之台湾府，巴里坤、乌鲁木齐，广西，云南，贵州之八寨等21厅州县。
九年	1859	291148743	291148743	尚缺直隶之保定等10府，安徽，江苏，福建，巴里坤、乌鲁木齐，广西，云南，贵州。
十年	1860	260924675	281892743	修正数包括福建补造20968068口。尚缺直隶之保定等10府，安徽，江苏，江西，浙江之仁和等20县，福建之台湾府，巴里坤、乌鲁木齐，广西，云南，贵州之都匀、镇远2府、八寨等18厅州县。
十一年	1861	266889845	287936857	修正数包括福建补造21047012口。尚缺直隶之保定等10府，江苏，安徽，浙江，福建之台湾府，巴里坤、乌鲁木齐等处，广西，云南，贵州之都匀、镇远2府及八寨等17厅州县。
同治元年	1862	255417324	276591592	修正数包括福建补造21174268口。尚缺直隶之保定等10府，安徽，江苏，浙江，福建之台湾府，陕西，巴里坤、乌鲁木齐等处，广西，云南，贵州之兴义、都匀、镇远3府、普安等22厅州县、古州等10卫。
二年	1863	233958435	258076889	修正数包括福建补造21273063口、奉天补造2845391口。尚缺直隶之保定等10府，安徽，江苏，浙江，福建之台湾府，陕西，甘肃，巴里坤、乌鲁木齐等处，广西，云南，贵州。
三年	1864	237507707	256744109[③]	修正数包括福建补造19236382口。尚缺省区同上。
四年	1865	237458005	260697717	修正数包括直隶之承德府补造714546口、福建补造19346698口及贵州除大定等府外补造之3178468口。尚缺省区同上，唯贵州仅大定等府未册报。

续表

年号纪年	公元年份	《东华续录》所载人口数	赵泉澄修正数	说　明
五年	1866	—	255957082 或 255957042	尚缺直隶之保定等10府，安徽，江苏，福建之台湾府，陕西，甘肃，巴里坤、乌鲁木齐等处，广西，云南，贵州。
六年	1867	236636585	256236827	修正数包括福建补造19600242口。尚缺省区同上，另增直隶之承德一府。
七年	1868	238180135	257925204	修正数包括福建补造19745069口。尚缺省区同上，无直隶承德府。
八年	1869	239011321	258907049④	修正数包括福建补造19896728口。尚缺省区同上。
九年	1870	268040023	271798461	赵文指出《东华续录》所载数源自户部汇总错误，据原案分省区合计应为248693325口，修正数系以此数与福建补造20152657口、奉天补造2952479口相加而得。尚缺：直隶之保定等10府，安徽，江苏，福建之台湾府，陕西，甘肃，巴里坤、乌鲁木齐等处，广西，云南，贵州之兴义、都匀、镇远等3府、八寨等27厅州县。
十年	1871	272354831	273110831 或 273110871⑤	赵文指出《东华续录》所载数源自户部汇总错误，据原案分省区合计应为252899563名口或252899603名口，修正数系以此数与福建补造之20211286口相加而得。尚缺省区同上。
十一年	1872	274636014	274636014	尚缺省区同上。
十二年	1873	277133224	277133224	尚缺省区同上。

资料来源：据赵泉澄《咸丰东华录人口考正》，载《齐鲁学报》1941年第1期，第175～190页；《同治东华录人口考正》，载《齐鲁学报》1941年第2期，第103～130页。按赵氏二文以《东华续录》（咸丰朝、同治朝）所载各年末人口数字与清宫档案中各省人口册片折及户部汇造的奏销册互相比对，对《东华续录》数字进行考订，并将前者未计入的各地后来补造的人口数一并计算进去，同时指出修正数尚未包括的未经册报的省份或地区。

注：①本年的《东华续录》原载数与赵泉澄查出的福建及巴里坤、乌鲁木齐等处的补造数相加，应为318227800口。

②赵文谓本年人口数的修正"存疑"。原因是咸丰六年的原报册佚失，从七年总册求得的六年数字中云南的民数"不可知"。

③以《东华续录》原载数与福建补造数相加，本年修正数应为256744089。

④以《东华续录》原载数与福建补造数相加，本年修正数应为258908049。

⑤以赵文重新核实的原案总数与福建补造数相加，结果应为273110849或273110889。

附表1-6　清光绪朝人口数：1875~1898年

年　份	人口数（千人）	说　明
光绪元年（1875）	305014	据元年户部清册（1023号）。尚缺安徽，陕西，甘肃，巴里坤、乌鲁木齐，广西，云南，贵州之都匀、镇远2府并八寨等16厅州。
光绪二年（1876）	306599	据二年户部清册（1024号）。尚缺安徽，陕西，甘肃，巴里坤、乌鲁木齐，广西，云南，贵州之都匀、镇远2府并八寨等14厅州。
光绪三年（1877）	308805	据三年户部清册（1025号）。尚缺安徽，陕西，甘肃，巴里坤、乌鲁木齐，广西，云南，贵州之都匀、镇远2府并八寨等7厅州县。
光绪四年（1878）	307985	据四年户部清册（1026号）。尚缺省区同上。
光绪五年（1879）	309908	据五年户部清册（1027号）。尚缺安徽，陕西，甘肃，巴里坤、乌鲁木齐，广西，云南，贵州之都匀府并八寨等13厅州。
光绪六年（1880）	288559	据六年户部清册（1028号）。尚缺吉林，安徽，福建，陕西，甘肃，巴里坤、乌鲁木齐，广西，云南。
光绪七年（1881）	283110	据八年户部清册（1029号）。尚缺安徽，江西，陕西，甘肃，巴里坤、乌鲁木齐，广西，云南，贵州。
光绪八年（1882）	307433	据八年户部清册（1029号）。尚缺安徽，陕西，甘肃，巴里坤、乌鲁木齐，广西，云南，贵州。
光绪九年（1883）	293008	据九年户部清册（1030号）。尚缺安徽，福建，甘肃，巴里坤、乌鲁木齐，广西，云南，贵州。
光绪十年（1884）	318358	据十年户部清册（1033号）。尚缺安徽，甘肃，巴里坤、乌鲁木齐，广西，云南，贵州。
光绪十一年（1885）	300804	据十一年户部清册（1034号）。尚缺安徽，福建，甘肃，巴里坤、乌鲁木齐，广西，云南。
光绪十二年（1886）	313680	据十三年户部清册（1036号）。尚缺安徽，陕西，甘肃，巴里坤、乌鲁木齐，广西，云南，贵州。
光绪十三年（1887）	335939	据十三年户部清册（1036号）。尚缺安徽，甘肃，巴里坤、乌鲁木齐，云南。
光绪十四年（1888）	330257	据十四年户部清册（1037号）。尚缺安徽，甘肃，巴里坤、乌鲁木齐，广西，云南。
光绪十五年（1889）	331690	据十五年户部清册（1039号）。尚缺安徽，甘肃，巴里坤、乌鲁木齐，广西，云南。
光绪十六年（1890）	333242	据十六年户部清册（1040号）。尚缺安徽，甘肃，巴里坤、乌鲁木齐，广西，云南。
光绪十七年（1891）	307902	据十七年户部清册（1043号）。尚缺吉林，安徽，福建，甘肃，巴里坤、乌鲁木齐，广西，云南。

续表

年　份	人口数（千人）	说　明
光绪十八年（1892）	324149	据十九年户部清册（1044号）。尚缺安徽，山西，甘肃，巴里坤、乌鲁木齐，广西，云南。
光绪十九年（1893）	336709	据十九年户部清册（1044号）。尚缺安徽，甘肃，巴里坤、乌鲁木齐，广西，云南。
光绪二十年（1894）	337140	据二十年户部清册（1047号）。尚缺安徽，甘肃，巴里坤、乌鲁木齐，广西，云南。
光绪二十一年（1895）	338336	据二十一年户部清册（1049号）。尚缺安徽，甘肃，巴里坤、乌鲁木齐，广西，云南。
光绪二十二年（1896）	312657	据二十二年户部清册（1051号）。尚缺奉天，安徽，福建，甘肃，巴里坤、乌鲁木齐，广西，云南。
光绪二十三年（1897）	346170	据二十四年户部清册（1052号）。尚缺安徽，甘肃，巴里坤、乌鲁木齐，广西，云南。
光绪二十四年（1898）	319719	尚缺吉林，安徽，福建，甘肃，巴里坤、乌鲁木齐，广西，云南。

资料来源：严中平等编《中国近代经济史统计资料选辑·附录》，中国社会科学出版社，2012，第256~259页"光绪年间人口统计"（按本书于1955年由科学出版社首次出版，使用时以两版互相核对）。

附表1-7　清宣统年间调查户口数（修正）：1909~1911年

省区	户数	口　数 男	口　数 女	男女合计
全国总计[①]	71268651	202038866（202018717）	166107654（166127803）	368146520
直隶	5187758	14773617	11947736	26721353
山东	5380277	15960856	13595832	29556688
河南	4661566	13826775	12283156	26109931
山西	2097082	5810855	4288280	10099135
陕西	1605342	4403501	3670512	8074013
甘肃	907940	2459832	2240226	4700058
江苏	5397738	14072470	11810866	25883336
安徽	3241018	8954846	7274206	16229052
浙江	4251383	9808637	8263589	18072226
福建	2515756	6871738	5628528	12500266
江西	3439873	9481823	7495206	16977029

续表

省区	户数	口数 男	口数 女	男女合计
广东	5052418	15232022	12778542	28010564
广西	1393467	4235885	3553595	7789480
湖北	4938625	14981695	12664956	27646651
湖南	4349371	13108577	10294415	23402992
四川	9141410	25049144	19091318	44140462
云南	1548034	3863753	3346135	7209888
贵州	1771533	4635966	4066998	8702964
奉天	1707642	6093637	4924880	11018517
吉林	800099	3151611	2386794	5538405
黑龙江	269433	1017064	841728	1858792
新疆	471205	1117078	968262	2085340
热河	574432	1732031	1433939	3165,970
察哈尔	26718	55529	55459	110988
绥远	52482	123926	125053	248979
川滇边务所属	97748	256374	207930	464304
青海	68323	166995	161127	328122
西藏	244370	616823	543935	1160758
外蒙古	72368	148000	176770	324770
额鲁特蒙古	3240	7657	7830	15487

资料来源：据梁方仲《中国历代户口、田地、田赋统计》，上海人民出版社，1980，第268~271页"甲表86 清宣统年间调查（1912年汇造）之户口数的修正"。按梁氏表据《中国经济年鉴》（1934年）上册第3章"人口"第1节"清末以来各种人口统计之总分析"第1表"修正民国元年内务部汇造宣统年间民政部调查户口统计表"。《中国经济年鉴》编者根据清民政部具奏之第一、第二两次调查人口总数折单及汇造之两次查报户数清册，与内务部民国元年汇造之户籍本册各一份，并参照《民政部户口调查及各家估计》一文（载《社会科学杂志》第3卷第3期，1932年9月；第4卷第1期，1933年3月）所补充之两种间接资料（清代各省奏报宪政成绩奏折中所提及之户口数及《清史稿》所记之民政部户口调查结果），详加研究，比较厘定，从而编制出这一修正表。

注：①原表又记：四川户口采用宣统末年最后报告之全国总计：户数71332465，男口205486583，女口168736505，男女合计374223088；四川户口采用最后报告之二十二行省合计：户数70192784，男口202359099，女口166044611，男女合计368403710；四川户口采用最后报告之本部十八省合计：户数66944405，男口190979709，女口156922947，男女合计347902656。又本表全国总计之男、女口数与按省区分数合计之结果不一致，原数之下括号内为据省区分数合计之结果。

附录二 清代的耕地面积记录

附表 2-1 清顺治至雍正朝全国田地总数：1651~1734 年

单位：亩

年号纪年	公元年份	田、地、山、荡、畦地	说　明
顺治八年	1651	290858461 又畦地 22980 个	据《世祖实录》卷 61。按顺治八年至十七年畦地于"田地山荡"外另计。
九年	1652	403392504 又畦地 22980 个	据《世祖实录》卷 70
十年	1653	388792636 又畦地 22988 个[①]	据《世祖实录》卷 79
十一年	1654	389693500 又畦地 22980 个	据《世祖实录》卷 87
十二年	1655	387771991 又畦地 22980 个	据《世祖实录》卷 96
十三年	1656	478186000 又畦地 22643 个	据《世祖实录》卷 105
十四年	1657	496039830 又畦地 22643 个	据《世祖实录》卷 113
十五年	1658	498864074 又畦地 22643 个	据《世祖实录》卷 122
十六年	1659	514202234 又畦地 22643 个	据《世祖实录》卷 130
十七年	1660	519403830 又畦地 22642 个[②]	据《世祖实录》卷 143
十八年	1661	526502829	据《圣祖实录》卷 5。按从是年起，畦地皆并入左列亩数。
康熙元年	1662	531135814	据《圣祖实录》卷 7
二年	1663	534967510	据《圣祖实录》卷 10

续表

年号纪年	公元年份	田、地、山、荡、畦地	说　　明
三年	1664	535859325	据《圣祖实录》卷13
四年	1665	538143754	据《圣祖实录》卷17
五年	1666	539526236	据《圣祖实录》卷20
六年	1667	541147354	据《圣祖实录》卷24
七年	1668	541035087	据《圣祖实录》卷27
八年	1669	543246357	据《圣祖实录》卷31
九年	1670	545505681	据《圣祖实录》卷34
十年	1671	545917018	据《圣祖实录》卷37
十一年	1672	549135638	据《圣祖实录》卷40
十二年	1673	541562783	据《圣祖实录》卷44
十三年	1674	530875662	据《圣祖实录》卷51
十四年	1675	507345863	据《圣祖实录》卷58
十五年	1676	486423392	据《圣祖实录》卷64
十六年	1677	498346253	据《圣祖实录》卷70
十七年	1678	506479287	据《圣祖实录》卷78
十八年	1679	513635341	据《圣祖实录》卷87
十九年	1680	522766687	据《圣祖实录》卷93
二十年	1681	531537260	据《圣祖实录》卷99
二十一年	1682	552356884	据《圣祖实录》卷106
二十二年	1683	561583768	据《圣祖实录》卷113
二十三年	1684	589162337	据《圣祖实录》卷118
二十四年	1685	589162337	据《圣祖实录》卷123
二十五年	1686	590343867	据《圣祖实录》卷128
二十六年	1687	590418484	据《圣祖实录》卷132
二十七年	1688	590418484	据《圣祖实录》卷138
二十八年	1689	593181364	据《圣祖实录》卷143
二十九年	1690	593268427	据《圣祖实录》卷149
三十年	1691	593268427	据《圣祖实录》卷153
三十一年	1692	597345634	据《圣祖实录》卷157
三十二年	1693	597345634	据《圣祖实录》卷161
三十三年	1694	597526854	据《圣祖实录》卷165

续表

年号纪年	公元年份	田、地、山、荡、畦地	说　明
三十四年	1695	597526854	据《圣祖实录》卷169
三十五年	1696	598645467	据《圣祖实录》卷178
三十六年	1697	598606834	据《圣祖实录》卷186
三十七年	1698	598677534	据《圣祖实录》卷191
三十八年	1699	598688534	据《圣祖实录》卷196
三十九年	1700	598698554	据《圣祖实录》卷202
四十年	1701	598698565	据《圣祖实录》卷206
四十一年	1702	598699363	据《圣祖实录》卷210
四十二年	1703	598690565	据《圣祖实录》卷214
四十三年	1704	598719662	据《圣祖实录》卷218
四十四年	1705	598890352	据《圣祖实录》卷223
四十五年	1706	598895053	据《圣祖实录》卷227
四十六年	1707	598329362	据《圣祖实录》卷231
四十七年	1708	621132132	据《圣祖实录》卷235
四十八年	1709	631134434	据《圣祖实录》卷240
四十九年	1710	663113224	据《圣祖实录》卷244
五十年	1711	693034434	据《圣祖实录》卷248
五十一年	1712	693044455	据《圣祖实录》卷252
五十二年	1713	693088969	据《圣祖实录》卷257
五十三年	1714	695076490	据《圣祖实录》卷261
五十四年	1715	695076490	据《圣祖实录》卷266
五十五年	1716	725065490	据《圣祖实录》卷270
五十六年	1717	725075490	据《圣祖实录》卷276
五十七年	1718	725091190	据《圣祖实录》卷282
五十八年	1719	726782250	据《圣祖实录》卷286
五十九年	1720	726812250	据《圣祖实录》卷290
六十年	1721	735645059	据《圣祖实录》卷295
六十一年	1722	851099240	据《世宗实录》卷2
雍正元年	1723	890187962	据《世宗实录》卷14
二年	1724	890647524	据《世宗实录》卷27
三年	1725	896582747	据《世宗实录》卷39

续表

年号纪年	公元年份	田、地、山、荡、畦地	说　　明
四年	1726	896865417	据《世宗实录》卷51
五年	1727	863629146	据《世宗实录》卷64
六年	1728	865253620	据《世宗实录》卷76
七年	1729	873221580	据《世宗实录》卷89
八年	1730	878176017	据《世宗实录》卷101
九年	1731	878619080	据《世宗实录》卷113
十年	1732	881378086	据《世宗实录》卷126
十一年	1733	889041640	据《世宗实录》卷138
十二年	1734	890138724	据《世宗实录》卷150

注：① 本年畦地数疑为22980之误。
② 本年畦地数疑为22643之误。

附表2-2　清初各省原额及实额田数

单位：亩

省　份	原　额	实　额	说　　明
山东	96546125	2182943	据顺治十四年《赋役全书》，原额系明万历年间数。实额疑有误。
河南	96028841	96126478	
山西	43472972	37763117	原额据顺治十四年《赋役全书》；实额据雍正十三年《赋役全书》。又另有屯军等地计3421950亩，如加入此数，则实额田数应为41185067亩。
陕西	66517861	38984377	据顺治十四年《赋役全书》。按当时陕西辖境为八府一州，包括后来的甘肃。
安徽	—	38802583	实额系雍正年间额。
浙江	34043005	34062926	均为顺治年间额。
福建	—	13654015	此为顺治十五年实额。
江西	47791807	—	原额见明万历三十九年《赋役全书》。
广东	33638344	—	顺治年间额。
广西	9236613	9347639	均为康熙年间额。
湖南	75875863	74626376	据顺治十四年《赋役全书》。此处湖南应为湖广之误。
四川	—	45815194	雍正十三年实额。
云南	3376089	2765678	均为康熙年间额。
贵州	2641174	2062645	均为雍正年间额。

续表

资料来源：据梁方仲《中国历代户口、田地、田赋统计》，上海人民出版社，1980，第386页"乙表65 清初十四省原额田及实额田数"。按梁氏表据刘大钧《中国农田统计》，载《中国经济学社社刊》第1卷，1927。

附表2-3 清顺治十八年（1661）分省田地统计

单位：亩

省　份	田地数
全国总计	549357610[⑤] （549357640）[⑥]
奉天府、锦州府	60933
直隶[①]	46077246
山东	74133665
河南	38340397
山西	40787125
陕西[②]	37328589
江南[③]	95344513
浙江	45221601
福建	10345754
江西	44430385
广东	25083988
广西	5393866
湖广[④]	79335372
四川	1188350
云南	5211511
贵州	1074345

资料来源：据康熙《大清会典》卷20《户部四·田土一·田土总数》。按康熙《大清会典》本卷所记仅为征赋民田，其他田土如卫所屯田、旗地、各省学田、各种官田不在内。又原资料田数，亩以下皆四舍五入。

注：①原资料直隶田数按顺天、永平、保定、河间、真定、顺德、广平、大名八府及延庆、保安二州分开，无总数，表内总数系据各府州分数合计。
②清初陕西、甘肃不分立，皆辖于陕西总督之下，陕西布政使司辖境相当于后来的陕、甘二省。
③清初江苏、安徽不分立，皆属江南省，顺治十八年始分设布政使司。
④清初湖北、湖南不分立，康熙三年始分设布政使司。
⑤此为原资料所记全国总数。
⑥据表内各省分数合计之全国总数。

附表 2-4　清康熙二十四年（1685）分省各项田地统计

单位：亩

省份	民田	屯田	学田	旗地	其他官田	总计
全国总计	607843002① (607842902)②	30787252	371729	15346716	350779	654699478③ (654699378)④
盛京	311751	—	—	—	142	311893
直隶	54344348	7449928	127713	15346716	1924	77270629
山东	92526840	2124554	40364		258988	94950746
河南	57210621	—	15063		10175	57235859
山西	44522136	5120831	29374		3867	49676208
陕西	29114906	1484434	5628		1624	30606592
甘肃	10308768	7555131	20019			17883918
江苏	67515399	1128094	43509		10884	68697886
安徽	35427434	1180709	15877		1513	36625533
浙江	44856576	174743	17564		7655	45056538
福建	11199549	—	8650		51055	11259254
江西	45161071	474198	6804		1432	45643505
广东	30239256	430703	12587			30682546
广西	7802451	—	13141			7815592
湖北	54241817	1533789	7681			55783287
湖南	13892382	1450273	3049			15345704
四川	1726119	46422	363		1520	1774424
云南	6481767	412247				6894014
贵州	959711	221196	4343			1185250

资料来源：据康熙《大清会典》卷 20 至卷 22。按本表民田、屯田地为康熙二十四年奏销数，学田、旗地为康熙二十二年册载数，其他官田为康熙初年额数。原资料八旗旗地均按"响"计，内含宗室勋戚庄田 222309 响、壮丁地（一般旗地）2335477 响，今合计且按 1 响 = 6 亩折算入表。又这些旗地主要分布在直隶境内（畿辅地区），少量在关外，但不好分拆，故皆计入直隶田地数内。其他官田指京师及各省社稷山川厉坛、文庙、祠墓及寺观祭田等"公占"或朝廷赏赐的免赋地亩，此类土地除"公占给赐无粮地亩"按《大清会典》所开额数分别计入各省官田栏内外，四氏学学田、衍圣公祭田、复圣裔祭田、宗圣裔祭田、亚圣裔祭田及先贤仲子裔祭田等均计入山东官地数内。

注：①原资料所记全国总数。
②据各省分数合计的全国总数。
③据原资料全国总数计算。
④据表内各省分数计算。

附表 2-5　清雍正二年（1724）分省各项田地统计

单位：亩

省　份	民　田	屯　田	学　田	总　计
全国总计①	683791428 (683791548)	39452800 (39452801)	388679 (388168)	723632907② (723632517)③
盛京	580659	—	—	580659
直隶	62594316	7449928	127174④	70171418
山东	96774146	2442705	41823	99258674
河南	65888443	—	16094	65904537
山西	42741388	6473619	27553	49242560
陕西	25844280	4804803	5464	30654547
甘肃	11770663	9989465	31126	21791254
江苏	68129127	1159773	43509	69332409
安徽	32998685	1185560	15877	34200122
浙江	45690343	177381	17564	45885288
福建	30527664⑤	770786	8650	31307100
江西	47863166	682881	6804	48552851
广东	31247465	494891	15117	31757473
广西	7953272	190956	13555	8157783
湖北	53574112	1821228	8779	55404119
湖南	30527664	724167	4385	31256216
四川	21445616	57333	364	21503313
云南	6411496	806129	⑥	7217625
贵州	1229043	221196	4330	1454569

资料来源：据《清朝文献通考》卷 3《田赋考三》、卷 10《田赋考十》、卷 12《田赋考十二》。原资料记田地数至亩以下者，皆四舍五入。

注：①第一栏括号内数为据各省份数合计之全国总数。
②据原资料民、屯、学全国总数计算。
③据第一栏括号内各项田地总数计算。
④原资料记京师顺天府学田 8281.92 亩、直隶学田 118892 亩，今顺天府学田合并计入直隶学田。
⑤本年福建田数疑有误，或为 13527664 亩。
⑥云南学田"不计顷亩"。

附表 2-6　清乾隆十八年（1753）分省各项田地统计

单位：亩

省　份	民　田	屯　田	学　田	旗　地	其他官田	总　计
全国总计	708174288① (708114288)②	25941648	1158903	15346671	362000	750983510③ (750923510)④ 735214839⑤
盛京	2524321	—	—	—	—	2524321
直隶	65719187	—	142988	—	—	65862175
山东	97105407	2200089	41772	—	—	99347268
河南	72282036	725298	21071	—	—	73028405
山西	32958621	999930	27798	—	—	33986349
陕西	25237103	3923608	5520	—	—	29166231
甘肃	17783133	10720478	31125	—	—	28534736
江苏	68988445	1159692	41858	—	—	70189995
安徽	33812093	1185686	22018	—	—	35019797
浙江	45978770	174164	30017	—	—	46182951
福建	12827087	784531	9070	—	—	13620688
江西	47920762	643566	6800	—	—	48571128
广东	32883293	527184	15116	—	—	33425593
广西	8740060	199662	13407	—	—	8953129
湖北	56691349	2041623	12057	—	—	58745029
湖南	31228798	51118	730080	—	—	32009996
四川	45914667	13482	2300	—	—	45930449
云南	6949980	591537	1488	—	—	7543005
贵州	2569176	—	4418	—	—	2573594

资料来源：乾隆《大清会典》卷 8《户部·田赋》。按原资料于征赋之民田、屯田皆注明系据乾隆十八年奏销册；学田、旗地、其他官田未注明统计年份。旗地内包括畿辅宗室庄田 1333800 亩、畿辅旗庄（一般八旗旗地）14012871 亩。其他官田指"郊坛、社稷山川厉坛、学校阙里、孔林四氏学、周公庙、各圣贤祠墓、寺观地"等国家免科田地。又本年各项田地数亦见《清朝文献通考》（卷 4、10、12），个别数字有差异，因《清朝文献通考》数实出于《大清会典》，当以《大清会典》所载为准。据《清朝文献通考》，是年民、屯、学 3 项田地全国合计总数为 735214536 亩。

注：①原资料所记民田全国总数。
②根据各省分数合计的民田全国总数。
③原资料所记全国民田总数与其他 4 项田地之和。
④根据各省分数合计的全国民田总数与其他 4 项田地之和。
⑤各省民、屯、学田的全国合计总数。

附录二 清代的耕地面积记录 | 173

附表 2-7 清乾隆三十一年（1766）分省民、屯田地统计

单位：亩

省　份	民　田	屯　田	总　计
全国总计	741449550① (741449551)②	39279567① (39266084)②	780729117③ (780715635)④ (781011138)⑤
盛京	2752527	—	2752527
直隶	68234390	—	68234390
山东	96714003	2200955	98914958
河南	73173563	6550275	79723838
山西	53548135	999930	54548065
陕西	25957947	4007270	29965217
甘肃	23633095	11459760	35092855
江苏	65981720	1442124	67423844
安徽	36468080	4221190	40689270
浙江	46240000	173913	46413913
福建	13804703	786645	14591348
江西	46100620	643566	46744186
广东	33696253	527957	34224210
广西	9975244	199662	10174906
湖北	56844390	2047338	58891728
湖南	31308342	3088148	34396490
四川	46007126	—	46007126
云南	8336351	917351	9253702
贵州	2673062	—	2673062
另附：伊犁、乌鲁木齐等11处绿营屯田⑥	—	295503	295503

资料来源：据《清朝文献通考》卷 4《田赋考四》、卷 10《田赋考十》、卷 11《田赋考十一》。原资料记田地数至亩以下者，皆四舍五入。

注：①原资料所记全国总数。
②根据各省分数合计之全国总数。
③根据原资料全国民、屯田地总数计算。
④根据各省分数合计之民、屯田地总数计算。
⑤计入新疆屯田的全国民屯田地总数（均按各省分数合计的总数计算）。
⑥原书卷 11 记：（乾隆）三十一年总计绿营兵屯田：伊犁四屯地 36000 亩，塔尔巴哈台 18000 亩，乌鲁木齐三营 51320 亩，景化城 11340 亩，库尔喀喇乌苏 4000 亩，晶河 4000 亩，玛纳斯 4000 亩，乌什 12000 亩，哈喇沙尔 7035 亩，巴里坤 44720 亩，乌鲁木齐 103088 亩。

附表 2-8　清乾隆四十九年（1784）分省田地统计

单位：亩

省　份	田地数	说　明
全国总计	718331436	
盛京	3616128	奉天、锦州二府，吉林等地见在民田
直隶	68058148	
山东	92491670	
河南	73090596	
山西	55139041	
陕西	26034642	原作"二千六万三百四十六顷四十二亩二分七厘零"，其中"千"字系"十"字之误。
甘肃	11460490	
江苏	64921762	
安徽	32845507	
浙江	44937946	田地山塘荡河等
福建	12830646	
江西	46225046	田地山塘
广东	33548210	田地山塘
广西	8945649	官民傜僮田地山塘
湖北	56224561	田地山塘
湖南	31304779	田地山塘
四川	46191339	
云南	8360311	民田地
贵州	2104965	

资料来源：乾隆《续修大清一统志》。

附表 2-9　清嘉庆十七年（1812）分省田地统计

单位：亩

省　份	田地数	说　明
全国总计	792106023	
直隶	74143471	
山东	98634511	
河南	72114592	
山西	55279052	
陕西	30677522	

续表

省　份	田地数	说　明
甘肃	24798192	包括迪化州、镇西府等处田地1114057亩
江苏	72089486	
安徽	41436875	
浙江	46500369	
福建	14517472	包括台湾府田园数863810亩在内
江西	47274107	
广东	32034835	
广西	9002579	按"臼"、"塥"计数者,按每臼合2亩、每塥合4亩折成亩数入表
湖北	60518556	
湖南	31581596	
四川	46547134	
云南	9315126	
贵州	2766007	
奉天	21300690	
吉林	1492251	
黑龙江	81600	

资料来源：据嘉庆《大清会典》卷11《户部·尚书侍郎职掌二》。

附表2-10　清嘉庆二十五年（1820）分省田地统计

单位：亩

省　份	原资料所记各省总数	据各省下属府州厅分数合计之省总数	说　明
全国总计	779021984	746612081	
直隶	69860981	70260979	
山东	88359529	88359528	
河南	77549117	77759170	
山西	52551105	52551106	
陕西	30637951	30590007	
甘肃	24661738	24662139	未计原书所载按"段"计数的番地。
江苏	65160944	65241209	
安徽	37371310	33202732	
浙江	46416874	45909884	

续表

省　份	原资料所记各省总数	据各省下属府州厅分数合计之省总数	说　明
福建	—	14181776	原书缺省总数。
江西	46721988	46566553	
广东	34410245	34300709	
广西	8981228	8981229	广西田有按"臼"、"堚"计数者，按每臼合2亩、每堚合4亩折成亩数入表。又太平府有计户课征的"膳田"，不详亩数，未计入。
湖北	61659626	56418467	
湖南	31448212	31447364	
四川	53667029	46606474	
云南	9317733	9476452	未计原书所载按"段"计数的夷田。
贵州	2767034	2767041	
盛京	23174869	7206567	原书开列的盛京各项地亩总数包括：奉天、锦州、吉林等处民田5104825亩、盛京户部额征余地伍田升科加赋试垦各项地亩2617676亩、盛京十五仓额征地14488076亩、盛京户部官庄应征草豆米地265124亩、盛京内务府应征草豆米地699168亩，合计23174869亩。而按兴京、奉天、锦州、吉林、黑龙江分别开载的各地地亩分数合计，实只有7206567亩，应系开列不全。
新疆	—	122695	原书未载全疆总数。

资料来源：据嘉庆《重修大清一统志》。

附表 2-11　清咸丰元年（1851）、同治十二年（1873）分省田地统计

单位：亩

省　份	咸丰元年	同治十二年
全国总计	756479944	756631497
直隶	72726354	73045863
山东	98472844	98472846
河南	71820864	71820864
山西	53285401	53285401
陕西	25840212	25840212
甘肃	23536621	23536261

续表

省　份	咸丰元年	同治十二年
江苏	64754727	64754727
安徽	34078633	34078633
浙江	46412026	46388126
福建	13065652 又台湾府：738183	12848285 又台湾府：746393
江西	46218727	46220099
广东	34390309	34390309
广西	8960179	8986743
湖北	59443944	59443944
湖南	31304273	31340273
四川	46381939	46383462
云南	9399929	9399929
贵州	2685400	2685400
奉天	11524171	11524171
吉林	1439556	1439556

资料来源：据咸丰《户部则例》卷5、同治《户部则例》卷5。按此二年数，主要为民田，包括部分官田在内。又表内直隶田地有畦地一项，以"个"计数，均按每个合50亩计算，折成亩数入表；台湾府田园以"甲"计数者一律按每甲合11.3亩折为亩数入表；广西田地以"曰"、"埠"计数者按每曰合2亩、每埠合4亩折为亩数入表。又广西另有膳田339户，计户纳粮，不详亩数，未计；云南夷田按"段"计数者（同治十二年有883段）亦未计。

附表2-12　清光绪十三年（1887）分省各项田地统计

单位：亩

省　份	民田	屯田	学田	旗地	其他官田	总计
全国总计	744067086	50929041	356099	31987686	26602522	911976606[①] （853942434）[②]
直隶	57448373[③]	10883658[③]	—	15917918	2401563	86651512
山东	123600758	2288905	41742	—	9896	125941301
河南	64751686	6000839	199904	—	732930	71685359
山西	47969851	3267792	27798	—	5343629	56609070
陕西	26597219[④]	3993244	—	—	2490	30592953
甘肃	10357977	6272956	25524	—	118703[⑤]	16775160
江苏	65757338	4256216[⑥]	—	—	5113984	75127538
安徽	34063630	4170289	18387	—	2862035	41114341

续表

省　份	民田	屯田	学田	旗地	其他官田	总计
浙江	44713511	224130	—	—	1840528	46778169
福建	12601238	786513	9070	—	55290	13452111
台湾	3996190[7]					3996190
江西	46176300	582464	6735		577513	47343012
广东	34193764	521944	15117			34730825
广西	8813935[3]	179108[3]				8993043
湖北	54831568[3]	3271192[3]			1117435	59220195
湖南	31304200	3238741	7380		323934	34874255
四川	46402402	13496			1519	46417417
云南[8]	8394238	914398			10724	9319360
贵州[9]	2685272	63156	4442		12136	2765006
奉天	6498231	—		16069768	5927913	28495912
吉林	1429214	—			68700	1497914
黑龙江	—	—			81600	81600
新疆	11480191[10]				—	9339666

资料来源：据光绪《大清会典》卷17《户部》、卷84《八旗都统》、卷94《内务府》。按本表民田栏除普通民田外，还包括更名田、退圈地、恩赏地、民余地及监地等项田亩；屯田内包括赡军地；旗地包括八旗宗室庄田、园地、八旗官兵壮丁地以及其他旗产地，又奉天各地的"旗余地"、"民典旗余地"亦计入当地旗地数内；其他官田包括内务府官庄地、马厂地、牧厂地、芦田、沙滩沙涂地、开垦报垦地，圣贤庙墓祭田并一切祠墓厉坛寺观地、公田等不科赋地亩。

注：①此为原书所记全国总数。

②据本表各分项田地的全国合计数计算的总田地数。

③原书记此三省田数均只有民田、屯田的合计总数，本表分别从此总数内减去道光《户部则例》所载三省的屯田额，以余数作为三省的民田数，三省的屯田栏内则计入该屯田数。又广西民田内有田臼22臼、田堎7303堎，按1臼＝2亩、1堎＝4亩折成亩数入表；另有"膳田"339户，按户起科，不详亩数，未计。又湖北民田、屯田内包括有荒田702326亩。

④此数内包括陕西的学田（原资料未分别开列）。

⑤甘肃另有"番地"215559段，未计入。

⑥原书记江苏江宁布政使司屯田数为39676351亩（"三十九万六千七百六十三顷五十一亩"），显误，姑改作3967635亩。此数与江苏苏州布政使司屯田288581亩合计，为4256216亩。

⑦此为光绪二十五年（1899）数。据瞿明亩《台湾的租佃制度》（中研院社会科学研究所1931年版）提供的数据，是年台湾有水田211949甲、旱田151341甲，共计363290甲，一甲约合11亩，共折为3996190亩。

⑧云南田额系咸丰三年（1853）册报数。又该省田数（民田）内另有夷田885段，未计入。

⑨原书记贵州田额系嘉庆十七年（1812）册报数，但所记之总田数比嘉庆《大清会典》贵州的2766007亩少了1001亩。又贵州民田内另有地"192分"，未计入。又官田栏内所记12136亩为赈田。

⑩原书记：镇西府迪化州、阿克苏、喀什噶尔三道有熟地9339666亩、未垦荒地2127639亩、未垦征粮地12886亩，今以三项地亩的合计数入表。又此地亩数内，应包括屯田，因无法分拆，故一并计入民田内。

附录三 清代的粮食亩产记录

附表 3-1 清代北方旱粮亩产量：直隶

地 区	年 代	亩产（石/亩）	资料出处及说明
全省平均（92例）		**0.63**	
宝坻	乾隆	0.55	乾隆《宝坻县志》卷7。原资料记："宝邑膏腴之地明入皇庄，今归旗圈，所耕者大都洼下瘠产耳。……（亩收）但得五六斗或七八斗即庆有年矣。"兹各以中值入表。
		0.75	
宁河	光绪	0.55	光绪《畿辅通志》卷71。原资料引《宁河县志》："宁地无膏腴芦台，大河以北与东西各村均洼下瘠产，遇丰岁每亩所收不过五六斗。"兹取中值入表。
大城	乾隆	1.20	光绪《大城县志》卷10。原资料记：乾隆四十七年，"有年，亩地收粮石二斗"。
	道光	0.80	同上。原资料记：道光八年，"有年，亩地得粟八斗"。
	咸丰	0.50	同上。原资料记：咸丰十年，"有年，麦收亩地五斗"。
保定府	晚清	2.91	日本外务省《清国事情》（转自《中国近代农业史资料》第一辑，621页）。原资料记：小麦每亩2.91石，大麦每亩3.39石，小米每亩1.45～2.42石，玉米每亩4.36石，高粱每亩1.21～1.7石。小米、高粱以中值入表。
		3.39	
		1.94	
		4.36	
		1.46	
望都	康熙	1.44	民国《望都县志》卷5。原资料录光绪志记：康熙四十四年邑令张京瓒捐置科举学田地共29.66亩，每年收租计大麦9.718石，谷9.718石，稻米0.953石。

续表

地区	年代	亩产（石/亩）	资料出处及说明
望都	光绪	0.80	同上。原资料录光绪志记县义学田（钱租者不计）：陈家庄地10亩，租谷4石；沈家庄地14亩，租谷5.6石；张庄地15亩，租谷3石；又地10.44亩，租谷9.5石。
		0.80	
		0.40	
		1.82	
		0.15	光绪《望都县乡土图说》。原资料记：张家、李家、马家、杨家四村，以五谷为大宗，线麻次之。村南地多斥卤，即丰年不过1～2斗；村北地方亦薄，田惟下下，乐岁不过3～4斗。各取中值入表。
		0.35	
		0.65	同上。原资料记：水磨村，田亩共计10顷上下，分碱、荒、草三等。以丰年计之，碱地所收无过6～7斗，荒地所收无过4～5斗，草地所收无过2～3斗。各以中值入表。
		0.45	
		0.25	
		0.20	同上。原资料记：王家营村，田亩约计10顷有余，村北地沃，村南地硗。硗者约9顷，收麦不过2斗，谷粱不过5斗。
		0.50	
		0.30	同上。原资料记：栗家庄，地质瘠薄，宿麦每亩平均收3斗上下。
		0.55	同上。原资料记：白陀村，土产谷粱居多。上者每亩5～6斗，中者3～4斗，下者不过1～2斗而已。各以中值入表。
		0.35	
		0.15	
		0.55	同上。原资料记：南王疃村，西北地狭，少膏腴，多黑壤，其广10余顷，每亩丰年可得5～6斗。兹取中值。
		0.40	同上。原资料记：太和庄，土产谷粱为大宗，菽麦黍稷次之。丰年之所获，每亩不过3斗、5斗，荒岁1斗、2斗而已。各取中值入表。
		0.15	
		0.75	同上。原资料记：小寨村，五谷无不宜，但谷子、高粱为大宗。沃地丰年，收7～8斗。兹取中值。
		0.45	同上。原资料记：王稳村，村南离村近境植种五谷，每亩岁收谷实4～5斗不等；南向低落，丰年亦不过2～3斗耳。各取中值入表。
		0.25	
		0.45	同上。原资料记：周店村，麦类谷粱，围村四面俱产，黍稷芝麻次之。每亩所获，丰年4～5斗，中年2～3斗。各取中值入表。
		0.25	
		0.60	同上。原资料记：北合村，遇丰稔之年，亩可得籽粒6斗有奇。

续表

地 区	年 代	亩产（石/亩）	资料出处及说明
望都	光绪	0.45	同上。原资料记：傅家庄村，地薄水浅，中年每亩所收不过4~5斗。兹取中值。
		0.55	同上。原资料记：李各庄村，地质硗薄，虽丰收之年，无过5~6斗者。兹取中值。
		0.80	同上。原资料记：常早村，地质硗薄，虽深耕易耨，丰年不过8斗，歉年3~4斗而已。
		0.35	
		0.75	同上。原资料记：麻家新村，厥土惟黄壤，丰年岁收7~8斗，歉年仅获2~3斗焉。各取中值入表。
		0.25	
		0.80	同上。原资料记：长春庄，土产谷粱黍豆为大宗，芝麻黍稷次之。丰收则每亩可得8斗，少歉仅得4~5斗上下。
		0.45	
唐县	康熙	0.85	光绪《唐县志》卷4。原资料记：康熙三年知县严钦谟价买民田34.8亩作为学田，令民佃种，每年租谷共14.76石。又记：康熙五十四年知县苏名勋增置义学，以河淤地280余亩，每亩收粮0.2石作为塾师修脯。
		0.40	
完县	康熙	0.80	民国《完县新志》卷5。原资料记：康熙四十六年巡抚赵弘燮以完县地方圈残，民鲜恒产，捐俸置买老粮民地为义学田二处共地170亩，每亩收租粮新制斗0.4石；又置各路义学田地，每亩收租粮3大斗。
		0.60	
蠡县	嘉庆	0.20	赵梦龄《区种五种》。原资料记："亩产二斗"。
正定	顺治	0.25	梁清标《雕丘杂录》卷15。兹取中值。
灵寿	康熙	0.20	康熙《灵寿县志》卷5。原资料记学田地租：中地每亩征租谷0.1石，下地每亩征0.05石。
		0.10	
赞皇	乾隆	0.45	光绪《赞皇县志》卷10。原资料记留养局田租：乾隆十六年知县黄岗竹捐置地183.5亩，岁收租谷41石；四十九年又置地24.7亩，岁收租谷5.86石。
		0.47	
		0.88	同上书，卷25。原资料载按侯盛烈《邑侯觉罗锡公捐田除害纪恩碑记》，乾隆知县黄岗竹所捐留养局田坐落城南者计24亩，每年租谷10.5石。
	同治、光绪间	0.29	同上书，卷5。原资料记：科举田共地216.5亩，每年租谷31.2石。又记书院田租：共地141.6亩，岁收租谷20.9石；同治十三年知县史庚云又置地10亩，岁收租谷1石。
		0.30	
		0.20	

续表

地　区	年　代	亩产（石/亩）	资料出处及说明
无极	乾隆	0.55	乾隆《无极县志》卷末。原资料记：普通旱地"种植高粱、黍、豆等项，中岁每亩不过五六斗"，兹取中值。
井陉	清末民初	0.99 0.43 0.92 0.92 1.00	民国《井陉县志》第五编《物产》。原资料记各种粮食作物种植面积及产量：粟种20余万亩，每亩产量140~150斤；黍种1万余亩，每亩产量140~150斤；稷种16000余亩，每亩产量130~140斤；小麦种238000余亩，每亩产量60~70斤；大麦多种于园中，有2000余亩，每亩产量150~160斤；高粱宜下地，种2400余亩，每亩产量140~150斤；玉蜀黍种46000~47000余亩，每亩产量130~140斤。粟、麦、稷、玉蜀黍各以产量中值入表，其他粮食以平均产量中值入表（俱折算为石数）。
开州	光绪	0.44	光绪《开州志》卷2。原资料记学田：孟庄地331.36亩，每亩收春麦0.1石、秋粮0.12石。
内丘	道光	0.75 0.15	道光《内丘县志》卷15。原资料记：丰年所获，计亩不过7~8斗；旱则歉，所获计亩仅1~2斗。兹各取中值。
任县	清末民初	0.55	民国《任县志》卷1。原资料记："谷类以麦与高粱为大宗，谷与杂粮次之……每亩收量约五六斗。"取中值入表。
青县	明末清初	0.24	民国《青县志》卷3。原资料记：明万历中邑廪生姚泳捐置学田1000亩，岁收租谷120石。按此租入清后仍照额征收。
河间府	乾隆	0.55 0.75	乾隆《河间府志》卷3。原资料记："地鲜膏腴，竭终岁之力，收入颇寡，履亩但得五六斗，七八斗即庆有年矣。"兹分别取常年、丰年产量中值入表。
故城	光绪	0.62 0.35 0.55	光绪《故城县志》卷3。原资料记：学田共小地116.5483亩，每年额收租谷仓斛斗36.0134石。 同上书，卷4。原资料记："（故城土地）通计得五六斗为大有年，常则三四斗。"兹各取中值入表。
承德	乾隆	0.08	刑科题本（《清代地租剥削形态》198页）。原资料记：承德府范玉功兄弟租地160亩，讲定每年租粮6.5石。
建昌	嘉庆	0.18	刑科题本（赵冈等《清代粮食亩产量研究》28页）。
蔚州	康熙	0.85	魏象枢《寒松堂全集》卷4《君仁爱无尽督抚实政当修等事疏》。原资料记上地0.8~0.9石，兹取中值。
	嘉庆	0.10	刑科题本（赵冈等《清代粮食亩产量研究》28页）。谷产量。
保安州	乾隆	0.12	刑科题本（《清代地租剥削形态》82页）。原资料记：申玉佃地40.5亩，年纳粮2.5石。

续表

地区	年代	亩产（石/亩）	资料出处及说明
张家口厅	乾隆	0.10	刑科题本（《清代地租剥削形态》101页）。原资料记：任有荣租地8亩，每年租谷0.4石。
乐亭	乾隆	0.35	乾隆《乐亭县志》卷5。原资料记：每亩收获所得，3~4市斗、5~6市斗即庆有年。各取中值入表。
		0.55	
滦州	嘉庆	0.45	嘉庆《滦州志》卷1。原资料记：丰岁所获，每亩不过4~5市斗。兹取中值。
昌黎	同治	0.55	同治《昌黎县志》卷10。原资料记：丰年每亩收获计市斗不过五六。兹取中值。
迁安	乾隆	0.30	刑科题本（《清代地租剥削形态》762~763页）。原资料记：张福禄佃种旗地2顷，乾隆二十三年秋后共收杂粮59.6石。
遵化直隶州	乾隆	0.80	乾隆《直隶遵化州志》卷11。原资料记：每亩收入得8斗即庆有年。
广昌	乾隆	0.10	乾隆《直隶易州志》卷10。原资料记：丰年亩不满斗。
枣强	嘉庆	1.00	嘉庆《枣强县志》卷19《艺文·请立书院凿井灌田议（寓圃）》。原资料记：井灌之田"每亩盈石"。
定州	乾隆	0.17	咸丰《定州续志》卷1。原资料记书院旧存地亩：乾隆五十八年清查实在地共1836.78亩（钱租地不在内），共收租153.9635石。
定州	道光	0.10	同上。原资料记：道光二十七年书院学田坐落册载现地共1810亩，共收租92.3662石。
定州	咸丰	0.43	同上。原资料记：书院在东关有地12亩，道光二十七年共租0.6石，至咸丰七年增租2石；在支（郝）家白有地73.56亩，共租8.827石，至咸丰八、九年共增租10.8石。
		0.53	

附表3-2 清代北方旱粮亩产量：山东

地区	年代	亩产（石/亩）	资料出处及说明
全省平均（140例）		**0.68**	
历城	道光	0.73	道光《济南府志》卷21。原资料记：普济堂随堂地6.4亩，每年租谷2.32石。

续表

地区	年代	亩产（石/亩）	资料出处及说明
章丘	道光	0.84	同上。原资料记：广济堂置买义田地151.55亩，每亩租谷63.348石；随堂各里纳租官地219亩，每年应纳租谷109.5石。
		1.00	
	光绪	1.32	罗仑、景甦《清代山东经营地主的性质》，92页。原资料记章丘县旧军镇进修堂孟家麦子亩产200~230斤，高粱200~240斤，谷子330~400斤。又记：旧军镇普通农户麦子亩产80~100斤，高粱120~170斤，谷子170~230斤。又记：东矾硫村太和堂李家麦子亩产120~165斤，高粱250~350斤，谷子300~400斤。又记：东矾硫村普通农户麦子亩产70~120斤，高粱110~250斤，谷子125~250斤。各取中值。
		1.37	
		2.31	
		0.55	
		0.91	
		1.27	
		0.87	
		1.87	
		2.22	
		0.58	
		1.12	
		1.19	
邹平	康熙	0.66	道光《济南府志》卷21。原资料记：留婴堂共地494.94亩，共收（租）谷163.4198石。
淄川	光绪	1.84	罗仑、景甦《清代山东经营地主的性质》，84页。原资料记淄川县栗家庄荆树堂毕家粮食亩产：小麦300斤，高粱600斤，谷子600斤，豆子300斤。又记：栗家庄普通农户小麦亩产150斤，高粱300斤，谷子300斤，豆子150斤。
		3.75	
		3.80	
		1.90	
		0.92	
		1.87	
		1.90	
		0.95	
长山	雍正	0.51	嘉庆《长山县志》卷2。原资料记：雍正十二年以地官亩1顷入普济堂，永为义田，每亩征收谷2.55斗。又记：袁姓绅士捐地官亩100亩，每亩征谷4斗。
		0.80	
齐河	道光	0.42	道光《济南府志》卷21。原资料记：普济堂共地337亩，收租谷69.95石。
齐东	清末民初	0.40	民国《齐东县志》卷4。原资料记：粮食作物每亩产量，按普通均数计之，小麦约4斗，豆约5斗，谷子约9斗，高粱约6斗，玉蜀黍约8斗。
		0.50	

续表

地 区	年 代	亩产（石/亩）	资料出处及说明
齐东	清末民初	0.90 0.60 0.80	
禹城	道光	0.62	道光《济南府志》卷21。原资料记：普济堂义田地400亩，收杂粮123.52石。
临邑	道光	0.42	同上。原资料记：普济堂义田地353亩，共收杂粮32.89石、米20.69石。
长清	道光	3.25	同上。原资料记：育婴堂义田地70.826亩，共收米115.05石。
陵县	道光	0.57	同上。原资料记：普济堂共地390.81亩，共收米56.0891石。
德州	道光	0.40	同上。原资料记：育婴堂置买地149.13亩，共收杂粮29.98石。
德平	道光	0.39	同上。原资料记：普济堂置买义田地233.4亩，共征租杂粮45.68石。
平原	乾隆	0.80	乾隆《平原县志》卷2。原资料记：育婴堂共地328.26亩，每亩科租仓斛麦1斗、谷3斗。
堂邑	康熙	1.60	康熙《堂邑县志》卷3。原资料记：学田227亩，每亩岁入租8斗。
清平	乾隆	0.40	乾隆《东昌府志》卷16。原资料记：义田共100亩，明万历间置，择邑中贫者赋之，人10亩，亩出谷2斗入官，给茕独。
冠县	道光	1.16	道光《冠县志》卷5。原资料记：普济堂共地140.37亩，每年收租谷81.385石。
恩县	嘉庆	0.60	乾隆《东昌府志》卷16。原资料记：义田共419.268亩，明万历时置，每亩岁输租3斗。
临清直隶州	乾隆	0.80 0.52	乾隆《临清直隶州志》卷4。原资料记：邱家庄学田240亩，岁入租96石；下堡寺学田50亩，岁入租13石。
莱芜	乾隆	0.30	乾隆《泰安府志》卷9。原资料记：学田共地320亩，每年学租共48石有奇。
东阿	道光	0.46 0.45 0.39	道光《东阿县志》卷5。原资料记普济堂义田地：棘城村地26亩，共收租麦0.78石、租谷5.2石；山西村地13.32亩，共收租麦0.999石、租谷1.998石；□峪村地9.3亩，共收租麦1石、租谷0.8石。

续表

地　区	年　代	亩产（石/亩）	资料出处及说明
乐陵	乾隆	0.20	乾隆《乐陵县志》卷3。原资料记：学田200亩（明万历知县张奎选置），年租谷共20石。
沾化	雍正	0.60	民国《沾化县志》卷3。原资料记：普济堂（雍正十三年建）义田共地222.1亩，每亩岁收租谷3斗。
曲阜	顺治	0.89 0.50 0.46 0.90 0.65 0.40 0.20	孔府档案（转自郭松义《清代北方旱作区的粮食生产》）。原资料记：顺治九年孔府庄园南池庄小麦平均亩产8.9斗，跑马泉庄小麦平均亩产4.97斗。又据原资料，顺治十年孔府庄园齐王庄小麦平均亩产4.56斗，豆类平均亩产8.98斗。又记：顺治九年齐王庄定额租制上地亩租麦、豆各3.25斗，中地亩租麦、豆各2斗，下地亩租麦、豆各1斗。按孔府地1亩合2官亩。
	乾隆	0.22 0.27 0.21	同上。原资料记：乾隆五十二年孔府庄园齐王庄小麦平均亩产2.15斗，五十三年张阳庄小麦平均亩产2.65斗，大庄小麦平均亩产2.13斗。
	嘉庆	0.33 0.22 0.33 0.10 0.16 0.21 0.23 0.08 0.40 0.28 0.24 0.18 0.20 0.18 0.14	同上。原资料记：嘉庆八年孔府庄园大庄谷子平均亩产3.28斗，高粱2.2斗，豆类3.34斗；十一年小麦平均亩产1.02斗。又据原资料，嘉庆八年至十五年（有缺年）孔府庄园齐王庄小麦平均亩产1.55斗，谷子2.1斗，高粱2.3斗，豆类0.78斗。又记：嘉庆十七年齐王庄定额租制上地亩租麦、豆各2斗，中地亩租麦、豆各1.4斗，下地亩租麦、豆各1.2斗。又记：嘉庆二十五年孔府庄园南池庄小麦平均亩产1.77斗，谷子2斗，高粱1.8斗，豆类1.42斗。
	道光	0.09 0.18 0.08	同上。原资料记：道光三年孔府庄园泉头庄小麦平均亩产0.88斗，谷子1.76斗，高粱0.81斗。

续表

地区	年代	亩产（石/亩）	资料出处及说明
曲阜	光绪	0.12	同上。原资料记：光绪十八年孔府庄园齐王庄小麦平均亩产1.19斗，谷子2.8斗，高粱1.53斗，豆类0.74斗。又记：光绪十一年齐王庄定额租制上地亩租麦、豆各2斗，中地亩租麦、豆各1.4斗，下地亩租麦、豆各1.2斗。
		0.28	
		0.15	
		0.07	
		0.40	
		0.28	
		0.24	
邹县	顺治	0.87	同上。原资料记：顺治十一年岗上庄小麦平均亩产8.7斗，黄黑豆平均亩产11.3斗；双村庄小麦平均亩产6.45斗，黄黑豆平均亩产2.5斗；韩家庄小麦平均亩产2.15斗，程家庄黄黑豆平均亩产6.72斗；上旺庄小麦平均亩产5.34斗，黄黑豆平均亩产6.9斗。
		1.13	
		0.65	
		0.25	
		0.22	
		0.67	
		0.53	
		0.69	
	康熙	0.59	同上。原资料记：邹县毛家堂康熙十八年至三十八年平均亩产小麦97市斤、高粱123市斤、豆类60市斤。又记：邹县下涧铺康熙二十年至三十八年平均亩产小麦46市斤、高粱55市斤、豆类53市斤。
		0.77	
		0.38	
		0.28	
		0.34	
		0.34	
泗水	顺治	0.60	同上。原资料记：泗水县孔府庄园魏庄每亩租额0.3石；戈山厂每亩租额0.2石。
		0.40	
汶上	顺治	0.56	同上。据顺治十一年胡城口等13庄（集）、顺治十二年鹿家庄等5庄的小麦、黄黑豆平均亩产数据，以算数平均数入表。
	乾隆	0.75	同上。原资料记：汶上县美化庄乾隆元年至四十年平均亩产小麦7.5斗余、谷子14斗、高粱9.5斗、豆类4斗余。
		1.40	
		0.95	
		0.40	

续表

地 区	年 代	亩产（石/亩）	资料出处及说明
鱼台	康熙	0.40 0.77 0.61 0.39	同上。原资料记：鱼台县独山屯权家铺庄康熙四十年平均亩产小麦4.02斗、谷子7.66斗、高粱6.06斗、豆类3.92斗。
	光绪	0.76 0.78	罗仑、景甦《清代山东经营地主的性质》。原资料记：鱼台县崔家桥农户亩产小麦100~150斤，亩产高粱100~150斤。各取中值。
菏泽	顺治	0.21	孔府档案（转自郭松义《清代北方旱作区的粮食生产》）。该县孔府庄园平阳厂顺治十一年小麦平均亩产。
郓城	乾隆	0.35 0.27	同上。原资料记：该县孔府庄园郓城厂乾隆二十四年谷子平均亩产3.5斗、高粱平均亩产2.7斗。
单县	康熙	0.80 0.60 0.10	康熙《单县志》卷3。原资料记会田：上等地329亩，每亩额租夏麦秋粮各2斗；中等地975.9亩，每亩额租夏麦1.2斗、秋粮1.8斗；下等地77亩，每亩额租夏麦2升、秋粮3升。
钜野	光绪	0.60	光绪《钜野县志》卷5。原资料记：普济堂现有成熟地116.88亩，每亩收租麦9升、租谷2.1斗。
曹县	光绪	1.00	光绪《曹县志》卷4。原资料记：地下而瘠，秋潦时至，"卒三亩不能获一钟"。
郯城	乾隆	0.20	刑科题本（《清代地租剥削形态》63页）。原资料记：马永公乾隆十五年种稷半亩，因被水淹，收粒不及3升；次年再种，收粒1斗。
日照	雍正	0.49	光绪《日照县志》卷2。原资料记：普济堂在千佛阁西（雍正十三年建），有牟家村义田220.64亩，草坡庄官捐地100亩，刘家寨60亩，高家村70.65亩，岭南头99.03亩，萝花前村125.76亩，官为纳粮银，所入租164石余，以周贫民。
高苑	乾隆	3.00	乾隆《高苑县志》卷1。原资料记：时虽丰稔，亩之所入，不过一钟。
登州府	康熙	0.40	康熙《登州府志》卷4。原资料记：本府学田共1908亩，岁收谷380.2石。
蓬莱	康熙	0.26	同上。原资料记：县学田共742亩，岁收谷97石。
黄县	康熙	0.52 0.12	乾隆《黄县志》卷3。原资料记：新置学田26.7亩，岁租谷6.993石。又记：康熙十一年清查，上中下三等共实在学田853.696亩，岁租谷50.2717石。

续表

地 区	年 代	亩产（石/亩）	资料出处及说明
福山	康熙	0.40	康熙《登州府志》卷4。原资料记：县学田共166亩，内知府陶朗先置地30亩，岁收谷6石；知县宋大奎置地40亩，岁收谷4石。
		0.20	
栖霞	康熙	0.40	同上。原资料记：县学田共123亩，内知府陶朗先置地80亩，岁收谷16石。
招远	康熙	0.40	同上。原资料记：县学田共100亩，岁收谷20石。
莱阳	康熙	0.40	同上。原资料记：县学田共200亩，岁收谷40石。
宁海州	康熙	0.40	同上。原资料记：县学田120亩，岁收谷24石。
文登	康熙	0.40	同上。原资料记：县学田120亩，岁收谷24石。
		0.15	道光《文登县志》卷1。原资料引《重修崇文书院增置学田记》：康熙间邑侯朱公捐购马庄田260亩，岁得（租）粟20石。
	乾隆	0.38	同上。原资料引《重修崇文书院增置学田记》：乾隆戊戌邑侯何公劝公捐增置山后庄田260余亩，岁约（租）粟50石。
掖县	雍正	0.42	乾隆《掖县志》卷2。原资料记：雍正十二年设普济堂，置义田240亩，每亩输租谷2.085斗。
平度州	顺治	0.60	同上。原资料记：顺治十八年知府郑其心置学田150亩，在平度州，原系掖县周、胡二宦之产，因互争，判为学田，征租谷45石为两学膏火。
潍县	康熙	0.87	乾隆《潍县志》卷2。原资料记：康熙四十六年知县郭尚征捐俸置学田官亩30亩，纳租粮13石。

附表 3-3 清代北方旱粮亩产量：河南

地 区	年 代	亩产（石/亩）	资料出处及说明
全省平均（57例）		**0.78**	
开封府	乾隆	0.45	尹会一《尹少宰奏议》卷2《确查抚恤事宜疏》。原资料记：乾隆二年，"臣自彰德、卫辉至开封府省城沿途亲自查看……各邑地亩，种麦十之七八，现俱成穗，将次结实……洼地每亩可收四五斗，高地可收二斗"。表内洼地亩产取中值。
		0.20	
洧川	嘉庆	0.60	嘉庆《洧川县志》卷3。原资料记："洧之为邑，瘠卤居其大半……黔首终岁勤动，所入亩不及釜。"

续表

地 区	年 代	亩产（石/亩）	资料出处及说明
鄢陵	道光	1.03	道光《鄢陵县志》卷8。原资料记：体仁堂、广仁堂共地490.86265亩，每亩实征麦、谷各126.2967石。
兰封	顺治	1.00	康熙《兰阳县志》卷10。原资料记：顺治三年丙戌冬，大有年，每亩获石余。
新郑	乾隆	1.20	乾隆《新郑县志》卷9。原资料记：官田408.72亩，每亩每年收租麦、谷各3仓斗。
新郑	乾隆	0.80	同上书，卷10。原资料记：义学田1262亩，乾隆十一年议将岁租并入书院，署令孙映璧《重修兴学书院兼复膏火碑记》云："十余顷之田……每岁所入谷不过五百石。"按此处所说500石应指租入。
商丘	乾隆	0.33	刑科题本（《清代地租剥削形态》109页）。原资料记：乾隆二十一年八月苏文礼租3亩地种麦，次年四月收获1石。
商水	雍正	0.42	民国《商水县志》卷7。原资料记：广惠堂创自雍正十二年，堂内原有地126亩，招有业户轮流佃种，每年缴仓斗麦秋各26.26石。
项城	清末民初	0.40	民国《项城县志》卷7。修志者评论普济堂地租过低时云：当地租入，平均每亩每年可按2斗计（按本志为民国三年刊本）。
临颍	光绪	0.73	民国《重修临颍县志》卷4。原资料记光绪间颍川书院款项下田产：大户陈家庄有义地110亩，每年麦租16石、秋租24石；本城四乡有义地17.91亩，每年麦、秋租各2.688石。
临颍	光绪	0.60	
郾城	乾隆	0.51	民国《郾城县记》卷8。原资料记：郾城学田据旧案册报地99.35亩，每年麦、秋租各12.7038石。又记：景文书院，乾隆十七年置学田120亩，每年麦租31.039石、秋租1.6石。
郾城	乾隆	0.54	
荥阳	晚清	0.60	民国《续荥阳县志》卷5。原资料记：曹氏义学地共100亩，每年麦租、秋粮各15石。
宜阳	雍正	0.65	乾隆《宜阳县志》卷2。原资料记：雍正十二年建永济院，置田527亩，每年稞租172.1石。
新安	雍正	0.60	乾隆《新安县志》卷2。原资料记：雍正十年建普济堂，堂地共203.5亩，每年夏秋二季共稞租61.05石。
渑池	嘉庆	0.27	嘉庆《渑池县志》卷2。原资料记普济堂：现种成熟地181.989亩，岁收麦租10.68石、谷租13.88石。又记：韶山书院现种新旧熟地约278亩（据各段亩数合计），共收麦租8.59石、谷租22.59石。
渑池	嘉庆	0.22	

续表

地区	年代	亩产（石/亩）	资料出处及说明
嵩县	乾隆	0.75	乾隆《嵩县志》卷14。原资料引河南巡抚阿思哈疏云：嵩县自乾隆二十八年康基渊任知县后，兴修水利，开渠灌溉，"从前夏秋收获，虽遇丰年，每亩不过七八斗；自得渠水灌溉，所获较从前加倍"。
嵩县	乾隆	1.50	
嵩县	乾隆	3.00	同上书，卷15。原资料记：如麦后8分种粟，2分莳蓝，以10亩计可获粟24石；收蓝易价后种蔬2亩，出亦可获缗24千文，利反倍多也。
嵩县	乾隆	0.92	同上书，卷20。原资料记：普济堂堂地836亩，租谷385石。
卢氏	雍正	2.56	光绪《卢氏县志》卷5。原资料记：樊村行粮地7.794亩，每年秋发收课租9.98石，于雍正十二年拨送儒学收管，"为诸生月课永久公费"。按以行粮地折算之亩产应较实际产量为大。
宝丰	道光	1.00	道光《宝丰县志》卷15。原资料录郭毅《麦秋》诗：一亩收一石（丰年）。
彰德府	乾隆	0.45	尹会一《尹少宰奏议》卷2《确查抚恤事宜疏》。
彰德府	乾隆	0.20	
武安	乾隆	1.09	乾隆《彰德府志》卷5。原资料记：会田二处，一处110亩，输租60石；另一处10亩，输租4石。
武安	乾隆	0.80	
武安	乾隆	0.53	乾隆《武安县志》卷6。原资料记：育婴堂义田440亩，每年收租谷116.4石。又记：广仁堂（即普济堂）义田3609.592亩，每年收租谷825.52石、租银9两、麻30斤（本例未计算租银及麻）。
武安	乾隆	0.46	
卫辉府	乾隆	0.45	尹会一《尹少宰奏议》卷2《确查抚恤事宜疏》。
卫辉府	乾隆	0.20	
淇县	光绪	2.20	光绪《淇县舆地图说》。原资料记：上田亩收2.2石。
延津（胙城）	顺治	0.25	顺治《胙城县志》卷上。原资料记：土硗，歉于获，每亩不过2~3斗。兹取中值。
怀庆府	乾隆	2.00	乾隆《怀庆府志》卷31。原资料录俞森《种树说》：一亩之地，树谷得2石。
原武	乾隆	2.00	乾隆《原武县志》卷9。
孟县	清末民初	0.50	民国《孟县志》卷5。原资料记民国21年滩调查租课，其中粮租者：社稷坛地10亩，麦租2.5石；风雷坛地8亩，麦租2石；花村书院地73.88亩，麦租45.867石；儒学地13亩，麦租0.9石；学口书院地15亩，麦租4.3石；
孟县	清末民初	0.50	
孟县	清末民初	1.24	

续表

地 区	年 代	亩产（石/亩）	资料出处及说明
孟县	清末民初	0.14 0.57 1.43	蚕校地25.67亩，麦租18.339石。
南阳	光绪	0.30 0.40 0.40 0.50 0.40 0.50 0.40 0.50 0.30 0.30	潘守廉《南阳府南阳县户口土地物产畜牧表图说》。原资料记：该县熟年亩产，小麦3斗、大麦4斗、玉麦4斗、蜀秋5斗、玉蜀黍4斗、粟5斗、黄豆4斗、黑豆5斗、绿豆3斗、豌豆3斗。
泌阳	乾隆	0.10	刑科题本（《清代地租剥削形态》193页）。原资料记：刘仲佃种刘现地亩，其中1亩为荒田，开垦后种麦，"因土地薄"，次年夏"止收得九升半"。
信阳州	雍正	3.06	乾隆《信阳州志》卷2。原资料记：先农坛，雍正五年建，坛地4.9亩，每年收租7~8石不等。租数取中值。
	乾隆	0.36	乾隆《信阳州志》卷2。原资料记：普济堂荒地273.5亩，又拨入地161.755亩，岁取佃课69.125石、租钱9870文。钱租按每千文合粮1石折算。
固始	乾隆	0.80	乾隆《固始县志》卷6。原资料记临淮书院（乾隆二十年建）田课：监生洪露捐田40亩，岁额租课16石。

附表3－4　清代北方旱粮亩产量：山西

地 区	年 代	亩产（石/亩）	资料出处及说明
全省平均（74例）		0.41	
太古	乾隆	0.20	乾隆《太古县志》卷2。原资料记学田：大白都乌马河滩退地297.445亩，共租谷29.7445石。
文水	康熙	0.24 0.56	康熙《文水县志》卷5。原资料记学田：贤马都咸地52亩，每亩额征租谷0.11826石；李端东都地32亩，每亩额征租谷0.28125石。

续表

地 区	年 代	亩产（石/亩）	资料出处及说明
洪洞	乾隆	0.84	乾隆《平阳府志》卷9。原资料记县学田：寺村地42亩，每年收米麦租17.7石。
浮山	乾隆	0.64	刑科题本：乾隆九年三月初三日阿里衮题。原资料记：某人佃地5亩，年纳租1.6石。
平陆	乾隆	0.33	乾隆《解州平陆县志》（民国21年石印本）卷4。原资料记傅岩书院田：官窑村等五处官地329亩，每年收粟租42.5石，续增粟租11.6石；张店义学官地152亩，每年收粟租10.64石；拨入上庄村官田200亩，每年收粟租20石。
		0.14	
		0.20	
	光绪	0.31	光绪《平陆县续志》卷7。原资料记：光绪知县刘鸿逵清查，傅岩书院田官家庄共地67.46亩，每年收租麦、谷各5.2306石。
芮城	乾隆	0.30	乾隆《解州芮城县志》卷4。原资料记学田：蒲人孙自明施井水地2亩，每年收租0.3石。又记西河书院地亩：乾隆二十八年归入县东清凉寺地1067.5亩，每年收夏租小麦15.83石、大麦0.15石，收秋租谷17.545石、银租69.28两；垦南李呌村古冢基地无粮官地7.6亩，每年收夏租小麦0.76石；垦县东张家滑柏树冢无粮官地13亩，每年收夏租小麦1.95石；二郎庙基无粮官地10亩，每年收夏租小麦1石；垦县东朱吕村北古庙基地23亩，每年收夏租小麦3.45石、银租2.3两。又记：卜子旧书院祭田22.44亩，每年收夏租小麦4.259石；乾隆二十七年又置西关地10.6亩，每年收夏租小麦3.62石。以上银租按每两合粮租2石折算。
		0.32	
		0.20	
		0.30	
		0.20	
		0.70	
		0.38	
		0.68	
	道光	0.41	民国《芮城县志》卷3。原资料记：道光二十三年知县符壮图劝捐置买书院田340亩，每年定活租70余石。
	光绪	0.17	同上。原资料记：光绪元年因案断令姚月恒捐书院地34.45亩，每年定活租3石。
蒲州府	乾隆	0.10	乾隆《蒲州府志》卷5。原资料记：学田共地20顷，每亩征谷0.05石，岁共征学租谷100石。
永济	乾隆	0.10	同上。原资料记：学田共地5209.91亩，每亩征谷0.05石，岁共征学租谷260.4955石。
长治	顺治	1.00	光绪《长治县志》卷3。原资料记：原设学田118.3亩，内平地96.05亩，每亩征租谷0.5石；坡地22.25亩，每亩征租谷0.3石（按此项学田地又见顺治《潞安府志》卷7）。又记：顺治知县于公允增置学田地60亩，征租谷40石。
		0.60	
		1.33	
	乾隆	0.46	同上。原资料记：续增学田98.172亩，乾隆八年知县徐志圃查出欺隐地5.552亩，共征租米11.9056石。

续表

地　区	年　代	亩产（石/亩）	资料出处及说明
襄垣	顺治	0.09	顺治《潞安府志》卷7。原资料记：县学田熟地40亩，租谷1.7石。按此例原载租数疑有误。
襄垣	清末民初	0.32	民国《襄垣县志》卷2。原资料记：公产地1109.4亩，给与民户佃种，平均亩纳租谷0.16石，每年共收租谷177石有奇。
黎城	顺治	0.79	顺治《潞安府志》卷7。原资料记：县学田共地120亩，每年征租谷47.68石。
陵川	乾隆	0.69	乾隆《陵川县志》卷8。原资料记：乾隆四年清查，汤庄义学田105.2亩，收租谷36.505石；青山底义学田62.9亩，收租谷17.432石。
陵川	乾隆	0.55	
介休	康熙	0.90	康熙《介休县志》卷2。原资料记：学田共地72.535亩，每年征租谷共32.7石。
永宁州	乾隆	0.30	刑科题本（《清代地租剥削形态》684页）。原资料记：马殿武转租庙地10坰，每年4石租粟。
大同府	乾隆	0.40	乾隆《大同府志》卷26。原资料记：地瘠薄，即丰年不过3～5斗，兹取中值。
大同	嘉庆	0.10	嘉庆《山西通志》卷46。原资料记：地土沙碛硗薄，风高气寒，丰岁亩不满斗。
天镇	乾隆	0.10	光绪《天镇县志》（民国24年重刊本）卷3。原资料记乾隆间置书院修缮膏火地：桦林坡地1000亩，油麦租25石；小盐场地400亩，租谷40石；塔儿村、贾家屯、袁王窑共地511.1亩，租谷20.45石；袁家窑地504.1亩，租谷15.12石；沓家娘子城地481.8亩，租谷5.781石；王家山地300亩，租谷3.6石。
天镇	乾隆	0.20	
天镇	乾隆	0.08	
天镇	乾隆	0.06	
天镇	乾隆	0.02	
天镇	乾隆	0.02	
天镇	乾隆	0.10	同上书，卷4。原资料引乾隆志："地土沙碛硗薄，寒独早……丰岁亩不满斗。"
天镇	光绪	0.23	同上书，卷3。原资料记：东双寨义学经费地77亩，岁收租谷9石有奇。
广灵	乾隆	0.20	乾隆《广灵县志》卷2。原资料记学田：明各上司共置地260亩，除开荒外实在熟地198亩，每岁该租谷市斗19.8石，分赈贫生。
浑源州	光绪	1.07	光绪《浑源续志》卷9。原资料记：养正书塾有附郭田57亩，岁征额租京斗30.6石。
五寨	康熙	0.17	乾隆《宁武府志》卷1。原资料记：学田120亩，租额10石。

续表

地区	年代	亩产（石/亩）	资料出处及说明
左云	光绪	0.35	光绪《左云县志》卷10。原资料记：亩产3~4斗，兹取中值。
朔州（马邑）	乾隆	0.16	刑科题本（《清代地租剥削形态》89页）。原资料记：王苟汉与人伴种10亩谷子，得净谷1.6石。
寿阳	康熙	0.28	光绪《寿阳县志》卷4。原资料记卷资田（宾兴田）：旧有贾家沟地10亩，每年租谷1.4石；康熙间知县钱熙贞置施家沟地10亩，每年租谷3石；下曲地12亩，每年租谷2.8石；董家窊地10亩，每年租谷3石。又记张净镇义学（康熙七年知县吴祚昌捐置）有田42.5亩，每年约入租米6京石。
		0.60	
		0.47	
		0.60	
		0.56	
	乾隆	0.44	同上。原资料引乾隆旧志记学田：原额地351亩，除城壕坛冡处所缺13亩外，每年收租谷73.82京石。
	道光	0.75	祁隽藻《马首农言》。原资料记：糜子挨着手，一亩要打7~8斗，兹取中值。
	同治	0.74	光绪《寿阳县志》卷4。原资料记：同治四年建桑窊村育英义学，有田81亩，租米15石有奇。
保德州	康熙	0.15	康熙《保德州志》卷3。原资料记：十年九荒，丰岁亩获1~2斗，兹取中值。
蒲县	乾隆	0.50	乾隆《蒲县志》卷3。原资料记：山区梯田，上者亩获不及石，下者及斗而止，兹取中值。
	嘉庆	0.40	《中国近代农业史资料》第一辑，72页。原资料记：租地10亩，每年租谷2石。
	道光	0.08	黄冕堂《清史治要》122页。原资料记：佃地60亩，租额2.4石。
绛县	道光	0.66	同上。原资料记：佃地3亩，租额1石。
稷山	乾隆	1.00	刑科题本（《清代地租剥削形态》42页）。原资料记：黄师伸佃地5亩，岁纳夏租麦1石、秋租谷1.5石。
闻喜	乾隆	0.20	乾隆《闻喜县志》卷2。原资料记：学田159.7亩，每年征租秋夏15.97石。
沁源	咸丰至光绪间	0.48	光绪《沁源县续志》卷1。原资料记学田租地：南石村马家地23亩，任租米3石，（后）减0.26石。又记书院城乡秋租：共地115亩（据原开各地段亩数合计），共租41.2石。
		0.72	
	清末民初	1.00	民国《沁源县志》卷2。原资料记：农田收量首推县城附近，各田平均每亩1石有余；次则为二区郭道附近各村，平均每亩在1石上下；三区古寨附近各村，平均每亩5~6斗。
		0.50	

续表

地　区	年　代	亩产（石/亩）	资料出处及说明
武乡	雍正	1.10	《宫中档雍正朝奏折》16辑，680页。原资料记：丰年麦1~1.2石，兹取中值。
	康熙	0.64	康熙《武乡县志》卷2。原资料记：丰岁上腴，亩仅一斛。
辽州	雍正	0.20	雍正《辽州志》卷7《艺文·编审说（王书）》。原资料记："辽处太行绝巅……暮夏早秋，田无两获之稼，地瘠土薄，亩鲜二斗之收。"
	光绪	0.24	光绪《辽州志》卷6《艺文·巀山书院加添经费息本碑记》。原资料记：书院地土共坪坡地551亩，除新荒不计外，每年征租谷42.233石、租钱11.3千文。本例钱租按每千文合谷2石折算。
榆社	乾隆	0.33	乾隆《榆社县志》卷4。原资料记箕城书院田：乾隆七年邑绅张廷僚捐地共302.4亩，共收租50石、草钱3183文；同年吏员连名扬捐地共70亩，收租4.05石、草钱350文。以上二例草钱租均不计。
		0.12	
托克托城	乾隆	0.04	刑科题本（《清代地租剥削形态》236页）。原资料记：张清奇子佃种额璘亲多尔济50亩地，秋里收下9斗糜子。
口外洗马岭下	乾隆	0.10	刑科题本：乾隆二十一年九月十一日鄂弥达题（转自郭松义《清代北方旱作区粮食亩产量研究》）。原资料记：租地8亩，租额4斗。

附表3-5　清代北方旱粮亩产量：陕西

地　区	年　代	亩产（石/亩）	资料出处及说明
全省平均（128例）		**0.92**	
长安	乾隆	0.80	乾隆《西安府志》卷19。原资料记：学田计304.58亩，租122.099石；又旧置按院学田116.929亩，租46.16石。
		0.79	
咸宁	乾隆	0.83	同上。原资料记：学田计604.732亩，租250.086石；又旧置按院学田地129.549亩，租69.766石。
		1.08	
	道光	1.60	刑科题本（转自黄冕堂《清史治要》121页）。原资料记：地7亩，亩麦0.8石。
咸阳	乾隆	1.05	乾隆《西安府志》卷20。原资料记：学田地39.2亩，租20.64石。
		1.00	刑科题本（《清代地租剥削形态》146页）。原资料记：张其英与南景合出租粮铺夥地80亩，收麦租40石。

续表

地 区	年 代	亩产（石/亩）	资料出处及说明
兴平	乾隆	0.70	乾隆《西安府志》卷20。原资料记：学田计地100亩，租35石。
临潼	乾隆	0.30	乾隆《临潼县志》卷4。原资料记：学田96.8亩，内坡地40.3亩，每亩收大麦1斗、谷0.5斗；平地56.5亩，每亩收小麦1斗、谷1斗。
		0.40	
高陵	乾隆	1.75	光绪《高陵县志》卷1。该卷附王太岳《泾渠总论》谓泾渭渠所溉之高陵、泾阳、三原、醴泉等地："今日关中渠田岁收率不过三四斛，其最丰者大要四五斛止矣。"各取中值入表。
		2.25	
		0.56	同上书，卷2。原资料记：学田三等共地111.73亩，内上等地7.13亩，每亩征小麦0.14石、粟谷0.14石；中等地21亩，每亩征小麦0.13石、粟谷0.13石；下等地83亩，每亩征小麦0.1石、粟谷0.1137石。按乾隆《西安府志》卷20记学田亩数、租数与本例相符，惟府志只有总数而无分等地亩数、租数。
		0.52	
		0.43	
泾阳	乾隆	1.75	同上书，卷1附王太岳《泾渠总论》。
		2.25	
		1.20	乾隆《西安府志》卷20。原资料记：学田计地43.6445亩，租26.1867石。
	道光	0.44	刑科题本（转自黄冕堂《清史治要》122页）。原资料记：地8.5亩，共额租小麦0.9石、大麦0.9石、谷子0.06石。
	同治、光绪间	4.00	清末民初《重修泾阳县志》卷3。原资料记招垦入官叛回产业营田田租：同治八、九年间共招垦中则地3750亩，每亩定章交京斗租麦2石；下则3143亩，每亩定章交京斗租麦1.5石。光绪九年共招垦中则地1092亩，每亩定章交京斗租麦1.3石；下则地194亩，每亩定章交京斗租麦1石。十四年共招垦中则地3353亩，每亩定章交京斗租麦1石；下则地113亩，每亩定章交京斗租麦0.75石。二十二年共招垦中则地1764亩，每亩定章交京斗租麦0.67石；下则地246亩，每亩定章交京斗租麦0.5石。
		3.00	
		2.60	
		2.00	
		2.00	
		1.50	
		1.34	
		1.00	
三原	乾隆	1.75	光绪《三原县新志》卷3附王太岳《泾渠总论》。又引乾隆县志（张象魏纂修）记：学田水地33亩，每亩征小麦1.5斗、粟谷2斗；旱地23.92亩，每亩征小麦0.133斗、粟谷2.7207斗。
		2.25	
		0.70	
		0.57	

续表

地区	年代	亩产（石/亩）	资料出处及说明
醴泉	乾隆	0.60	乾隆《醴泉县志》卷7。原资料记：学田38.5亩，每年征小麦、秋粟谷各5.775石。
		1.75	光绪《高陵县志》卷1附王太岳《泾渠总论》。
		2.25	
盩厔	康熙	1.89	雍正《陕西通志》卷93《艺文·与张岫庵邑侯书（王心敬）》。原资料记：一井灌田4~5亩，薄收亦可得谷8~9石；若粪多力勤，则可达12~13石。均按中值折算入表。
		2.78	
	乾隆	0.78	乾隆《西安府志》卷20。原资料记：学田计地135.05亩，租52.5076石。
鄠县	康熙	1.89	雍正《陕西通志》卷93《艺文·与张岫庵邑侯书（王心敬）》。原资料记：一井灌田4~5亩，薄收亦可得谷8~9石；若粪多力勤，则可达12~13石。均按中值计算入表。
		2.78	
		1.20	雍正《鄠县重续志》卷2。原资料记：邑旧有学田37.5亩，租22.5石，康熙二十二年九月内阁臣许题给廪生贫生，永为定例。又记社学田：邑旧有社田146.1亩，共征租50.6石；康熙五十七年学院觉罗公捐旱田5亩，夏秋共征租3石。
		0.69	
		1.20	
		3.40	民国《重修鄠县志》卷4。原资料记社田：（康熙）知县吴廷芝捐置4亩，租6.8石；又官绅士子等共捐置地2亩，租3.2石。
		3.20	
蓝田	雍正	0.74	雍正《蓝田县志》卷1。原资料记学田：白鹿原旱地60亩，每年租小麦8.3334石，谷13.8336石；又白村旱地2亩，每年租麦米0.4石。
		0.40	
	嘉庆	0.22	嘉庆《蓝田县志》卷6。原资料记义学学田：坡地71.2亩，每年夏秋送租8石。
渭南	乾隆	0.40	乾隆《西安府志》卷20。原资料记：学田计地282.261亩，租56.4522石；又义田案内学田地78亩，租11.7石。
		0.30	
		1.53	光绪《新续渭南县志》卷3。原资料记：象峰书院（乾隆间建）地130.267亩，岁收京斗小麦粟谷共93.736石、银3.194两。银租折谷6石。
	嘉庆	0.44	同上。原资料记养济院（嘉庆十七年建）：邑人贺士雅等共捐地85亩，共岁收杂麦18.85石。
	光绪	2.50	同上书，卷11。原资料记：光绪三年六月至四年秋大熟，"有亩二三石者"。取中值入表。

附录三 清代的粮食亩产记录 | 199

续表

地 区	年 代	亩产（石/亩）	资料出处及说明
富平	乾隆	0.76	乾隆五年刻本《富平县志》卷2。原资料记：学田实纳租粮地102.3995亩，每年征小麦19.7181石、粟谷19.3187石。
富平	道光	0.60	刑科题本（转自黄冕堂《清史治要》122页）。原资料记：地5亩，共额租1.5石。
耀州	乾隆	0.30	光绪《续耀州志》卷4。原资料记：乾隆间，以马厂地出租，其地收成甚薄，"大有之年，亩获三斗"。
同州府	道光	0.44	刑科题本（转自黄冕堂《清史治要》121页）。原资料记：地2亩，共额租0.44石。又地6亩，共额租1.5石。
同州府	道光	0.50	
大荔	乾隆	0.30	乾隆《大荔县志》（乾隆五十一年刻本）卷3。原资料录《续修试院暨详请书院地租记》（乾隆）：有滨河滩地4顷，亩可获麦30升。
大荔	乾隆	0.12	同上书，卷6。原资料记：学田54.8亩，租3.288石。
朝邑	乾隆	1.21	乾隆《朝邑县志》卷7。原资料记：学田共58亩有奇，岁征租35石。按乾隆《同州府志》卷8记学田租数为33石有奇。
郃阳	乾隆	0.61	乾隆《同州府志》卷8。原资料记：学田47.4亩，租14.5石。按乾隆《郃阳县志》卷2记学田33.3亩，岁获麦黍15石。
澄城	乾隆	0.69	同上。原资料记：学田40亩，租13.7石。
澄城	清末民初	0.50	民国《澄城县附志》卷4。原资料记农作物亩产量：麦田（隔年随麦成熟者俗名麦田）小麦4~6斗，大麦6~7斗；秋田（当年秋季成熟者俗名秋田）粟4~5斗，稷4~5斗，荞麦5~6斗，玉蜀黍7~8斗。均取中值。
澄城	清末民初	0.65	
澄城	清末民初	0.45	
澄城	清末民初	0.45	
澄城	清末民初	0.55	
澄城	清末民初	0.75	
华州	乾隆	0.26	乾隆《同州府志》卷8。原资料记：学田48.4亩，租6.288石。
华阴	乾隆	0.21	乾隆《同州府志》卷8。原资料记：学田206.6亩，租21.9石有奇。
蒲城	乾隆	0.50	乾隆《蒲城县志》卷4。原资料记：学田67.462亩，每年每亩征收夏租小麦1斗、秋租粟谷1.5斗。
白水	乾隆	1.00	乾隆《白水县志》卷3。原资料记：麦田每一亩，上腴之地丰年可收1石，次者7~8斗或5~6斗，最下山麓磽确之地及山上梯田俱收不及3~4斗；粟田收获分数大约与麦同；种莜麦、豌豆地多瘠薄，每一亩丰年只收7~8斗，最下者俱不及3~4斗。
白水	乾隆	0.75	
白水	乾隆	0.55	
白水	乾隆	0.35	

续表

地区	年代	亩产（石/亩）	资料出处及说明
潼关厅	乾隆	0.40	乾隆《同州府志》卷8。原资料记：学田93亩，租18.6石。
陕南汉中盆地	嘉庆	2.00	严如煜《三省边防备览》卷8。原资料记：上等金、银地岁收麦1.2~1.3石，秋收杂粮7~8斗。取中值入表。
凤翔	乾隆	0.40	乾隆《凤翔府志》（道光元年补刻本）卷6。原资料记：府学田共28亩，岁征夏麦3.36石、秋谷2.24石。又记：凤翔县学田58.41亩，每岁征夏麦11.683石、秋粟谷17.524石；外城内官地13.5亩，岁征麦1.25石、粟谷2.7石。
凤翔	乾隆	1.00	
凤翔	乾隆	0.59	
岐山	乾隆	1.00	同上。原资料记：学田除荒熟地34.401亩，每年征麦谷17.2005石。
岐山	道光	0.49	刑科题本（转自黄冕堂《清史治要》121页）。原资料记：地17亩，共额租4.2石。
宝鸡	乾隆	1.10	乾隆《凤翔府志》卷6。原资料记：学田除荒熟地42.5亩，每年征麦谷23.375石。
扶风	乾隆	0.60	同上。原资料记：学田64.85亩，每年每亩征杂粮3斗，共征杂粮19.455石。
郿县	乾隆	0.60	同上。原资料记：学田18.487亩，征5.5461石。
麟游	乾隆	0.63	同上。原资料记：学田地30亩，（每亩）额租3.15斗。
汧阳	乾隆	0.36	同上。原资料记：学田8亩，征1.44石。
洋县	康熙	1.80	康熙《洋县志》卷2。原资料记：学田21.3亩，征租银6.39两、大麦6.39石。银租按每两合粮2石计。
西乡	康熙	0.64	康熙《西乡县志》卷2。原资料记：学田八处共地340.2亩，年租谷58.3石、租银24.9两。银租按每两合粮2石计。
西乡	道光	1.17	民国《西乡县志·教育志》。原资料记：道光四年知县张廷槐设义学，其中大巴关龙池场义学有山地共计种72亩，每年收包谷租24石，另交钱36千文；面子山杨家河义学有山坡地共计种13亩，每年包谷租16石。
西乡	道光	2.46	
沔县	嘉庆	0.65	光绪《沔县志》卷2。原资料记嘉庆知县马允刚所置书院租入：三沟口平地24亩、旱地2丘，每年春、秋收麦租、包谷租各3.9石；何家营上牌平地6亩，每年春、秋收麦租、包谷租各0.9石；武侯坪高寨子塘田1.5亩，每年春、秋收麦、包谷租各0.3石。
沔县	嘉庆	0.60	
沔县	嘉庆	0.80	
沔县	光绪	0.71	同上。原资料记书院租入：前任孙公充刘家田壩等处旱地共1.7亩，每年共收麦租、包谷租各0.3石；又当明金寨旱地5亩，收麦租0.5石、包谷租1石。
沔县	光绪	0.60	

续表

地　区	年　代	亩产（石/亩）	资料出处及说明
紫阳	嘉庆	1.25	光绪《紫阳县志》卷2。原资料记营田：嘉庆九年奉旨筹办宁陕汉南各镇新兵借项，置买地亩，共水田39.85亩，共旱地81.89亩，共收京斗租谷83.904石，共收京斗包谷51.205石。本例只计算旱地产量。
汉阴厅	嘉庆	1.20	嘉庆《汉阴厅志》卷4。原资料记：嘉庆二十一年通判钱鹤年建养正义学，置买山地二处共七段计种3.07石，每年入租包谷30.7石。地亩数按6升种合1亩折算。
商州	乾隆	1.40	乾隆《直隶商州志》卷5。原资料记：教场官地17.9亩，给贫兵佃种，每亩轻科麦秋共7斗，每年粿粒12.53石。
雒南	乾隆	0.20	同上书，卷4。原资料记：学田82亩，租8.3石。
商南	光绪	1.04	民国《商南县志》卷3。原资料记高等小学校（光绪二十八年成立）田地租稞：党家店上首平地三段计9亩，稞4.7石；东关河东水田4亩，约收租3石；鹦鹉沟平地六段计5亩、柴山一段，约收租2石。又记宾兴会（光绪十八年设）田地租稞：大富家沟口塔坡脚田地一段计30亩，约收租10石。
商南	光绪	1.50	
商南	光绪	0.80	
商南	光绪	0.67	
延安府	顺治	0.25	康熙《鄜州志》卷3。原资料录左布政使陈爌疏：延安府属地方，设在丛山幽谷之中，一亩之耕，丰年仅能获粟2~3斗。取中值。
肤施	道光	0.17	卢坤《秦疆治略》。原资料记：土俗以3亩为埫，每埫所收，丰年不过5斗。
安塞	清末民初	0.16	民国《安塞县志》（民国3年本）卷6。原资料记："地以三四亩为一埫……苗浅获薄，埫止五六斗许。"
安定	道光	0.17	道光《安定县志》卷1。原资料记：计地不以亩而以埫，一埫3亩，每埫遇丰年所收约5斗。
宜川	乾隆	0.05	乾隆《宜川县志》卷2。原资料记瑞泉书院学租：白家嘴坡地20.1亩，乾隆十七年丈明定租，每年共收租谷5斗。
延川	道光	1.50	道光《重修延川县志》卷1。原资料记：每地一亩，若种麦谷，所收不过1~2石。兹取中值。
延川	道光	0.06	同上书，卷2。原资料记：养济院义田共地26埫，带粮0.1285石，每年收租谷2.37石；又道光十年县民张大江捐地共12.5埫，带粮0.025石，每年收租谷1.27石。又记：登峰书院学田地120埫，年收租谷12石。按当地一埫约合3亩，见卷3《政事志·地亩》。
延川	道光	0.07	
延川	道光	0.07	
延长	乾隆	0.40	民国初补抄乾隆《延长县志》卷3。原资料记：邑属"科粮以五亩折正一亩，呼为一埫，其一埫获粮除川地外不能满市斗一石，计亩止二斗内外"。按仓斗产量入表。

续表

地 区	年 代	亩产（石/亩）	资料出处及说明
怀远	道光	0.25	道光《增修怀远县志》（民国17年横山县志局石印本）卷2。原资料记："边民之病莫甚于广种薄收之说，动曰不种百垧，不收百石。"
葭州	道光	0.20	卢坤《秦疆治略》。原资料记：种艺五谷，终岁所获，一亩不过2斗。
神木	道光	0.20	道光《榆林府志》卷7。原资料记：学田3垧，租9斗。
府谷	乾隆	0.12 0.15 0.17	乾隆《府谷县志》卷1。原资料记义学租：皇甫堡城有该堡公地2垧，每年除租银粟外，收粟32石；粮地37垧，每年除纳麋粮0.585石外，又收租粟8石；又公地2垧，租46石。地数按每垧270亩、每垧合3亩折算。
永寿	康熙	0.37 0.07	康熙《永寿县志》卷3。原资料记：原额学田151.5亩，每岁征夏秋租粮麦共28.154石；又生员刘可继输田150亩，征夏秋租麦谷共5石。
三水	康熙	0.15	康熙《三水县志》卷2。原资料记学田：原额地上下不等，共271亩，征租麦、谷各10.4285石。
淳化	乾隆	0.16	乾隆《三水县志》卷12。原资料记学租：县册学田地138.36亩，岁征租谷11.224石，散给廪贫诸生。
鄜州	顺治	0.25	康熙《鄜州志》卷3。原资料录左布政使陈爌疏：一亩之耕，丰年仅能获粟2~3斗。
中部	清末民初	0.27 0.20	民国《中部县志（黄陵县志）》卷6、卷17。原资料卷6记："佃农每亩所收成数，夏田多则三分，秋禾多则五分；田主所得租额，夏五升，秋一斗。"卷17记：东乡杨树镇有学田40亩，每年收租粮4石。
清涧	道光	0.21	卢坤《秦疆治略》。原资料记：土瘠民贫，地多坡岭，以3亩为一垧，每垧收麦不过5~6斗，秋谷7~8升即为丰年。兹取中值。

附表3-6　清代北方旱粮亩产量：甘肃、新疆

地 区	年 代	亩产（石/亩）	资料出处及说明
全省平均（甘肃内地53例，新疆24例，共计77例）		甘肃：0.50；新疆：0.95；总平均：0.64	

续表

地区	年代	亩产（石/亩）	资料出处及说明
皋兰	乾隆	0.11	乾隆《皋兰县志》卷7。原资料记义学田：坪地共36亩，又故军熟地约80亩，共纳市斗租粮1.3石。按每市斗合5仓斗折算产量入表。
皋兰	道光	0.15	刑科题本（转自黄冕堂《清史治要》122页）。原资料记：道光十八年，佃地20垧，租额3.7石。按当地每垧约合2.5亩。
皋兰	光绪	0.12	光绪《重修皋兰县志》卷15。原资料记：光绪元年总督左宗棠拨北山荒绝田300垧为义学田，岁租市斗小麦9石。
金县	康熙	0.30	康熙《金县志》卷上。原资料记："邑处荒服……田为下下，二易三易，方可布种，籽粒复少，每亩丰岁所入，不过三斗。"
金县		0.12	同上。原资料记学田174亩，征租数有缺字，据道光《兰州府志》卷3，应为10.44石。
狄道州	道光	0.30	道光《兰州府志》卷3。原资料记：府学学田在狄道州，原额940亩有奇，征粮140石，今除荒粮外，每岁实征粮100.775石。因除荒亩数未详，本例仍按原租额估算产量。
渭源	道光	0.12	同上。原资料记：学田原额13.48石，除荒外实收租粮3.98石、租银1.9两。田数按每斗合1亩折算，租银折算租粮3.8石。
靖远	道光	0.22	同上。原资料记：靖远县学田10顷，岁收租12石，又征银96两。银租折算租粮96石。
靖远	雍正	0.33	道光《靖远县志》卷5。原资料记：糜子滩学田20亩、后澄口10亩有余，旧为豪强占没，雍正十一年邑侯石公讳观查清，仍归学校，每年租粮市斗2石。按每市斗合2.5仓斗折算产量入表。
岷州	康熙	1.00	康熙《岷州志》卷11。原资料记：丰年平地每亩所收"盈石"，山地"五六斗"。
岷州	康熙	0.55	康熙《岷州志》卷11。原资料记：丰年平地每亩所收"盈石"，山地"五六斗"。
岷州		1.03	光绪《洮州厅志》卷8。原资料记：学田在岷州者145亩，学宪张公捐置，系负郭沃壤，雇人耕种，可收150石。又记：（岷州）北城壕地10.1亩，招佃耕种，承粮1石。
岷州		0.20	光绪《洮州厅志》卷8。原资料记：学田在岷州者145亩，学宪张公捐置，系负郭沃壤，雇人耕种，可收150石。又记：（岷州）北城壕地10.1亩，招佃耕种，承粮1石。
洮州厅	乾隆	1.73	乾隆《甘肃通志》卷9。原资料记：学田45亩零，征租粮39石。
宁夏府	乾隆	0.36	乾隆《甘肃通志》卷9。原资料记：府学田357亩，租粮64.36石。
宁夏府	乾隆	0.86	乾隆《宁夏府志》卷7。原资料记："更名地系前明废藩租地，至本朝定鼎，编入正额"，每亩征粮0.18石，另征银0.307两，乾隆二年以后减则征收。本例征银数折算粮0.5石。

续表

地 区	年 代	亩产（石/亩）	资料出处及说明
宁夏	康熙	1.09	光绪《甘肃新通志》卷32。原资料记：宁夏县学田原额地693亩，征粮377石，除康熙二年裁去宁夏等卫学租粮外，岁征租粮137石。因康熙二年所载地亩数不详，本例仍按原租粮数估算产量。
宁朔	乾隆	0.36	乾隆《宁夏府志》卷7。原资料记：养廉学租田66亩，每亩征粮1.8斗。
平罗	乾隆	0.17	同上书，卷6。原资料记：银川书院学田在平罗县，共10806.5亩，每岁共收租粮915.585石。
灵州	乾隆	0.08	刑科题本（《清代地租剥削形态》123页）。原资料记：撒三租种沙田1亩，每年交租粮4升。
西宁	乾隆	0.20 0.53	乾隆《甘肃通志》卷9。原资料记：学田137亩，租粮13.75石。又记：社田15亩，征租粮4石。
凉州府	光绪	0.08	光绪《甘肃新通志》卷32。原资料记：府学田原额3819.2亩，征粮147.75石。
武威	乾隆	0.11 0.16	乾隆《五凉全志·武威县志·建置志》。原资料记：文庙祭田355亩，岁纳租粮20石。又记：名宦祠祭田77亩，岁纳租粮6石。
	光绪	0.06	光绪《甘肃新通志》卷32。原资料记：武威县学田1809.1亩，岁征租粮55.025石。
镇番	雍正	0.50 0.59	乾隆《重修肃州新志·屯田》。原资料附载柳林湖屯田：雍正十二年下小麦、豌豆、糜、粟四种10500石，秋收除种官民平分各27440.035石；十三年下麦、糜、粟三种11565.99石，秋收除种官民各分36582.9石。地数按种7升合1亩计（依据见同书）。
	光绪	0.10	光绪《甘肃新通志》卷32。镇番县学田1468.6亩，岁征仓斗粮72.509石。
永昌	雍正	0.50 0.33	乾隆《重修肃州新志·屯田》。原资料附载昌宁湖屯田：该地士民贡生王建国等呈请自备工本垦种，永昌知县汪志备每年借发麦种200石，秋成时扣还籽种，仍补给工本200石，然后官民平分，雍正十二年各分303.75石，十三年各分129石。地数按麦种1斗合1亩计（依据见同书）。
古浪	清末民初	0.13	民国《古浪县志·教育志》。据原资料《古浪县各区国民学校学田表》，民国8年以前查出拨归各校之学田共计种122.6石，收租79.3石。按种1斗合田1亩折算地亩数。
平番	光绪	0.15	光绪《甘肃新通志》卷32。原资料记：平番县学田实地525.4亩，岁取租粮市斗19.26石。按每市斗合2仓斗折算产量。

续表

地 区	年 代	亩产（石/亩）	资料出处及说明
庄浪厅	乾隆	0.25	乾隆《庄浪志略》（耿光文增补本）卷12。原资料记：学田地（明末置）1顷余，每亩租谷0.125石。
张掖	雍正	0.91 1.47 1.66	乾隆《重修肃州新志·屯田》（抄本）。原资料记平川堡屯田：共地1169亩，雍正十一年下种58.4石，除种官民各分501.21石；十二年下种145.8石，除种官民各分787.19石；十三年下种119.31石，除种官民各分912.49石。
张掖	乾隆	0.08	乾隆《甘州府志》卷7。原资料记：张掖县乾隆知县王廷赞任内归入各渠租粮田地共6063.1亩，内未招户共478亩，现在纳租地5585.1亩，岁收仓斗麦147.47石、市斗小麦41.72石。市斗租麦按每市斗合2仓斗折算。
张掖	光绪	0.11	光绪《甘肃新通志》卷32。原资料记：张掖县学田原额2634.2亩，岁征仓斗粮150.36石。
山丹	嘉庆	2.73	道光《山丹县志》卷6。原资料记：嘉庆二年"查有东中、暖泉、童子各坝荒山旱地百十余亩，给试种成效执照，俾民耕种，每年租粮一百五十余石"。
抚彝厅	乾隆以后	1.17 1.31	民国《创修临泽县志·教育志》。原资料记：原有学田602亩（按此疑为62亩之误），新增学田38.5亩；原有学粮12.53石，新增学粮10.13石；原有学租30.1石，新增学租26.16石。按临泽县（抚彝厅）自乾隆十八年以后始有官办学校。
徽县	嘉庆	0.14	嘉庆《徽县志》卷7。原资料记：原额学田除荒实熟地39亩，征粮2.7石。
高台	雍正	0.27 0.50 0.36 0.30 0.49 0.81 0.57 0.22 0.24	乾隆《重修肃州新志·屯田》（抄本）。原资料记三清湾屯田：共地16232.76亩，雍正十一年下种1445.33石，除种官民各分1484.33石；十二年下种1710.28石，除种官民各分3214.92石；十三年下种973.08石，除种官民各分2462.07石。又记柔远堡屯田：共地5108亩，雍正十三年下种376.72石，除种官民各分578.72石。又记毛目城屯田：共地18025亩，雍正十二年下种1403.55石，除种官民各分3757.29石。又记双树墩屯田：共地1562.5亩，雍正十一年下种83.61石，除种官民各分592.29石；十二年下种188.48石，除种官民各分351.79石。又记九壩屯田：共地1216亩，雍正十一年下种80石，除种官民各分95.35石；十二年下种109.84石，除种官民各分90.09石。

续表

地 区	年 代	亩产（石/亩）	资料出处及说明
敦煌	雍正	0.23	《钦定平定准噶尔方略·前编》卷19。原资料雍正七年十一月乙未条：署川陕总督查郎阿疏言，安西沙州等处屯垦，"所种小麦、青稞、粟、谷、糜子等物，每种一斗，约收三四斗"。地数按种1斗合1.5亩计。
塔尔纳沁	乾隆	0.81	《钦定皇舆西域图志》卷32。以原资料乾隆二十四年至四十二年共计19年的屯田亩产量的平均数入表。据原资料说明，所载"收获分数概以亩计，每亩以斗起分，以亩收一石为十分，合各种土宜，统计成分"。该处土宜：小麦、胡麻、菜籽、糜、青稞。
蔡巴什湖	乾隆	0.90	同上。以原资料乾隆二十七年至四十二年共计16年的屯田亩产量的平均数入表。该处土宜：小麦、谷、糜。
牛毛湖	乾隆	0.92	同上。以原资料乾隆三十二年至四十二年共计11年的屯田亩产量的平均数入表。该处土宜：小麦、豌豆。
朴城子（宜禾县）	乾隆	0.74	同上。以原资料乾隆二十三年至四十二年共计20年的屯田亩产量的平均数入表。该处土宜：小麦、豌豆、青稞。
古城（奇台县）	乾隆	1.33	同上。以原资料乾隆三十七年至四十二年共计6年的屯田亩产量的平均数入表。该处土宜：小麦、豌豆。
木垒奇台（奇台县）	乾隆	1.73	同上。以原资料乾隆三十一年至三十四年共计4年的屯田亩产量的平均数入表。该处土宜：小麦、青稞。
吉布库	乾隆	1.34	同上。以原资料乾隆二十五年至四十二年共计8年的屯田亩产量的平均数入表。该处土宜：小麦、豌豆。
五堡（迪化州）	乾隆	0.44 / 0.61	同上。原资料记：五堡于乾隆二十三年屯兵试垦地8000亩，收获粮3542.5石；二十四年试垦16572亩，收获粮100095石有奇。
五堡（迪化州）、昌吉罗克伦（昌吉县）	乾隆	0.79	同上。以原资料乾隆二十五年至四十二年共计18年的屯田亩产量的平均数入表。该处土宜：小麦、粟、谷、胡麻、青稞。
玛纳斯（绥来县）	乾隆	0.92	同上。以原资料乾隆二十七年至四十二年共计16年的屯田亩产量的平均数入表。该处土宜：青稞、小麦、粟、谷。
济木萨（阜康县）	乾隆	1.04	同上。以原资料乾隆三十三年至四十二年共计10年的屯田亩产量的平均数入表。该处土宜：青稞、谷、粟、小麦。
库尔喀喇乌苏	乾隆	0.88	同上。以原资料乾隆二十七年至四十二年共计16年的屯田亩产量的平均数入表。该处土宜：小麦、粟、谷、青稞。

续表

地 区	年 代	亩产（石/亩）	资料出处及说明
晶河	乾隆	0.87	同上。以原资料乾隆二十七年至四十二年共计16年的屯田亩产量的平均数入表。该处土宜：小麦、青稞、粟、谷。
塔尔巴噶台	乾隆	1.24	同上。以原资料乾隆三十年至四十二年共计13年的屯田亩产量的平均数入表。该处土宜：小麦、胡麻、青稞。
伊犁	乾隆	1.69	同上。以原资料乾隆二十六年至四十二年共计17年的屯田亩产量的平均数入表。该处土宜：大麦、小麦、糜、谷、青稞。
辟展	乾隆	0.65	同上书，卷33。原资料记：土宜麦、青稞、豌豆、粟、谷；乾隆二十四年收获六分五厘，二十五年收获十五分九厘。
辟展	乾隆	1.59	
哈喇和卓	乾隆	0.55	同上。原资料记：土宜小麦、青稞、粟、谷；乾隆二十四年收获五分五厘，二十五年收获九分二厘。
哈喇和卓	乾隆	0.92	
托克三	乾隆	0.41	同上。原资料记：土宜小麦、豌豆、粟、谷；乾隆二十四年收获四分一厘，二十五年收获七分五厘。
托克三	乾隆	0.75	
哈喇沙尔	乾隆	0.79	同上。以原资料乾隆二十三年至四十二年共计20年的屯田亩产量的平均数入表。该处土宜：粟、谷、小麦、青稞。
乌什	乾隆	0.94	同上。以原资料乾隆三十一年至四十二年共计12年的屯田亩产量的平均数入表。该处土宜：小麦、大麦、豌豆、糜。

附表 3-7　清代北方旱粮亩产量：东北

地 区	年 代	亩产（石/亩）	资料出处及说明
全省平均（39例）		**0.56**	
奉天	道光	0.13	刑科题本（转自黄冕堂《清史治要》122页）。原资料记：道光二十一年，地3垧，实物额租共1.2石。
奉天	道光	0.33	同上。原资料记：道光二十一年，地2垧，实物额租共2石。
奉天	道光	0.40	同上。原资料记：道光二十二年，地2.5垧，实物额租共3石。
锦州	乾隆	1.25	刑科题本：乾隆十年七月十七日盛安题（转自郭松义《清代北方旱作区的粮食生产》）。原资料记：地2垧，产高粱15石。

续表

地 区	年 代	亩产（石/亩）	资料出处及说明
兴城	乾隆	0.13	刑科题本：乾隆四十四年九月十三日穆精阿题（转自郭松义《清代北方旱作区的粮食生产》）。原资料记：开荒地，每晌额租0.4石。
抚顺	清末	0.92 0.58 0.25	宣统《抚顺县志略·风俗略》。原资料记：该县"以田地六亩为一日，上则地收粮五六石，中则地三四石，下则地一二石"。各取中值入表。
辽阳	清末民初	0.63 0.53 0.27 0.64 0.55	民国《辽阳县志》卷27。原资料记：全境农产品高粱120万亩，平均收70～80万石；豆类50万亩，收26万～27万石；小麦30万亩，约收8万；大麦7万亩，约收4.5万石；谷子20万亩，约收11万石。
宁海	乾隆	0.27	刑科题本：乾隆九年五月十七日来保题（转自郭松义《清代北方旱作区的粮食生产》）。原资料记：地12晌，产杂粮19.6石。
新民府	清末	0.40 0.40 0.20 0.20 0.40 0.50 0.50 0.70	宣统《新民府志·实业二·农业》。原资料记粮食作物每亩产量，高粱4斗、大豆4斗、小豆2斗、小麦2斗、黍4斗、陆稻5斗、稗5斗。又记：当地农业试验场之高粱、谷类每亩产量7斗有奇。
吉林	乾隆	0.33	刑科题本（《清代地租剥削形态》168页）。原资料记：陈思敬租种张祥粮地6晌，议定秋后给租粮6石。
	乾隆	0.09	刑科题本：乾隆五十九年八月二十日阿桂题（转自郭松义《清代北方旱作区的粮食生产》）。原资料记：地40晌、房2间，额租11石。
	嘉庆	0.83 0.24	萨英额纂《吉林外记》卷7。原资料记：吉林官庄原额每壮丁给地12晌，交仓石粮30石。嘉庆二十一年将军富俊奏准：官地及旗民私开毗连之地15248晌3亩，按上中下三等征收，计得租粮11197.45石。

续表

地 区	年 代	亩产（石/亩）	资料出处及说明
农安	清末	0.67 0.67 0.50 1.00 0.42 0.67 0.50	杨光震《近七十余年来东北地区种植结构变化研究》（载《中国农史》1985年第1期）。据该文，清末农安县粮食作物的每晌平均产量为高粱4石、谷子4石、大豆3石、玉蜀黍6石、小麦2.5石、大麦4石、杂粮3石。
宁古塔	康熙	0.38	杨宾《柳边纪略》卷3。原资料记："宁古塔地不计亩而计晌，晌者，尽一日所种之谓也。纳〔约〕当浙江田四亩零。一夫种二十晌，晌收谷自一石至二石，以土之厚薄为等杀。"
	道光	0.83	萨英额纂《吉林外记》卷7。原资料记：宁古塔官庄每壮丁给地12晌，交仓石粮30石。
伯度讷	道光	0.83	同上。原资料记：伯度讷官庄每壮丁给地12晌，交仓石粮30石。
三姓	道光	0.83	同上。原资料记：三姓官庄每壮丁给地12晌，交仓石粮30石。
阿拉楚喀拉林	道光	0.83	同上。原资料记：阿拉楚喀拉林官庄每壮丁给地12晌，交仓石粮30石。
双城堡	道光	1.88	同上书，卷10。原资料记：道光初，双城堡屯田连年丰收，一晌地至少打粮4~5市石（按每市石约合2.5仓石）。

附表3-8　清代南方水稻亩产量：江苏

地 区	年 代	亩产（石/亩）	资料出处及说明
全省平均		3.14	
江南地区	乾隆	2.50 1.50	乾隆《钦定授时通考》卷21。原资料记：江南水田稻收，"亩多二三石，次一二石"。兹取中值入表。
江宁府	康熙	5.90 6.50	《康熙朝汉文朱批奏折汇编》第7册，2185页：江宁织造曹頫奏报江南米价并报御赐稻种收成折（康熙五十五年七月十四日）；2239页：江宁织造曹頫奏报江南米价并御赐稻种二季稻成熟折（康熙五十五年十月初一日）。原资料记：该地百姓试种御稻，早稻"每亩收获三石七八斗不等"；晚稻"每亩收谷二石一二斗至二石七八斗不等"。以两季总收中值入表。

续表

地　区	年　代	亩产（石/亩）	资料出处及说明
江宁府	康熙	5.10	同上书，2247 页：江宁巡抚吴存礼奏报李煦转交御稻谷种两季收成情形折（康熙五十五年十月初三日）。原资料记：试种御稻 2 亩，早稻"每亩收稻谷三石六斗"，晚稻"每亩收稻谷一石五斗"。合计两季总收入表。
江宁、上元	雍正	3.00	方苞《方望溪全集》卷 17《家训·甲辰示道希兄弟》。原资料记："金陵上田十亩，一夫率家众力耕，丰年获稻不过三十余石。"
金匮	乾隆	4.00	刑科题本（《清代地租剥削形态》741 页）。原资料记：辛关租种辛瑞田 2.25 亩，每年额租米 2.25 石。折算稻谷产量入表。
金匮	乾隆至嘉庆间	3.00	钱泳《履园丛话·臆论》。原资料记："每田一亩，丰收年岁不过收米一二石不等。"兹取中值并折算稻谷产量入表。
无锡	嘉庆	2.50	冯和法《中国农村经济资料》417 页（转自郭松义《清前期南方稻作区的粮食生产》）。原资料记：佃田 4 万余亩，额租米 2～3 万石。折算稻谷产量并以中值入表。
宜兴	乾隆	4.00	刑科题本（《清代土地占有关系与佃农抗租斗争》365 页）。原资料记：平田 4.6 亩，额租米 4.6 石。折算稻谷产量入表。
武进	乾隆	4.00	同上书，471 页。原资料记：平田 1.8 亩，额租夏麦 0.54 石、冬米 1.8 石。折算稻谷产量入表（麦租不计）。
江阴	康熙	5.50	康熙《江阴县志》卷 3。原资料记：亩收米 2.5～3 石。折算稻谷，以中值入表。
江阴	雍正	0.64	道光《江阴县志》卷 5。原资料记：县学田内有雍正十二年奉宪檄拨慧凝庵入官沙田 89.96 亩，额租夏麦 2.73 石、秋米 28.81 石。又记：雍正五年海防同知李世金捐置宾兴田 36.75 亩，额租夏麦 8.748 石、秋米 24.225 石（乾隆五十年后减租）。又记：吴公祀田 10 亩，明置，原额夏麦 3 石、秋米 10 石，康熙六十一年起减为夏麦 3 石、秋米 7 石。均不计夏麦，以秋米折算稻谷产量入表。
江阴	雍正	1.32	
江阴	雍正	1.40	
江阴	乾隆	3.60	刑科题本（《清代土地占有关系与佃农抗租斗争》642 页）。原资料记：田 1.8 亩，额租米 1.62 石。折算稻谷产量入表。

续表

地　区	年　代	亩产（石/亩）	资料出处及说明
苏州、松江	清初	6.00	顾炎武《日知录·苏松二府田赋之重》。原资料记：吴中地方，"岁仅秋禾一熟。一亩之收，不能至三石，少者不过一石有余"。折算稻谷产量入表。
		2.00	
	康熙	5.00	靳辅《生财裕饷第一疏》（载《皇朝经世文编》卷26）。原资料记：苏、松、嘉、湖之民，"壮夫一丁，止可种稻田十二三亩，其岁收粒米，肥地不过三十余石，瘠地亦可得二十石"。折算稻谷产量入表。
		3.20	
	道光中至咸丰、同治	5.00	冯桂芬《显志堂稿》卷11《兴水利议》。原资料记："南方（按指江南苏、松地区）地亩狭于北方，而一亩之田，中熟之岁收谷约有五石，则为米二石五斗。"
	同治、光绪间	3.00	陶煦《租核·重租论》。原资料记：秋禾亩产不过收3石，少者止1石有余。
		1.00	
苏州府	康熙	5.00	《康熙朝汉文朱批奏折汇编》第7册，2542页：江宁巡抚吴存礼奏报李煦所交御稻两季收谷数目并粮价折（康熙五十六年十月十三日）。原资料记：苏州等府是年试种御稻，早稻"每亩收谷自三石至三石六七斗不等"，晚稻"每亩收谷二石至二石三四斗不等"。合计两季总收，分别以中值入表。
		6.00	
苏州	康熙	6.68	《李煦奏折》226、233、246、256页。原资料记：苏州所种御稻80亩，康熙五十六年亩收早稻4.1石、晚稻2.5石；五十七年亩收早稻4.15石、晚稻2.6石。兹以两年平均产量入表。
		4.66	同上书，246~249、257~258页。据李煦康熙五十七年七月十六日、九月二十五日两次奏报的苏州乡绅领种御稻早、晚二季产量清单，早稻平均亩产2.99石、晚稻1.67石。
	乾隆	4.12	慎余堂租田簿（转自赵冈等《清代粮食亩产量研究》38页）。原表开列有乾隆十一年至二十年的历年亩产，兹按十年平均数入表。
	嘉庆	6.00	包世臣《齐民四术》卷2。原资料记：稻麦二熟田，上岁亩常收米3石、麦1.2石，中岁亩米2石、麦0.7石。仅以米收折算稻谷产量入表。
		4.00	
	道光	6.00	文柱《蚕桑合编序》。原资料记：稻麦二熟田，每亩收米3石，另收春麦1.5石。仅以米收折算稻谷产量入表。
	光绪	3.32	宝善堂收租册（转自赵冈等《清代粮食亩产量研究》38~39页）。原表开列有光绪五年至九年的产量数据，兹取其平均值入表。

续表

地　区	年　代	亩产（石/亩）	资料出处及说明
苏州	光绪	3.49	最详田租册（同上书，39页）。原表开列有光绪八年至十二年的产量数据，兹取其平均值入表。
		3.44	秦宝善栈礼记田房总册（同上书，39页）。原表开列有光绪十五年7个产量数据，兹取其平均值入表。
	宣统	3.51	宝记租册（同上书，39~40页）。原表开列有宣统元年至1912年6个产量数据，兹取其平均值入表。
		2.50	东亚同文书院编《支那经济全书》第8辑第1编，"农业"203~207页。表中3个数据分别为当地上田、中田、下田的平均亩产。
		1.70	
		0.85	
长洲	康熙	4.10	唐甄《潜书·食难》。原资料记："唐子有冶长泾之田三十亩、谢庄之田十亩，佃入四十一石，下田也。"折算稻谷产量入表。
昆山	乾隆	1.88	刑科题本（《康雍乾时期城乡人民反抗斗争资料》43页）。原资料记：刘太兄弟佃种季永和田16.5亩，每年额租15.5石。
常熟、昭文	道光	2.00	郑光祖《一斑录·杂述》卷2《宪颁早稻櫌耘法》。原资料记：当地按林则徐推广之法种早稻，"仅获石米，晚者又次之"。
吴江	乾隆	1.60	乾隆《吴江县志》卷38。原资料记："佃人之田以耕而还其租者曰租户"，亩租"下自八斗，上至一石五斗间，有至一石八斗者"。
		3.00	
		3.60	
震泽	乾隆	1.00	乾隆《震泽县志》卷25。原资料记："计亩还租，下自五斗，上至一石八斗而止。"
		3.60	
华亭、娄县、青浦	康熙	7.00	叶梦珠《阅世编》卷1。原资料记："华、娄、青邑，亩收三四钟[石]，皆石外起租，甚至一石五六斗者比比。"按此处应为米收，折算稻谷产量，以中值入表。
华亭、娄县	康熙十七年	4.00	同上。原资料记：康熙十七年大旱，华、娄二邑自六月望后起至十一月复大疫，"戽水无力，招募无人，田多抛荒。即号称熟者，亦皆歉收三斛。起租之田，上好不过收米二石，次者一石五斗，甚者只收石许"。折算稻谷产量入表。
		3.00	
		2.00	
	道光三年前	6.00	姜皋《浦泖农咨》。原资料记："上丰之岁，富农之田，近来（按指道光三年以后十余年间）每亩不过二石有零。"又记："昔时田有三百个稻者，获米三十斗，所谓三石田稻是也。自癸未（按指道光三年）大水后，田脚遂薄，有力膏腴者所收亦仅二石。"均折算稻谷产量入表。
	道光三年后	4.00	

续表

地　区	年　代	亩产 （石/亩）	资料出处及说明
华亭、娄县	嘉庆	4.00	钦善《松问》（载《皇朝经世文编》卷28）。原资料记：（松江府城一带）滨水耕田，稻花并植，"多棉百斤，少米二石。"
		3.16	嘉庆《松江府志》卷30。原资料记：新置学田512.86244亩，每年应征租米404.984石。折算稻谷产量入表。
华亭	乾隆	2.96	乾隆《华亭县志》卷7。原资料记：县学田502.799亩，额征租米372.66石。折算稻谷产量入表。
	道光	1.84	光绪《重修华亭县志》卷5。原资料记学宫洒扫田：道光二十八年廪生汤衡宣元音劝捐共田300.412亩，额租276.071石。
上海	顺治	3.00	姚廷遴《历年记》上。原资料记：顺治五年，田大有收，"收获花稻，稻约每亩三石，花约八十斤"。
	康熙	4.60	叶梦珠《阅世编》卷1。原资料记：上海上田收租"石一二斗，次则八九斗，下至六斗"。按皆应指米租，折算稻谷产量，以中值入表。
		3.40	
		2.40	
奉贤	乾隆	5.20	刑科题本（《清代地租剥削形态》779页）。原资料记：华鸣九承种金鼎缨2亩田，额租米2.6石。折算稻谷产量入表。
太仓州	清初	7.20	陆世仪《思辨录辑要》卷11。原资料记："江南（按指太仓州一带）湖荡间膏腴去处地辟工修者"大约"一亩该得米三石六斗之数"，"其余常田大约三铺为束者得一石五六，二铺为束者得二石五六"。均折算稻谷产量并取中值入表。
		5.10	
		3.10	
宝山	道光	4.00	章谦［存］《备荒通论上》（载《皇朝经世文编》卷39）。原资料记："以中年约之，一亩得米二石。"折算稻谷产量入表。
如皋	乾隆	2.64	刑科题本（《清代地租剥削形态》665页）。原资料记：陈光祖租种许文进沙田3.05亩，每年还租米2.013石。折算稻谷产量入表。
淮扬地区	康熙	2.00	盛枫《江北均丁说》（载《皇朝经世文编》卷30）。原资料：江以北，淮以南，富人"坐拥一县之田，役农夫，尽地利"，"农夫一亩之所获，通丰耗而权之，富民之入，恒不下一石"。
		4.89	《李煦奏折》249~250、259~260页。据李煦康熙五十七年七月十六日、九月二十五日两次奏报的两淮商人领种御稻早、晚二季产量清单，早稻平均亩产3.1石、晚稻1.79石。

续表

地区	年代	亩产（石/亩）	资料出处及说明
江都	乾隆	3.00	汪中《从政录》卷3《沟洫图说》。原资料记：以低田70亩种稻，中岁亩收3石，作米1.5石。
东台	嘉庆	0.67 0.89 0.82	嘉庆《东台县志》卷12。原资料记：程大恕捐学田80亩，每年租稻120秤。又记：书院田5亩，每年纳租10秤；又书院田158亩，每年麦租大麦16石，秋租稻65石。
泰州	嘉庆	1.09	同上。原资料记：泰州莲花池学田445亩，每年征收夏租小麦66.65石、大麦4石，秋租稻1083秤23斤、黄豆1.2石。仅以秋租稻折算产量入表。
泰州	嘉庆	1.20	档案（转自郭松义《清前期南方稻作区的粮食生产》）。据郭文：嘉庆时有泰州某处地1块，亩租0.6石。
高邮州	道光	0.71	道光《续高邮州志·舆地》。原资料记：道光九年陈澋呈缴五总四里田21亩，每年包租稻10担。
宝应	道光	1.10 2.00 0.88 2.46 1.23 1.40 1.30 1.93 1.45 1.20 1.83	道光《重修宝应县志》卷3。原资料记：书院院产，柘沟庄风车圩田20亩，每年包租11石；松袁庄田2亩，每年包租2石；大官庄荒圩田25亩，每年包芒稻11石；松袁庄秧田68.35亩，每年包租84石；柘沟庄田60亩，每年包租37石；柘沟庄田10亩，每年包租7石；柘沟庄田40亩，每年包租26石；殷黄台田60亩，每年包租58石；殷黄台风车水圩田120亩，每年包芒稻87石；殷黄台水圩田50亩，每年包租30石；蚬嘘庄田24亩，每年包租22石。
宝应	道光	2.07	同上书，卷9。原资料记："朱训导联镳自捐腴田"290余亩，每年秋稻300余石，"赡其高祖以下子孙"。
淮安、徐州、海州	乾隆	0.80	陈宏谋《陈招垦淮北事宜以广生计疏》（载《皇清名臣奏议》卷53）。原资料记：各地招垦，"成熟之后，每亩麦田纳麦租二斗，水田纳谷四斗，官给印照，永远存佃为业"。
山阳	光绪	3.00	光绪《淮安府志》卷20。原资料记：县射阳书院有秧田20亩，岁包租30石。

附表 3-9　清代南方水稻亩产量：安徽

地 区	年 代	亩产（石/亩）	资料出处及说明
全省平均		**2.81**	
宿松	乾隆	3.04	刑科题本（《清代地租剥削形态》223 页）。原资料记：县民徐光绪佃田 9.6 亩，每年额租 19 担，另交地课银 1.27 两，乾隆五十六年实收获稻 30 担。
		2.40	
望江	乾隆	1.83	刑科题本（《清代地租剥削形态》189 页）。原资料记：陈以太佃种 3.5 石种田，每年额租谷 32 石。又记：该地"乡间俗例，每种一石，收［租］谷十石"。按 1 斗种田等于 1 亩田计算产量入表。
		2.00	
徽州府	康熙四年至康熙十九年	1.71	中国社会科学院经济研究所藏《屯溪档案·租 395》（转自江太新、苏金玉《论清代徽州地区的亩产》表 2）。按原表分别开列祈门十八都周家住基等 10 处康熙四年至十九年的平均亩产，单位为斤。按每 130 斤为 1 石比率折算产量入表。
		1.55	
		2.02	
		1.49	
		1.93	
		2.54	
		3.08	
		2.59	
		4.44	
		2.12	
	康熙五十六年至雍正十三年	2.85	中国社会科学院经济研究所藏《屯溪档案·租 273.4》（同上文，表 3）。按原表分别开列林公御等 4 佃户康熙五十六年至雍正十三年的平均亩产，单位为斤。按每 130 斤为 1 石比率折算产量入表。
		2.75	
		2.86	
		2.78	
	雍正十二年至乾隆十九年	2.44	中国社会科学院经济研究所藏《屯溪档案·租 241》（同上文，表 4）。按原表分别开列大坞等 12 处雍正十二年至乾隆十九年的平均亩产，单位为斤。按每 130 斤为 1 石比率折算产量入表。
		3.30	
		3.96	
		3.35	
		3.35	
		2.66	
		1.81	
		2.95	
		3.66	
		1.50	

续表

地区	年代	亩产（石/亩）	资料出处及说明
徽州府	雍正十二年至乾隆十九年	2.80	
		3.68	
	乾隆二十年至乾隆五十五年	2.88	中国社会科学院经济研究所藏《屯溪档案·租245》（同上文，表5）。按原表分别开列寺居林等22处乾隆二十年至五十五年的平均亩产，单位为斤。兹按每130斤为1石比率折算产量入表。
		3.85	
		2.91	
		2.13	
		2.63	
		0.57	
		2.60	
		2.24	
		0.75	
		0.96	
		1.45	
		2.66	
		2.07	
		4.04	
		2.22	
		2.55	
		2.59	
		2.72	
		2.55	
		3.28	
		1.71	
		3.23	
	乾隆四十八年至嘉庆五年	4.96	中国社会科学院经济研究所藏《屯溪档案·租243》（同上文，表6）。按原表分别开列上坑等6处乾隆四十八年至嘉庆五年的平均亩产，单位为斤。兹按每130斤为1石比率折算产量入表。
		0.49	
		2.09	
		2.58	
		2.08	
		1.06	

续表

地区	年代	亩产（石/亩）	资料出处及说明
徽州府	嘉庆二十二年至道光八年	3.28	
		3.39	
		3.57	
		3.08	
		2.51	
		3.42	
		2.48	
		2.87	
		3.83	
		3.83	
		2.64	
		2.91	
		3.15	
		2.96	
		3.12	中国社会科学院经济研究所藏《屯溪档案·租B484》（同上文，表7）。按原表分别开列马鞍丘等81处嘉庆二十二年至道光八年的平均亩产，单位为斤。兹按每130斤为1石比率折算产量入表。
		2.78	
		3.45	
		3.20	
		3.22	
		1.55	
		3.19	
		2.72	
		3.88	
		3.38	
		3.49	
		2.89	
		3.42	
		2.49	
		2.69	
		3.48	
		3.40	

续表

地　区	年　代	亩产（石/亩）	资料出处及说明
徽州府	嘉庆二十二年至道光八年	3.25	
		3.84	
		2.40	
		2.57	
		3.72	
		4.55	
		3.40	
		3.09	
		3.12	
		3.50	
		2.80	
		3.32	
		2.34	
		3.71	
		3.22	
		1.75	
		2.59	
		2.06	
		1.77	
		3.21	
		3.30	
		3.07	
		3.15	
		3.34	
		2.55	
		3.28	
		2.63	
		3.59	
		3.39	
		3.36	
		3.55	

续表

地　区	年　代	亩产（石/亩）	资料出处及说明
徽州府	嘉庆二十二年至道光八年	3.68	
		2.90	
		2.45	
		2.41	
		3.09	
		3.75	
		2.97	
		2.12	
		2.75	
		2.58	
		2.19	
		3.38	
		2.21	
		3.13	
		2.65	
		2.98	
		2.78	
		2.31	
		1.89	
	光绪九年至三十四年	1.79	中国社会科学院经济研究所藏《屯溪档案·租B005》（同上文，表8）。按原表分别开列十八亩丘等43处光绪九年至三十四年的平均亩产，单位为斤。兹按每130斤为1石比率折算原表43处总平均产量入表。
休宁	康熙十五年至乾隆五十八年	2.11	租册（转自赵冈等《清代粮食亩产量研究》35页）。以赵表此期间内各年数据的平均值入表。
歙县	雍正五年至道光二十三年	3.19	租册（同上书，35~36页）。以赵表此期间内各年数据的平均值入表。
黟县	乾隆十四年至光绪二十四年	3.24	租册（同上书，36页）。以赵表此期间内各年数据的平均值入表。
婺源	道光六年	3.60	刑科题本（同上书，36页）。

续表

地 区	年 代	亩产（石/亩）	资料出处及说明
宣城	嘉庆	2.04 1.50 1.07 2.00 0.87 2.67 1.88 3.68 3.41 3.09 3.60 1.95 2.00 2.07 2.00 2.00 2.29 4.00	嘉庆《宁国府志》卷17。原资料记各项公田内：籍田4.9亩，额租9.2石，因田低洼，每年实纳租谷5石。府学田，后村冲田32亩，原额租谷39石，后减至24石；袁村冲田15亩，原额租谷18石，后减至8石。敬亭书院田，陈谷冲田110亩，额租稻110石；大树下田33.5亩，每年下田分割，收13~16石毛稻。湾沚樊家冲田13.7亩，额租稻18.3石；金宝圩田32亩，额租稻30石；新丰刘村冲田175.95亩，额租稻324.085石；嘉庆九年泾县绅士捐小麻村田51.1亩，额租稻87.06石；余村街田73.24亩，额租稻113.18石。府囚田15亩，内水塘3所，每年额收租谷27石。县学田，抚按两院项下92.544亩，原额租谷98石，康熙丙子后减为90石；本府发追项下24亩，额租谷24石；本府项下6亩，每年完租谷6.2石；本县项下共176.4亩，每年完纳租谷176.4石；本县儒学项下32.1亩，每年完租谷32.1石。县囚田146.8亩，每年完纳租谷168.3石。马田415.4678亩，每年完纳租谷830.9石（乾隆二年后定：丰年照额取租，歉岁查照民田收成分数酌减）。以上资料，凡曾减租的，按减后租数计算产量。
南陵	嘉庆	3.00 4.00	同上。原资料记各项公田内：籍田4.9亩，每年完缴租谷7.35石。马田，城内、城外共779.996亩，每年征租谷1559.993石（如收成歉薄，核照民田收成分数详情酌减）。
泾县	嘉庆	2.45 3.66 2.79 4.00	同上。原资料记各项公田内：籍田4.9亩，每年完缴租谷6石。学田，青东都22.9亩，又地18.6亩，每年纳租谷75.9石。囚田121.538亩，每年纳租谷169.5石。马田，192.65亩，每年纳租谷385.3石。
宁国	嘉庆	2.67 2.27 1.25 2.66 4.00	同上。原资料记各项公田内：籍田4.9亩，每年完缴租谷6.55石，岁歉减收1石有奇。义田101.103亩，每亩征租谷1.25石。囚田58.596亩，每年征租谷77.924石。马田106.9626亩，每年征租谷213.9252石。

续表

地 区	年 代	亩产（石/亩）	资料出处及说明
旌德	嘉庆	2.86 1.28 4.83 5.87 4.00	同上。原资料记各项公田内：籍田 4.9 亩，每年完缴租谷 7 石。学田，学院项下共瘠田 83.375 亩，每年完纳租谷 53.4 石；抚按项下田 5.8 亩，每年纳租谷 14 石。囚田 20.5834 亩，每年纳租谷 60.4 石。马田 182.8334 亩，每年纳租谷 365.666 石。
太平	嘉庆	2.61 2.47 1.60 2.27 4.00	同上。原资料记各项公田内：籍田 4.9 亩，每年纳租谷 6.4 石。学田，按院项下 19.6 亩，每年纳租谷 24.24；学院项下 89.9 亩，每年纳租谷 71.92 石。囚田 36 亩，每年纳租谷 40.8 石。马田 128.0272 亩，每年纳租谷 256.0615 石。
宣州卫	嘉庆	1.36 1.54 2.25	同上。原资料记：张公庙祀田，庙东 29.5 亩，每年租稻 20 石；宣邑俞姓捐助军田 5.8 亩，每年租稻 580 斤；泾邑郑姓捐助民田 2.74 亩，每年租稻 400 斤。以上以斤数计租者按 130 斤合稻谷 1 石折算。
贵池	康熙	7.00	乾隆《池州府志》卷 16。原资料记：康熙间邑人李德培捐册田 6 亩于县学，额收租谷 21 石。
	乾隆	3.82	同上书，卷 21。原资料记：养马官田五号，共弓田 756.6 亩，共租谷 1445.8 石。
	光绪	3.60 5.15	光绪《贵池县志》卷 10。原资料记：先农坛籍田 4 亩，实额租谷 7.2 石，按年丰歉议交。又记：贫田，额田 61 亩，共租谷 157 石。
青阳	乾隆	4.01 4.00 4.00	乾隆《池州府志》卷 21。原资料记：养马官田三号，共弓田 551.03 亩，共租谷 1138.2 石。又光绪《青阳县志》卷 1 记：县马田三号一在南寺坂，田 81.9503 亩，租稻 164.3051 石；一在杨田埂，田 202.1976 亩，租稻 404.3952 石；一在观音坂，田 266.8864 亩，租稻 533.7729 石。据县志数据计算入表。
铜陵	乾隆	4.00 2.40 4.95 2.86	乾隆《铜陵县志》卷 4。原资料记：马田（引顺治刘志），惠村坂弓田 42.34692 亩，额租 84.69384 石；长冲坂弓田 79.72684 亩，额租 95.6722 石。囚田 29.736 亩，明天启年间置，额租谷 73.6 石，租银 3.9 两。籍田 4.9 亩，雍正时置，额租谷 7 石。囚田租银不计。
石埭	乾隆	4.01	乾隆《池州府志》卷 21。原资料记：养马官田二号，共弓田 100.03 亩，共租谷 200.7 石。

续表

地 区	年 代	亩产（石/亩）	资料出处及说明
建德	乾隆	4.02	同上。原资料记：养马官田五号，共弓田316.76亩，共租谷636.14石。
	嘉庆	3.65	中国社会科学院经济研究所藏刑档抄件。原资料记：嘉庆六年，顾勇芬将田产1.7亩卖给徐元佐，仍由其子耕种，每年交租谷3.1斗。
东流	乾隆	4.03	乾隆《池州府志》卷21。原资料记：养马官田共弓田447.12亩，共租谷900.57石。
当涂	康熙	3.79	康熙《当涂县志》卷10。原资料记：马田，一处140.3亩，额租谷266石；一处211.78亩，额租谷417石；一处319.14亩，额租谷408.7石。
		3.94	
		2.56	
芜湖	顺治	3.75	民国《芜湖县志》卷23。原资料记：养马官田，顺治八年置，在县北，计3所，共田752亩，岁收夏租麦共75.2石，秋租稻共1411.5石，各佃草束共纳20300斤。
	康熙	2.58	《康熙朝汉文朱批奏折汇编》第7册，2488页：江宁织造曹頫奏报江南米价并御稻种头次稻收成情形折（康熙五十六年七月二十日）附单。原资料记：芜湖县民冯君美等3人共种御稻52亩，每亩收头次稻2.5~2.6石不等。兹取3人平均亩收入表。
繁昌	道光	2.10	道光《繁昌县志》卷8。原资料记：抚院项下学田62.3亩，每年除完铜漕米外，额征租稻65.3666石。原置学田，一处18亩，租稻27石；一处12.83亩，租稻18石。新置学田，一处16.3亩，租稻18石；一处10亩，租稻10石；一处6.3亩，租稻9石45斤。原置儒学田，一处1.2亩，租谷2石70斤；一处4.5亩，租谷16石，香油40斤。
		3.00	
		2.81	
		2.21	
		2.00	
		2.97	
		4.23	
		7.11	
合肥	乾隆至光绪间	1.78	光绪《庐州府志》卷17。原资料记：府学田，乾隆四十九年蔡掞藻捐置一庄，田弓2.5石，每年田租10石；乾隆五十年生员王煜捐田一庄，田弓1.5石，每年田租8石；南乡花园地方一庄，田弓14.875石，每年田租45石；东乡小砚山地方一庄，田弓1.17石，每年田租15石；南乡黄竹科地方一庄，田弓2.4石，每年田租12石；西乡大蜀山地方一庄，田弓6.5石，每年田租72.8石；北乡凹儿里地方一庄，田弓8.9石，每年田租60.5石；东乡铜城河地方一庄，田弓1.6石，每年田租8石。
		2.37	
		1.34	
		2.85	
		2.22	
		4.98	
		3.02	

续表

地　区	年　代	亩产（石/亩）	资料出处及说明
合肥	乾隆至光绪间	2.22	又记：文庙乐舞善后公田，契买贾淞江民田全分水旱种19.6石，每年额大麦租9石，时稻租100石，棉租20斤；契买梁姓民田全分实秧12石，每年额大麦租6石，时稻租150石，额棉租80斤，额小租钱800文。
		3.40	又记：合肥县南乡五十里铺书院田一处，乾隆十五年置，田弓26石，岁入租120石。
		2.05	按当地每种田1石合4~5亩，本表按1石合田4.5亩计；折算产量只计稻租，余不计（原资料各处田应纳税银、米数亦未计）。
庐江	光绪	2.15	同上。原资料开列庐江县书院田38处，除有租数无田数或有田数无租数16处外，19处（共田407.5亩）每年每亩额租1石，1处（46亩）每年每亩额租1.57石，1处（81亩）每年每亩额租1.11石，1处（16亩）每年每亩额租1.38石。兹取其平均租额（加权平均）折算产量入表。
巢县	道光	1.92	道光《巢县志》卷20《附录·劝民力田示》。原资料记：雨水调匀之年，每亩打稻2~3担。取中值入表。
六安州	乾隆	1.51	刑科题本（《清代地租剥削形态》424页）。原资料记：桑树湾4石庙田，每年收租稻16石。按当地每种田1石约合5.3亩。
霍山	光绪	3.77	光绪《霍山县志》卷4。原资料记："县中田产土俗惟以石种计"，"约五亩三分当田种一石"。又记：学田租69石，合田种6.9石；书院田租913.144石，合田种91.3144石；广生堂田租139.57石，合田种13.957石。根据以上记述推算亩产量入表。
凤台	嘉庆	4.50	嘉庆《凤台县志》卷2。原资料记："亩所收者，当其稔时，黍麦可二石，稻可四五石。"取稻收中值入表。
霍邱	乾隆	1.45	刑科题本（《清代地租剥削形态》200页）。原资料记：县民刘传兄弟佃种13石种田，应交租谷50石。按相邻之六安州每石种田合5.3亩例计算产量入表。
		1.13	刑科题本（同上书，420页）。谈习五佃种10石种田，每年交租谷30石。按相邻之六安州每石种田合5.3亩例计算产量入表。

续表

地 区	年 代	亩产（石/亩）	资料出处及说明
建平	雍正	4.00 4.00 4.00 1.08 0.86 0.91 1.11 1.00 1.23	雍正《建平县志》卷9。原资料记：马田，东门熟田80.9101亩，夏租大麦8.091石，秋租稻161.8387石；西门熟田99.1913亩，夏租大麦9.9191石，秋租稻198.3991石；北门熟田45.2143亩，夏租大麦4.5214石，秋租稻90.4181石。以上仅以秋租稻计算产量入表。又卷12记学产：史大典助田35.5亩，岁大租谷19石30斤；史大典又助田14亩，岁收租谷6石；生员宗瑛助田11亩，岁收租谷5石；生员宗士英助田1.8亩，岁收租谷1石；史大典助田2亩，岁收租谷1石；民人严廷瑞助田2亩，岁收租谷160斤。
滁州	光绪	1.00	光绪《滁州志》卷二之二。原资料记："田以种计，大率种一斗得田一亩。每种一斗，稻可收一石，麦半之。"
		1.01	同上书，卷三之三。原资料记：书院田种592.65石，坐落州境及全椒、来安两邑，庚寅（光绪十六年）秋收租3000石有奇。按该地种1斗约得田1亩。
		2.00	黄厚裕《栽苎麻法略》。原资料记：水田稻收，每亩约2石余。
来安	乾隆	4.83	韩梦周《理堂外集·劝谕业佃痹田加粪文》。原资料记：每种一石计田3亩，年收稻14～15石。取中值入表。
含山	康熙	2.66	《康熙朝汉文朱批奏折汇编》第7册，2488页：江宁织造曹頫奏报江南米价并御稻种头次稻收成情形折（康熙五十六年七月二十日）附单。原资料记：含山县民李君宠等7人共种御稻98亩，每亩收头次稻2.6～2.7石不等。兹取7人平均亩收入表。
	乾隆	0.80	刑科题本：乾隆三十年十一月初九日管理刑部事务刘统勋题（转自郭松义《清前期南方稻作区的粮食生产》）。原资料记：田29.9亩，年收租谷12石余。
天长	顺治至嘉庆间	1.00	嘉庆《备修天长县志稿》卷5下。原资料记：县学田，崇家冈田一处，计12亩，顺治十六年置，每年除纳钱粮外，额交租麦3石、稻6石。仅以稻租折算产量入表。

附表3-10 清代南方水稻亩产量：浙江

地 区	年 代	亩产（石/亩）	资料出处及说明
全省平均		3.93	
钱塘	乾隆	3.80	刑科题本（《清代地租剥削形态》250页）。原资料记：县民沈嘉禄佃种严姓田10亩，每年还谷19石。

续表

地 区	年 代	亩产（石/亩）	资料出处及说明
富阳	光绪	1.00	光绪《富阳县志》卷12。原资料记："邑居杭上游，地滨大江，田卑土薄，小民终岁胼胝，一亩所收，不过五斗米。"折算稻谷产量入表。
海宁州	清初	4.00	《陈确集·文集》卷11《古农说》、卷15《投当事揭》。原资料记："吾乡中田，遇极丰之年，亩获率不过二石"；又记："中田一亩，岁出米麦豆三石以上，腴田出四五石以上"。米收中田按2石计，腴田按3石计，均折算稻谷产量入表。
		6.00	
嘉兴府	乾隆	5.00	乾隆《浙江通志》卷102。原资料记："凡田一亩，用种七升或八升。颗六为肋，肋八为个，亩获稻为个者三百六十。上农遇［熟］岁，个可得米七合，亩可得米二石五斗。"折算稻谷产量入表。
嘉兴	道光	2.05	刑科题本（转自黄冕堂《清史治要》122页）。原资料记：道光六年，佃田11亩，额租11.3石。
嘉善	康熙	5.10	徐庆辑《信征录·刁佃赖租之报》，见《说铃》第15册。原资料记：县一佃户"佃某宦田二十余亩，亩收［米］二石五六斗"。以中值折算稻谷产量入表。
	乾隆	2.62	刑科题本（《清代地租剥削形态》160～161页）。原资料记：冯悦来兄弟佃种枫泾谢家圩田32.5亩，共租42.6石。
平湖	康熙	3.28	光绪《平湖县志》卷4。原资料记：学田，康熙四年清丈核实共田421.624亩，县征租米345.25石。又记：罗侯义田，康熙六年清丈核实田地205.634亩，县征租米183.2石。又记：义学田，康熙三十六年知县王玮暨绅士共捐田地56.806亩，续又增置田28.651亩，共租米76.564石。均折算稻谷产量入表。
		3.56	
		3.58	
	雍正	3.32	同上。原资料：学宫岁修田，雍正十二年诸生沈修龄等公捐田14.682亩，十三年候选同知屈天成捐田20.263亩，共岁征租米28.968石。折算稻谷产量入表。
	乾隆	2.00	同上书，卷2、卷4。卷2引乾隆张志：邑田"亩收以石米为准……农勤则倍收"。又卷4记：当湖书院田，乾隆五十四年监生张诚捐田地荡166.074亩，租米170.008石。又记：观海书院田，乾隆四十二年邑人梅世贤等捐田地18.5465亩，租米15.35石。又记：育婴堂，自康熙四十五年建堂至乾隆，知县暨邑人共捐田地荡421.5075亩，租米341.27石。又记：同善会（乾隆七年设），乾隆间知县暨邑人共捐田地荡216.762亩，租米228.605石。均折算稻谷产量入表。
		4.00	
		4.09	
		3.31	
		3.24	
		4.22	

续表

地区	年代	亩产（石/亩）	资料出处及说明
平湖	嘉庆	4.38	同上书，卷4。原资料记：当湖书院田，乾隆五十七年以后续置田28.858亩，嘉庆五年以后何炯置田14.17亩，张保盛置田18亩，共续置租米66.872石。又记：文庙岁修产，乾隆五十九年邑绅吴璈倡捐田42.424亩，嘉庆五年监生奚泗哲等捐田50.205亩，共租米100.57石。又记：育婴堂产，嘉庆初续有捐置，共田地荡23.504亩，租米21.29石。又记：同善会产，嘉庆五年以后邑人续捐暨会内增置共田138.105亩，租米151.075石。又记：永安局产，嘉庆九年黄凤等捐田149.0312亩，租米169.39石；又捐田71.78亩，租米81.31石；黄世德等又捐田102.269亩，租米116.4石。又记：同仁堂，在乍浦镇，嘉庆六年兴办，里人刘嘉瑞等捐置田15.832亩，租米15.6石。均折算稻谷产量入表。
		4.16	
		3.62	
		4.38	
		4.55	
		4.53	
		4.55	
		3.94	
	道光	4.39	同上。原资料记：广仁堂，在乍浦镇，道光元年兴办，里人乐容盛捐田5.746亩，租米6.3石。折算稻谷产量入表。
	道光	6.67	刑科题本（转自黄冕堂《清史治要》122页）。原资料记：道光十二年，佃田3亩，额租10石。
	咸丰	4.35	光绪《平湖县志》卷4。原资料记：乐善堂，咸丰二年举办。四年，邑人张恒德捐田94.542亩，租米102.86石。折算稻谷产量入表。
	同治、光绪间	3.99	同上。原资料记：当湖书院田，同治四年张马氏续捐田地45.14亩，租米45石；又江裕昌断捐田25.156亩，租米26.15石；光绪四年知县彭润章捐田21.965亩，租米21.2石。又记：芦川书院田，同治四年知县明德暨邑绅共捐置田地荡436.003亩，租米338.217石；又钱鹿宾断捐田地荡201.349亩，租米186.913石；院中续置田地荡60.643亩，租米54.7石。又记：新溪书院田，光绪六年里人沈玉书捐田2.313亩，蒋晓楼捐田11.068亩，郭照林捐田4.031亩，共租米17.9石。又记：全公亭义塾田，光绪八年俞范氏捐置田荡106.776亩，租米100.772石。又记：登瀛局田，共田地荡1071.042亩，租米1101.2931石。又记：芦川接婴堂产，同治时陈雪卿捐田2.861亩，徐绍德捐田4.665亩，凡租米6.95石。又记：行便集（咸丰四年举办，兵燹后续办），自续办至今共置田132.8535亩，租米151.63石。又记：乐善堂，光绪元年孙桂芬捐田1.74亩，租米1.8石。均折算稻谷产量入表。
		4.16	
		3.86	
		3.10	
		3.71	
		3.61	
		4.11	
		3.78	
		4.11	
		3.69	
		4.57	
		4.14	

续表

地　区	年　代	亩产（石/亩）	资料出处及说明
海盐	乾隆	5.00	乾隆朝题本：乾隆元年八月初一日稽曾筠题。原资料记：精耕细作丰年亩收米 2.5 石。折算稻谷产量入表。
		4.40	刑科题本（《清代土地占有关系与佃农抗租斗争》620 页）。原资料记：佃田 18.2 亩，额租米 20 石。折算稻谷产量入表。
桐乡	清初	4.00	《杨园先生全集》卷 50《补农书下》。原资料记：稻麦复种之田，每亩"大约共三石为常"，其中春花 1 石，稻米 2 石；"田极熟"，春花可 1.5 石，米 3 石。仅以米收折算稻谷产量入表。
		6.00	
湖州府	清初	6.50	同上。原资料记："下路湖田亩收四五石"。按此内包括春花，假设春花 1～1.5 石，以米收中值折算稻谷产量入表。
	嘉庆	4.00	陈斌《量行沟洫之利》，载《皇朝经世文编》卷 38。原资料记："苏、湖之民善为水田，春收豆麦，秋收禾稻，中年之入，概得三石。"此 3 石内，假设春花 1 石，秋米 2 石，以秋米数折算稻谷产量入表。
乌程	康熙	4.00	凌介禧《程安德三县田赋考》卷 2《程安德三县民困状》。原资料记："有资者再粪，亩获二石；无资者一粪，获不及石焉。"按此指米收，折算成稻谷产量入表。
		2.00	
归安	康熙	4.00	
		2.00	
德清	康熙	4.00	
		2.00	
长兴	康熙	2.48	嘉庆《长兴县志》卷 4。原资料记：康熙二十五年知县王之标捐置义学田 168.87 亩、地 0.3 亩、水荡 3 亩，每年额征租米 106.71 石。折算稻谷产量入表。
	乾隆	3.35	同上书，卷 4、卷 15。卷 4 记：乾隆十九年贡生陈起襄捐助学田 13.83 亩，每年收租米 11.595 石；三十二年耆士陈起恩捐助学田 25.6 亩、荡 1.54 亩，每年收租 20 石。均折算稻谷产量入表。又卷 15 引乾隆谭志记：有一种"旱稻"，"春初即垦田下子，如种麦然，每亩可收米六七石不等，但一岁止可收稻一次，不能如他稻可再种春花。近日湖边一带及山田有水可蓄者多种之"。以中值折算稻谷产量入表。
		2.95	
		13.00	
	嘉庆	3.40	同上书，卷 4。原资料记：嘉庆六年绅士许澄共捐助义田 12.025 亩，每亩岁收租米 8～9 斗不等。以中值折算稻谷产量入表。

续表

地 区	年 代	亩产（石/亩）	资料出处及说明
鄞县	乾隆	2.46	刑科题本（《清代地租剥削形态》550页）。原资料记：乾隆二年，县民陈梦才凭中契买张孝义田脚2亩，承佃顶种，每年还业主王伟宗租谷320斤。按稻谷130斤合1石折算产量入表。
山阴	康熙	5.60	租约（转自李文治编《中国近代农业史资料》第一辑，71页）。原资料记：康熙五十五年三月，胡子顺因缺田布种，将剑字号田一片，计田0.45亩，认到谭处，每年纳租米0.63石。折算稻谷产量入表。
会稽	嘉庆	2.40	刑科题本（转自赵冈等《清代粮食亩产量研究》18页）。原表记资料年代为1807年（嘉庆十二年）。又原表记米产量1.2石，兹折算为稻谷产量入表。
上虞	乾隆	3.80	刑科题本（《康雍乾时期城乡人民反抗斗争资料》56页）。原资料记：县民陈惠民佃种陈朱氏田2亩，岁偿租谷3.8石。
诸暨	乾隆	5.00	刑科题本（《清代地租剥削形态》663页）。原资料记：县民王汉英佃田4亩，每年租谷10石。
台州府	道光	20.00	刑科题本（转自黄冕堂《清史治要》122页）。原资料记：道光十六年，佃田1亩，额租10石。
仙居	乾隆	4.00	刑科题本（《清代地租剥削形态》438页）。原资料记：乾隆二十八年，王士南佃种彭姓荃田10亩，又公山1片，看管坟山树木，每年交租谷20石、麦租1石。
宁海	嘉庆	5.00	刑科题本（转自赵冈等《清代粮食亩产量研究》18页）。原表记资料年代为1804年（嘉庆九年）。
临海	嘉庆	3.30	同上。原表记资料年代为1805年（嘉庆十年）。
黄岩	道光	4.00	同上。原表记资料年代为1834年（道光十四年）。
金华	同治以前	2.56	光绪《金华县志》卷4。原资料记：学田5.9亩，一处2.9亩，租额300斤；一处3亩，租额500斤，其中后者"同治初年被水淹没"。均按稻谷130斤合1石折算产量入表。
金华	光绪	1.59	
汤溪	乾隆	7.06	刑科题本（《清代地租剥削形态》206页）。原资料记：县民陈阜义佃种田1.7亩，议定每年租谷6石（折钱3600文交纳）。
永康	乾隆	1.69	刑科题本（转自赵冈等《清代粮食亩产量研究》18页）。原表记资料年代为1754年（乾隆十九年）。又原表记亩产量为220斤，兹按稻谷130斤合1石折算入表。

续表

地区	年代	亩产（石/亩）	资料出处及说明
兰溪	嘉庆	3.50	嘉庆《兰溪县志》卷8。原资料记：嘉庆四年社峰庄监生吴珠江并其子捐置田94.2亩，计租额164.7石，以为合邑士子乡闱试卷资。
衢州府	道光	2.73	刑科题本（转自黄冕堂《清史治要》122页）。原资料记：道光十二年，佃田3亩，额租4.1石。
西安	道光	2.70	刑科题本（转自赵冈等《清代粮食亩产量研究》18页）。原表记资料年代为1831年（道光十一年）。
开化	嘉庆	3.00	同上。原表记资料年代为1799年（嘉庆四年）。
江山	嘉庆	2.00	同上。原表记资料年代为1811年（嘉庆十六年）。
		2.00	同上。原表记资料年代为1816年（嘉庆二十一年）。
常山	乾隆	2.00	刑科题本（《清代地租剥削形态》461页）。原资料记：常山县江姓有公共祀田27亩出租，每年收租27石。
温州府	道光	5.38	刑科题本（转自黄冕堂《清史治要》122页）。原资料记：道光十二年，佃田1亩，额租350斤。按130斤合1石折算产量入表。
永嘉	嘉庆	2.00	中国社会科学院经济研究所藏刑档抄件（转自李文治编《中国近代农业史资料》第一辑，75页）。原资料记：嘉庆五年，郑亦先租种邹世贤田5分，每年完租谷5斗。
泰顺	道光	7.54	刑科题本（转自黄冕堂《清史治要》122页）。原资料记：道光十三年，佃田1亩，额租360斤。按130斤合1石折算产量入表。
瑞安	嘉庆	5.38	刑科题本（转自赵冈等《清代粮食亩产量研究》19页）。原表记资料年代为1800年（嘉庆五年）。又原表记亩产量为700斤，兹按稻谷130斤合1石折算入表。
丽水	乾隆	1.67	同治《丽水县志》卷2。原资料记：康熙五十年知县林竹详拨废寺田31.5亩，由学征租，以资岁修。乾隆四十二年教谕金学超清查，存田26.4亩，每年征租谷20石，完粮银3.213两、秋米4.87斗。粮银、秋米共折算稻谷4.2石计入产量（其时粮价约石米2两）。
	同治	3.28	同上书，卷4。原资料记：育婴堂，谭克仁捐助田22亩，额收租谷34.86石；姚云卿捐助田13亩，额收租谷19.25石，两共应完粮银3.135两、秋米4.83斗。粮银、秋米共折算稻谷4石计入产量。
		3.08	

续表

地 区	年 代	亩产（石/亩）	资料出处及说明
云和	嘉庆	3.58	同治《云和县志》卷5。原资料记：宾兴田，嘉庆九年知县蔡应霖、十四年知县陈治策先后申请，析赡田78亩为宾兴田。据所载王树英《宾兴义田记》，此项田租总共139.7石。
	道光	5.70	同上。原资料载陈其泰《箬溪书院记》：道光二十三年，邑绅梅榕等捐资置田200亩，岁得租谷570石。
松阳	雍正	1.50	雍正《处州府志》卷3。原资料记：松阳县学学田40亩，租收30石。
	乾隆	2.00	刑科题本（《清代地租剥削形态》629页）。原资料记：棚民王国兴顶种刘茂贵4亩佃田，每年除完田主4石租谷外，另给刘茂贵1石谷。
	乾隆	2.09	光绪《松阳县志》卷3。原资料记乾隆十五年知县陈朝栋详准重建明善书院，将原存学田及废寺田拨入书院收租，共田345丘，计253.99亩，收租265.22石。
	光绪	2.29	同上。原资料记：文德田，北乡赤岸周廷瑞妻林氏捐田113亩，计租140担，为文武童生县试头场纳卷之资。
缙云	道光	2.49	刑科题本（转自黄冕堂《清史治要》122页）。原资料记：道光八年，0.37亩，额租60斤。按130斤合1石稻谷折算产量入表。
景宁	乾隆	3.64	光绪《处州府志》卷7。原资料记：乾隆五十九年知县成履观核得义学田实田租183.105石，坐落100.61428亩。
	道光	4.59	同上。原资料记：道光十一年设宾兴田，额田21.77亩，田租50石。
青田	嘉庆	1.60	刑科题本（转自赵冈等《清代粮食亩产量研究》18页）。原表记资料年代为1796年（嘉庆元年）。
宣平	嘉庆	2.00	同上书，19页。原表记资料年代为1801年（嘉庆六年）。
遂昌	乾隆	5.00	同上。原表记资料年代为1742年（乾隆七年）。

附表3-11 清代南方水稻亩产量：福建

地 区	年 代	亩产（石/亩）	资料出处及说明
全省平均		4.17	
侯官	顺治	3.67	顺治二年侯官县方继养卖田契（《明清福建经济契约文书选辑》4页，藏契号00361）。原资料记：方继养卖廿五都大箬地方土名赤墓田6斗，年载租谷11石；又枯垅枯细塍田5斗，年载租谷9石。按每斗种田合1亩计算。
		3.60	

续表

地区	年代	亩产（石/亩）	资料出处及说明
侯官	康熙	3.46	康熙时期田地典卖文书（同上书，6~23页，藏契号01891、00357、00355、01848、00353、01842、00472、02087、01843、01845、01898、00351）。按各契租额折算产量的平均值入表。
	雍正	2.44	雍正时期田地典卖文书（同上书，24~39页，藏契号01899、01469、00619、00468、01920、01806、01925、01846）。按各契租额折算产量的平均值入表。
		3.19	雍正七年侯官县孙惟祯召佃田契（同上书，457页，藏契号00901）。原资料记：孙惟祯有民田官丈2亩，递年载租谷230斤。按稻谷72斤合1石折算（当地标准）。
	乾隆	3.44	乾隆时期佃田契（同上书，461~478页，藏契号02276、00897A、00430、00454、01551）。按各契租额折算产量的平均值入表，折算时田受种1斗按1亩计、稻谷72斤合1石（当地标准）。
		3.97	刑科题本（《清代地租剥削形态》577页）。原资料记：县民陈世卿于乾隆六年出价银向原佃叶紫顶耕田主黄仲汉屯田0.7亩，年纳租谷100斤；于乾隆九年出价向原佃叶伯磷顶耕黄仲汉屯田2.3亩，年纳租谷220斤。又记：林克振佃耕黄仲汉屯田1.79亩，年纳租谷250斤；潘育仁于乾隆十八年出价向原佃陈余博顶耕黄仲汉屯田1.2亩，年纳租谷190斤。按稻谷72斤合1石（当地标准）折算产量入表。
		2.66	
		3.88	
		4.40	
	嘉庆	3.63	嘉庆时期佃田契（《明清福建经济契约文书选辑》492~493页，藏契号00900、00441、01771）。按各契租额折算产量的平均值入表。
	道光	6.66	道光九年侯官县吴长禄承佃契（同上书，504页，藏契号00503）。原资料记：佃田受种30斤，年载根面租谷1000斤。
闽清	顺治	4.00	顺治十五年侯官县曾远公缴赎田契（同上书，5页，藏契号01840）。以按各契租额折算产量的平均值入表。原资料记：曾远公有闽清县三都许圣招民田7.5斗，年载租谷15石。种田1斗按1亩计。
	康熙	4.93	康熙时期田地典卖文书（同上书，8~22页，藏契号01821、02089、01844、00415、01852、00627）。以按各契租额折算产量的平均值入表。
		4.00	康熙五十三年闽清县龚光六承佃契（同上书，455页，藏契号00853）。原资料记：龚光六承佃民田三号，共受种5.5斗，年载租谷11石。种田1斗按1亩计算。

续表

地 区	年 代	亩产（石/亩）	资料出处及说明
闽清	雍正	3.59	雍正时期田地典卖文书（同上书，23~38页，藏契号00621、01468、01471、00617、00394、01472、01473、02286、01475、01476、01477）。按各契租额折算产量的平均值入表。
		4.16	雍正二年福州王衕批佃契（同上书，456页）。原资料记：王衕有民田一号，坐产闽清县二都，受种7.5斗，年载租谷15.6石。种田1斗按1亩计算。
	乾隆	4.36	乾隆时期佃田契（同上书，460~474页，藏契号00459、00498、00481B、00424、00426、00464A、00840、00842、00434）。按各契租额折算产量的平均值入表，折算时田受种1斗按1亩计。
		4.00	刑科题本（《清代地租剥削形态》592页）。原资料记：生员叶广文有祖业土名坑洲3斗种田，系罗允向、罗必善父子先后佃种，年纳租米3石。按1斗种田合1亩并折算稻谷产量入表。
	嘉庆	4.27	嘉庆时期佃田契（《明清福建经济契约文书选辑》496~498页，藏契号00861、00859、00857）。按各契租额折算产量的平均值入表，折算时按田种1斗合1亩、稻谷72斤合1石（当地标准）计。
	道光	5.53	道光时期佃田契（同上书，500~510页，藏契号02274、00855、02288）。按各契租额折算产量的平均值入表。
永福	康熙	3.28	乾隆《永福县志》卷5。原资料记：康熙二十一年总督姚启圣捐置学田20.3亩，年收租谷2400斤。每稻谷72斤折算1石（当地标准）。
	嘉庆	3.81	嘉庆元年永福县张彬信承佃契（《明清福建经济契约文书选辑》481页，藏契号00435）。原资料记：承佃民田二号，共受种70斤，年载干净租谷1333.5斤。
古田	康熙	2.00	乾隆《古田县志》卷3。原资料记：康熙二十一年总督姚启圣捐置学贫士田26.6亩，共租26.6石。
	雍正	3.52	同上。原资料记：籍田4.9亩，年收租谷8石，纳钱粮0.368两。
	乾隆	1.80	同上。原资料记：魏公祠田43.4亩，共收租37石，载民米2.164石。又记：水口萧公生祠田15亩，载秋粮民正耗米0.75石，递年收租谷33.5石。又记：校艺别墅田13.5亩，载秋粮正耗米0.67石，递年收租谷13.5斗。又记：义学田11亩，应纳粮银1.64两，递年纳租11石。又记：奎光阁祀田3亩，递年收租米3石。
		4.57	
		2.10	
		2.50	
		4.00	

续表

地区	年代	亩产（石/亩）	资料出处及说明
福安	康熙	4.66	光绪《福安县志》卷9。原资料记：康熙二十二年总督姚启圣捐置学田13.125亩，载租159秤。按1秤合25斤、每130斤合1石折算产量入表。
	乾隆	5.00	同上。原资料记：乾隆十六年知县夏瑚拨资福寺归公田4亩为学田，该租10石。
宁德	乾隆	3.31	乾隆时期佃田契（《明清福建经济契约文书选辑》467~479页，藏契号03638、03636、03632、03642、03629、03628、03656、03589）。按各契租额折算产量的平均值入表，折算时田种1斗计田1亩、稻谷72斤折1石（当地标准）。
	嘉庆	2.72	嘉庆时期佃田契（同上书，488~499页，藏契号3581、03650、03668、03626、03647、03684、03682）。按各契租额折算产量的平均值入表。
	道光	3.15	道光十九年宁德县雷国铭佃田契（同上书，508页，藏契号03634）。原资料记：承佃苗田一号，受种6斗，载租680斤。
晋江	康熙	2.58	乾隆《晋江县志》卷4。原资料记：康熙二十二年总督姚启圣捐置学田15.35石，年载租额2406斤，应纳晋江粮银0.565两，南安粮银0.202两。
同安	乾隆	4.74	民国《同安县志》卷14。原资料记：双溪书院田39.6亩，征租谷84.7石，应纳正供银4.74两、秋米折纳银0.72两；又乾隆五十一年绅捐田，受种13石，季征租谷148石，配粮银0.53两；又买田种2斗，征租谷2.8石，配米0.056石。
		2.29	
		2.86	
	嘉庆	2.25	同上。原资料记双溪书院田产：嘉庆三年买田种9.5斗，征租谷10.57石，配米0.113石。
厦门	道光	4.99	道光《厦门志》卷2。原资料记：道光间，厦门义仓置陈务滋（此田原权属人）湖莲保埭田，受种子40.69石，岁可收谷1000余石。按1石种田合10亩折算产量。
莆田	乾隆	3.00	刑科题本（《清代地租剥削形态》129页）。原资料记：乾隆二十八年，县民潘振盘将田2亩典与林梦雷为业，仍自耕种，年纳租谷3石。
仙游	顺治	2.71	乾隆《仙游县志》（同治十二年重刊本）卷20上。原资料记：顺治知县孙之屏、邑绅唐大章倡捐，置常平仓义田654.455亩，年收租1010石3斗9斤，折干谷888.007石。按干谷租折算产量入表。
		2.88	同上书，卷23上。原资料记：顺治十六年耆民谢世美捐学田137亩，年载租197石7斤。

续表

地 区	年 代	亩产（石/亩）	资料出处及说明
仙游	康熙	2.09	同上。原资料记：康熙十二年邑学生郑士升捐学田9.2亩，载租9.6石；二十一年总督姚启圣捐置学田14亩，征租27.3石9斤；四十六年耆宾刘鸣岐捐学田20.74亩，年征租40.1石。
		3.91	
		3.87	
		4.00	同上书，卷24下。原资料记：康熙间知县王楷捐社学田40亩，载租80石。
	雍正	4.00	雍正三年仙游县陈熙盛等典田契（《明清福建经济契约文书选辑》24页，藏契号04220）。原资料记：陈熙盛偕侄龙姐因无银用度，出典民田2.4亩，年载早冬租4.8石。
	乾隆	10.96	佃田契（同上书，460~474页，藏契号04245、04175、04240、04183、04181）。按各契租额折算产量的平均值入表。
		3.64	乾隆《仙游县志》（同治十二年重刊本）卷23上。原资料记：乾隆八年李长华捐学田22.5亩，年征租41石。
		1.86	同上书，卷24下。原资料记：乾隆十八年知州徐光题捐书院田62.109亩，载租市秤72.1石，照乾员官斛8折扣交实谷57.68石。
	道光	8.89	道光二年仙游县林汤岳佃田契（《明清福建经济契约文书选辑》500页，藏契号04198）。原资料记：承佃民田0.9亩，递年纳租谷4石。
		13.11	道光三十年仙游县柯功采佃田契（同上书，511页）。原资料记：承佃户根田0.9亩，早冬租5.9石；又户根田0.8亩，早冬租4.8石；又户根田0.7亩，早冬租4.5石；又庄田根1.1亩，早冬租4石。
		12.00	
		12.86	
		7.27	
龙溪	乾隆	5.37	乾隆《龙溪县志》（光绪五年补刻本）卷4。原资料记：学田，天宝山麓田一段，受种4.1斗，岁租110石。又记：乾隆十四年重建邺山书院，里人黄日纪捐6.2斗种、园4斗种，年纳谷22石官斗。又记：锦江书院祀产128亩，年纳租谷518石。
		4.31	
		8.09	
	嘉庆	7.04	刑科题本（赵冈等《清代粮食亩产量研究》24页）。赵表标记年代为1803年（嘉庆八年），土地为屯田。
海澄	康熙	4.33	乾隆《海澄县志》卷2。原资料记：康熙二十一年总督姚启圣捐置学田7.84亩，除纳正供外，实收粟16.96石。
	乾隆	3.64	同上。原资料记儒山书院田：一段4.4亩，每岁纳租官石8石。又记：二都义仓社学田3.8亩，岁收粟90石。
		4.74	
		5.33	刑科题本（《清代地租剥削形态》188页）。原资料记：乾隆中，县民黄益水有田3斗种出租，每年租谷8石。按每斗种田合田1亩计算。

续表

地区	年代	亩产（石/亩）	资料出处及说明
漳浦	康熙	5.00	康熙《漳浦县志》（民国17年翻印本）卷9。原资料记学田：明万历知县黄应举捐置田8亩，每年科大租20石；康熙二十一年总督姚启圣捐置田，载田种2石，岁入租30石；康熙二十八年邑绅黄性震倡议捐置田40.1亩，岁入谷180余石为义租。
		3.00	
		8.98	
长泰	康熙	4.10	乾隆《长泰县志》（民国20年重刊本）卷3。原资料记清朝续置学田：一方成里横洋社溪尾田，受种5.2斗，带民米2.6斗，年收租10.4石；方成里横洋社田，受种5.2斗，带民米2.6斗，年收租10.4石；钦化里马洋社田，受种5.4斗，带民米2.7斗，年收租10.6石；钦化里官塘社田，受种2.5斗，带民米1.25斗，年收租5石；方成里南楼社田，受种2斗，带民米1斗，年收租4石。按种田1斗合1亩计算。
		4.10	
		4.03	
		4.10	
		4.10	
	乾隆	1.67	同上。原资料记：雍正六年籍没旌孝里谢姓田99.314亩为义学田，初岁取租40余石，乾隆十年、十五年两次剔清佃弊增租，最终定租额为83石。
		4.30	刑科题本（《清代地租剥削形态》446页）。原资料记：乾隆三十五年，林果向唐芽佃田3斗3分，每年纳租谷7.1石。按每斗种田合1亩计算。
平和	乾隆	3.83	刑科题本（《清代地租剥削形态》586页）。原资料记：乾隆三十六年，赖殿买黄仲樑田8斗种，年收租谷15.3石。按1斗种合田1亩折算。
南靖	乾隆	3.40	刑科题本（《清代地租剥削形态》655页）。原资料记：乾隆二十二年，佃农徐包因欠债，将自己管种的2斗种田写给徐箴，仍认回自耕，每年还租3.4石。按1斗种合田1亩折算。
浦城	康熙	3.55	光绪《续修浦城县志》卷16。原资料记：康熙二十一年浙闽总督姚启圣捐置学田31.58231亩，额租56石。
	雍正	2.40	同上书，卷13。原资料记：雍正五年、六年先后置先农坛籍田4.72167亩、坛边地田4亩，递年共收租谷10.48石。
	乾隆	3.87	同上书，卷5。原资料记仁寿浮桥桥田：乾隆间邑绅吴金鉴捐置共田35.878亩，共额租69石4桶3升。以桶计数之租按1桶合1斗折算。
	嘉庆	4.31	同上。原资料记南浦桥桥田：梁志环捐置田10.2亩，额租22石；祝凤嗜、祝凤鸣捐置田19.44亩，额租41石、2060斤。以斤计数之租按100斤合1石折算。
		6.34	

续表

地 区	年 代	亩产（石/亩）	资料出处及说明
浦城	同治、光绪间	3.10 3.33 2.78 3.17 3.71 3.40	同上。原资料记南浦桥桥田：同治间公置田45.63亩，额租60石、1080斤；管正望捐置田28.62亩，额租43石、470斤。又记仁寿桥新置田25.438亩，共额租22石、1330斤。又记七星桥公置田271.0074亩，共额租430石。又记东南西北4乡20桥共桥田311.4861亩，共额租494.6石、6507斤、178桶。又记南、北乡各渡渡田共234.70227亩，共额租谷357.57石、4093斤。以斤、桶计数之租按100斤合1石、10桶合1石折算。
	光绪	3.88	同上书，卷8。原资料记育婴堂（光绪十七年重建）田供：各庄田共计894.43694亩，额租谷1734.06石。
		3.39	同上书，卷13。原资料记：仙阳真文忠公祠祭田共27.72977亩，额租谷47石。
		3.38 3.98 3.82 4.04	同上书，卷17。原资料记南浦书院田共755.05232亩，计收额租谷1275.794石（均为至光绪初年旧存额数，续置者未计）。又记：宾兴田182.33417亩，共征额租谷363石（有租谷数无田亩数者未计）。又记：公车田共48.33547亩，额租谷92.4石。又记：南乡后塘醉经义塾田共73.70382亩，额征租谷149石（有租谷数无田亩数者未计）。
松溪	雍正、乾隆间	4.30	刑科题本（赵冈等《清代粮食亩产量研究》23页）。赵表标记年代为1730~1740年。
	嘉庆	3.10	同上。赵表标记年代为1796年（嘉庆元年）。
建安、瓯宁	乾隆	8.00 8.00	同上。赵表收录两例，一为1783年（乾隆四十八年），一为1780~1790年（乾隆四十五年至五十五年）。
	嘉庆	8.00	同上。赵表标记年代为1800~1810年（嘉庆五年至十五年）。
	道光	8.00 8.60	同上书，24页。赵表收录两例，一为1820~1830年（嘉庆二十五年至道光十年），一为1840~1850年（道光二十年至三十年）。
南平	康熙	4.85 1.66	乾隆《延平府志》（同治十二年重刊本）卷10。原资料记：康熙二十九年督学道高暨各仕宦捐置府学田38.943亩，年收租谷94.36石；总督姚启圣捐置学田55.3416亩，年收租米23石。

附录三 清代的粮食亩产记录 | 237

续表

地 区	年 代	亩产 （石/亩）	资料出处及说明
南平	康熙	2.73	民国《南平县志》卷8。原资料记：康熙二十一年南平县范时习捐俸置学田3.6455亩，年收租谷400斤、米14.5斗，年完粮银0.3654两、仓米0.0796石；康熙二十一年延平府梁允植捐置学田9.44亩，年收租米20斗、租银2.87两，年完粮银0.8969两、仓米0.1954石；康熙二十二年总督姚启圣捐置学田31.5315亩，年收租米150斗，年完粮银2.5417两。
		2.29	
		2.06	
	乾隆	2.87	同上。原资料记：乾隆十九年置学田1.3995亩，年收租谷240斤，完粮银0.1329两、仓米0.029石。
		1.54	乾隆五十五年南平县练长生转佃田契（《明清福建经济契约文书选辑》478页，藏契号03171）。原资料记：苗田二号，共受种1.5斗，载租谷150斤。田受种1斗按1亩计。
	嘉庆	2.83	嘉庆十二年南平县孙殿怀佃田契（同上书，489页，藏契号03201）。原资料记：承佃油灯田一号，受种5斗，面约历年理租谷920斤。
	道光	1.54	道光十四年南平县林开盈课田契（同上书，506页，藏契号03189）。原资料记：承种苗田二号，共受种4.3斗，载租谷430斤。
永安	康熙	1.79	乾隆《延平府志》（同治十二年重刊本）卷10。原资料记：康熙二十二年总督姚启圣捐置学田18.2石，除纳正供外，实存谷16.28石。
顺昌	乾隆	3.81	同上。原资料记：乾隆二十九年候选州同李尔荣捐书院田46.9513亩，年收租谷89.54石。
尤溪	康熙	3.21	民国《尤溪县志》卷3。原资料记：康熙四十八年监生周之权捐学田2.57石，年收谷4.12石。
	雍正	4.08	乾隆《延平府志》（同治十二年重刊本）卷17。原资料记：尤溪县籍田二段，共4.9亩，年收租谷10石。
	乾隆	4.32	民国《尤溪县志》卷4。原资料开山书院田产：乾隆三十四年置十九都土笼山下田，共载苗9亩，载租谷19.43石；同年置十九都池漈村田，载苗2.5亩，载租谷3.2石；乾隆三十五年置九都汶潭田，载苗6.5亩，载租谷10石。
		2.56	
		3.08	
	嘉庆	3.08	同上。原资料记开山书院田产：嘉庆二十五年民人吴全睿捐十都后山村田0.5亩，载租谷100斤。 又记：嘉庆七年拨置正学书院田，一5段共苗4亩，载租谷5.5石；一3段共苗2.5亩，载租谷4.5石。 又记连科中公田：嘉庆三年抽蒋侯祠田3段共载苗5亩，载租谷9.7石；又34段共载苗37.95亩，载租谷65石官斗；又2段共载苗3亩，载租谷6石民斗。
		2.75	
		3.60	
		3.88	
		3.43	
		4.00	

续表

地区	年代	亩产（石/亩）	资料出处及说明
尤溪	道光	3.50 4.51	同上。原资料记开山书院田产：道光二年知县孙大焜捐廉置田一4亩，载租谷7石；一1.5亩，载租官秤440斤。
沙县	道光	5.82	民国《沙县志》卷7。原资料记：道光九年邑侯孙大焜捐廉置买义田11亩有奇，每年收租32石。
长汀	康熙	3.91	光绪《长汀县志》卷11。原资料记：康熙二十一年总督姚启圣捐置学田，计10.489亩，年收租米10.25石。折算稻谷产量入表。
宁化	康熙	3.10 3.97	康熙《宁化县志》（同治八年重刊本）卷6。原资料记：学田计225.4亩，载正米10.325石，收租米169.76石。又记：康熙二十一年总督姚启圣捐置学田13.906亩，民米0.7025石，共收租米12.5石，共该钱粮1.155两。
邵武	雍正	1.00	光绪《邵武府志》卷12。原资料记：雍正十三年监生张鸎、民人何谦如捐府学祭田6.6亩，租3.316石。
	光绪	2.67	同上。原资料记：乾隆二十年江万孚妻吴氏捐县学田25.6亩，租米17.1石。
		3.00	刑科题本（赵冈等《清代粮食亩产量研究》24页）。原表标记年代为1880~1890年（光绪六年至十六年）。
光泽	道光	3.08	光绪《邵武府志》卷12。原资料记：道光二十七年高天裕妻陈氏捐书院田13亩，租20石。
建宁	康熙	5.05 5.29 1.28 5.41 2.00	民国《建宁县志》卷6。原资料记学田：康熙二十一年总督姚启圣、知府张一魁、知县檀光熿捐置田18.4亩，收租46.5石；又邑人邹启宣捐9.93亩，租26.26石；姜焕捐40.05亩，租25.732石；邑令皇甫文聘捐田9.45亩，租25.562石。又记：康熙四十四年署县甘国瑚捐俸买屯粮2.4石为义学田，岁收租24石。
	乾隆	5.15	同上。原资料记：乾隆九年徐时作捐学田84亩，计租216.29石。
淡水	乾隆	4.39	刑科题本（《清代地租剥削形态》58页）。原资料记：卓勇林元田地2甲2分，岁纳租谷50石。按每甲合11.3亩折算田数。
永春州	顺治、康熙间	1.64 8.03	民国《永春县志》卷13。原资料记：顺康间有学田29亩，载租23.82石；康熙二十一年，总督姚启圣、知县郑功勋、教谕蔡祚週共捐置学田13.1亩，共载租52.6石。
	乾隆	6.5	乾隆《永春州志》卷7。原资料记："山无顽石，地尽沃壤，多山林陂池苑囿之利。土田膏腴，水泉灌溉，率一斗而收六七石。"取中值入表。

续表

地 区	年 代	亩产（石/亩）	资料出处及说明
大田	康熙	4.55	同上书，卷4。原资料记：康熙二十一年总督姚启圣捐置学田4.4亩，年征租谷10石。
漳平	康熙	1.76	道光《漳平县志》（民国24年重印本）卷2。原资料记学田：居仁里罗□牛皮林田2.04624亩，原载租10箩，康熙十二年约纳实租18斗；康熙二十二年总督姚启圣捐置学田9.26608亩，载民米0.3599石、岩米0.2407石，年纳租谷264斗。
漳平	康熙	5.83	

附表 3 – 12　清代南方水稻亩产量：江西

地 区	年 代	亩产（石/亩）	资料出处及说明
全省平均		3.10	
南昌府	康熙	5.61	《康熙朝汉文朱批奏折汇编》第7册，2454页：江西巡抚佟国勷奏报御赐稻种已经成熟并进新米折（康熙五十六年六月二十日）；2543页：江西巡抚白潢奏报御稻种二次收获情形并进新米折（康熙五十六年十月二十日）。原资料记：种御稻25亩，第一次收谷65石，第二次收75.2石。两季收成合计入表。
南昌府	康熙	3.04	同上书，第8册，2637页：江西巡抚白潢奏报各属所种御稻亩数并收成数目折（康熙五十七年六月二十六日）。原资料记：南昌府种田25亩，收谷76石。
南昌府	康熙	3.26	同上，2791页：江西巡抚白潢奏报所种御赐稻种丰熟折（康熙五十八年六月十九日）。原资料记：种御稻25亩，早稻共收81.5石。
南昌	康熙	5.63	乾隆《南昌府志》卷15。原资料引康熙旧志记：府学田（明时置）在南昌县灌城乡者共115.4亩，岁入租谷324.8石；又香城寺入官田共45.34亩，岁入租谷54.5石。
南昌	康熙	2.40	
南昌	雍正	2.42	同上书，卷16。原资料记豫章书院：雍正十年钦赐帑银千两购书院田共三庄：一在下溪村，117.82亩，额收租谷142.52石；一在五溪庄，126.04亩，额征租谷169.12石；一在杨槎桥，35.33亩，额征租谷39.64石。
南昌	雍正	2.68	
南昌	雍正	2.24	
南昌	乾隆	2.50	同上。原资料记：理学名贤祠田74.49亩，岁征乡斛租谷74.49石。按仓斗数折算产量入表。
南昌	乾隆	1.85	同上书，卷15。原资料记县学田：官田3.5亩、上田12.7亩、中田136.97亩、下上田12.8亩、下中田0.8亩，岁收租谷154.24石。

续表

地区	年代	亩产（石/亩）	资料出处及说明
南昌	道光	3.00	同治《南昌府志》卷17。原资料记洪都书院（道光间建）：南昌张朝瑞捐本县田49.167亩，额租73.74石；道光十七年买南昌县九都三图田11.27亩，额租16.905石。
		3.00	
南昌、新建	乾隆	1.23	乾隆《南昌府志》卷17。原资料记友教书院田：乾隆三十九年武生严赵钤捐田一庄，坐落新邑丰乐上谌圩，计田27.39亩，额收漕斛谷16.8石；四十年知县陶正伦收竹林庵僧田二庄共56.4亩，共额收漕斛谷95.69石。
		3.39	
		4.00	陈道《凝斋先生遗集》卷2《新城田租说》。原资料记："南昌、新建佃田者，上则亩止租二石，中或一石五六斗，下则亩率一石。"
		3.10	
		2.00	
	道光	2.00	同治《南昌府志》卷17。原资料记洪都书院（道光间建）：新建谌家达捐本县田12.5亩，租12.5石。
进贤	康熙	2.94	康熙《进贤县志》卷4。原资料记：学田41亩有奇，岁入租谷60.2石。
	乾隆	1.62	乾隆《南昌府志》卷16。原资料记学田（明时置）：县西圩田55亩，额收租44.42石，又田44亩，额收租26.76石。
		1.22	
		1.13	同上书，卷17。原资料记：乾隆十二年知县向德捐建曲水书院，拨陈家圩田639.79亩，额收租谷360；傅家圩田50亩，额收租谷34石，卓山庄田56.5亩，额收租谷33.9石。又乾隆三十六年监生杨鐘捐田9.7亩、地2.8亩，岁征租谷3.85石、豆0.29石。
		1.36	
		1.20	
		0.79	
靖安	康熙	3.96	同上书，卷16。原资料记学田：邑人金孟于康熙五十一年捐中田8.45亩、下田11.75亩、上地0.6亩，共额收租40石。地数不计。
义宁州（宁州）	雍正	2.73	同上。原资料记学田：雍正二年孀妇陈杨氏捐上中下三则水田77亩，额收租谷105石。
	乾隆	3.03	同上书，卷17。原资料记：乾隆二十四年万来英创建成孝书院，捐田66亩，岁收租谷100石。
武宁	乾隆	3.25	同上。原资料记：乾隆十八年建豫宁书院，至二十八年共捐置田151.23亩，每年共额收租谷245.7石。
	道光	3.48	同治《南昌府志》卷16。原资料记府县学文武生束脩之费：道光十九年黄家泰、兆泰捐水田231.3亩，额租谷402石。
饶州府	康熙	2.80	《康熙朝汉文朱批奏折汇编》第8册，2637页：江西巡抚白潢奏报各属所种御稻亩数并收成数目折（康熙五十七年六月二十六日）。原资料记：饶州府种田15亩，收谷42石。

续表

地 区	年 代	亩产（石/亩）	资料出处及说明
鄱阳	康熙	2.00	同治《饶州府志》卷7。原资料记：鄱阳学田，明崇祯间知县饶震元置、国朝康熙间知县靳乾亨置共计田地168亩，租谷128.5石，租银24两，又县尾学田计征银5.552两，漕米3.239石。
	乾隆	1.67	同上。原资料记：芝阳书院，乾隆三十九年巡道秦承恩建，原置韩山等处田591.3亩、地89.6亩，额征租谷567.415石；续置南湖圩田地共94.3亩，额征租谷73.227石；生员钟涵捐入书院田43.7亩，额征租谷37.5石。
		1.55	
		1.72	
	嘉庆	4.10	刑科题本（转自赵冈等《清代粮食亩产量研究》30页）。原表资料时间为嘉庆四年。
余干	道光	1.47	同治《余干县志》卷6。原资料引道光知县常山凤《捐置东山书院膏火经费善后规条》："书院旧有田产六百八十余亩，丰年约可收租五百石上下，歉岁亦可收租三百石上下。"
		0.88	
	同治	2.82	同治《饶州府志》卷7。原资料记：余干学田田地121.1亩，田地租谷171.05石。
德兴	乾隆	2.22	同治《德兴县志》卷4。原资料记：乾隆三十六年十都监生程国槐捐学田4.5亩，额租5石。
	同治	3.44	同上。原资料记：县学田，早晚田共233.4亩，每年额租谷401.31石。
安仁	同治	3.05	同治《饶州府志》卷7。原资料记：安仁学田计75.6亩，又基地3间、池塘1口、熟田2丘、荒田1丘、塘地1片，每年额租谷115.3石。
浮梁	乾隆至道光间	2.54	道光《浮梁县志》卷6。原资料记学产：乾隆十七年置樵溪都凌家坞口上田2亩，计租22秤；又周家坞中田1.89亩，计租18秤。又记昌江书院田产：乾隆二十九年知县黄绳先详拨文昌庵田100亩，收租谷100石；又赤岭庙田18.4亩，交租9.2石。又记：嘉庆二十四年常尚都六甲谭佑胜输中田7亩，计租80秤。又记：道光十一年张、吴、程三佃共买上田6.6亩，共收谷6.6石。又记书院田：一48.1亩（打荒3亩不收租），收租24.2石；一30.78亩，收租26.4石；一21.9亩，收租11石。又记绍文书院收捐田112.1亩，共租88.3石（据原资料各捐田亩租数合计）。又记：道光三年奉江西巡抚程含章颁发纹银100两为书院膏火之费，公议买田15亩，共交早晚谷100秤。以"秤"计租者按每秤15斤、130斤等于一石折算。
		2.20	
		2.00	
		1.00	
		2.64	
		2.00	
		1.07	
		1.72	
		1.00	
		1.58	
		1.54	
	道光	1.53	浮梁瑶乡詹氏祀产契约（转自赵冈等《清代粮食亩产量研究》31页）。原表：道光二十二年，亩产199斤。

续表

地 区	年 代	亩产（石/亩）	资料出处及说明
广信府	康熙	2.67	《康熙朝汉文朱批奏折汇编》第8册，2637页：江西巡抚白潢奏报各属所种御稻亩数并收成数目折（康熙五十七年六月二十六日）。原资料记：广信府种田15亩，收谷40石。
上饶	同治	3.25	同治《广信府志》卷2之2。原资料记：府城普济堂（乾隆三十五年建）有田产88亩，计田租143石。
玉山	雍正	1.83	刑科题本（《康雍乾时期城乡人民反抗斗争资料》88页）。原资料记：雍正十一年，严公欲价买郑开章田6亩，仍归原佃邓贵伯耕种，额租5.5石，另出小耕银2.5两。
	乾隆	2.00	同治《玉山县志》卷2。原资料记：乾隆知县饶晋均等先后断罚充公田13亩入育婴堂，岁收租谷13石。
	嘉庆	4.80	刑科题本（转自赵冈等《清代粮食亩产量研究》30页）。原表资料时间分别为嘉庆七年、二十一年。
		5.00	
	道光	4.30	同上。原表资料时间为道光十三年。
		2.86	同治《玉山县志》卷2。原资料记：道光间，育婴堂田在耆民谭世明户下管理者共计田62.59亩、荒田9.44亩、地12.425亩、山10.2亩、塘4.51亩，岁收租谷141.72石。田、地、山、塘统计。
		3.34	同上书，卷4上。原资料记：道光三年周廷珍、周廷珠捐学田59.92亩，岁收租谷100.05石。
	同治	4.81	同上书，卷2。原资料记：同治间，设保婴局，置田9.55亩，又续置田31.03亩，共税收租谷97.65石。又记：同治八年（己巳）周廷祐向保婴局捐田18.15亩，岁收租谷24石。
		2.64	
		2.31	同上书，卷3下、卷4下。原资料记：同治六年，新端明书院落成，院产原额并新捐共田448.3亩、荒田24.722亩、地59.35亩、山79.5亩、塘12.738亩，共岁收租谷720.69石。又记：同治六年，周以廉捐助怀玉书院膳田9亩，岁收租谷20石有奇。
		4.44	
弋阳	康熙	2.00	同治《广信府志》卷4之2。原资料记：康熙五十六年，知县吕文樱设弋江义学，捐银置义庄田210亩，岁收谷210石。
	道光	2.67	同上。原资料记：道光二十一年监生毛锡恩捐学田3亩，岁收租4石。

续表

地区	年代	亩产（石/亩）	资料出处及说明
贵溪	乾隆	2.74	刑科题本（《清代地租剥削形态》66页）。原资料记：县民方相臣有田19亩，于乾隆五年将田卖出，仍自佃种，每年交租谷26石。
	同治	2.40	同治《广信府志》卷4之2。原资料记：学田85.9亩，乡斗租103.08石。又记：文庙田82.78亩，乡斗租98.156石。
		2.37	
兴安	康熙	2.69	同治《兴安县志》卷7。原资料记：康熙二十八年知县曹学隽置文昌阁义学田100余亩，计里外乡额租134.65石。
	咸丰、同治间	2.17	同上。原资料记：咸丰、同治间添置文昌阁义学田24亩，计租26石。
广丰	乾隆	4.58	同治《广丰县志》卷4之2。原资料记：丰溪书院膏火田共192.976亩，收租441.5石。
	嘉庆	3.32	同上书，卷2之2。原资料记东文昌宫嘉庆间置田共63.23亩，收租104.85石。又记西文昌宫田共9.9亩，收租28.5石。
		5.76	
	道光	4.15	同上。原资料记道光间关帝庙置田共54.3亩，收租112.78石。又记城隍庙道光间置田共4.5亩，收租10.2石。又记道光间刘将军庙、龙神庙、许真君庙、苍帝庙等置田共27.061亩，收租60.5石。
		4.53	
		4.47	
		5.67	同上书，卷2之3。原资料记道光间置试院田亩共17.1亩，另有塘2口、熟地2片、麻地1片等，共交租48.5石。塘、地不计。
	咸丰、同治间	3.58	同上书，卷2之2。原资料记咸丰、同治间关帝庙置田共9.5亩，收租17石。又记咸丰间胡太保庙置田3.5亩，收租6.4石。
		3.66	
		4.55	同上书，卷2之4。原资料记咸丰、同治间置济婴东西局田共81.97亩（钱租者不计），共收租186.46石。
南康府	康熙	2.10	《康熙朝汉文朱批奏折汇编》第8册，2637页：江西巡抚白潢奏报各属所种御稻亩数并收成数目折（康熙五十七年六月二十六日）。原资料记：吉安府种田10亩，收谷21石。
星子	康熙	2.67	同治《南康府志》卷7。原资料记府城隍庙庙产：康熙五十一年知府张象文置田3.9亩，额租5.2石。
	咸丰以前	2.53	同上。原资料记龙神庙庙产：原有民田10.1亩，每年额租毛谷12.76石。
	同治	3.59	同上。原资料记龙神庙庙产：同治十一年知府盛元重建龙神庙并添置民田5.8亩，额租大桶光谷10.4石。

续表

地区	年代	亩产（石/亩）	资料出处及说明
星子	同治	3.58	同上。原资料记府学西关帝庙庙产：民田8.15亩，额租14.57石官桶；屯田36.11亩，额租49.4石官桶。又记府治后关帝庙庙产：共民田14.7亩，每亩额租1.8石，共26.4石大桶；又僧置水田0.9亩，租1.8石。又记府城隍庙庙产：民田15.4亩，额租26.8石。又记县城隍庙庙产：二处共民田19.55亩，纳纳7折光谷24.49；又兼管大德堂田3亩，额纳官桶光谷3.55石。又记县土地祠产：民田10亩，额租12.6石；又2.6亩，额租4.4石。又记二贤祠祠产：一处田38.635石，额租毛谷56.5692石；一处田5.3亩，额租毛谷8.42石；一处田9.6亩，额租毛谷17.88石；一处田10亩，额租光谷16.9756石；一处田10.7亩，额租毛谷17.16石；又同治十一年生员邹乐禹捐田5亩，额租光谷9石。
		2.74	
		3.59	
		4.00	
		3.48	
		2.51	
		2.37	
		2.52	
		3.38	
		2.93	
		3.18	
		3.73	
		3.40	
		3.21	
		3.60	
		4.50	同上书，卷9。原资料记：同治十一年知府盛元置府学田10亩，每亩大桶光谷22.52石。
都昌	嘉庆	4.76	中国社会科学院经济研究所藏刑档抄件（李文治编《中国农业史资料》第一辑，72页）。原资料记：嘉庆十一年，石如山兄弟五人，佃种石扬生田4.2亩，每年交租谷10石。
	道光	4.00	刑科题本（转自黄冕堂《清史治要》123页）。原资料记：道光二年，佃田0.6亩，额租1.2石。
建昌	嘉庆	5.07	同治《德化县志》卷21。原资料记：新濂溪书院"前置产业"（按旧濂溪书院建于乾隆五十年，咸丰时毁于兵火，同治时重建）内：盐院阿克当阿（嘉庆初任）捐买建昌县焦甬庄田113.35亩，每年租287.315石；理顺庄田101.35亩，每年租204.67石；杨泗圩庄田339.8145亩，每年租971.092石。
		4.04	
		5.72	
安义	雍正	1.91	同治《南康府志》卷7。原资料记：育婴堂，雍正十二年知县宫大鹏建，监生余秉礼捐田15亩，秉礼子续捐田8.27亩，共谷22.27石，以为收养婴孩之费。
九江府	康熙	2.20	《康熙朝汉文朱批奏折汇编》第8册，2637页：江西巡抚白潢奏报各属所种御稻亩数并收成数目折（康熙五十七年六月二十六日）。原资料记：九江府种田10亩，收谷22石。

续表

地 区	年 代	亩产（石/亩）	资料出处及说明
德化	雍正	3.47	同治《九江府志》卷11。原资料记：先农坛，雍正四年知府施士冈设立，德化县知县杨芋买邬姓基地一处为籍田，计4.9亩，额租8.5石。
德化	咸丰以前	4.45	同治《德化县志》卷21。原资料记：新濂溪书院"前置产业"（按旧濂溪书院建于乾隆五十年，咸丰时毁于兵火，同治时重建）：仁贵乡游家岭桃芳垄田37.7亩，租83.79石；白鹤乡石门砾田34.1亩、地1.1亩，租51石；德化乡螺蛳墩田37.8亩，租75.75石；仁贵乡张家湾田25.4亩，租55.5石；德化乡梅家山田6亩，租12石；德化西乡东林上坂田12.5亩，租24.1石；本城东门内田5.7亩，租11.1石；仁贵乡杨家垅田23亩，租57石。
德化	咸丰以前	2.90	
德化	咸丰以前	4.01	
德化	咸丰以前	4.37	
德化	咸丰以前	4.00	
德化	咸丰以前	3.86	
德化	咸丰以前	3.89	
德化	咸丰以前	4.96	
德化	同治	2.00	同上。原资料记：封郭洲陈家墩学田50亩，钱粮1.76两，每年纳市斗租50石。
湖口	雍正	3.92	同治《九江府志》卷11。原资料记：先农坛，雍正五年知县许涌建，买籍田5亩，额租9.8石。
湖口	咸丰以前	3.32	同治《德化县志》卷21。原资料记德化县新濂溪书院"前置产业"：湖邑民妇周徐氏捐田6.5亩，崔礼器典田20亩，共租44石；湖邑王合水田37.5亩，租75石。
湖口	咸丰以前	4.00	
德安	同治	3.97	同治《九江府志》卷21。原资料记：县学田计田地塘18.146亩，岁纳谷36石。
彭泽	同治	3.92	同上。原资料记：彭泽县学田，陶学易坂田3.06亩，租谷6石；柯秉凡湖西垅水田10.6亩，租谷25石。
彭泽	同治	4.72	
建昌府	康熙	2.70	《康熙朝汉文朱批奏折汇编》第8册，2637页：江西巡抚白潢奏报各属所种御稻亩数并收成数目折（康熙五十七年六月二十六日）。原资料记：建昌府种田10亩，收谷27石。
新城	乾隆	4.20	陈道《江西新城田租说》（载《皇朝经世文编》卷31）。原资料记："新邑志载，每十五亩五分六厘有奇科粮一石，以俗例三升粮额通较（按上文说'田供租一石，税粮三升'），每亩合租谷二石一斗余，视他处上则且溢。"
抚州府	康熙	2.80	《康熙朝汉文朱批奏折汇编》第8册，2637页：江西巡抚白潢奏报各属所种御稻亩数并收成数目折（康熙五十七年六月二十六日）。原资料记：抚州府种田15亩，收谷42石。
临川	道光	3.14	刑科题本（转自黄冕堂《清史治要》123页）。原资料记：道光元年，佃田3.5亩，额租5.5石。

续表

地 区	年 代	亩产（石/亩）	资料出处及说明
万年	乾隆	2.08	同治《万年县志》卷3。原资料记：乾隆四十二年建育婴堂，邑人方城捐田97.2082亩，年纳租101.324石。
		2.88	同上书，卷4。原资料记：书院学田，乾隆十二年邑令李继圣割儒学田31亩，又查出林家店旧学田9亩，及邑绅新捐田67亩，共田107亩并归书院，计租154石。又记：乾隆三十九年邑人方城续捐田52.34839亩，计租谷70.676石。
		2.70	
	嘉庆	3.50	同上书，卷3。原资料记：崇文义田，嘉庆十一年邑人方自越捐置，以岁入为乡会试及优拔贡、北上岁科考列优等者诸费。是项田共231.9307亩，岁收租谷400余石，纳秋粮12.3819石。
		3.20	同上书，卷4。原资料记：嘉庆时共存学田110.15亩，其中早田43.9亩，交租70.24石；晚田66.25亩，交租121.1石。
		3.66	
	同治	4.63	同上书，卷3。原资料记：同治十年岁贡生刘冀时捐早晚田17.289亩，年收租40石，以助秋闱文武卷资。又记：刘文镕捐田16.7亩，租40石。
		4.79	
		3.33	同上书，卷4。原资料记：赞礼生田6亩，每年租谷10石；又6亩，每年租谷13.5石。
		4.50	
		4.14	同上书，卷12。原资料记：同治三年邑东各村公捐植桂书院田共432.746亩，计租896.15石。
乐安	雍正	4.00	刑科题本（《清代地租剥削形态》80页）。原资料记：雍正八年，周瑞生佃耕贡生杨天爵晚禾田2斗，额租谷10石，每年实交8石；乾隆十三年，周又承耕杨天爵晚米田1.2石，额租谷60石，议交48石。按1斗田合2亩，产量按实交租谷折算。
	乾隆	4.00	
	同治	2.40	同治《乐安县志》卷4。原资料记：学田每亩征租谷1.2028石。
临江府	康熙	2.30	《康熙朝汉文朱批奏折汇编》第8册，2637页：江西巡抚白潢奏报各属所种御稻亩数并收成数目折（康熙五十七年六月二十六日）。原资料记：临江府种田10亩，收谷23石。
清江	康熙	2.26	同治《清江县志》卷3。原资料记：康熙五十一年通判施廷元捐俸置萧江书院田114亩，岁收租谷128.8石。
	乾隆	2.43	同上。原资料记：乾隆间，知县邓廷辑清查学田，由学征收者计田19.06亩，额租21.2石，岁纳正课地丁银0.87两、米0.53石；由县征收谷租之田计93.82亩，额租93.83石。
		2.00	

续表

地 区	年 代	亩产（石/亩）	资料出处及说明
清江	同治	2.22	同治《临江府志》卷7。原资料记：同治十一年修复府章山书院，所置书院田内有民人周顺钦充公田3.9亩，每岁交官斛租谷4.332石。
新喻	雍正	2.67	刑科题本（《清代地租剥削形态》107页）。原资料记：雍正十一年，县民傅别八将田4.5亩卖与族祠，仍自佃耕，每年租谷6石。
新喻	同治	1.35	同治《临江府志》卷7。原资料记：同治十一年修复府章山书院，武生萧拔元同侄萧忠、萧周捐新喻田73.7亩，房屋地基10间，熟地5亩，每岁交官斛租谷53.072石。
峡江	同治	2.34	同上。原资料记：同治十一年修复府章山书院，峡江县监生周宗仁捐田12.5亩，每岁交官斛租谷14.64石；监生朱承鳖捐田100亩，每岁交官斛租谷113.4104石。
峡江	同治	2.27	
吉安府	康熙	2.33	《康熙朝汉文朱批奏折汇编》第8册，2637页：江西巡抚白潢奏报各属所种御稻亩数并收成数目折（康熙五十七年六月二十六日）。原资料记：吉安府种田15亩，收谷35石。
永丰	乾隆	2.98	光绪《吉安府志》卷18。原资料记：永丰县学田，乾隆十四年以前，"旧额"4.7亩，额租7石。
永丰	乾隆	2.05	同上书，卷19。原资料记：乾隆中知县张绍、党兆熊等重建恩江书院，共捐买早晚田676.06石，计338.3亩，岁共额租347.5石。
泰和	乾隆	7.07	同上。原资料记：泰和书院学田租计339石，共田95.9亩。
吉水	乾隆	4.26	同上。原资料记：乾隆四十年知县朱廷基增置仁文书院田2.48亩，收租5.28石。
永新	乾隆	2.56	同上。原资料记：禾山书院，乾隆时建，邑贡生陈元龙等共捐田31.2亩、塘一口，每年收租谷40余石。
瑞州府	康熙	2.80	《康熙朝汉文朱批奏折汇编》第8册，2637页：江西巡抚白潢奏报各属所种御稻亩数并收成数目折（康熙五十七年六月二十六日）。原资料记：瑞州府种田10亩，收谷28石。
新昌	嘉庆	4.90	刑科题本（转自赵冈等《清代粮食亩产量研究》29页）。据原表，时间为嘉庆十三年。
袁州府	康熙	3.00	《康熙朝汉文朱批奏折汇编》第8册，2637页：江西巡抚白潢奏报各属所种御稻亩数并收成数目折（康熙五十七年六月二十六日）。原资料记：袁州府种田10亩，收谷30石。
萍乡	雍正	4.81	（民国）刘洪辟《昭萍志略》卷6。原资料记：雍正八年清丈，县学田所存共1080把（永平里四图弹子坑田150把又塘一区无租数，未计），额租86石6桶6升。田数按30把合1亩折算（见同书卷12）。

续表

地区	年代	亩产（石/亩）	资料出处及说明
萍乡	嘉庆	3.80	同上。原资料记：嘉庆六年职员黄瀚捐学田600把，额租38石。
	道光	4.40	同上。原资料记：道光二十七年刘均哲、刘均恩捐学田300把，额租22石。
	咸丰	4.89	同上。原资料记：咸丰间童毓中等捐学田70把，额租8石；邱欲岩等捐学田100把，额租8石；职员王朝海捐学田100把，额租6石。以平均值折算产量入表。
赣州府	康熙	2.55	《康熙朝汉文朱批奏折汇编》第8册，2637页：江西巡抚白潢奏报各属所种御稻亩数并收成数目折（康熙五十七年六月二十六日）。原资料记：赣州府种田20亩，收谷51石。
信丰	乾隆	2.35	同治《赣州府志》卷24。原资料据乾隆志记：学田21.2亩，征谷24.9石。
会昌	乾隆	3.43	刑科题本（转自赵冈等《清代粮食亩产量研究》29页）。据原表，时间为乾隆四十二年。
	道光	5.00	刑科题本（转自黄冕堂《清史治要》123页）。原资料记：道光十八年，佃田24亩，额租60石。
定南厅	乾隆	2.17 2.67 4.80 3.43 1.90 2.67 2.67 3.15 3.55 3.70 3.44 3.28	道光《定南厅志》卷2。原资料记：儒学田租（乾隆二年县令徐大坤查出民租田归学），一土名下历大陂，田12亩，征租16.25石，学册载400束，历来沙塞，50束计1.5亩，实收租13石；一土名鹿胡，田7亩，征租10石，学册载6亩，收租8石；一土名火夹水，田2.5亩，征租4.5石，学册载1.5亩，收租3.6石；一土名下池青沟，塘田2.5亩，征租4.5石，学册载70束，收租3.6石；一土名下池牛冈峠，田2.2亩，征租2.5石，学册载70束，收租2石；一土名丁坊，田2.8亩，征租3.5石，学册载70束，收租2.8石；一土名大石，田2亩，征租2.5石，学册载50束，收租2石；一土名陈坑，田1.2亩，征租1.5石，学册载30束，收租1.2石。又记：莲塘书院田租，乾隆十年置田11.1亩，征租17.5石；乾隆二十四年置田3.8亩，征租6.75石；乾隆二十八年置田5亩，征租9.25石；又田3.6亩，征租6.2石，又田2.9亩，征租4.75石。以上儒学田产量按学册数字折算入表。
南安府	康熙	2.10	《康熙朝汉文朱批奏折汇编》第8册，2637页：江西巡抚白潢奏报各属所种御稻亩数并收成数目折（康熙五十七年六月二十六日）。原资料记：南安府种田10亩，收谷21石。

续表

地　区	年　代	亩产 （石/亩）	资料出处及说明
宁都州	道光	4.00	道光《宁都直隶州志》卷11。原资料记："五十亩之田，岁可获谷二百石。"
瑞金	嘉庆	5.20	刑科题本（转自赵冈等《清代粮食亩产量研究》31页）。原表资料时间为嘉庆五年。

附表3-13　清代南方水稻亩产量：广东

地　区	年　代	亩产 （石/亩）	资料出处及说明
全省平均		3.73	
广州府	康熙	3.00	屈大均《广东新语》卷14《食语》。原资料记：沙田"计一亩播种十升，谷成可得三石"。按同书卷2《地语》谓："广州边海诸县皆有沙田，顺德、新会、香山尤多。"
广州府	康熙	4.00	同上。原资料记："广州之稻……其一熟者为潮田……每亩丰者四石。"
番禺	康熙	2.70	屈大均《翁山文外》（康熙刻本）卷11《杂著·耕辞》。原资料记：屈氏有潮田37亩，"所莳者交趾花秥，岁止一熟，佃与人耕，止得谷七十余石"，自耕则"秋成合早秥糯当得百石，年丰或不止于是"。
番禺	宣统	8.50 5.00 6.50	宣统《番禺县续志》卷12。原资料记："约计腴田每亩所获，合早晚两造，得谷可八九石；硗田五石有奇，然能加粪料腴之，所获亦可达六七石。"
顺德	乾隆	2.31	刑科题本（转自赵冈等《清代粮食亩产量研究》21页）。据原表，此例年代为乾隆二年。原数据为亩产300斤，现折算稻谷产量入表。
香山	乾隆	7.32	刑科题本（《清代地租剥削形态》507页）。原资料记：监生杨跻日出佃潮田1顷，年收租谷小斗366石。
东莞	嘉庆	6.66	《许舒博士所辑广东宗族契录汇录》（转自陈春声《市场机制与社会变迁》表2-3）。据原表地租量折算产量入表。
东莞	道光	6.25	刑科题本（转自黄冕堂《清史治要》122页）。原资料记：道光五年，田1.6亩，额租5石。
新宁	乾隆	5.12	刑科题本（《清代地租剥削形态》246页）。原资料记：县民龚元惠、龚元教承佃赵南轩尝田8.6亩，每年纳租谷22石。
增城	嘉庆	3.04	嘉庆《增城县志》卷5。原资料记：腊圃义学田46亩，岁租70石。

续表

地区	年代	亩产（石/亩）	资料出处及说明
清远	乾隆	2.60	刑科题本（《清代地租剥削形态》406）。原资料记：罗连富有父遗税田 26.888 亩出租，年收租谷 35 石。
	乾隆、嘉庆间	4.50	刑科题本（转自赵冈等《清代粮食亩产量研究》21 页）。据原表，此例年代为乾隆五十九年至嘉庆二年。
归善	乾隆	1.56	刑科题本（《清代地租剥削形态》27 页）。原资料记：陈天俊承种张姓尝田 5 石，每年输租谷 15 石、租银 4.8 两。尝田按 5 石按 50 亩计，租银 4.8 两折算租谷 24 石。
		2.40	刑科题本（同上书，61 页）。原资料记：周成若佃种周化若质田 10 亩，年纳租谷 12 石。
		1.95	刑科题本（同上书，433 页）。原资料：高方熹向钟华粤批耕田种 2 石，递年输纳租谷 19.5 石。田种 2 石按 20 亩计。
河源	雍正、乾隆间	4.00	刑科题本（《清代地租剥削形态》504 页）。原资料记：谢姓县民有祖遗佃业田 19 亩，每年交田主租谷 38 石。
	乾隆	4.00	光绪《惠州府志》卷 10。原资料记槎江书院田：乾隆七年拨石龙坑沙子水等处田 1.3 石，额租 26；九年邱元宰捐田 5 斗，实纳租 7 石。按田种 1 斗合田 1 亩折算。
		2.80	
博罗	乾隆	2.10	刑科题本（转自郭松义《清前期南方稻作区的粮食生产》）。据原表，佃田 6 亩，租额 6.3 石。
永安	康熙	7.50	屈大均《广东新语》卷 14《食语》。原资料记：永安县"土壤肥沃，多上田，无所用粪，种常七八十倍，下亦二三十倍"。各取中值入表。
		2.50	
	道光	4.00	刑科题本（转自赵冈等《清代粮食亩产量研究》22 页）。据原表，此例年代为道光十四年。
连平州	雍正	2.00	《粤东成案初编》（转自陈春声《市场机制与社会变迁》表 2-3）。按原表地租量折算产量入表。
	乾隆	4.80	刑科题本（《清代地租剥削形态》473 页）。原资料记：何为秀佃耕 2 亩，每年纳租谷 4.8 石。
		3.60	刑科题本（《清代土地占有关系与佃农抗租斗争》728 页）。原资料：种田 3 斗，年纳租谷 5.4 石。种 3 斗按 3 亩计。
和平	道光	3.50	刑科题本（转自黄冕堂《清史治要》122 页）。原资料记：道光九年，田 4 亩，额租 7 石。
海阳	康熙	2.01	乾隆《潮州府志》（光绪十九年重刊本）卷 24。原资料记县学田：康熙二十三年巡道史起贤、知县金一凤勘丈归田 75.9 亩，租 76.3 石。
	乾隆	3.83	同上。原资料记：乾隆二十六年清出僧占文会田 103 亩归学，额租 197.5 石。

续表

地 区	年 代	亩产（石/亩）	资料出处及说明
海阳	嘉庆	7.32	《粤东成案初编》（转自陈春声《市场机制与社会变迁》表2-3）。据原表地租量折算产量入表
		6.00	刑科题本（转自赵冈等《清代粮食亩产量研究》20页）。据原表，此例系粮田，年代为嘉庆五年。
揭阳	康熙	3.03	乾隆《潮州府志》（光绪十九年重刊本）卷24。原资料记：康熙五十一年知县刘锡廷置学田31亩，租47石。又记：知县孙公瑜置义学田17.9亩，租37.7石。
		4.21	
		2.05	乾隆《揭阳县志》卷2。原资料记：康熙四十一年建蔡侯祠，监生曾宗柱捐田20.5亩，租谷21石。又记书院田：康熙五十九年知县孙公瑜捐田18亩，租谷43.43石；县绅捐12.25亩，租谷14.5石；又田7.1亩，租谷10.2石；又田21.6亩，租谷44.25石；又田10.3亩，租谷17.5石。
		4.83	
		2.37	
		2.87	
		4.10	
		3.40	
	雍正	4.00	刑科题本（《清代地租剥削形态》498页）。原资料记：雍正间徐颖捷佃田6亩，年纳租谷12石。
	雍正、乾隆间	4.00	刑科题本（同上书，19页）。原资料记：郭阿佑有祭田4亩，每年收租谷8石。
	乾隆	1.98	《潮汕文物志》上册（转自陈春声《市场机制与社会变迁》表2-3）。据原表地租量折算产量入表。
		2.29	乾隆《潮州府志》（光绪十九年重刊本）卷24。原资料记县学田（俱明时置）：一73.5亩，租84石；一31.8亩，租56.67石；一12.3亩，租23.75石；一10亩，租12.5石；一16亩，租27.5石；一23.8亩，租42.3石；一4亩，租4石。又记书院田：榕城书院田0.52亩，租1.2石。
		3.56	
		3.86	
		2.50	
		3.44	
		3.55	
		2.00	
		4.62	
		4.05	乾隆《揭阳县志》卷2。原资料记：韩昌黎祠田49亩，租谷99.2石（明崇祯间置）。又记：乾隆三十五年拨入榕城书院田20.4亩，租谷43.4石。
		4.25	
	嘉庆	6.00	刑科题本（转自赵冈等《清代粮食亩产量研究》20页）。据原表，3例均系粮田，年代分别为嘉庆五年、十五年、十八年。
		3.00	
		4.00	

续表

地区	年代	亩产（石/亩）	资料出处及说明
饶平	康熙	1.67	乾隆《潮州府志》（光绪十九年重刊本）卷24。原资料记：康熙五年吴启丰捐凤凰等处田180亩为学田，租150余石。
	雍正	0.94	同上。原资料记文明书院田13.9亩，租6.5石，雍正九年拨。
	乾隆	1.04	同上。原资料记县城义学田：一46亩，租24石；一20.6亩，租30石；一32亩，租42石；一1.3亩，租2石。
		2.91	
		2.63	
		3.08	
	嘉庆	4.00	嘉庆《澄海县志》卷16。原资料记：澄海县樟林西社上帝庙有田在饶平县西浦乡计13亩，租26石。
		4.00	刑科题本（转自赵冈等《清代粮食亩产量研究》20页）。据原表，此例年代为嘉庆十六年。
潮阳	康熙	3.19	光绪《潮阳县志》卷8。原资料记：康熙四十五年建育婴堂，以查出陈姓欺隐田33亩入堂，年带租乡栳谷81石，每石折仓斛0.65石。
	雍正	2.00	刑科题本（《康雍乾时期城乡人民反抗斗争资料》128页）。原资料记：马军宗有田2.5亩，于雍正五年间批与彭其御耕种，每年租谷2.5石。
		5.00	刑科题本（转自赵冈等《清代粮食亩产量研究》20页）。据原表，此例为押租，年代为雍正十年。
		2.76	光绪《潮阳县志》卷6。原资料记：雍正六年署知县蓝鼎元清复官田76亩，计租105石，为义学膏火。
	雍正、乾隆间	4.97	刑科题本（《清代地租剥削形态》610页）。原资料记：郭钦相佃耕祭田5亩，每年纳租谷12.42石。
	乾隆	2.20	乾隆《潮州府志》（光绪十九年重刊本）卷24。原资料记县学田54.5亩，带租60石。又记书院田：东山书院田一6.5亩，租9.86石；一25亩，租21；一6亩（此据光绪《潮阳县志》卷6），租12石。
		3.03	
		1.68	
		4.00	
		4.79	光绪《潮阳县志》卷7。原资料记文昌庙祠租：一17.548亩，租42石；一44.7亩，租48.1石；一9亩，租18.2石。
		2.15	
		4.04	
	嘉庆	8.00	同上。原资料记嘉庆十七年邑绅公置文昌庙田：一2.5亩，租官栳10石；一3.7亩，租官栳15石；一0.6亩，租1.25石。
		8.11	
		4.17	

续表

地 区	年 代	亩产（石/亩）	资料出处及说明
潮阳	同治	5.79	同上书，卷8。原资料记同治间置育婴堂租共田71.74亩，共收租谷207.618石（其中有84.47石小斗梾租折官梾54.9055石）。
潮阳	同治、光绪间	7.00 11.00 10.45 7.95 3.99 7.40 8.53	同上书，卷6。原资料记同治十二年置东山书院院租：一4亩，租14石；一2亩，租11石；一13.2亩，租68.98875石；一2.2亩，租8.75石；一17.05亩，租34.04石；一2亩，租7.4石；一1.5亩，租6.4石。
潮阳	光绪	2.47 2.60 3.83	同上书，卷7。原资料记各庙祠祠租：沈公祠祠租，共田183亩，租226.26石。朱公祠祠租，共田152.2亩，租190.39石，又租银1.5两。漆公祠祠租，共田117.192亩，租224.38石。
惠来	乾隆	2.05 2.15	乾隆《潮州府志》（光绪十九年重刊本）卷24。原资料记县学田（均明时置）：一81.62亩，租83.62石；一78.3亩，租84石。
惠来	乾隆	1.52	刑科题本（《清代地租剥削形态》645页）。原资料记：县民尤廷烈父亲佃田5亩，每年纳租谷3.8石。
大埔	乾隆	5.57	刑科题本（《清代土地占有关系与佃农抗租斗争》374页）。原资料记：佃田10.8亩，年纳租谷30石。
大埔	乾隆	3.76	乾隆《潮州府志》（光绪十九年重刊本）卷24。原资料记：汇川书院田17亩，租32石，乾隆十九年拨置。
澄海	乾隆	1.90	乾隆《潮州府志》（光绪十九年重刊本）卷24。原资料记县学田：一31.8亩，一11亩，一25亩，一8.1亩，共租72石。
澄海	嘉庆	2.99	嘉庆《澄海县志》卷15。原资料记：学田共73.7亩，周年租米55.12石。
澄海	嘉庆	3.70 3.20 2.21	同上书，卷16。原资料记城隍庙庙田：龙田高埕田4亩，租7.4石；下坑龙臂沟田5亩，租8石。又记关帝庙在南湾乡田4.4亩，租4.87石。
普宁	康熙	2.98 2.59 1.99	乾隆《潮州府志》（光绪十九年重刊本）卷24。原资料记康熙时置县义学田：一13亩，租19.4石；一8.5亩，租11石；一38.2亩，租38石。

续表

地 区	年 代	亩产（石/亩）	资料出处及说明
普宁	乾隆	2.03	同上。原资料记县学田：永春寨学寮田80亩，租81石。
		1.97	同上。原资料记乾隆时置县义田：一23.9亩，租23.5石；一7.5亩，租7.5石。
		2.00	
		4.00	刑科题本（《清代土地占有关系与佃农抗租斗争》252页）。原资料记：佃3亩，年纳租谷6石。
	嘉庆	4.00	刑科题本（转自赵冈等《清代粮食亩产量研究》20页）。据原表，二例均系尝田，年代为嘉庆十二年。
		2.00	
丰顺	乾隆	2.94	乾隆《丰顺县志》卷2。原资料记学田：一田17亩，每年收租谷25石；一田12亩，每年收租谷21石；一田8亩，每年收租谷8石；一田3.7亩，每年收租谷10石；一田3.713亩，每年收租谷4石；一田6亩，每年收租谷6.5石。
		3.50	
		2.00	
		5.41	
		4.31	
		2.17	
肇庆府	乾隆	2.08	道光《肇庆府志》卷6。原资料引乾隆吴志记府学田：蛇头围田211.9263亩，每年租谷220.92石。
高要	乾隆	5.93	同上。原资料记学田：乾隆二十三年置买钟玉炳田4.7231亩，每年租谷14石；又买邹兆钧田13.2651亩，每年纳谷35石。
		5.28	
	嘉庆	4.00	刑科题本（转自赵冈等《清代粮食亩产量研究》21页）。据原表，此例年代为嘉庆十八年。
四会	光绪	7.86	光绪《四会县志》编二上。原资料记印金局租额：仓丰围内下圩田共31.55054亩，每年纳租谷124石；上林铺社坑田24亩，每年纳租谷120石；河西铺鸡鹐寨田16亩，每年纳租谷80石。又记宾兴崇祀祠田：一3契共152.385亩，岁收针秤租谷381.195石；一35.6亩，岁收针秤租谷94.2石。
		10.00	
		10.00	
		5.00	
		5.29	
阳春	乾隆	1.95	道光《肇庆府志》6。原资料引乾隆吴志记学田（俱明时置）：南乡田71.79亩，岁收租谷70石；田92.8亩，岁收租谷120石；罗根等田436亩，岁收租谷584.54石。
		2.59	
		2.68	
广宁	雍正	7.84	道光《广宁县志》卷8。原资料记：籍田4.9亩，租19.2石。
	乾隆	4.00	道光《肇庆府志》卷6。原资料引乾隆吴志记学田：橄榄都田160亩，每年租谷320石；又李姓乡绅输田16.8亩，租谷80石；又诸生庞尚鸿输田22.3亩，租谷60石。
		9.52	
		5.38	

续表

地区	年代	亩产（石/亩）	资料出处及说明
广宁	道光	2.12 2.12	道光《广宁县志》卷9。原资料记学田：一19.266亩，租20.422石；一18.785亩，租谷19.913石。
开平	道光	1.69	道光《肇庆府志》卷6。原资料记学田：双龙村等处田97.9748亩，递年租谷166箩。按2箩合谷1石折算。
恩平	雍正	5.71	民国《恩平县志》卷8。原资料记：籍田4.9亩，租谷14石。
阳江	雍正	6.53	道光《阳江县志》卷2。原资料记：籍田4.9亩，租16石。
阳江	乾隆	1.50	刑科题本（转自赵冈等《清代粮食亩产量研究》21页）。据原表，此例年代为乾隆五十六年。
阳江	道光	5.40	刑科题本（转自同上书，21页），年代为道光二年。
德庆州	咸丰	3.20	光绪《德庆州志》卷7。原资料记：咸丰五年将梁英等逆产归于康厚社学，共田117.2714亩，租谷24425斤。按130斤合稻谷1石折算亩产入表。
德庆州	同治	3.08	同上。原资料记：同治六年知州冯泰松拨罚没田7.5亩入宾兴馆，租谷1500斤。按130斤合稻谷1石折算产量入表。
封川	雍正	7.24	道光《封川县志》卷2。原资料记：籍田4.9亩，岁入谷额17.74石。
封川	雍正	2.91	同上书，卷3。原资料记：雍正知县张元方拨文德乡田9亩充景奎书院经费，额收租谷1700斤。
封川	乾隆	1.54	道光《肇庆府志》卷6。原资料记：书院田26亩有奇，共约租谷20余石。
封川	道光	5.00 3.46 1.92 0.77	道光《封川县志》卷1。原资料记："西江两岸每年夏秋常被水浸，早造少收，晚造种赤稻，每亩收至六七百斤。"又记："上田粪足，每亩收四五百斤，中田二三百斤，下田不过百余斤。"均各取中值并折算为稻谷产量入表。
开建	道光	3.40	道光《肇庆府志》卷6。原资料记：学田10亩，每年租谷17石。
茂名	康熙	2.71 2.23 2.51 1.43 2.25 2.06	光绪《茂名县志》卷3。原资料记：康熙五十一年知县孙士傑建近圣书院，置田一田米2.03石、垦米0.6885石，每年租谷88石；一田米0.375石，载租10石；一田米0.1石，载租3石。又记：康熙五十一年知县孙士傑建敦仁书院，置田米3.1921石，共租谷54.4石；又田米1.04石，载租谷28石。又记：康熙五十二年知县孙士傑建观澜书院，置田米5.7石，载租140石。据同书资料，田米1石约合23.9亩。

续表

地　区	年　代	亩产 （石/亩）	资料出处及说明
茂名	乾隆	3.52	刑科题本（《清代土地占有关系与佃农抗租斗争》218页）。原资料记：佃田7.67亩，年纳租谷13.5石。
电白	道光	1.69	道光《电白县志》卷10。原资料记：学田共271亩，租谷198.4石，共载民米5.269石，折征本色米2.474石，浮条正耗银9.282两。
信宜	乾隆	3.13	刑科题本（《清代地租剥削形态》408页）。原资料记：县民罗缵广佃田3.2亩，年纳租谷5石。
化州	同治、光绪间	2.11	光绪《化州志》卷5。原资料记同治、光绪间置试院文昌祭田共载种34.94石，额租367.9石。
吴川	明末清初	5.02	光绪《吴川县志》卷3。原资料引康熙《观音庙田碑记》：庙田共米0.75石，每岁租谷45石。每田米1石按23.9亩计。
吴川	乾隆	3.48	同上。原资料引乾隆沈志记文昌阁祭产租数：一米埔山田米0.4857石，批租20.2石；一那邓潮田米0.6石，批光租36石；一下寮潮田米0.1石，批杷租5石；一猪儿塘山潮田米1.4931石，批租72石。每田米1石按23.9亩计。
吴川	乾隆	5.02	同上。原资料引乾隆沈志记文昌阁祭产租数：一米埔山田米0.4857石，批租20.2石；一那邓潮田米0.6石，批光租36石；一下寮潮田米0.1石，批杷租5石；一猪儿塘山潮田米1.4931石，批租72石。每田米1石按23.9亩计。
吴川	乾隆	4.18	同上。原资料引乾隆沈志记文昌阁祭产租数：一米埔山田米0.4857石，批租20.2石；一那邓潮田米0.6石，批光租36石；一下寮潮田米0.1石，批杷租5石；一猪儿塘山潮田米1.4931石，批租72石。每田米1石按23.9亩计。
吴川	乾隆	4.04	同上。原资料引乾隆沈志记文昌阁祭产租数：一米埔山田米0.4857石，批租20.2石；一那邓潮田米0.6石，批光租36石；一下寮潮田米0.1石，批杷租5石；一猪儿塘山潮田米1.4931石，批租72石。每田米1石按23.9亩计。
钦州	乾隆	3.24	刑科题本（《清代土地占有关系与佃农抗租斗争》672页）。原资料记：佃田6.23亩，年纳租谷10.1石。
灵山	乾隆	4.20	刑科题本（转自赵冈等《清代粮食亩产量研究》21页）。据原表，此例年代为乾隆二十七年。
灵山	嘉庆	3.00	刑科题本（同上书，21页），年代为嘉庆五年。
曲江	康熙	1.24	同治《韶州府志》卷17。原资料引康熙旧志记学田：邓韶彦及邱氏各捐共田86.047亩，载租53.5石。
翁源	雍正	4.49	嘉庆《翁源县志》卷6。原资料记：雍正五年建先农坛，置籍田4.9亩，递年纳租谷11石。
翁源	乾隆	3.81	同上书，卷7。原资料记：乾隆十六年涂廷魁妻赖氏捐学田10.5亩，岁纳乡斗租谷20石。又记：乾隆五年置新塘铺、江镇铺、李村铺3处义学田共计17.65亩，额租谷24.8石，实纳22.8石。又记：乾隆五十一年捐入义学田一处，计种9斗，额租9石。
翁源	乾隆	2.58	同上书，卷7。原资料记：乾隆十六年涂廷魁妻赖氏捐学田10.5亩，岁纳乡斗租谷20石。又记：乾隆五年置新塘铺、江镇铺、李村铺3处义学田共计17.65亩，额租谷24.8石，实纳22.8石。又记：乾隆五十一年捐入义学田一处，计种9斗，额租9石。
翁源	乾隆	2.00	同上书，卷7。原资料记：乾隆十六年涂廷魁妻赖氏捐学田10.5亩，岁纳乡斗租谷20石。又记：乾隆五年置新塘铺、江镇铺、李村铺3处义学田共计17.65亩，额租谷24.8石，实纳22.8石。又记：乾隆五十一年捐入义学田一处，计种9斗，额租9石。
翁源	嘉庆	3.75	同上。原资料记学田：一田种4.8斗，岁纳租谷9石；一田种2.6斗，岁纳上季硬租谷1.6石；一田种9.2斗，岁纳硬租谷9.2石。又记义学田（康熙时置）两处共11.9亩，共纳租谷18.8石。又记：嘉庆四年知县张宗舫置义学田计种3.3斗，递年额租谷6.4石。
翁源	嘉庆	1.23	同上。原资料记学田：一田种4.8斗，岁纳租谷9石；一田种2.6斗，岁纳上季硬租谷1.6石；一田种9.2斗，岁纳硬租谷9.2石。又记义学田（康熙时置）两处共11.9亩，共纳租谷18.8石。又记：嘉庆四年知县张宗舫置义学田计种3.3斗，递年额租谷6.4石。
翁源	嘉庆	2.00	同上。原资料记学田：一田种4.8斗，岁纳租谷9石；一田种2.6斗，岁纳上季硬租谷1.6石；一田种9.2斗，岁纳硬租谷9.2石。又记义学田（康熙时置）两处共11.9亩，共纳租谷18.8石。又记：嘉庆四年知县张宗舫置义学田计种3.3斗，递年额租谷6.4石。
翁源	嘉庆	3.16	同上。原资料记学田：一田种4.8斗，岁纳租谷9石；一田种2.6斗，岁纳上季硬租谷1.6石；一田种9.2斗，岁纳硬租谷9.2石。又记义学田（康熙时置）两处共11.9亩，共纳租谷18.8石。又记：嘉庆四年知县张宗舫置义学田计种3.3斗，递年额租谷6.4石。
翁源	嘉庆	3.88	同上。原资料记学田：一田种4.8斗，岁纳租谷9石；一田种2.6斗，岁纳上季硬租谷1.6石；一田种9.2斗，岁纳硬租谷9.2石。又记义学田（康熙时置）两处共11.9亩，共纳租谷18.8石。又记：嘉庆四年知县张宗舫置义学田计种3.3斗，递年额租谷6.4石。

续表

地 区	年 代	亩产（石/亩）	资料出处及说明
乐昌	乾隆	1.92	刑科题本（《康雍乾时期城乡人民反抗斗争资料》136页）。原资料记：薛章瑜兄弟佃耕邓承四田2亩，递年各纳租谷0.96石。
乐昌	同治	2.58	同治《乐昌县志》卷4。原资料记浮桥租共田69.1亩（钱租者8亩未计），原额租谷6276斤14两，实征4450斤4两。按实征数折算产量入表；租谷斤数按当地标准以50斤折算1石。
英德	康熙	3.53	同治《韶州府志》卷18。原资料记：康熙三十六年知县田从典捐买近圣书斋田50.7亩，递年收纳租谷3592斤、租银7.045两。租谷按当地标准以50斤折算1石，租银按0.2两合1石折算。
英德	康熙至乾隆	4.69	刑科题本（《康雍乾时期城乡人民反抗斗争资料》140页）。原资料记：县民郑邺新自祖父起佃种已卖出之自家粮田1.28亩，每年交纳租谷3石。
罗定州	乾隆	4.08	刑科题本（《清代地租剥削形态》683页）。原资料记：董奕伸佃田2.6亩，每年纳租谷5.3石。
西宁	康熙	4.00	道光《西宁县志》卷5。原资料记：教场桥桥田10亩，康熙间张姓捐置，岁收租谷20石。又记：平政桥田15亩，康熙十三年典史陆天祐捐置，岁收租谷30石。
西宁	康熙	4.00	
西宁	康熙	1.92	同上书，卷7。原资料记：康熙知县史笔置锦江书院田10.4亩，岁收租谷10石。
西宁	雍正	6.94	同上书，卷5。原资料记：先农坛籍田4.9亩，岁收租谷17石。
西宁	乾隆	5.22	刑科题本（《清代土地占有关系与佃农抗租斗争》767页）。原资料记：佃田4.6亩，年纳租谷12石。
西宁	乾隆	4.08	刑科题本（转自赵冈等《清代粮食亩产量研究》22页）。据原表，此例年代为乾隆三十二年。
西宁	乾隆	4.63	道光《西宁县志》卷7。原资料记：乾隆知县刘斯组捐置天禄书院田14亩，岁收租谷32.4石。
西宁	嘉庆	5.88	同上。原资料记嘉庆十六年知县魏德畹拨充公田价银置甘棠书院田共26.13亩，岁收租谷60石、租钱8400文，为肄业生童膏火。又记：嘉庆知县沈宝善率绅士捐置罗西书院田民米3斗，岁收租谷17石。又记：通门义学田56.41亩（知县沈宝善清出），岁收租谷85.2石。
西宁	嘉庆	5.67	
西宁	嘉庆	3.02	

续表

地区	年代	亩产（石/亩）	资料出处及说明
西宁	道光	2.50	同上。原资料记甘棠书院田83.45亩（康熙置道光历任知县置），岁收租谷89.4石、租钱7400文，为延师掌教经费。又记：东皋书院田13.5亩（明崇祯知县谢天申捐置），租谷15石、租钱4200文。
		3.47	
嘉应州	乾隆	0.66	刑科题本（《清代地租剥削形态》187页）。原资料记：州民傅志恒佃种灵光寺寺田种2石，每年纳租谷6.6石。寺田按20亩计。
		4.40	刑科题本（《康雍乾时期城乡人民反抗斗争资料》138页）。原资料记：温继藩承佃尝田1亩，年纳租谷2.2石。
兴宁	康熙	4.00	咸丰《兴宁县志》（民国18年铅印本）卷7。原资料记：康熙二十二年陈构捐学田计田种2.25石，每年额租45石。
	乾隆	8.93	同上。原资料记：贡生罗键于乾隆二十九年送出田种6斗，每年额租26.8石，为一邑科举公费。
	嘉庆	5.82	同上。原资料记：监生罗需于嘉庆九年送出田种1.1石，额租谷32石，为大恩祠每年祭费及诸生大比卷资。
	咸丰	3.86	同上。原资料记学田：会课田租共田种4.85石，租93.5石；科举田租共田种2.87石，租谷52石。又记：本学收租田田种19.2斗，租42.5石。
		3.62	
		4.43	
平远	乾隆	2.00	刑科题本（《清代地租剥削形态》13页）。原资料记：县民颜惟全佃种林若恭田种5.5斗，每年租谷5.5石。种田1斗按1亩计。
		2.00	嘉庆《平远县志》卷2。原资料记儒学额收田地租税：皱坊乡正里程永峰等处田租3.45石，递年佃纳租谷34.5石；皱坊乡欧畲村田租3石，递年佃纳黏米18石。又记儒学收租各祠田：文昌祠田共田租1.43869石，年纳租谷16.1石；程公祠田租0.92125石，年纳租谷10石；李侯祠田1.66128石，年纳租谷15.9石；刘公祠田0.35石，年纳租谷3.5石。又记科举卷资田：乾隆二十二年清出文案田租11.99石，递年佃纳租谷70石；武案田租4.2石，递年佃纳租谷27.4石。又记续捐文会田：乾隆四十一年王相学捐田租0.15石，递年佃纳租谷1.5石。
		2.40	
		2.24	
		2.17	
		1.91	
		2.00	
		1.17	
		1.30	
		2.00	
	嘉庆	1.60	同上。原资料记续捐文会田：嘉庆十六年凌琦瑞捐田租0.45石，递年佃纳租谷3.6石；嘉庆十八年杨如山捐田租共0.5石，递年佃纳租谷6.5石；嘉庆二十二年凌姓捐田租共2.7石，递年佃纳租谷16.1石；嘉庆二十四年杨如山
		2.60	
		1.19	

续表

地 区	年 代	亩产（石/亩）	资料出处及说明
平远	嘉庆	2.40	捐田租1石，递年佃纳租谷12石。又记书院掌教修脯田租共6.3325石，递年佃纳租谷63.325石。
		2.00	
		2.78	《粤东成案初编》（转自陈春声《市场机制与社会变迁》表2-3）。据原表地租量折算产量入表。
南雄州	康熙	6.21	道光《直隶南雄州志》卷11。原资料：康熙五十三年生员刘兆腾捐府学田14.5亩，共额租726.793石，递年水冲沙压及风雨不时，每岁收租400～500石余不等。田数按145亩计，租数按450石计。
	雍正	2.84	同上书，卷13。原资料记：籍田4.9亩，额收租谷17.3石，实收6.95石。按实收数折算产量入表。
	乾隆	2.70	同上书，卷12。原资料记：乾隆八年重建功德祠，置田18.724亩，租25.3石。
	嘉庆	3.10	同上。原资料记：嘉庆十四年知州戴锡纶捐置城隍庙田7.746亩，租12石。又记庙田：一田2.302亩，租1.4石；一田3.237亩，租6石；一田13.103亩，租24石；一田2.333亩，租2石；一田6.458亩租12石。
		1.22	
		3.71	
		3.66	
		1.71	
		3.72	
	道光	3.14	同上书，卷11。原资料记学田：一田0.7亩，岁收租谷1.1石；一田1.01亩，岁收租谷1.2石；一田5.3亩，岁收租6石；一田0.5亩，岁收租1石；一田9.3亩，岁收租谷28石；一田7亩，岁收租谷22石；一田16亩，岁收租谷50石。
		2.38	
		2.26	
		4.00	
		6.02	
		6.29	
		6.25	
		4.31	同上书，卷14。原资料记义学膏火田共27.018亩，共租58.2石。又记文明书院膏火资料田共20.95亩，共租63.3石。
		6.04	
保昌	乾隆	4.55	刑科题本（《清代地租剥削形态》116页）。原资料记：县民曾从方佃种陈文华尝田2.2亩，每年租谷5石，照收成丰歉交给。
	道光	2.44	道光《直隶南雄志》卷11。原资料记：科举田82亩，租100石。

附表 3-14　清代南方水稻亩产量：广西

地　区	年　代	亩产 （石/亩）	资料出处及说明
全省平均		**2.30**	
临桂	康熙	2.02	嘉庆《广西通志》卷166。原资料记秀峰、宣城二书院：康熙四十六年捐置革掌书院田187.29亩，岁收租谷折米94.5585石。
临桂	雍正	0.67	同上。原资料记：雍正十三年临桂知县魏运景开垦壶山田78.79亩，岁收租谷折米13.133石。
临桂	雍正	1.29	雍正《广西通志》卷23。原资料记府学学田：实征94亩，租米30.2石。
临桂	乾隆	2.04	嘉庆《广西通志》卷166。原资料记书院田：乾隆四十七年巡抚朱椿与司道公捐买入官田98.2亩，收租10000斤，折米50石。
兴安	嘉庆	2.26	同上。原资料记漓江书院田：官民捐田78亩，岁收谷85石有奇，又地租银1.2两。地租银折租谷3石。
全州	乾隆	2.00	同上。原资料记清湘书院田：乾隆四十八年知州陈肇辂捐田193亩，岁收租谷193石。
永福	乾隆	1.20	嘉庆《临桂县志》卷14。原资料记临桂县学田内有乾隆二十八年大学士陈宏谋捐永福县粮田，计水田158.1亩、车田168亩（俱实征数），分别征谷9486斤、7560斤。按100斤合谷1石（当地标准）换算。
永福	乾隆	0.90	（同上）
灵川	光绪、宣统间	2.39	民国《灵川县志》卷11。原资料记培英书院田产：城区北堰一带及凉风桥南流两处共田89.5亩，租谷10684斤；城区均荣村田49.7亩，租谷8135斤；二区毛家村潭市对江两处共田7.5亩，租谷430斤、租银1元；四区木匠铺连樟村两处共田19亩，租谷240斤、租银14.4元；六区共田57.4亩，租谷4625斤、租银16.2元。又记光绪末、宣统间所建学校校产：一区区立第四公义初级小学校田40亩，收租谷50余石；一区区立第六蒙养初级小学校田100亩，收租谷4200斤；一区区立第二十八广化初级小学校田29亩，收租谷3000斤；一区区立第三十新化初级小学校田15亩，收租谷2000斤；二区区立第二七八两里初级小学校田9.5亩，收租谷950斤。
灵川	光绪、宣统间	3.27	
灵川	光绪、宣统间	1.20	
灵川	光绪、宣统间	0.56	
灵川	光绪、宣统间	1.72	
灵川	光绪、宣统间	2.50	
灵川	光绪、宣统间	0.84	
灵川	光绪、宣统间	2.07	
灵川	光绪、宣统间	2.67	
灵川	光绪、宣统间	2.00	
龙胜厅	道光	1.80	道光《龙胜厅志·田赋》。原资料记报部官亩：上则田827.444亩，每亩收租谷0.9石，共收租谷744.6996石；中则田1078.842亩，每亩收租谷0.81石，共收租谷873.86202石；下则田493.714亩，每亩收租谷0.72石，共收租谷355.47408石；畸零瘠薄下则田703.1401亩，每亩收租谷0.6石，共收租谷421.88406石。
龙胜厅	道光	1.62	
龙胜厅	道光	1.44	
龙胜厅	道光	1.20	

续表

地 区	年 代	亩产（石/亩）	资料出处及说明
马平	乾隆	3.46	乾隆《柳州县志》卷5。原资料记：府学田35.6亩，租禾一处419把，每把重16斤；一处109把，每把重12斤。又记：县学田213.1亩，原额租禾1500把，每把16斤，现征租禾950把，又租银6.2两，租米36石。
		2.13	
		1.49	
象州	雍正	1.63	乾隆《象州志》卷2。原资料记：籍田4.9亩，租谷4石有零。
融县	同治、光绪以前	6.00	民国《融县志》第四编《经济》。原资料记：学田1顷平年收租300石。按此产量时间为同治、光绪以前。
桂平	道光	0.43	民国《桂平县志》卷28。原资料引道光初府志记书院膏火田1064亩，岁收租谷231石。又引道光志记桂邑书院膏火田：永和里田一段共121丘，食种180斤，岁输租30石。
		4.33	
	光绪	0.77	同上。原资料记：光绪十五年知府王庚荣禀拨公田600亩，岁收租谷30000斤，分拨府、县学。
平南	嘉庆	2.88	嘉庆《广西通志》卷166。原资料记武城书院：膏火田34亩，岁收租49石。
	同治、光绪间	3.08	光绪《平南县志》卷9。原资料记宾兴田（同治九年至光绪七年置）：一处约种370斤，一处约种280斤，共岁收租谷10000斤；又一处约种300斤，岁收租谷5600斤；又一处约种300斤，一处约种120斤，一处约种100斤，一处约种150斤，共岁收租谷11050斤；又一处约种90余斤，岁收租谷1600斤；又一处约种250余斤，一处约种120余斤，共岁收租谷5200斤；又一处约种70余斤，一处约种60余斤，共岁收租谷2700斤；又一处约种150余斤，岁收租谷2800斤；又一处约种430斤，一处约种230斤，共岁收租谷10200斤；又一处约种120斤，岁收租谷3300斤；又一处约种360斤，一处约种80斤，共岁收租谷6200斤；又一处约种80斤，岁收租谷1000斤；又一处约种300余斤，岁收租谷6700斤；又一处约种300斤，岁收租谷5800斤；又一处约种180斤，岁收租谷3500斤；又一处约种70斤，岁收租谷1200斤；又一处约种110斤，岁收租谷2100斤；又一处约种120余斤，岁收租谷2300斤；又一处约种300斤，岁收租谷5000斤；又一处约种140斤，岁收租谷2700斤。田数按种13斤合1亩计。
		3.73	
		3.30	
		3.56	
		2.81	
		4.15	
		3.73	
		3.09	
		5.50	
		2.82	
		2.50	
		4.47	
		3.87	
		3.89	
		3.43	
		3.82	
		3.83	
		3.33	
		3.86	

续表

地　区	年　代	亩产（石/亩）	资料出处及说明
平南	光绪	2.00	光绪《平南县志》卷9。原资料记书院田：川一里田该种595斤2两，岁收租谷4000斤、租银15两；新塘垌田该种1318斤8两，岁收租谷10000斤；花围垌田该种1948斤8两，岁收租谷10000斤；川三里蒙略垌田该种411斤11两，岁收租谷3000斤；零三里三巩桥田该种550斤，岁收租谷5500斤。
		1.52	
		1.03	
		1.46	
		2.00	
平乐	乾隆	1.80	光绪《平乐县志》卷5。原资料记乾隆九年平乐知府石礼图增置书院田亩：买下家东大庙前田5工，原额租禾450斤；又买田20处共66.5工，原额租禾4120斤；又买田共8工，原额租禾700斤；又买东江洞田10工，租禾1200斤；岭仔嘴田9工，租禾810斤；又田5工，租禾300斤；获龙田3工，租禾300斤；岭仔背田1工，租禾90斤；佛子洞田3工，租禾240斤；银山田1工，租禾100斤；楼背大路底田3工，租禾300斤；底陂圳边架枧田4工，租禾400斤。以上田数按每工合1亩计，租禾按100斤合1石计。
		1.24	
		1.75	
		2.40	
		1.80	
		1.20	
		2.00	
		1.80	
		1.60	
		2.00	
		2.00	
		2.00	
	道光	1.70	同上。原资料记道光三年平乐知府唐鉴捐置书院田亩3处共229工零5两，岁收租谷19516斤4两。
	光绪	2.04	同上。原资料记县敬业书院：光绪七年知县全文炳倡首捐资置买对河韦姓南乡洞田29工零4两，岁收租谷3000斤。
恭城	道光	1.40	光绪《恭城县志》卷2。原资料记署县严尔枢（道光十二年任）置书院田工：县民黄世和伯侄呈请入公民粮田10工，租谷700斤；文庠莫滋兄弟叔侄捐田3工，欧上（杰、松）兄弟捐田9工，合共租谷1800斤；庠生彭时炳捐民粮田3工7合5勺，租谷540斤；庠生俸品吉捐屯田3工，租谷180斤；廪生石麟捐民粮田1工，租谷120斤；庠生石永奠捐民粮田0.5工，租谷60斤；容其堂捐民粮田3工，租谷540斤；监生田树英兄弟捐田10工，租谷900斤；廪生王品超叔侄捐田1.5工，租谷135斤；蒋盛珍等捐民粮田2工，租谷140斤；买黄姓屯田7工，租谷1550斤；买欧仲昌二处6工，共租谷900斤；买刘光龙田10工，租谷900斤；买莫易中田1工，租谷100斤；买周承安田75工，共租谷7030斤；买周承安顶耕官田2.5工，
		3.00	
		2.88	
		1.20	
		2.40	
		2.40	
		3.60	
		1.80	
		1.80	
		1.40	

续表

地 区	年 代	亩产（石/亩）	资料出处及说明
恭城	道光	4.43	租谷225斤；买谢戬谷堂、燕桂堂屯饷田9工，租谷1240斤；买周承溢田37.5工，共租谷3300斤；买田绍峰93工，除2工均分外，余91工共租谷7460斤；买王树德堂田44.5工，共租谷3525斤；买陈廷桂堂38工，共租谷3040斤；买陈廷桂田4工，租谷320斤；买陈星辉田4工，租谷320斤；买蒋臣诰屯粮田18工，租谷1200斤。以上田数按每工合1亩计，租禾按100斤合1石计。
		3.00	
		1.80	
		2.00	
		1.87	
		2.20	
		2.76	
		1.76	
		1.64	
		1.58	
		1.60	
		1.60	
		1.60	
		1.33	
	光绪	0.98	同上。原资料记新置书院田工：文庠周万傑、周启傑兄弟捐田20.5工，共额租谷1000斤；西乡大陂洞牛峰堆田5工，租谷500斤；西乡周英傑捐屯田1工，租谷100斤；东乡州同衔谢兰蔚捐屯田1.5工，租谷120斤。
		2.00	
		2.00	
		1.60	
昭平	康熙	3.69	民国《昭平县志》卷2。原资料记：李公渡，康熙时武进士李上荣与弟上薰施田4亩，沙子吴安记施田1亩，共租1200斤。
	乾隆	1.85	同上书，卷3。原资料引乾隆旧志记：县学田121.535亩，每年每亩由儒学征租计禾把120斤。
		0.75	同上书，卷7。原资料记：廖当毅等有祖遗粮田1600余亩，因租佃纠纷涉讼，乾隆二十年以官定该项田亩年租78000斤结案。
荔浦	康熙	4.86	嘉庆《广西通志》卷166。原资料记义学田：康熙四十九年知县许之豫捐买田粮2.9斗，岁收租2400斤。田粮2.9斗折算田亩7.6亩。
贺县	康熙	2.22	民国《贺县志》卷3。原资料记义学田：康熙二十四年州同龙开运捐18亩，粮米1.8石，租禾337把；同年邑人周臣嵩捐8.57亩，粮米0.367石，租禾230把。以上两例，租禾每把合租秤7斤。
		2.98	

续表

地　区	年　代	亩产（石/亩）	资料出处及说明
贺县	乾隆	1.13	同上。原资料记：乾隆二十九年邑人程准捐书院田 100 亩，粮米 7.7306 石，又 100 亩余，粮米 3.915 石，共租禾租秤 13159 斤。
永安州	道光	2.00	刑科题本（转自黄冕堂《清史治要》123 页）。据原表，此例为 2 斗种田，额租 2 石，年代为道光十四年。
苍梧	康熙	1.58	同治《苍梧县志》卷 11。原资料记宾兴田租：康熙二十四年知府黄钟捐置须罗乡田税米 3.01 石，每年额收租谷 6200 斤。田数按税米 0.05 石合 1 亩折算。
苍梧	嘉庆	1.71	嘉庆《广西通志》卷 166。原资料记鼓岩书院田：归官税米 3.6 石，额租 8014 斤。田数按税米 0.05 石合 1 亩折算。
苍梧	同治	1.98	同治《苍梧县志》卷 11。原资料记：台山书院在思蒲村有田 70 余亩，每年额收租谷 9014 斤。
容县	康熙	1.77	嘉庆《广西通志》卷 166。原资料记义学田：康熙二十九年知县李瑞征捐买屯税米 17.36 石，额租 10000 斤。
容县	光绪	2.18	光绪《北流县志》卷 9。原资料记：北流县宾兴馆租产在容县者一处，载种 2.2 石，额租 24 石。载种 0.1 石折算田 1 亩。
藤县	康熙	1.88	同治《梧州府志》卷 6。原资料记：康熙五十一年知府李世孝捐银买置义学田，田在藤县，计税米 15.115 石，共收租谷 23326.5 斤、租米 52.615 石。田数按税米 0.05 石合 1 亩折算。
藤县	雍正	2.00	同上。原资料记：雍正八、九两年藤县报升田亩丈溢米内拨 22.071 石归入传经书院，定以税米 1 斗收租米 1 石。税米 1 斗按田 2 亩计。
藤县		3.67	光绪《藤县志》卷 9。原资料记：籍田 4.9 亩，额收租谷 9 石。
岑溪	雍正以前	6.40	乾隆《岑溪县志·学校志·学田》（民国铅字重印本）。原资料记：雍正十三年学田归学管理，邑绅将所有学田丘片绘图注明四至呈署县祁秉衡，称每亩学租 3.2 石。
岑溪	乾隆	2.46	同上。原资料记：乾隆元年知县何梦瑶以学田归学批佃，每亩岁收租谷 160 斤。
怀集	嘉庆	1.75	转自方行、经君健、魏金玉主编《中国经济通史·清代经济卷（上）》（经济日报出版社，2000）290 页。
怀集	同治	0.73	民国《怀集县志》卷 2。原资料引同治志记：学田 700 亩，共科米 6.2361 石，共计租谷 247.6 石；又续置田 600 亩，共科米 4.25803 石，租谷 189.8 石。
怀集	同治	0.65	

续表

地　区	年　代	亩产（石/亩）	资料出处及说明
天河	道光	2.00	道光《天河县志》卷下《经政·权税》。原资料记：永顺副土司有膳田18埠，每埠收膳米2石。按田1埠合4亩换算。
宾州	光绪	1.88 2.55 0.54 0.38	民国《宾阳县志》第四编《经济·宾兴》。原资料记：宾兴公所公田税地284.453亩，每年租谷额34670斤；培福堂公田税地498.418亩，每年租谷额82690斤；县公田税地540.21亩，每年租谷额18550斤；县学田税地162.55亩，每年租谷额4000斤。
白山司	道光	4.31 3.69 3.61	道光《白山司志》卷7。原资料记官田收租：上田亩收租谷280斤，中田240斤，下田234斤6两。
百色厅	光绪	5.77	光绪《百色厅志》卷5。原资料记：光绪五年同知杨廷玘拨入官田归学，计田2埠，岁收谷3000斤。按田1埠合4亩换算。
百色厅	光绪	6.67	《广西瑶族社会历史调查》（五）《百色县洞好乡瑶族社会历史调查·经济》。原资料记：光绪二十多年，绿合屯群众随凌乐地主杨四来此居住，先后开垦了150斤种的水田，年产量约有10000斤谷。
宣化	雍正	2.00	嘉庆《广西通志》卷166。原资料记正谊书院田：雍正九年知县黄其炳买曾廷勷粮田6.39石，岁收租32石。田数按粮田0.2石合1亩折算。
宣化	道光	1.21 1.37 1.14 1.71	民国《邕宁县志·学校一》。原资料引道光府志记府学田：一田60.19亩，收租谷59石，系8斤斗；一田98.38亩，收租谷54.78石，系16斤斗；一田现征59.67亩，每亩征租米0.27~0.3石不等。又记府义学田280.272亩，每年收租谷240石。
上思州	嘉庆	1.41	嘉庆《广西通志》卷166。原资料记：学租田85.183亩，岁收租谷60石。
新宁州	康熙	1.19	光绪《新宁州志》卷3。原资料记义学田94.332亩（康熙知州靳治梁详入义学），每年收租谷56.1石。
新宁州	雍正	1.31	同上书，卷2。原资料记：籍田18.266亩，每年收租谷12石。
新宁州	乾隆	0.86 1.83 1.20 1.20 1.20	同上。原资料记：关帝庙祀田30.242亩，每年收租谷13石。又记：城隍庙祀田6.562亩，每年收租谷6石。又记真武庙、班氏庙、三清观各有祀田18.266亩，每年收租谷11石。
新宁州	道光	0.87	同上书，卷3。原资料记学田212.258亩，每年收租谷92石。

续表

地 区	年 代	亩产（石/亩)	资料出处及说明
横州	光绪	1.64	光绪《横州志》卷7。原资料记：实在熟学田207.5亩，载官斗租谷170.09石。
		2.86	同上书，卷8。原资料记令公庙庙田：一处税117.665亩，每年收租谷168.5石；一处税76.13亩，每年收租谷130.2石；一处税53.404亩，每年收租谷70.1石；一处税96.902亩，每年收租谷110.7石；一处税91.402亩，每年收租谷100.6石。
		3.42	
		2.63	
		2.28	
		2.20	
宁明州	嘉庆	2.00	光绪《宁明州志》（民国19年重刊本）卷下。原资料记学田：嘉庆三年拨入役田该种4箩2朴，每年收谷42箩，每箩重50斤。按当地每100斤合1石。
龙州厅	雍正	4.06	民国《崇善县志·文化·义学》。原资料记：雍正四年，太平府知府王梦尧以银250两为龙义学买到龙州三处田共种10.2石，每年计租谷20700斤，合仓斛207石。田数按种0.1石合1亩计。
	嘉庆	4.00	刑科题本（转自赵冈等《清代粮食亩产量研究》37页）。据原表，此例年代为嘉庆五年。
天保	康熙	4.16	光绪《镇安府志》卷16。原资料引乾隆志记：康熙二年通判赵振查出土府膳田41埠一什，每年征收租米128.6石，又地利米43石。又记：康熙五十六年通判施坦详革马牌废役田57埠归常平仓，每年征收租谷207.06石。
		1.82	
	雍正	4.16	同上。原资料记：籍田4.9亩，籍谷10.2石。
	乾隆	3.37	同上书，卷14。原资料引乾隆志记：府学田8埠，每年儒学收租7000斤。田数按1埠合4亩计。
奉议州	雍正	3.33	同上书，卷16。原资料记：籍田4.9亩，籍谷8.153石。
归顺州	嘉庆	2.98	嘉庆《广西通志》卷166。原资料记：义学田18.42亩，岁收租27.45石。
		3.42	道光《归顺直隶州志》卷4《艺文》之《创建道南书院膏火记（嘉庆六年）》。原资料记：书院有公田18亩有奇，岁收（租）米2000斤。
郁林州	雍正	0.63	光绪《郁林州志》卷7。原资料记：瑞泉祠建于雍正十二年，买公田2顷、鱼塘2区，额租63石。
	乾隆	0.47	同上书，卷6。原资料记：乾隆九年，知州唐增祈批给紫泉书院田43亩，佃户递年纳谷10石。
	嘉庆	0.92	同上书，卷8。原资料记：嘉庆十二年丈溢梁先胜私垦成熟归官田13.055亩，每年征收租谷6石，除纳钱粮外，余拨支郁林营兵粮用。

续表

地区	年代	亩产（石/亩）	资料出处及说明
郁林州	同治	3.83	同上书，卷6。原资料记：同治十年知州王达材用公项买田75丘计税米2.079石，租104石，充书院膏火。此田按税米数折算为54.28亩。
	咸丰	2.27	光绪《北流县志》卷9。原资料记：北流县宾兴馆租产（咸丰元年置）在郁林州者三处，一处载种4.58石，额租52石；一处载种1.973石，额租20石；一处载种1.605石，额租13石。载种0.1石折算田1亩。
		2.03	
		1.62	
北流	康熙	2.65	光绪《北流县志》卷12。原资料记玉虚宫庙产：康熙十九年邑人李廷岳拨入平陵里田约载种2石余，租26.5石；又拨二里田载种0.96石，租6石。载种0.1石折算田1亩。
		1.25	
	乾隆	2.10	同上。原资料记：附生陈珌等于乾隆年间开垦冲龙里田2段，各载种1石余，共租21石。载种0.1石折算田1亩。
	嘉庆	2.00	同上。原资料记句漏庵庵产：嘉庆间邑人凌椿捐租13石，其田载种1.3石。载种0.1石折算田1亩。
	道光	1.67	同上书，卷6。原资料记：小水河义渡，道光七年邑人夏之松、张云锦等倡捐创设，买置渡产，其田载种8.14石，年租68石。
		2.00	刑科题本（转自黄冕堂《清史治要》122页）。据原表，此例为佃田17亩，额租17石，年代为道光十二年。
	咸丰	2.07	光绪《北流县志》卷9。原资料记宾兴馆（咸丰元年置）租产在本县者：在一厢里者共载种5.725石，额租59.3石；在冲龙里者共载种25.378石，额租240.3石；在平陵里者共载种8.026石，额租98.7石；在石二里者共载种2.26石，额租31.9石；在石一里者共载种3.061石，额租41.5石；在吉京里者共载种27.221石，额租271.7石；在小二里者共载种7.577石，额租78.2石；在小一里者共载种10.211石，额租97.6石；在二厢关者共载种7.087石，额租62.2石；在波二里者共载种11.802石，额租169.5石；在波一里者共载种7.26石，额租115石；在扶来里者共载种11.443石，额租135.5石；在下一里者共载种3.73石，额租67.5石。载种0.1石折算田1亩。
		1.89	
		2.46	
		2.82	
		2.71	
		2.00	
		2.06	
		1.91	
		1.76	
		2.87	
		3.17	
		2.37	
		3.62	
		2.00	同上书，卷12。原资料记：北极庙在良村，里人凌硕捐租20石，田在本里，载种2石。载种0.1石折算田1亩。

续表

地 区	年 代	亩产（石/亩）	资料出处及说明
陆川	清末民初	2.00 2.25 1.74 2.30	民国《陆川县志》卷9。原资料所记书院田租（历朝拨置）田数、租数俱全者：关厢堡一处田种0.4石，租谷4石；六良堡一处田种0.8石，租谷9石；南中堡一处田种2.3石，租谷20石；沙湖堡一处田种0.66石，租谷7.6石。载种0.1石折算田1亩。
博白	乾隆	2.40	刑科题本（《清代地租剥削形态》78页）。原资料记：当地"俗例，每种一斗，还租一石二斗"。
兴业	乾隆	2.00	嘉庆《续修兴业县志》卷4。原资料记：石录学田约800余丘，载种15石有奇，每年租谷现在150余石。田数按载种0.1石合1亩计。
兴业	嘉庆	3.60 2.80 3.95 3.75	同上。原资料记：嘉庆三年监生梁标文捐义学膏火田，共载种5石有奇，额租90石。又记：嘉庆十六年监生梁朝升兄弟捐义学田共载种1.5石，每年租谷21石。又记：嘉庆三年廪生梁方舟捐义学田共载种1.77石，租谷35石。又记：嘉庆十年邑人庞则孟捐义学田，共载种0.16石，递年租谷3石。载种0.1石折算田1亩。

附表3-15　清代南方水稻亩产量：湖北

地 区	年 代	亩产（石/亩）	资料出处及说明
全省平均		**2.19**	
江夏	乾隆	2.38	民国《湖北通志》卷61。原资料记武昌府学田：勺庭书院田10石，乾隆五十七年江夏县贡生程云炳捐置，额租108.077石。田数按0.11石合田1亩折算（当地标准，见《江夏县志》）。
江夏	乾隆	2.00 2.25 0.80 2.38 1.49 2.20 2.20 1.76 1.79 1.14	同治《江夏县志》卷3《学校》。原资料引乾隆志记学田：九峰田390亩，每年额租390石；招贤里横田村田97.62亩，租谷110石；洪山寺前垌田150亩，租谷60石；太平里石灰山口杨弼湾垅水田15石，额租162石；龙泉洪山等处田276.11166亩，租谷205.5石；洪山田29.422石，租谷294.02石；葛藤园田3石，租谷30石；南湖田14.17石，租谷113.36石；徐步云田183.26亩，又郑仁趾田40亩，共租200石；招贤村田90.3亩，租谷51.54石；彭中甫招贤村田4石，租谷45石；喻田奎横山田3石，租谷30石；何信永丰里田18石，租谷128.5石；黄合二里杨先垅水田18石，额租163石。以石计田者按0.11石合1亩折算田数（当地标准）。

续表

地区	年代	亩产（石/亩）	资料出处及说明
江夏	乾隆	2.48	
		2.20	
		1.57	
		1.99	
		1.99	同治《江夏县志》卷3《赋役》。原资料记宾兴义庄：程氏宾贤庄（乾隆间建）田18石，每年额租163石。甘氏哲兴庄（乾隆六十年建）田30石，内一处20.865石，每年额租207.6石；一处4.725石，额租47.25石；一处2.14石，额租27石；一处0.07石，额租0.5石；一处1.244石，额租12.44石。田数按0.11石合1亩折算（当地标准）。
		2.19	
		2.20	
		2.78	
		1.57	
		2.20	
	道光	2.24	同上。原资料记宾兴义庄：田氏乐荆堂（道光时建）田30石，每年额租306石。田数按0.11石合1亩折算。
武昌	康熙	3.00	光绪《武昌县志》卷7。原资料记：康熙五十七年知县曾昕捐置书院田4石、地5块，岁纳租谷60石。田数按1石合10亩折算。
	乾隆	1.46	同上。原资料记：乾隆二十九年清查，原额学田568亩，内除原荒成熟田410亩，每亩收谷0.73石。
	嘉庆	3.59	同上。原资料记：嘉庆九年监生孟金印捐书院田0.39石、地3块，岁纳租谷7石；又赵御捐田0.15石，岁纳租谷2.4石。
		3.20	
	道光	3.60	同上。原资料记：道光七年知县林芳劝捐置买书院田10石，纳租谷180石；又道光间监生吕文成父子捐书院田2石，岁纳租谷26.6石；又买田1.35石，纳租谷12.5石；又买田0.9石，纳租谷18石；又买田0.94石，纳租谷18.3石；又生员姜正华捐田0.71石，纳租谷15.9石；又买田0.575石，纳租谷11.5石。
		2.66	
		1.85	
		4.00	
		3.89	
		4.48	
		4.00	
		4.00	刑科题本（转自黄冕堂《清史治要》123页）。据原表，此例佃田数为种2斗，租额4石，年代为道光五年。
	同治	4.00	光绪《武昌县志》卷7。原资料记：同治八年监生赵德美捐置田产永为圣诞祭费，计水田1.015石，纳租谷20.3石。又记：同治元年置买书院田0.45石，纳租谷9石。田数按1石合10亩折算。又记：同治五年置奎照堂宾兴田共74.2石，租谷1253石。
		4.00	
		3.38	

续表

地区	年代	亩产（石/亩）	资料出处及说明
武昌	光绪	4.65 3.93 3.00	同上。原资料记光绪置书院田：贡生刘瑞麟捐田0.32石，又田地0.3石，租10.4石、钱2串。钱租折谷4石。又记：光绪九年置会文堂宾兴田共10.2石，租谷200.6石；十一年置元照堂宾兴田10石，纳租谷150石。
大冶	嘉庆	2.14 1.60	民国《湖北通志》卷61。原资料引嘉庆志记学田：一则田14亩，租15石；一则42亩，租33.6石。
	同治	3.49 4.81 2.23 3.25 2.86 3.00 3.64	光绪《大冶县志续编》卷4。原资料记兴善堂（同治十二年建）经费：弥陀堡陈子山田1.51石，岁纳租谷26.35石；北关外石家坡田0.42石，岁纳租谷10.1石；洪滨桥北鄂家庄田7.17石，岁纳租谷80石；尚和堡杨春庄田1.62石，岁纳租谷26.34石；尚和堡程湾田0.725石，岁纳租谷10.37石；监生刘兆恒捐永丰乡兵马畈田0.1石，又捐车游桥田0.1石，岁纳租谷3石；武昌恒升元捐0.22石，岁纳租谷4石。田数按1石合10亩折算。
	光绪	2.55 4.93 3.20 3.92 2.79 3.46 2.80	同上。原资料记敬节堂（光绪五年建）经费：提督敖天印捐田3.36石，岁纳租谷42.875石。 光绪《大冶县志后编》卷1。原资料记关王堡育婴分局置有水田1.865石，岁取租谷26.8、稞钱9串565文。又记永清堡育婴分局：监生徐镇国捐1.715石，岁纳光谷租27.42石。又记北乡育婴总局：黄德霖捐田5石，岁收租谷80余石、稞钱9串。又记鳌山庙育婴分局：张煐捐田6.005石，纳租谷83.9石；张铭西捐田0.266石，纳租谷4.6石；张守朴捐田0.15石，纳租谷2.1石。田数按1石合10亩折算，钱租1串折谷2石。
蒲圻	嘉庆	1.14 1.00 1.05 2.35 1.00	民国《湖北通志》卷61。原资料引嘉庆志记学田：一处116亩，租66.2石；一处80亩，租40石；一处63亩，租33石；一处52.55亩，租61.87石；一处40亩，租20石。
咸宁	嘉庆	1.40	同上。原资料引嘉庆志记：咸宁县原额学田167.525亩，共租117.4085石。
崇阳	顺治	1.77	同上。原资料引嘉庆志记：崇阳县学田198.14亩、地17.95亩，租谷191.7577石（顺治十四年清丈数）。
	咸丰	2.06	同上。原资料记通城县学田内有崇阳县白马畈庄田计种18石，租185.71石。

续表

地 区	年 代	亩产（石/亩）	资料出处及说明
通城	咸丰	1.52 1.38 1.53	同上。原资料记咸丰中置学田4处（香火田、膏火田）共87.1705石，租664石有奇。又记：茅田图种3石，秋0.9石，租27石；宾兴田共种20.2石，秋6.1282石，租202石。
兴国州	清前期	2.61 3.00 4.00 4.00 3.00 3.00	同上。原资料记叠山书院：一则田4.6石，租59.998石；一则田1石，租15石。又记富川书院：一则田4石，租80石；一则田0.3石，租6石；一则田0.15石，租2.25石；一则田0.58石，租8.7石。
	咸丰	2.19	同上。原资料记：咸丰十年置义学田3.1石，租34石。
通山	同治	3.18 3.20 2.60	同上。原资料记膏火田：一则田0.85石，租13.5石；一则田0.25石，租4石；一则田0.25石，租3.25石。
汉阳	嘉庆	2.78 0.69 2.70 2.47 2.39 3.00 2.72	同上。原资料引嘉庆志记府学田：一则田19.8亩，内荒田1.8亩不科租，租25石；一则田72亩，内荒田25.92亩不科租，租16石。又记汉阳县学田：柏泉乡城隍台学田每亩纳谷1.3482石；柏泉乡瓦匠湾学田每亩纳谷1.2333石；柏泉乡骡子庙每亩纳谷1.1937石；新佃铺学田每亩纳谷1.5016石；马家渡学田每亩纳谷1.3585石。
汉川	嘉庆	2.00	同上。原资料引嘉庆志记：学田26亩，租26石。
孝感	嘉庆	1.64	同上。原资料引嘉庆志记：学田每亩纳京斗谷0.821石。
黄陂	康熙	1.00	同治《黄陂县志》卷3。原资料记学田：康熙五十三年勘实南乡丁家澥田476.47亩，定纳租谷240石。
	乾隆	1.20	刑科题本（《清代地租剥削形态》87页）。原资料记：县民张扬复佃种自己卖出之田0.78石，每年交租谷4.68石。田数按1斗合1亩折算。
	道光	2.00	同治《黄陂县志》卷3。原资料记文庙香资：道光十五年胡珊捐水田0.22石，每年额租白谷2.2石。田数按1斗合1亩折算。

续表

地区	年代	亩产（石/亩）	资料出处及说明
安陆	康熙	1.33	光绪《德安府志》卷7。原资料记：康熙二十三年府学训导邓志和捐廉置买府学田180余亩，每年收租谷100石。按本卷末附《府学田案》记：邓置田地共33.35石，额租120石。据此，约计田0.185石折计1亩。以下本府各属田数均按此折算。本条租数按120石计。
		2.21	民国《湖北通志》卷61。原资料记：康熙二十三年府训导邓志和捐置汉东书院膏火田9.1石，每年纳租54.3石。
	道光	2.06	光绪《德安府志》卷7。原资料记安陆县学田：府南蔡三子旗屯田3.3石，每年租谷18.3石，道光间邑人黄载扬捐岁修圣宫经费；陈家庙会田15.03石，每年租谷47石，邑中宪李承坐捐。又记宾兴田：道光间将售卖应城五属会庄田钱文执抵府北门外萧家垱汪文旗屯田10石，计租60石。
		1.16	
		2.22	
		1.53	道光《安陆县志》卷10。原资料记：乡会试宾兴田共31.25石，租129石；乡试宾兴田共43.34石，租168.5石；岁修县儒学、圣庙经费3.3石，每年租谷18.3石；增捐县儒学礼生并分赡贫士田15.03石，每年租谷府市47石。又记县学田：原额学田92亩，则例不等，共纳租100石。
		1.44	
		2.05	
		1.16	
		2.17	
	咸丰	1.48	民国《湖北通志》卷61。原资料记：咸丰间续置汉东书院田20.08石，每年纳租80.2石；又田10.9石，每年纳租32石；又田13.8石，每年纳租58石。又：咸丰知府周炳鉴续置田27.95石，每年纳租130石；又朝京桥东首何家冈会田1石，租6.3石；又三板桥会民田2石，每年纳租8石；又小鹤山会范家塘田3石，每年纳租14石；又小鹤山会金家大塘田4.5石，每年纳租13石；又观音寺会民田3石，每年纳租15石。
		1.09	
		1.56	
		1.72	
		2.33	
		1.48	
		1.73	
		1.07	
		1.85	
	光绪	1.81	光绪《德安府志》卷7。原资料记文武新生府县学卷费：光绪七年置田62.84石，每年额租307.5石。
云梦	同治	2.22	光绪《云梦县志略》卷末《公田录》。原资料记：同治元年刘日生捐书院田1.98石，每年收租谷11.88石。
	光绪	1.83	同上。原资料记宾兴局：晋开会田1.67石，租谷8.25石；钟家巷田3.95石，租谷16.4石；下南会田14.92石，租
		1.54	

续表

地 区	年 代	亩产（石/亩）	资料出处及说明
云梦	光绪	1.62	谷65.22石；八角会田1.22石，租谷6.71石；四程家湾、二程家湾共田0.45石，租谷2.475石；郭家墩田0.47石，租谷2.585石；下余家湾田0.3石，租谷1.65石。又记节孝祠田0.2石，每年租谷1.2石。
		2.04	
		2.04	
		2.04	
		2.04	
		2.22	
		2.13	光绪《德安府志》卷7。原资料记乡会试宾兴田：邑人方文秀捐田14.8石，租谷85.17石；钟祥捐田3.11石，租谷30.44石；钟逢兰捐田0.84石，租谷3.36石。
		3.63	
		1.48	
应城	乾隆	1.34	民国《湖北通志》卷61。原资料记乾隆间置书院膏火田：常冲团田6.8石，租24.6石；康林团田10.613石，租43.45石；斋庙团田2.135石，租10.52石；东十田2.85石，租9.66石；陈河团田6.2石，租23.8石；团山团田2.33石，租6.93石；土门团田2.4石，租8.4石；汤池团田0.95石，租3石；人合团田0.6石，租1.825石；后河团田0.6石，租2.8石；北觜团田1石，租2石；道观团田0.2石，租1石；赤岸团田2石，租7石；张家琓田7.95石，租18.885石；西湖冈田1.05石，租5.25石；临港口下田0.9石，租3.1石；太子庙田0.4石，租1.2石。
		1.51	
		1.82	
		1.25	
		1.42	
		1.10	
		1.30	
		1.17	
		1.13	
		1.73	
		0.74	
		1.85	
		1.30	
		0.88	
		1.85	
		1.28	
		1.11	
	嘉庆	1.12	同上。原资料引嘉庆志记县学田：一则田30亩，岁收租谷16.8045石。
	道光	1.81	同上。原资料记：道光十四年监生吴毓枞捐康林团田4石，租19.55石。

续表

地 区	年 代	亩产（石/亩）	资料出处及说明
应城	道光	1.85	光绪《德安府志》卷7。原资料记宾兴田：五属会庄坐落于应城县康林团，道光间有田10石，每岁原租50石。又记道光间乡试宾兴捐田：贡生范金鳌捐田10.02石，租36.7石；职员金士棠捐田4石，租15.68石；生员吕家琛捐田2.22石，租8.98石；耆民操万寿捐田1.13石，租6.7石。又记道光十三年会试宾兴捐田8.14石，租39.4石。
		1.35	
		1.44	
		1.50	
		2.20	
		1.79	
	咸丰	1.11	同上。原资料记：咸丰十一年陈汝舟捐乡试宾兴田20.01石，每年租谷59.59石。
		0.91	民国《湖北通志》卷61。原资料记咸丰间置宾兴田：赵家畈田3.72石，租9.1；毛家河宋家湾田2.11石，租8.44石；李家河田4.75石，租13.66石；机房湾田1.6石，租4.5石；廖家粞田0.86石，租3.4石；陈铺团田0.25石，租0.75石。
		1.48	
		1.06	
		1.04	
		1.46	
		1.11	
	同治	1.29	同上。原资料记：同治间童生石天锡捐康林团田3石，租10.47石；国子监典簿吴毓枞捐康林团田3石，租14.9石；监生张寿荣捐田2.3石，租6.25石；杨金捐田0.37石，租1.7石。
		1.84	
		1.01	
		1.70	
	光绪	1.37	光绪《德安府志》卷7。原资料记：拨旧结卷田5.56石津贴童试卷费，每年收租20.64石。
随州	乾隆	1.05	民国《湖北通志》卷61。原资料记：乾隆五十四年州民夏万鹏捐田5.3石，租15石。又记书院膏火田：乾隆二十九年州绅宋祖郊捐田18.5石，租54石；三十一年阖州绅士捐买田6.4石，租30石；三十八年监生孙敷贲捐田6石，租26石；赵公祠绝产改归书院田18石，租71石；四十六年断入争控绝产田2.2石，租8石；四十八年熊佑成捐田2.8石，租8.4石；断入争控绝产田4石，租9石；入椰树庙下首田4.45石，租15石。
		1.08	
		1.73	
		1.60	
		1.46	
		1.35	
		1.11	
		0.83	
		1.25	
	道光	2.42	光绪《德安府志》卷7。原资料记道光间州宾兴置田：知州马宏图充入庙田5.5石，岁租36石；宾兴公款置买田17.8石，岁租66石；又置田14.3石，岁租67.5石。
		1.37	
		1.74	

续表

地　区	年　代	亩产（石/亩）	资料出处及说明
随州	咸丰	1.25	民国《湖北通志》卷61。原资料记学田：咸丰三年膏火公项置买田4.45石，租15石；咸丰七年充入赵邦壁田地17.1石，租68.4石；又充入田地4石，租14石；又充入田3石，租12石；又充入田地3.5石，租14石；又充入田地7.1石，租24石。
		1.48	
		1.30	
		1.48	
		1.48	
		1.25	
		1.11	光绪《德安府志》卷7。原资料记咸丰间州宾兴置田：充入周玉丰田12.4石，岁租37.2石；邑绅万文洙捐田13.4石，岁租64石；又捐田13.7石，岁租75石；又捐6.3石，岁租29石。又记烈山书院田：咸丰七年充入赵邦壁安营田17.1石，租68.4石；又入4处田共17.6石，共租64石；又詹名珩捐田5.3石，租20石。
		1.78	
		2.02	
		1.70	
		1.48	
		1.35	
		1.39	
	同治	1.40	民国《湖北通志》卷61。原资料记学田：同治七年詹名珩捐田5.3石，租20石。
应山	乾隆	1.50	民国《湖北通志》卷61。原资料记学宫岁修田：邑绅陈铭元捐田4.8石，岁租19.4石。又记儒学薪水田：北乡花泉会5石，岁租20石；北乡关家会8石，岁租32石。又记宾兴经费：田地92.45石，租374.75石；又捐买田57.3石，岁租246.5石。又记书院膏火田：西乡毛家庙侧发王寺田13.6石，岁租54.4石；清查姚公祠田4.6石，岁租18.4石；买杨克成田10.6石，岁租47.5石；北十会田4石，岁租16石；西门会田4石，岁租16石；南关外茶庵小刘家湾后田0.6石，岁租3石；西十三里桥刘家冈田0.2石，岁租0.8石；半甲会柴家湾田0.2石，岁租0.8石；乾隆五十四年柴永立捐田3石，岁租12石；汪运升捐田0.2石，岁租0.8石。
		1.48	
		1.48	
		1.50	
		1.59	
		1.48	
		1.48	
		1.66	
		1.48	
		1.48	
		1.85	
		1.48	
		1.48	
		1.48	
		1.48	

续表

地区	年代	亩产（石/亩）	资料出处及说明
应山	嘉庆	1.15	同上。原资料引嘉庆志记学田：学田原额52.5亩，岁收租谷共30.3135石。又记书院膏火田：嘉庆七年周典礼捐田4.2石，岁纳租28石；又首事陈人骥等买置周姓田12.6石，拨入杨克成田0.1石，共租50.4石。
		2.47	
		1.47	
	道光	1.67	同上。原资料记永阳书院田：道光乙酉年吴恒丰捐席家冈田12石，租54石。
		1.29	刑科题本（转自黄冕堂《清史治要》123页）。据原表，此例佃田2.58石，额租11.2石，年代为道光十二年。
	咸丰	1.30	光绪《德安府志》卷7。原资料记咸丰间置宾兴田：南二会卢家湾田20石，租70石；白露湾田4.6石，租18.2石；南三会周家湾田4.75石，租30.2石。又记永阳书院田：咸丰三年胡遵海入僧照临南十里铺屯田6.8石，租28.8石。
		1.46	
		2.35	
		1.57	
	同治	1.76	同上。原资料记同治间置宾兴田：南三会蔡家港田28石，租132.6石；谭家会圆通寺田3.2石，租15石；黄土会王家湾田5.9石、半柏树湾田7.6石、半杨树湾田6.4石，共租80石；东门会蔡家畈田10石，租48.2石；南二会卢家湾田1.7石，租7.55石。又记：童试卷费田57.2石，租246.5石。又记永阳书院田：同治八年余资置十二里桥田0.2石，租0.5石。
		1.74	
		1.48	
		1.78	
		1.65	
		1.59	
		0.93	
黄冈	顺治	2.17	光绪《黄州府志》卷9上。原资料记黄冈县学田：顺治初巡按顾豹文置田35亩，纳谷38石。
	康熙	2.80	同上。原资料记：监生王封屺捐县学田10亩，纳谷14石。
	乾隆	5.45	刑科题本（《康雍乾时期城乡人民反抗斗争资料》68页）。原资料记：王绍昌于乾隆十四年、十六年先后将田0.275石当与孙孟周，仍自耕种，每年交租7.5石。田数按1斗合1亩折算。
	嘉庆	2.40	民国《湖北通志》卷61。原资料引嘉庆志记府书院田：下五乡王伏六田4.63石，每年纳谷55.56石；又还和乡迥龙山田1.5石，每年纳早谷30石；又慕义乡祝家湖田5.2石，每年纳谷30石；又芭茅冲田1.75石，每年纳迟谷25石；又冷水井田1.5石，每年纳迟谷18石。
		4.00	
		1.15	
		2.86	
		2.40	
		4.08	光绪《黄州府志》卷9下。原资料记：邑绅王宗华（嘉庆间人）捐宾贤馆田共31.255石，计租谷637.96石。

续表

地区	年代	亩产（石/亩）	资料出处及说明
黄冈	咸丰	2.18	光绪《黄州府志》卷9下。原资料记咸丰初存黄州府河东书院田：王伏六迴龙山等5处田共14.58石，岁纳租谷158.56石；邑士游丰城捐田0.45石，纳谷3石。田数按1斗合1亩折算。
		1.33	
	同治	4.49	同上。原资料记：同治十一年节孝范樊氏捐田11石充公车费，纳谷247石。
	光绪	4.30	同上。原资料记文武新生院试公费：邑绅刘维桢捐田共32.437石，岁收课谷696.914石，以光绪十年为始。田数按1石合10亩折算。
蕲水	嘉庆	3.20	民国《湖北通志》卷61。原资料引嘉庆志记书院膳田：每亩计田课2石，每课1石纳租8斗。
麻城	康熙	1.32	同上。原资料记书院经费：康熙五十七年知县吴顾行捐田地15.7石，每亩岁收租谷0.6224石，共收租谷104石。
	乾隆	1.60	光绪《黄州府志》卷9上。原资料记：乾隆三十年知县刘希向丈出学田72.98亩，计租58.3856石。
	光绪	2.06	同上。原资料：光绪七年阖邑捐存学田155石，计租1600余石。田数按1石合10亩折算。
		2.09	民国《麻城县志续编》卷3。原资料记育婴不动产（光绪间置）：宋埠袁家巷田5.575石，租稞58.28石；老鹅笼司分水岭田6.03石，租稞64.8石；料棚乌石山田8.95石，租稞63.1石；料棚北首高山塆田2.35石，租稞24石；迎河集南首沙子岗田3.07石，租稞30.6石；北乡郑梓塆田10.71石，租稞94.87石；阎河塔儿畈田4.9石，租稞53.2石；白昊西首易家田3.53石，租稞45.28石；五脑山月亮凉亭茅屋冲田1.48石，租稞14.7石；八里畈詹家集东首蔡家大塘冯姓种田0.47石，租稞4.7石。田数按1石合10亩折算。
		2.15	
		1.41	
		2.04	
		1.99	
		1.77	
		2.17	
		2.57	
		1.99	
		2.00	
罗田	嘉庆	3.23	民国《湖北通志》卷61。原资料引嘉庆志记：义学田13石，额收租谷209.9石。田数按1石合10亩折算。
蕲州	乾隆	3.10	同上。原资料记书院膳田：乾隆十一年监生陈鹏偕弟捐田共2.1石，租32.6石；又田共2石，租40石；又田3.2石，祭田0.037石，共租70石；乾隆十八年张从资等捐田0.8石，租25.55石；二十一年监生田僕等捐田0.6石，租10石；又知州钱鋆捐置田0.7石，租10石；又监生黄
		4.00	
		4.32	
		6.39	
		3.33	

续表

地区	年代	亩产（石/亩）	资料出处及说明
蕲州	乾隆	2.86	达捐田 1.1 石，租 19 石；五十四年知州胡齐崟断入田 1.6 石，租 24 石；五十七年孙光治等捐田 0.85 石，租 8.28 石。田数按 1 石合 10 亩折算。
		3.45	
		3.00	
		1.95	
	嘉庆	4.00	同上。原资料引嘉庆志记学田：邱福潭老亩田 6.5 石有奇，共租谷 130 余石。田数按 1 石合 10 亩折算。
	道光	3.09	同上。原资料记书院膳田：道光十四年断入周家垅田 1.475 石，租 22.8；二十五年张良智等捐田 1.3 石，租 40 石；监生高振业等捐田 1.425 石，租 28.5 石。田数按 1 石合 10 亩折算。
		6.15	
		4.00	
	光绪	3.01	同上。原资料记义兴庄田：监生何开枢等捐田 9.8 石，租 147.43 石；监生龚达捐田 5 石，租 100 石；州同黄宝峰捐置田 0.33 石，租 6 石；乐输公项田 3.52 石，租 72 石；纱帽石水田 2.3 石，租 69 石。田数按 1 石合 10 亩折算。
		4.00	
		3.64	
		4.09	
		6.00	
广济	乾隆	3.29	同上。原资料记：乾隆二十二年用膏火银 700 两置买书院田 5.475 石，每年仓斛租谷 90.103 石。田数按 1 石合 10 亩折算。
	咸丰	5.41	光绪《黄州府志》卷 9 下。原资料记童试卷费：（咸丰）兵燹后置买六脑庄田 4.61 石，纳租 124.65 石。
黄梅	康熙	0.95	民国《湖北通志》卷 61。原资料记：康熙二十五年教谕周昆招佃开垦尤家畈荒学田 63 亩，六年后纳租 30 石。又记书院膳田：康熙三十四年知县张云松捐置膏火田 30 亩，岁租 60 石。
		4.00	
	乾隆	3.60	同上。原资料记书院膳田：乾隆十七年民捐田 20 亩，岁租 36 石；二十年民捐田 20 亩，岁租 32 石；二十六年民捐田 10 亩，岁租 14 石。
		3.20	
		2.80	
		3.50	光绪《黄州府志》卷 9 下。原资料记调梅书院田：乾隆十八年余梅氏捐田 20 亩，收租 35 石；二十年监生钱开泰捐田 20 亩，收租 40 石。
		4.00	
	咸丰	4.56	同上。原资料记文试卷费：咸丰初劝捐增置田 83.5723 石，计课 1905.7 石。田数按 1 石合 10 亩折算。
	光绪	4.00	同上。原资料记兴贤庄田：现存田 54.5151 石，计课 1090.885 石。又记琼林庄田：现存王家河田 7.1353 石，计课 138.302 石。又记武试卷费：阖邑捐存田 11.382 石，计课 227.25 石。田数按 1 石合 10 亩折算。
		3.88	
		3.99	

续表

地　区	年　代	亩产（石/亩）	资料出处及说明
京山	乾隆	1.21 1.82 1.27 1.81 1.80	民国《湖北通志》卷62。原资料记涂山书院田：乾隆四十八年拨入绝业田13.2亩，每年额收租谷8石。又记知县张金澜捐置书院膏火：青林凹水田6.5石，全课19.5石；李家坡水田11石，全课23石。又记：郑公书院田70.96石，共收全租谷212石有奇，凤山书院田172.4石，丰年全课512.63石。田数按每石合3.3亩折算（当地标准）。
	光绪	2.00	同上。原资料记：光绪八年钟祥知县熊銮将京属瑜灵寺前争讼田93亩拨归书院膏火，每年每亩额纳全课1石。
襄阳	乾隆	0.95	同上。原资料记府学田：府学礼生拨存石牌冲水田18.8亩，每年收稻租8.92石。
南漳	乾隆	1.08	刑科题本（《清代地租剥削形态》75页）。原资料记：县民朱复舜佃种凌潮水田11.5亩，每年每亩议完租米0.27石。
		3.85 4.00 2.60 2.60 3.60 3.52 2.36 3.13 3.08 3.50	民国《湖北通志》卷62。原资料记宾兴田：清泥湾周家营田40亩，每岁课谷77石；清泥湾金家庙田26亩，每岁课谷52石；鲁秉周捐田4亩，岁收租谷4石、小麦1.2石；宾兴馆买水田4亩，岁收小麦课1.2石、谷课4石；刘家集李铭捐田24亩，岁收谷课43.2石；优贡向寅等捐置田10亩，岁收谷课17.6石。又记书院田：太平寺、枧水寺二处拨入书院田45亩，每年收课53石；拨入太阳寺田30亩，每年收租课47石；又置水田42亩、旱地河田10亩，每年课谷80石；又水田2亩，每年课谷3.5石。
	光绪	2.88	民国《南漳县志》卷9。原资料记学款共水田1520.85亩，租谷2192.87石（据原开分数合计，旱地亩数、租数以及钱租者均未计）。
谷城	乾隆	1.50 0.86	同治《谷城县志》卷3。原资料记书院膏火田：石花街水田40亩，每年纳租30石；古乐寺水田35亩，每年纳租15石。
宜城	同治	2.00	同治《宜城县志》卷4。原资料记考费：黄邓氏水旱田地80亩，每年佃谷80石。
房县	清前期	0.91	民国《湖北通志》卷62。原资料记学宫岁修田：白土堰田8亩，二郎冈田9.8亩，二共租谷8.1石。
	咸丰	2.37	同治《房县志》卷4。原资料记宾兴馆田地共11.33石，每年收租共计134石，稞钱佃钱共52串200文。田数按1石合10亩折算，钱租不计。

续表

地 区	年 代	亩产（石/亩）	资料出处及说明
竹溪	嘉庆	3.52	民国《湖北通志》卷62。原资料引嘉庆志记：学田33亩，每年收租谷58石。
荆门州	清初	2.03	民国《湖北通志》卷62。原资料记学田：十迴桥水田80亩，租谷81.35石；新铺水田15.5亩，租谷15.5石。
		2.00	
当阳	乾隆	1.70	同治《当阳县志》（民国24年重印本）卷8。原资料记：籍田4.71亩，岁收租谷3~5石不等。取中值入表。
	嘉庆以前	0.80	同上书，卷5。原资料记书院膏火公田：三星寺田40.04亩，租谷16石（嘉庆六年后折银征收）。
	咸丰	1.50	同上。原资料记卷价公田：咸丰七年置漳乡总石筒垱田11.1石，每年租谷33.3石。田数按1石合4亩折算（当地标准）。
	同治	2.00	光绪《当阳县补续志》卷1。原资料记同治六年置膏火公田：板总田家琓水田7石，每年验籽稞谷28石；清洋总胡家柳朴水田10.8石，每年验籽稞谷43石。又记同治十二年置宾兴公田7.5石，每年验籽稞谷24石。田数按1石合4亩折算。
		1.99	
		1.50	
	光绪	1.40	同上。原资料记光绪间置宾兴公田：清洋总田10石，每年验籽稞谷28石；黄石总田共13石，每年验籽稞谷50石；深港总田5石，每年验籽稞谷15石；谢柏总田4石，每年验籽稞谷16石。又记思乐公田：光绪九年置海堰总田16.5石，每年验籽稞谷70石；谢柏总田11.49亩，每年验籽稞谷8.8石；清洋总田共33.6石，每年验籽稞谷123石；光绪十年置谢柏总田1石，每年验籽稞谷4石。田数按1石合4亩折算。
		1.92	
		1.50	
		2.00	
		2.12	
		1.53	
		1.83	
		2.00	
远安	道光	2.00	同治《远安县志》卷2。原资料记书院膏火田亩：职员傅正操捐田共9亩，租谷9石；孝廉方正陈金銮捐田11亩，租谷11石；贡生杜志学等捐田共15.9亩，租谷13.5石；钱发坤捐田1.7亩，租谷1.7石；买游士宏田2亩，租谷2石；买刘绍先田5亩，租谷5石；买马遵诰田11亩，租谷11石。
		2.00	
		1.70	
		2.00	
		2.00	
		2.00	
		2.00	

续表

地　区	年　代	亩产（石/亩）	资料出处及说明
江陵	雍正	2.04	光绪《荆州府志》卷15。原资料记：籍田4.9亩，每年收谷5石。
	乾隆	5.50	乾隆《江陵县志》卷21。原资料记："附郭膏腴之田，每亩收获，不下五六石。"取中值入表。
公安	雍正	2.87	光绪《荆州府志》卷15。原资料记：籍田4.9亩，每年收谷7.04石。
	乾隆	2.40	民国《湖北通志》卷62。原资料记院田：乾隆三十七年捐买雷家坪胡家场高田139亩，额收租谷166.8石；港子沟寇公祠低田11亩，额收租谷6石；又胡家场、观音寺等处33.3亩，额收租谷40.7石。
		1.09	
		2.44	
石首	雍正	2.45	光绪《荆州府志》卷15。原资料记：籍田4.9亩，每年收谷6石。
	同治	3.00	民国《湖北通志》卷62。原资料记宾兴田：马林湾水田25.324亩，课38石；人形地水田13.2亩，课16石；大仙坛水田13.1亩，课11.5石。
		2.42	
		1.76	
监利	乾隆	1.40	同上。原资料记学田：一则62亩，每亩纳租谷0.7石；一则25亩，每亩纳租谷0.6石。
		1.20	
松滋	清前期	2.67	同上。原资料记书院田：彭泽九捐水田6亩，每年完租谷8石；华严寺拨入田46.189亩，每年完租谷52石；普济寺拨入田0.6亩，岁租6石。
		2.25	
		2.00	
	雍正	2.04	光绪《荆州府志》卷15。原资料记：籍田4.9亩，每年收谷5石。
	道光	2.00	刑科题本（转自黄冕堂《清史治要》123页）。据原表，此例佃田46亩，额租46石，年代为道光五年。
枝江	道光	1.60	民国《湖北通志》卷62。原资料记宾兴田：道光七年邑人欧阳载鼎妻袁氏捐水田115亩，岁完租谷92石；道光四年王元寿捐长林院田32亩，岁取租谷24石。
		1.50	
宜都	雍正	2.04	光绪《荆州府志》卷15。原资料记：籍田4.9亩，每年收谷5石。
	咸丰	1.00	同治《宜都县志》卷3上。原资料记书院田（咸丰十年勒石开列）：黑土坡田产计田33石，每年租谷66石；廖家湾田计种3石，每年租谷18石；峰山铺田产计田4石，每年租谷10石；善溪铺赵家祠田产计田5石（内被水冲溃2石），每年租谷9石；关家嘴田产计田10石，每年租
		1.20	
		1.25	
		1.50	

续表

地区	年代	亩产（石/亩）	资料出处及说明
宜都	咸丰	1.25 1.50 3.95 3.63 1.96 1.94 2.00 2.00 2.00	谷 25 石；安福铺田产计田 31 石，每年租谷 93 石；长岭铺司田产计田 1.9 石，每年租谷 15 石；青泥铺田产计田 8.4 石，每年租谷 61 石；赶堰坪田产计种 2.5 石，每年租谷 24.5 石；王公堰田产 3 处，共计种 28.2 石，每年租谷 274 石；向家嘴田产 6 处，共计种 15.38 石，每年租谷 153.8 石；刘家棚田产 3 处，共计种 5.7 石，每年租谷 57 石；邹家山田产计种 0.8 石，每年租谷 8 石。以石计田者田数按 1 石合 4 亩折算；以田种计者田数按 1 石种合 10 亩折算。
	同治	1.40 2.00	同上。原资料记书院田：同治二年置买廖家湾田计种 1.2 石，每年租谷 8.4 石；又置买兴善铺冯家湾田计种 1 石，每年租谷 10 石。田数按 1 石种合 10 亩折算。
东湖	乾隆	2.13	刑科题本（《清代地租剥削形态》177~178 页）。谢士仁将水田 0.6 石、旱地一块典与贺玉斯，仍自佃种，每年认交租谷 6.4 石。田数按 0.1 石合 1 亩折算。
	嘉庆	1.80	民国《湖北通志》卷 62。原资料引嘉庆志记府墨池书院田：石板铺水田 22.2 亩，每年收水课籽粒 20 石。
长阳	清前期	0.59	同上。原资料记县学田：原额 23 亩，垦熟 6.5 亩，征租谷 1.9082 石。
	同治	1.61 2.35 1.45 1.85	同上。原资料记宾兴田：同治元年知县艾锟、教谕左长炘置茅冈头水旱田计种 3.6 石，岁完稻谷 29 石。又记书院田：马家堰水旱田地 2 处共计种 1.7 石，纳稻谷 20 石；古井冲水田一分计种 4.4 石，岁纳稻谷 32 石；牛盘洞水田一形计种 0.65 石，岁纳稻谷 6 石。田数按种 1 石合 10 亩折算。
建始	乾隆	2.13	道光《建始县志》卷 1。原资料记书院义田：乾隆二十八年文常久捐置水田共 1.5 石，收稞谷京斗 16 石。田数按 1 斗合 1 亩折算。
	嘉庆	2.67 1.67	同上。原资料记：嘉庆二年饶成万捐文昌宫义田籽种 6 斗，每年租稞 8 石。又记：嘉庆十五年首事饶学忠等承买水田籽种 1.2 石，每年租谷 10 石。
	道光	1.52	同上。原资料记：学田共 40.3 亩，每年租谷 20.6 石、租钱 5000 文。租钱折谷 10 石。

附表3-16 清代南方水稻亩产量：湖南

地 区	年 代	亩产（石/亩）	资料出处及说明
全省平均		3.23	
湖南	乾隆	2.00	《湖南省例成案·户律》卷5。原资料载乾隆十一年十二月十四日署布政使司事、按察使周人骥详文云：楚南"小民佃田……每亩纳租自一石以及一石几斗、二石不等"。以最高、最低租额折算产量入表。
		4.00	
		1.50	陈长镇《清理楚南钱粮策》（转自郭松义《清前期南方稻作区的粮食生产》）。据郭文引：楚南"中上之岁，每亩得粟一二石"。取中值入表。
	道光	6.00	郑光祖《一斑录·杂述》卷2《宪颁早稻耰耘法》。原资料引林则徐推广早稻文："湖南早稻……其田系以石计，布种一斗，丰年可收毛谷六石，次可收谷四五石不等。"
		5.00	
		4.00	
长沙	明末清初	2.00	堵允锡《堵文忠公集》卷2《地方利弊十疏·第六款》。原资料记：长沙"田最瘠，收谷最少。乐岁所入，一亩不逾二石"。
	乾隆、嘉庆间	2.32	嘉庆《长沙县志》卷5。原资料记乾隆、嘉庆间置买涝骆二渡义渡田：一价买刘三聘河西都八甲田2.5石，岁租29石；一价买曹家湾田5.3石，又买吴德献临湘都一甲田6.9石，岁租70石；一价买黄寿山田11石，岁租110石；一价买漆良佐河西都八甲田7石，岁租70石；一价买周振丹田10石，岁租100石；一价买周柏常田4石，岁租40石；一价买高廷献田1石，岁租8石。又记西关外义渡田：善化县黄公祀捐入田18亩，纳租谷18石。以上以石计之田按1石合10亩折算。
		1.15	
		2.00	
		2.00	
		2.00	
		2.00	
		1.60	
		2.00	
	嘉庆	1.60	同上书，卷8。原资料记囚田：6处民田共240亩，该租192石；7处屯田共102亩，该租71.4石；又一处田15亩，租10.5石。
		1.40	
		1.40	
	嘉庆	1.60	同上书，卷10。原资料记学田：2处清泰都七甲四区田共8石，纳租谷64石；3处清泰都一甲十区田共8.5石，纳租谷79石；又尊阳都七甲六区田4石，纳租谷32石。又记书院膏火田21处（银租者不计）共田609.708亩，共纳租453.2493石。又记赈贫田6处共田101.015亩，共纳租90.8026石。以上以石计之田按1石合10亩折算。
		1.86	
		1.60	
		1.49	
		1.80	
善化	嘉庆	2.31	同上书，卷12。原资料记府城隍庙有善化县七都田78亩，每年租谷90石。

续表

地区	年代	亩产（石/亩）	资料出处及说明
湘乡	乾隆	5.00	刑科题本（《清代地租剥削形态》39页）。原资料记：县民王殿玉佃田4亩，每年议租10石。
		7.30	刑科题本（同上书，205页）。原资料记：县民朱荣伯佃回自家当出田2亩，每年还租谷7.3石。
		5.00	刑科题本（转自黄冕堂《清史治要》86页）。黄书引乾隆九年四月十九日题本：乾隆八年，湘乡人朱爵生家有田产一宗，亩产谷5石，全家还认为不算高产。
	嘉庆	3.20	刑科题本（转自赵冈等《清代粮食亩产量研究》33页）。据原表，此两例年代分别为嘉庆元年（1796）、二十二年（1817）。
		4.40	
	道光	5.40	刑科题本（转自黄冕堂《清史治要》123页）。据原表，此例年代为道光二年，佃田1亩，额租2.7石。
		2.50	道光《湘乡县志》卷10。原资料记："亩之所入，无过二石五斗及三石者。"
		3.00	
宁乡	乾隆	1.89	同治《宁乡县志》卷23（转自郭松义《清前期南方稻作区的粮食生产》）。据郭文表，原资料记：书院田197.5亩，额租谷186.8石。
	嘉庆	4.00	嘉庆《宁乡县志》卷8。原资料记：佃户纳租外，自得者居半，岁纳谷或至2石。
益阳	咸丰	5.00	胡林翼《胡文忠公遗集》卷70《抚鄂书牍·致汪梅村》。原资料记："资水之田，亩收谷五石"；又言："以长短肥硗截补，大抵银百两必得田六亩，岁租可十石。"
		3.33	
浏阳	嘉庆	2.00	刑科题本（转自赵冈等《清代粮食亩产量研究》33页）。据原表，此两例年代分别为嘉庆五年（1800）、十七年（1812）。
		1.00	
	道光	3.20	刑科题本（转自黄冕堂《清史治要》123页）。据原表，此例年代为道光二年，佃田15亩，共额租24石。
	同治	1.75	同治《浏阳县志》卷6。原资料记："地薄田瘠，丰年之收，每亩止一石七八斗。"取中值入表。
醴陵	康熙	3.79	同治《醴陵县志》卷5。原资料记文昌先代祠香火祀田共田种42.2斗（据所载分数合计），岁收租谷80石。田种1斗按田1亩计。
	雍正	5.10	同上。原资料记：籍田4.9亩，租谷12.5石。
	乾隆	2.94	刑科题本（《清代地租剥削形态》553页）。原资料记：杨永贵于乾隆十九年将自家2.04石田低价卖与谭惟石，说好永远佃耕，每年纳租谷30石。田数按20.4亩计。

续表

地　区	年　代	亩产（石/亩）	资料出处及说明
醴陵	清末民初	6.00	民国《醴陵乡土志》第六章《实业·农田》。原资料记：农户佃田，"大抵按田之所出，东、佃各得其半"，"田种称石称斗，每田一石，计种十斗或七八斗，纳租谷约三十石内外，故曰'斗打三'，谓田种一斗，纳租三石也"。
茶陵州	康熙	3.10	同治《茶陵州志》卷13。原资料记学田：康熙二十七年州判腰含英捐买田12.5亩，额租谷19.4石。
茶陵州	乾隆	3.20 2.00 2.14 2.01 2.95 2.00	同上。原资料记学田：乾隆十六年生员周之晖捐田2亩，额租谷3.2石；乾隆十九年生员罗家瑚捐田2.4亩，额租谷2.4石。又记书院田：乾隆七年南关书院落成，购置公产并士民捐置共田146.8，额租156.85石；又续买田2处共6.7亩（一处后遭水冲未计），共租6.75石。又记乾隆三十七年知州陈廷柱谕令各都捐田，其中一都捐买田5.9亩，实租8.7；三都捐田11亩，额租12.1石。
茶陵州	乾隆	3.00 2.00	同上书，卷8。原资料记乾隆八年茶陵州士民为赋重请减则免科具呈抚院称："茶山高水浅，每上田一亩，收获止得三石，以次递减，有难收两石者。田主收租，移上补下，每亩止有一石零，名曰石租。"
茶陵州	乾隆	4.02	刑科题本（《清代地租剥削形态》355页）。原资料记：广东人钟颜周来州佃田8.2亩，每年议租16.5石。
茶陵州	嘉庆	3.71 3.02 3.38	同治《茶陵州志》卷13。原资料记嘉庆十三年各都增捐书院田租：下一都陈宁捐田11.9亩，额租22.1石；四都监生苏国举捐田5.3亩，额租8石；十四都监生谭志尹兄弟捐田40亩，额租270桶。以桶计之租按4桶合1石折算。
龙阳	乾隆	2.06	题本：乾隆二年八月二十九日高其倬题（转自郭松义《清前期南方稻作区的粮食生产》）。据郭文，原资料记：民田9亩，产谷18~19石。取中值入表。
华容	乾隆	2.04	题本：乾隆四十六年七月三十日刘墉题（转自郭松义《清前期南方稻作区的粮食生产》）。据郭文，原资料记：民田26亩，岁租谷26.5石。
邵阳	康熙	3.36 3.50	道光《宝庆府志》（民国23年重刊本）卷92。原资料记：康熙三十二年邵阳知县王省置膳士田238亩有奇，每岁获租可400石。又记：康熙四十五年李架知邵阳县，置义学，购田8亩，每岁纳租14石。
邵阳	乾隆	3.21 2.88 3.17	同上。原资料记：乾隆十年邵阳实勘膳士田316.64亩，科租507.98石；宾兴田55.5亩，科租80石；李公义学田10.1亩，科租16石。

续表

地区	年代	亩产（石/亩）	资料出处及说明
邵阳		3.33	刑科题本（《清代地租剥削形态》195页）。原资料记：乾隆四十年，县民黎有禄将祖遗沙子丘田3亩出典，仍自耕种，每年纳租谷5石。
	道光	3.12	道光《宝庆府志》（民国23年重刊本）卷91。原资料记：邵阳县学田共314.55621亩（据分数合计），纳租490.6388石。
		6.33	同上书，卷93。原资料记：道光十二年，魏纲轶捐隆中义学田36亩，岁收租114石。
	同治	4.41	光绪《邵阳县志》卷4。原资料记：同治知县诸桓将南乡清泉如兴庵田261丘断入宾兴田，丈苗11.5石，科租253.5石。田亩数按1石合10亩折算。
	光绪	3.31	同上。原资料记：新、旧学田573.46亩，岁租谷948.8石。
新化	乾隆	3.66	道光《宝庆府志》（民国23年重刊本）卷92。原资料引乾隆新化志记正谊书院田：乾隆十一年知县张宗衡置田7.465亩，共租13.67石；乾隆知县戴高置田15.8亩，共租31.6石；又知县张宗衡置田2.69亩，租4石；又义渡首事捐田2.42亩，共租3.9石；又两处共田6.5亩，租12.2石。
		4.00	
		2.97	
		3.22	
		3.75	
		4.00	同治《新化县志》卷9。原资料记：乾隆间知县姚奋翼建育婴堂，共置田6.1亩，每年收田租12.19石。
	道光	3.57	道光《宝庆府志》（民国23年重刊本）卷92。原资料记正谊书院田：道光十二年监生刘金元捐4处共20.8亩，共租37.1石；同年杨行友捐田共7.204亩，共租13石；又10余处共田28.17亩，共租49.6石。
		3.61	
		3.52	
		3.67	同上书，卷91。原资料记学田：道光十二年增生谭正焕捐田26亩，纳租47.75石。
		3.20	同治《新化县志》卷10。原资料记：道光二十四年武生彭其浚捐学田5亩，纳租8石。又记资江书院田（钱租者不计）：曾顺长捐田共2.9亩，租谷5.1石；杨汝楫捐田塘共10.41亩，租谷15.99石；买置田共20.35亩，共租谷46.45石；又刘子温后裔捐田8亩，租谷15石。又记考棚田亩并北塔田亩：10处共田7.07亩，租谷16.5石；又4处共田9.06亩，租谷26石；又1处共田4.06亩，租谷8.4石；又2处共田3.15亩，租谷6.25石；又6处共田塘2.41亩、土2块，租谷7石。
		3.52	
		3.07	
		4.57	
		3.75	
		4.67	
		5.74	
		4.14	
		3.97	
		5.81	

续表

地　区	年代	亩产（石/亩）	资料出处及说明
新化	咸丰	5.09	同上书，卷8。原资料记不忍堂（咸丰末成立）田11亩，租谷28石。
	同治	6.44 5.58 4.87 3.90 3.87 3.28 4.01 3.63 4.22 4.17 3.70 3.73 4.20 6.00	同上。原资料记隘门卡田亩及租数：永靖团七都团绅收租者计13处共田43.38亩，收租139.65石；永靖团八都团绅收租者计22处共田35.3亩，收租98.5石；永固团团绅收租者罗洪村58.02亩，收租141.2石；朴塘村33.3亩，收租64.9石；栗坪村31.073亩，收租60.2石；灵真村9.3亩，收租15.25石；石脚村10.44亩，收租20.95石；常福村6.41亩，收租11.65石；九龙村18.05亩，收租38.05石；金凤村8.65亩，收租18.05石；高凤村11.75亩，收租21.75石；巴油村4.96亩，收租9.25石。又记宾兴田亩（同治二年建宾兴公所）：共田130.155亩（钱租者不计），收租谷273.33石。又记：卷资田共9.5亩，租28.5石。
武冈	乾隆	2.80 2.28	道光《宝庆府志》（民国23年重刊本）卷92。原资料记鳌山书院田：乾隆间士民捐买共田403亩有奇，每年约共收租565石；又续入田共112.4亩，每年共收租128.19石。
	嘉庆	2.63 1.89 2.10 2.00	同上书，卷91。原资料引嘉庆武冈志记宾兴及赞礼生田：一41亩，租54石；一19亩，租18石；一20亩，租21石。又引嘉庆武冈志记学田共118.617亩（据分数合计），纳租118.4石。
新宁	雍正	3.76	光绪《新宁县志》卷9。原资料记：籍田4.9亩，租9.2石。
	乾隆	3.12	道光《宝庆府志》（民国23年重刊本）卷92。原资料记莲潭书院田（乾隆间置原额田）共97亩，共租151.55石。
	嘉庆	2.21	同上书，卷91。原资料引嘉庆新宁志记学田共111.62亩（据分数合计），纳租123.6014石。
		4.29	光绪《新宁县志》卷8。原资料记：嘉庆知县梁纯谋罚归书院田11.2亩，额租120桶。租谷按5桶合1石折算。

续表

地 区	年 代	亩产 （石/亩）	资料出处及说明
城步	雍正	2.90	同治《城步县志》卷2。原资料记：籍田4.9亩，每年收租7.1石。
	乾隆	3.95	同上书，卷3。原资料记学田：乾隆七年拨叛产37.08亩，二十九年生员饶开物捐田14亩，逐年收租谷37.975石、租米27.8015石、租钱2960文。租钱折算稻谷7.4石。
		7.40	《湖南省例成案·兵律》卷6。原资料载乾隆二十一年十一月十四日署布政使、按察使夔舒详文：将公田余田给民耕种，每亩收租30.84穧，每穧上田舂米6升，中田5升，下田4升。
		6.17	
		4.93	
衡州府	康熙	1.40	《湖南省例成案·刑律》卷18。原资料载乾隆二十一年十二月初一日布政使崔应阶、按察使夔舒详文：衡州府知府于康熙二十七年捐俸置买监囚田120亩，每年纳额租84石。
衡阳	康熙	4.00	康熙《衡州府志》卷8。原资料记衡阳县："土宜稻。田虽旷，不甚腴，夏秋畏旱，亩收不过二石，上田倍之，下田不能一石。"
		2.00	
		1.00	
	康熙	2.36	同治《衡阳县志》卷6。原资料记鼓楼书院公田：刘清和捐9.4亩，新添买1.1亩，共租谷12.4石；巡抚潘宗洛捐置37.9亩，租谷62.4石；知府陈沆捐15亩，租谷22.5石；衡山谭桂林捐131亩，租谷223.4石；衡山陈节捐27亩，租谷40石。
		3.29	
		3.00	
		3.41	
		2.96	
	乾隆	1.66	同上。原资料记西湖书院田塘130亩，租谷108石。又记临蒸书院（后改莲湖书院）田：刘高华捐46亩，租36石；常灏捐33亩，租47石；汤祖兴捐9亩，租13石；张启倬捐8亩，租12石；刘正衡捐6.7亩，租8.5石；徐圣若捐5.8亩，租7石；谭名山捐28亩，租38石；贺辉伦捐3亩，租4.7石；又公买24.7亩，租30石。又记乾隆四十一年改建莲湖书院续置田亩：赵万培捐25亩，租37石；王楚璧捐33.5亩，租50石；刘公侯捐59亩，租46石；贺文光捐37亩，租40石；李必登捐1亩，租1.1石；又因讼充公汤姓田3亩，租3石。
		1.57	
		2.85	
		2.89	
		3.00	
		2.54	
		2.41	
		2.71	
		3.13	
		2.43	
		2.96	
		2.99	

续表

地　　区	年　代	亩产 （石/亩）	资料出处及说明
衡阳	乾隆	1.56 2.16 2.20 2.00	
鄘县	乾隆	5.00	刑科题本（《清代地租剥削形态》110~113页）。原资料记：县民刘必学佃种段姓祖遗山场，开垦成熟4亩，每年完租银1两、租谷8石。租银按稻谷2石折算。
鄘县	嘉庆	4.02	同治《鄘县志》卷8。原资料记：嘉庆二年知县赵宗文增修㴸泉书院斋舍，将烈山书院旧有官田42亩、邑绅捐田85亩、赵令自捐田65.4亩、文昌田50亩、圣诞田30亩俱拨入㴸泉书院，共计岁得田租谷548石。
桃源	乾隆	1.90	光绪《桃源县志》卷4。原资料记：乾隆间五大田村程魏氏捐漳江书院田20亩，岁纳租19石。
桃源	嘉庆	1.93 2.00 2.00	同上。原资料记：嘉庆二十年清理书院田，董事余世清将现存田27亩招佃，岁收租26石。又记嘉庆间置沅阳书院田：莫溪村游刘氏捐田11亩，岁纳租11石；莫林村罗公达捐田9.4亩，岁纳租9.4石。
桃源	道光	2.54 2.50 2.02	同上。原资料记道光间置沅阳书院田：下白石村彭飞鹏兄弟捐田4.1亩，岁纳官斗谷5.2石；知县王文烈捐置田52.1亩，岁纳官斗谷65石；莫溪村雄文运捐田18亩，岁纳官斗谷18.2石。
桃源	光绪	2.28 2.00	同上。原资料记：漳江书院膏火田共644.9亩（据各村分数合计，钱租者不计），岁纳租谷735.41石。又记：桃溪校经书院膏火田每亩租官斛谷1石。
辰州府	道光	3.96	《辰州府义田总记》（道光刊本）上卷。原资料记：道光二十五年知府劝捐买置义田21契共计255.2亩，召佃耕种，按五五收租，每年应交租谷505.307石。
芷江	道光	2.22	刑科题本（转自黄冕堂《清史治要》123页）。据原表，此例年代为道光十一年，佃田1.8亩，共额租2石。
晃州厅	道光	3.46 3.50	道光《晃州厅志》卷18。原资料记学田：龙门学田约共26亩，除香火2石，纳租44石。又记礼生田：龙门学余田4.12亩，又垦田7.143亩，共纳净谷19.731石。

续表

地　区	年代	亩产（石/亩）	资料出处及说明
零陵	乾隆	2.11 2.40 1.37 2.29 1.70 2.40 2.00 3.60 2.40 2.59 1.60	光绪《零陵县志》卷5。原资料记群玉书院田租（与道光府志同，府志无租谷细数。据排列顺序，此栏田租应置于乾隆年间）：监生唐执中捐田25亩，额纳市斗租谷26.4石；耆民蒋春元、罗伯联等同捐田10亩，额纳市斗租谷12石；生员魏镐、魏淑同捐田3.5亩，额纳市斗租谷2.4石；买田28亩，额纳市斗租谷32石；买田27亩，额纳市斗租谷23石；买田7.5亩，额纳市斗租谷9石；买田6亩，额纳市斗租谷6石；买田10亩，额纳市斗租谷18石；买田7亩，额纳市斗租谷8.4石；买田8.5亩，额纳市斗租谷11石。又记：册外断充田15亩，每年额纳市斗租谷12石。
	嘉庆	2.23 2.00	同上。原资料记群玉书院田：嘉庆二十二年首事向凌云等置买田13.8亩，每岁收租谷15.4石；嘉庆二十四年首事陈逢年置买田11亩，每岁纳租11石。
	同治	1.79	同上。原资料记群玉书院新增业产：同治辛未增6.7亩，每年租谷6石。
祁阳	乾隆	2.52 2.31 2.88 3.81 2.80 2.78 2.80 2.86 2.64 2.68 2.45 2.87	同治《祁阳县志》卷19。原资料记乾隆三十年前置书院田：坊郭乡68.053亩，该田85.904石；文明乡田55.481亩，该租64.0705石；太平乡田24.165亩，该租34.82石；上归阳乡88.187亩，该租167.84亩；下归阳乡田16.1398亩，该租22.596石；上文明乡田5.4亩，该租7.5石；下文明乡田6.458亩，该租9.042石；和平乡田20亩，该租28.6石；罗塘观田26.9亩，租谷35.5石；僧志贤田9.7亩，该租13石。又记：乾隆三十年县民刘士良等呈请拨捐永昌乡田49.7亩入崇正义学，年纳租谷61石。又记：乾隆三十年后续添书院田亩租息共404.58亩，通共租谷580.53石。
	道光	2.00 4.00	道光《永州府志》卷4下。原资料记学田：共田塘180亩，共征租谷180石。又记：崇实书院膏火田23亩，额租46石。
	同治	4.16	同治《祁阳县志》卷19。原资料记：同治七年邑中绅士公捐宾兴田7.7亩，每年额租16石。

续表

地　区	年　代	亩产（石/亩）	资料出处及说明
东安	乾隆	4.00	《湖南省例成案·户律》卷24。原资料记：田五六亩，自种约得谷20余石。表内为约估产量。
宁远	嘉庆	1.92 3.20 2.17 4.49 1.64 2.64	嘉庆《宁远县志》卷4。原资料记崇正书院田：梅岗共24亩，额租谷2990斤；莲花庵塘共13.5亩，共额租谷21.6石；金泉庵田塘共63.5亩，额租谷69石；止止庵早晚田24亩，共额租谷7000斤；大道山早晚田共46.3亩，额租谷4940斤；梅岗田7亩，额租谷1200石。租谷按130斤合1石折算。
	道光	5.40 2.57	光绪《宁远县志》卷5。原资料记疑麓书院（道光时建）：田100亩，租270石。又记崇德书院（道光时建）：田70亩，租90石。
	咸丰	2.82 4.65 5.65	同上。原资料记宾兴公局（咸丰年间建）租产：欧阳近光堂置田21.9亩，共租30.89石；欧阳鸿仪堂置田8.6亩，共租20石；九疑充公叛产田12.5亩，共租35.3石。
	同治	4.57	同上。原资料记：同治壬戌至壬申，泠南书院田产增至210亩，租480石。
	光绪	4.80 6.86	同上。原资料记寻微别墅（义学）：置田50亩，租120石。又记汲泉书院：田35亩，租120石。
新田	雍正	4.57	嘉庆《新田县志》卷7。原资料记：籍田4.9亩，每年收租11.2石。
	道光	1.94 4.36	道光《永州府志》卷4下。原资料记：书院田87亩，岁入租谷84.5石；又田11亩，租谷24石。
道州	道光	4.00	光绪《道州志》卷5。原资料记：道光癸巳年，知州叶桂伤令清查书院田亩，"议定每亩每年完租谷二石"。
永绥厅	嘉庆	2.00	同治《永绥直隶厅志》卷2。原资料记：籍田4亩，收谷4石。
桂阳州	嘉庆	4.00	同治《桂阳直隶州志》卷10。原资料记：嘉庆中，知州韩汤衡增置公田，为诸生膏火资，凡田300余亩，入租600石。
	同治	4.00 1.80 4.44	同上书，卷5。原资料记："州内平田百万亩，亩收四石，岁得谷四百万石。" 同上书，卷10。原资料记：学田100亩，入租90余石；文庙岁修田9亩，入租20余石。

续表

地区	年代	亩产（石/亩）	资料出处及说明
临武	同治	2.06	同上。原资料记：学田 71 亩有奇，租谷 9500 余斤。按 130 斤稻谷合 1 石折算。
蓝山	晚清	3.06 3.38 4.06 4.28 3.90 3.14 3.54 3.76	民国《蓝山县图志》卷 19。原资料《蓝山阖县学田、宾兴田表》记：书院田共计 321.1 亩，收租 491.83 石；试院田共计 38.6 亩，收租 65.29 石；旧膏火田共计 90.3 亩，收租 183.1 石；新膏火田共计 324.9 亩，收租 695 石；宾兴田共计 22.6 亩，收租 44.06 石。又《蓝山县各乡宾兴、兴贤、文会田表》共田 2987 亩，收租 4690 石；又《蓝山城工、城隍庙、昭王庙田表》共田 129.6 亩，收租 229.23 石。又《蓝山城乡育婴堂、不忍堂田表》共田 788.5 亩，收租 1482.3 石。
嘉禾	晚清	3.65 2.54 2.31 2.52 3.48 2.21 2.22 2.44	民国《嘉禾县图志》卷 15。原资料《城区学田表》记学田 48 亩，租谷 11392 斤；《体惠区学田表》记学田 69.2 亩，租谷 11432 斤；《东区学田表》记学田 28.2 亩，租谷 4233 斤；《南区学田表》记学田 47.35 亩，租谷 7760 斤；《平田区学田表》记学田 59.5 亩，租谷 13453 斤；《坦平区学田表》记学田 77.3 亩，租谷 11085 斤；《广法区学田表》记学田 39.4 亩，租谷 5688 斤；《永定区、永振区学田表》记学田 28 亩，租谷 4448 斤。以上数据，原表钱租及有亩数无租数、有租数无亩数者均未计。租谷数按 130 斤合 1 石折算。
桂阳	雍正至乾隆初	2.20	刑科题本（《清代地租剥削形态》371 页）。原资料记：县民郭三才父子自雍正八年至乾隆十一年佃种僧冰洁 3 亩田，每年纳租 3.3 石。
桂东	嘉庆	3.66	同治《桂东县志》卷 5。原资料引嘉庆志记旧学田 4 处共粮 1.905 石，岁纳租 41 石。该县田每亩平均科粮 0.085 石，依此折算学田数约计为 22.4 亩。
桂东	同治	4.00 4.00 4.00 5.00 3.60 2.00 6.00 6.00 4.40	同上。原资料记学田 9 处，表内数据均为按原记每亩租数折算的产量。

续表

地 区	年 代	亩产（石/亩）	资料出处及说明
兴宁	乾隆	2.38	杨仲兴《创建南乡太平堡社仓记》（载《皇朝经世文编》卷40）。原资料记：乾隆十三年清理庙田21亩，岁共租谷25石。
宜章	嘉庆	5.00	嘉庆《宜章县志》卷7（转自郭松义《清前期南方稻作区的粮食生产》）。据郭文，原资料记："上田一亩，获谷五石。"
会同	乾隆	4.32 2.36 2.50 3.73 3.81 4.18 3.31 3.91 2.04 2.50 4.91 3.32	光绪《会同县志》卷3。原资料记育婴堂（乾隆元年建）拨田：口一里白云庵拨田6.5亩，每年收租谷14.04石；口一里茶亭庵拨田5亩，每年收租谷5.91石；口二里岩屋寺拨田8亩，每年收租谷10石。 同上书，卷4。原资料记：乾隆十一年拨口四里太平庵田20亩入三江书院，共计谷官斗74.64石；又拨口五里永兴庵、元真庵田40亩入三江书院，共计谷官斗152.37石；乾隆二十五年拨伏一里新兴庵田17.7706亩入三江义学，共约谷74.2石；乾隆三十六年断伏二里培龙庵田34.337亩入三江义学，该分租56.82石；乾隆三十六年断拨安三里田8.96亩入义学，约谷35石；乾隆四十六年断拨山二里迥龙寺田19处共熟田39.17亩入三江义学，约谷80余石。又记：乾隆十八年邑令陈于宣捐置洪江义学（雄溪书院）田80余亩，岁可收租100余石。又记：乾隆十八年邑令陈于宣拨入洪江义学田63亩，共计谷309.6石。又记：乾隆二十四年断拨文庙田49.1387亩，每年纳租谷81.6石。以上谷数除标明为租谷者外，均为产量。
	嘉庆	5.64 3.43 4.53 5.00 5.00	同上。原资料记：嘉庆十年贡生毛世河捐入三江书院田2.66亩，共谷15石；嘉庆十三年批入三江学田0.7亩，纳租谷1.2石；嘉庆十三年监生杨顺明捐入三江义学田0.6亩，分租谷1.36石。又记：嘉庆十五年李登武、李学清捐田0.6亩，计谷3石。又记：嘉庆十八年训导唐业隽置买水田1.2亩，计谷6石。
	道光	4.82 4.72 3.51 4.71	同上。原资料记：道光三年，断拨福会庵原龙姓布施田20.745亩为科举田，计谷100石；12.723亩归义学，计谷60石。又记：道光四年，断拨山二里田7.4亩为科举田，租谷13石。又记：艺兰斋义学田17亩，计谷80石。
沣州	乾隆	1.29	民国《沣县县志》卷4。原资料记：乾隆十五年翟姓生员等捐澹津书院水田3.1石，每年收租20石。
	道光	1.15	同上。原资料记：宾兴馆建于道光二十二年，买置张家厂水田27.4石，每年收租谷157.2石。

续表

地 区	年 代	亩产（石/亩）	资料出处及说明
安福	雍正	4.90	同治《安福县志》卷11。原资料记：籍田4.9亩，岁收租谷12石。
	乾隆	2.09	同上书，卷9。原资料记：乾隆四十一年知县杨鲲捐廉置买养济院田，共计田种1.15石，岁共纳租12石。按田种1斗合田1亩折算田数。
	道光	1.41	同上书，卷14。原资料记：道光十八年邑岁贡生石光清捐书院田6.54石，岁收租谷46石以充膏火。
	咸丰	2.97	同上。原资料记：同治元年，置买县后戴家档田1.46石为书院田，岁取租21.7石。
慈利	嘉庆	4.67	同治《续修慈利县志》卷3。原资料记：嘉庆间六都永安渡置渡田6亩，租谷14石。
	同治	1.67	同上。原资料记：一峰渡渡田3石，收租谷25石；人字迪渡渡田6亩，收租谷12石；江边渡渡田1石，收租25石。
		4.00	
		5.00	
		2.88	同上书，卷4。原资料记学署田铺基：一田40亩，每年收租谷57.5石；一田19亩，每年收租谷18.5石。
		1.95	

附表 3-17 清代南方水稻亩产量：四川

地 区	年 代	亩产（石/亩）	资料出处及说明
全省平均		3.41	
成都、重庆、夔州、绥定等府	康熙	3.00	乾隆《四川通志》卷17。原资料记康熙六年四川总督苗澄题请为各驻兵处所兴办屯田：兴屯所入，"约一人可以耕田五亩，每亩约可收谷三石"。
彭县	嘉庆	4.67	嘉庆《彭县志》卷16。原资料记：学田60亩，岁租收谷70石。当地斗量例为市斗，按官斗（1市斗合2官斗，见光绪志）折算产量入表。
		5.40	光绪《彭县志》卷4。原资料记：嘉庆二十三年绅粮蔡汝霖等按粮劝捐，置买济田201.38亩招佃，每年收市斗谷271.863石。每市斗合官斗2斗，按官斗折算产量入表。
	道光	4.40	同上书，卷5。原资料记：道光六年实存城工田161.9亩，岁收租谷178.25石。当地斗量例为市斗，按官斗折算产量入表。
	咸丰	4.62	同上书，卷4。原资料记：咸丰元年知县吴应连捐廉置宾兴田60亩，年收租谷69.2石。当地斗量例为市斗，按官斗折算产量入表。

续表

地区	年代	亩产（石/亩）	资料出处及说明
彭县	光绪	4.80 4.00 3.40 6.80 5.30 4.00	同上书，卷3。原资料记："彭田亩得米石二斗者，上也；一石，中也；八九斗，下也"，深耕则"能得米一石六斗或石七八斗"。又记："田之上者丰年不过收谷二石六七斗，下田在二石左右。"以上产量皆为市斗，按官斗折算稻谷产量入表。
新都	嘉庆	4.70	道光《新都县志》卷3。原资料记：嘉庆知县李应元、杨道南暨邑绅共捐买济田110.7201亩，每年收市斗租谷130石。按1市石合2官石折算产量入表。
		6.60	同上书，卷5。原资料记：嘉庆知县杨道南、李应元、黄傑暨邑绅共捐买义田43.727亩，每年收市斗租谷72.2石。按1市石合2官石折算产量入表。
		5.71	同上。原资料记：龙门书院田120亩，每年实纳租谷171.3石。租数应为市石，按官石折算产量入表。
	道光	7.57	同上书，卷3。原资料记：道光二十二年知县张奉书添置济田12.47553亩，每年收市斗租谷23.6石。按1市石合2官石折算产量入表。
		6.00	同上书，卷2。原资料记："湔，新邑东北之巨浸也，自都江而下，益以蒲阳、南溪、氵养氵蒙诸水……民之引以溉者，其收皆亩二钟。"又记："湔与锦水之间者曰绣川……其民好稼穑，勤五谷……其亩入，岁可二钟。"
	咸丰	7.00	民国《新都县志》卷2。原资料记：咸丰间创设宾兴会，置田10余亩，岁收谷26.28石。田数按15亩计，租数按市斗折算官斗。
	光绪	5.91 5.00	同上。原资料记储材馆同光间先后置水旱田地135亩，总计岁收谷199.45石。又记：光绪间学田局置田482亩，岁共收租谷601.9石。租数按市斗折算官斗。
新津	嘉庆	4.34	道光《新津县志》卷21。原资料记：嘉庆二十二年阖县共捐置济田131亩，岁收市斗租谷137.14石。按1市斗合2.075仓斗折算产量入表（依据见同卷）。
		3.08 2.41 2.69 4.30 2.64	同上书，卷23。原资料记书院学田（嘉庆十八年清丈）：太平乡梓橦宫高家庙学田共43.053亩，岁收租谷30石、租钱1300文；兴义乡福田寺学田31.716亩、地2.695亩，岁收租谷20石；长乐乡花桥场马王庙学田共41.379亩、地11.114亩，岁收租谷34石；长乐乡太禅寺学田118.169亩、地6.935亩，岁收租谷129.92石；长乐乡清凉寺学田86.843亩、地9.028亩，岁收租谷61石。以上租数均应为按市斗计，现折算成仓斗产量入表（当地1市斗约合2.075仓斗）。

续表

地　区	年代	亩产（石/亩）	资料出处及说明
新津	道光	5.00 5.79 3.94	同上书，卷21。原资料记道光间各乡置买社田：兴义乡置社田59.74659亩，岁收租谷72石；长乐乡置社田45.1321亩，岁收租谷63石；太平乡社田90.138亩，岁收租谷85.6石。按以上均为市斗，现换算为仓斗产量入表。
新津	道光	5.81 5.19 3.94 3.53 3.07 4.47 3.11	同上书，卷23。原资料记义学田（均道光间置）：长乐乡里仁义学水田15亩，岁收租谷21石；长乐乡天香义学水田16亩，岁收租谷20石；太平乡义学水田20亩，岁收租谷19石；长乐乡柳溪义学水田20亩，岁收租谷17石；太平乡平盖义学水田23亩，岁收租谷17石；兴义乡文井义学水田13亩，岁收租谷14石；兴义乡橙河义学水田16亩，岁收租谷12石。以上均换算成仓斗产量入表。
郫县	嘉庆	2.10	刑科题本（转自赵冈等《清代粮食亩产量研究》40页）。据原表，本例年代为嘉庆三年。此例租数疑以市斗计，姑按原数据折算产量入表。
崇庆州	嘉庆	0.80	中国社会科学院经济研究所藏刑档抄件（见李文治编《中国近代农业史资料》第一辑，75页）。原资料记：周仲银佃得李氏田1亩，议定每年秋后还租谷4斗。此例租数疑以市斗计，姑按原数据折算产量入表。
崇庆州	道光	3.00 2.40	刑科题本（转自赵冈等《清代粮食亩产量研究》40页）。据原表，两例年代分别为道光十九年、二十年。此两例租数疑以市斗计，姑按原数据折算产量入表。
汉州	乾隆	6.40	嘉庆《汉州志》卷12。原资料记书院田：乾隆知州覃光典捐置西门外杨柳湾田12亩，每年纳租谷市斗19.2石。折算官斗产量入表。
汉州	同治	5.14	同治《续汉州志》卷6。原资料载《绅耆请立卷田条规禀》记：续置卷田70余亩，每年收租谷180余石。
灌县	道光	2.56	刑科题本（转自赵冈等《清代粮食亩产量研究》41页）。据原表，本例年代为道光八年。此例租数疑以市斗计，姑按原数据折算产量入表。
大邑	乾隆	2.92 2.98	嘉庆《邛州直隶州志》卷9。原资料记：乾隆二十年知县宋载将老宝寺田240.4亩断入鹤鸣、文明两书院，岁收市斗租谷175.2石；余田96.1亩仍归寺僧，岁收市斗租谷71.7石。按1市石合2仓石折算仓斗产量入表。
大邑	光绪	1.81 1.50	地方档案（转自赵冈等《清代粮食亩产量研究》41页）。据原表，此二例年代均为光绪三十年。

续表

地 区	年 代	亩产（石/亩）	资料出处及说明
蒲江	雍正	2.87	光绪《蒲江县志》卷1。原资料记：籍田4.9亩，每年收租谷7.04石。
	乾隆	2.60	同上。原资料记城工田：乾隆三十四年买文元秀水田30.442亩，每年输租谷39.572石。
	嘉庆	2.94	嘉庆《邛州直隶州志》卷9。原资料记嘉庆十八年知县魏守诚置买鹤山书院学田二处：王家祠田4.831亩，岁收租谷7.1石；铁溪沟田0.883亩，岁收租谷0.5石。
		1.13	
彭山	嘉庆	2.00	嘉庆《彭山县志》卷2。原资料记桂香书院：嘉庆九年邑令饶觐光拨入宝珠寺田41亩，岁取租谷41石；嘉庆十五年邑令史钦义增置水旱田14亩，取租谷11石。
		1.57	
仁寿	乾隆	2.32	同治《仁寿县志》卷5。原资料记：宁家山田45亩、地17亩，乾隆三十一年县令俞尔昌断充书院招佃，原称租谷36石，现佃共岁纳市斗租谷28石。以原租与现纳租数分别折算仓斗产量入表。
		1.81	
	嘉庆	1.70	同上书，卷3。原资料记：嘉庆间买置济仓田地共837.2834亩，岁约出谷1774挑、花11200斤、包谷44石，岁纳租谷市斗355.43石。按租数折算仓斗产量入表（按出谷数算约略相同）。
	道光	1.73	同上书，卷5。原资料记：三岔沟田地51亩，道光八年辜明辅捐入书院，原称租谷22石，现岁纳租谷市斗18石。又记：道光六年监生石维周、石维崇兄弟共捐赵家坞笃英义学田22亩，岁收租钱30千文、租谷12石。又记：道光四年监生唐星照等共捐禄余场萃英义学田地112亩，岁收租谷58石、租钱31.8千文。又记：道光七年监生萧连怀等共捐杨连场集英义学田36.5亩，岁收租谷30.4石。又记：道光六年监生陈伟功等共捐藉田铺荟英义学田地156亩，岁收租谷114.5石。以上，道光八年辜明辅捐书院田例以原租与现纳租数分别折算仓斗产量入表；其他各例原记租数均按仓斗计，钱租每千文折算租谷1石。
		1.41	
		3.82	
		1.60	
		1.67	
		1.47	
	咸丰	3.88	同上书，卷3。原资料记社仓田：咸丰元年以库存缴赔社谷钱文买龚吴氏等田地239亩，岁纳租谷仓斗463.1石；咸丰三年以库存赔社谷钱买贾明善田地75.8386亩，岁收租谷仓斗224.482石；咸丰七年置买邹克明邓家坝田地112亩，岁纳租谷市斗71.5石。
		5.92	
		2.55	
东乡	嘉庆	9.59	民国《宣汉县志》卷7。原资料记：嘉庆二十一年置济田40亩，每年额租191.822石。

续表

地 区	年 代	亩产（石/亩）	资料出处及说明
大竹	雍正	3.71	民国《大竹县志》卷4。原资料记：籍田4.9亩，岁收额租京斗9.1石。
大竹	光绪	5.42	同上。原资料记：光绪三十二年济余局共管济田141.5亩。岁收京斗额租383.22944石。
宜宾	乾隆	1.23	嘉庆《宜宾县志》卷15。原资料记：乾隆五十年邑人曾原兴捐学田88亩，每年收租54石。
庆符	同治	2.43	光绪《庆符县志》（手抄本）卷10。原资料记：文殊上渡有渡田载粮0.62石，岁收租谷47石。按该县水田平均每亩载粮0.016石推算亩数。
庆符	同治	3.48	同上书，卷12。原资料记：济田二处，共载粮1.233石，每年共收租谷102石、租银16两。田数按每亩载粮0.016石推算，租银16两折算稻谷32石。
高县	乾隆	3.43	同治《高县志》卷15。原资料记书院田：乾隆二十五年归化乡生员马师旦捐田入文江书院，载粮0.07石，每年纳租谷乡斗4石；同年定边乡生员周日发、民胥希圣与舒其昌互争田入书院，共田22.16亩，每年纳市斗租谷15石。前例亩数按每亩载粮0.012石推算（依据见同书卷8）；两例租数按当地标准1市石合2.5仓石折算。
高县	乾隆	3.38	
高县	嘉庆	3.39	同上书，卷7。原资料记嘉庆二十二年置买义仓田地谷石数：下二乡共税粮0.867石，每年租谷仓斗122.5石；焦村田税粮0.45石，每年租谷仓斗40石；上二乡田税粮1.017石，每年租谷仓斗160石。田数按每亩载粮0.012石推算。
高县	嘉庆	2.13	
高县	嘉庆	3.78	
高县	清前期	4.16	同上书，卷27。原资料：川主庙，在黄水口对河，有常住业一分，载粮0.15石，收租16石、租银5两。田数按每亩载粮0.012石推算，租银5两折算租谷10石。
隆昌	雍正	1.86	同治《隆昌县志》卷14。原资料记：雍正三年南二里民赵恭珩捐文庙田一分，载征银1.18两，收租谷35石。田数按每亩载丁条粮银0.03136两折算（中田，依据见同书卷7）。
隆昌	道光	2.00	同上。原资料记宾兴田业（道光九年置）：李其纲、罗世宜施北乡观音桥田业一分，载粮0.2石，每年收租谷10石；程忻仁施北乡庙冲小塆子田业一分，载粮0.5石，每年收租谷18石；叶家桥黎登高施田业载粮0.06石，收租7.5石。田数按每亩载粮0.02石折算（中田，依据见同书卷7）。
隆昌	道光	1.44	
隆昌	道光	5.00	
清溪	乾隆	1.67	乾隆《清溪县志》卷3。原资料记崇文书院义学田：乾隆二十八年前邑令官德劝捐中下田共62亩，除正赋外，每年收谷51.8石。

续表

地区	年代	亩产（石/亩）	资料出处及说明
泸州	嘉庆	3.46	道光《直隶泸州志》卷5。原资料记：嘉庆二十一年置济仓义田9处，又州人孙宏祖捐田1处，共载粮10.398石，每年收仓斗租谷1500石。田数按每亩载粮0.012石折算（下田，依据见同卷）。
江安	乾隆	4.41	道光《江安县志》卷1。原资料记江安书院田：乾隆二十七年置买监生贾惠田地40.8245亩，岁纳市斗租谷36石，合仓斗90石。
江安	道光	3.40	同上。原资料记：道光八年续置书院膏火田三业，共收市斗租谷68石，以2石完粮。田数按每亩载粮0.02石折算，市斗折仓斗按1市斗合2.5仓斗计算（依据见同卷）。
合江	道光	3.75	同治《合江县志》卷15。原资料记：道光九年置义学田11处，共载粮5.423两，年租462石。田数按该县田地每亩平局载丁条粮银0.022两折算（依据见同书卷8）。
合江	咸丰、同治间	2.60 2.71 2.36 4.57 3.46 4.50 3.53	同上书，卷8。原资料记咸丰、同治时置三费局田产：咸丰元年置石礴支扒梳丘田业载粮1.46两，年租86.4石；三花支沱田塆田业载粮0.75两，年租46.2石；同治九年置石礴支河坎上田业载粮0.28两，年租15石；中汇支半坡头等处田业共载粮0.433两，年租45石；丁山支学堂旁等处田业共载粮0.521两，年租41石；上汇支黄泥坡田业载粮0.342两，年租35石；上汇支宋坝大屋基田业载粮0.648两，年租52石。田数按该县田地每亩平局载丁条粮银0.022两折算（依据见同卷）。
九姓司	康熙	0.99	道光《直隶泸州志》卷3。原资料记：康熙四十八年长官司任嗣业捐置学田24.3亩，岁租12石。
江津	道光	2.91	道光《重庆府志》卷5。原资料记：余庆书院田共5处，载粮2.9石，收租谷京斗832石。田数按该县上中下田平均每亩载粮0.00507石推算（依据见民国《江津县志》卷5）。
永川	雍正	1.22	光绪《永川县志》卷4。原资料记：籍田4.9亩，每年收仓斗租3石。
荣昌	道光	1.15	光绪《荣昌县志》卷6。原资料记：道光二十四年知县刘从善断入学田33亩，每年收租谷19石。
荣昌	咸丰、同治间	1.36	同上。原资料记：咸同间置买宾兴田4业，共载粮60.7亩，每年收租谷41.2石。

续表

地 区	年 代	亩产（石/亩）	资料出处及说明
綦江	嘉庆	5.33	同治《綦江县志》卷2。原资料记嘉庆十八、十九年设济仓买置田产：买永里杨宗秩田载粮20亩，每年租谷合仓斗53.333石；买永里杨正龙田载粮24亩，每年租谷合仓斗37.333石；买附里刘文富、刘文贵等田载粮64亩，每年租谷合仓斗124.444石；买附里宗之祥等田载粮46亩，每年租谷合仓斗124.444石；买附里陈维杰等田载粮46.75亩，每年租谷合仓斗71.11石；买附里岳维经田载粮46.25亩，每年租谷合仓斗135.11石；买附里李继贤田载粮8亩，每年租谷合仓斗42.666石。
		3.11	
		3.89	
		5.41	
		3.04	
		5.84	
		10.67	
	道光	4.44	同上书，卷3。原资料记道光十五年置买义卷之产：一处安里田载粮114.2亩，岁收市斗租谷114石；一处安里田载粮2.7亩，岁收市斗租谷8.3石；一处永里田载粮4亩，岁收市斗租谷6.5石；一处遵里田载粮28亩，岁收市斗租谷24石。又记施田入义卷之租：一处安里田载粮13亩，岁收市斗租谷20石；一处安里田载粮5亩，岁收市斗租谷12石；一处附里田载粮0.7亩，岁收市斗租谷1石。又记道光十九年清查义学官产共载粮47.36亩，每年收租谷129.2石。以市斗计租数据按每市合仓石2.222石折算仓斗产量入表（依据见同书卷2）。
		13.66	
		7.22	
		3.81	
		6.84	
		10.67	
		6.35	
		5.46	
	同治	12.5	同上。原资料记同治十二年扩充义卷田产：买安里田载粮4亩，岁收租谷25石；买附里田载粮9.5亩，岁收租谷28石；买遵里田载粮18亩，岁收租谷40石；买永里田载粮3.7亩，岁收租谷17石；买附里田载粮23亩，岁收租谷28石。
		5.89	
		4.44	
		9.19	
		2.43	
南川	光绪	3.80	光绪《南川县志》卷3。原资料记新置学田：置福一甲田载粮0.8469两，年租161石；置福二甲共载粮1.1356两，年租247石；置福三甲共载粮0.88两，年租150石；置福四甲共载粮0.6141两，年租103石；置丰里五甲田共载粮0.33两，年租94石；置丰里上六甲田共载粮2.3845两，年租438石；置丰里下六甲田共载粮0.449两，年租150石。以上田数均按载粮0.01两合1亩折算（依据见同书卷2）。
		4.35	
		3.41	
		3.35	
		5.70	
		3.67	
		6.68	
铜梁	嘉庆	1.58	光绪《铜梁县志》卷3。原资料记丰济仓：嘉庆二十二年设，有济田（含铜梁、安居乡两处）载粮2.4两，岁收仓斗租谷287.707石。济田亩数按该县中田每亩载粮0.0066两（依据见同卷《田赋》）推算。

续表

地区	年代	亩产（石/亩）	资料出处及说明
铜梁	嘉庆	1.52	同上书，卷4。原资料记龙门书院：嘉庆二十五年监生周启勋捐田66亩，岁租50石。又记玉堂书院：刘在玓捐田64亩，岁收租40石。
		1.25	
	咸丰	1.50	同上。原资料记青藜书院：咸丰乙卯年刘巨川等捐田20余亩，收租15石。
大足	雍正	1.06	嘉庆《大足县志》（道光十六年王松增补本）卷3。原资料记：雍正九年邑令陈九夏置买籍田4.9亩，每年收京石租谷2.6石。
	乾隆	0.44	同上书，卷2。原资料记书院田：乾隆五十三年知县何琳断入八十万里凤顶山田土一分，载粮41亩，每年收租谷18石（按此例租数原文作"十八石"，疑为"四十八石"之误，姑仍依原数据折算产量入表）。
	嘉庆	1.20	同上。原资料记书院田：嘉庆九年署知县潘相拨入充公田一分，载粮1亩，每年收租谷0.6石；嘉庆十年署知县宫鉴桂捐置田一分并充公田一分，各载粮2亩，每年收租谷4.5石；嘉庆十六年周守东捐入田一分，载粮6亩，每年收租谷6.6石。
		2.25	
		2.20	
定远	道光	1.94	道光《重庆府志》卷5。原资料记：道光十九年邑人赵正管捐学田66亩，岁收租谷64石。
绵州	乾、嘉间	1.48	同治《直隶绵州志》卷16。原资料记左绵书院田产：南乡一里塔子坝学田21.6亩（另有山地3亩未计），每年纳租谷16石；南乡四里布金寺学田116.7亩（另有山地75亩未计），每年纳租谷74.8石、佃钱3000文；西乡六里松山寺学田53.67亩，每年纳租谷48.6石。
		1.28	
		1.81	
绵竹	道光	2.80	道光《绵竹县志》卷16。原资料记：义学田地共343亩（据分数合计），通计每年收租谷431石、租钱33000文。租钱折算租谷50石。
	清末	1.95	民国《绵竹县志》卷4。原资料记孔庙祀田：东五甲鸡公庙水田40亩，租谷39石。又记杨先生祠田：北四甲上帝宫水田12亩，租谷18石；东一甲罗家坝水田50亩，租谷75石。又记劝学所不动公产：东一甲水田117亩，租谷162.2石；东二甲水田168亩，租谷165.475石；东三甲水田184亩，租谷195.8石；东五甲水田125.6亩，租谷90.9石、钱2.8串；南一甲水田163.9亩，租谷218.28石；南二甲水田52.9亩，租谷61石；南四甲水田41.95亩，租谷42.87石、钱24.4串；南五甲水田46亩，租谷48.1石；西二甲水田226亩，租谷252.6石、钱16串；西
		3.00	
		3.00	
		2.77	
		1.97	
		2.13	
		1.51	
		2.66	

续表

地 区	年 代	亩产（石/亩）	资料出处及说明
绵竹	清末	2.31	
		3.79	
		2.09	
		2.45	
		2.02	
		2.21	三甲水田57亩，租谷57.5石；西五甲水田120.5亩，租谷132.96石；北一甲水田55亩，租谷73.65石、钱6.5千文；北二甲水田82.4亩，租谷109.03石；北三甲水田151.9亩，租谷229.92石；北四甲水田36亩，租谷35.1石；北五甲水田336.7亩，租谷385.54石、钱4.15千文。又记养济院不动公产：四里总共水田253亩，租谷283.84石。又记警察所不动公产：北三甲水田37亩，租谷72.42石；北五甲水田24亩，租谷40石；北附郭水田7亩，租谷7.5石。又记机器局有南四甲水田11亩，年收租谷28石。又记农会不动公产：北四甲水田9亩，租谷12石；北五甲水田13亩，租谷21石。又记教养工厂有西二甲水田10亩，租谷14石。又记仓圣会有水旱田23亩，租谷18石。数据内有部分钱租者，按1千文合稻谷1.5石折算。
		3.03	
		2.65	
		3.03	
		1.95	
		2.33	
		2.24	
		3.91	
		3.33	
		2.14	
		5.09	
		2.67	
		3.23	
		2.80	
		1.57	
罗江	乾隆	2.66	嘉庆《罗江县志》（同治重印嘉庆二十年本）卷14。原资料记乾隆间置书院膏火田：东村六甲吴家庵田60.099亩（嘉庆八年清丈数），每年纳租谷40石；东村六甲广兴寺田84.3188亩，每年纳租谷64石；广兴寺山后车水田18亩，每年纳租谷11石；上村上甲普育堂田73.419亩，每年纳租谷80石；县村五甲北关外田1.6亩，每年纳租谷1.6石。据同卷李化楠《汶江书院田房记》，以上数据租数均系以市斗计，按官斗折算产量入表。
		3.04	
		2.44	
		4.36	
		4.00	
	嘉庆	2.33	同上。原资料记嘉庆间续置书院膏火田：县村二甲三堰塘田86亩，纳租谷50石；东村六甲广兴寺田49.8亩，每年纳租谷33石；下村上甲马头山袁姓田21亩，每年纳租谷20石；县村盐井沟田20亩，每年纳租谷15石。以上数据租数均为市斗，按官斗折算产量入表。
		2.65	
		3.81	
		3.00	

续表

地 区	年 代	亩产（石/亩）	资料出处及说明
罗江	嘉庆	2.80	中国社会科学院经济研究所藏刑档抄件（见李文治编《中国近代农业史资料》第一辑，72页）。原资料记：李石氏有养赡田2亩，向系李登泰耕种，每年租谷2.8石。此件年代为嘉庆七年。
德阳	同治	6.50	吴焘《游蜀日记》同治十三年六月二十四日。原资料记云：入县境"行十余里，道之左右皆水田。……今之苏松镇江等处，上地一亩收谷不过三四石，蜀地有一亩收至六七石者"。
梓潼	嘉庆	3.67	咸丰《梓潼县志》卷1。原资料记：嘉庆二十三年置买百顷坝并西坝济田共109亩，召佃耕种，每年收京斗租谷200石。
蓬溪	雍正	2.16	道光《蓬溪县志》卷8。原资料记：蓬溪县额收籍田稻谷2.83石，膏粱2.45石。按籍田田数为4.9亩。
乐至	雍正	1.43	同治《乐至县志》卷11。原资料记：籍田4.9亩，额收仓斗谷3.5石。
中江	清代	2.36 / 2.43	民国《中江县志》卷13。原资料记旧买济田：泉水湾蒋世坤业计田263.026亩，岁收租谷仓斗310石；丁家嘴刘孟安业计田95.371亩，岁收租谷仓斗116石。
蓬州	嘉庆、道光间	5.19	光绪《蓬州志·惠鲜篇第六》。原资料记：嘉庆、道光两朝共置济田132亩，年收仓斗租谷342.5石（原文误作324.5石。按据原资料载：济田共年收市斗租谷137石，"市斗之一为仓斗之二五"）。
江油	雍正	2.31	道光《江油县志》卷2。原资料记：籍田每年共收谷5.65石。按籍田田数为4.9亩（见同书卷1《田赋》）。
		3.60 / 2.19 / 1.68	同上。原资料记书院谷数目：置买武都坝水田30亩，每年收租谷54石；文庙旧地基开成水田42亩，每年收租谷46石；置买二郎庙田地31亩，每年收租谷26石。
	道光	2.15 / 3.95 / 2.00 / 0.93 / 1.20 / 1.33 / 1.40	光绪《江油县志》卷12。原资料记书院旧置田产：阳亭坝水田16亩，每年收租谷17.2石；接官厅、姜公桥、大河湾、大树子共水田91亩，每年收租谷177石、租钱1400文；二郎庙山田20亩，每年收地租钱2串，收租谷16石；高岭山田30亩，每年收租谷14石；草坝场山田30亩，每年收租谷18石；龙泉场山田30亩，每年收租谷20石；廖乾坝向阳坡山田10亩，每年收租谷7石。钱租按每千文合谷2石折算。

续表

地 区	年 代	亩产（石/亩）	资料出处及说明
彰明	道光	6.99	同治《彰明县志》卷14。原资料记：道光二十七年养济院置买西关外水田21亩，收市斗租谷36.72石。按市斗1石合仓斗2石折算产量入表。
彰明	同治	1.60	同上书，卷15。原资料记义学：牟家塆一馆，修谷16石，系千总曹定国捐入书院学田40亩收租致送；川主庙一馆，修谷14石，系监生赵天秀捐入书院学田10亩收租致送。以上均应为市斗，折算仓斗产量入表。
彰明	同治	5.60	
奉节	嘉庆	4.84	光绪《夔州府志》卷5。原资料记：奉节县留养局有县民捐置天池坝绝产一分，每年完钱粮银0.39两，收市斗租米10石。田数按每亩载丁条粮银0.02357两推算（下田，依据见光绪县志卷10），以仓斗产量入表。
巫山	清前期	1.20	光绪《巫山县志》卷16。原资料记：学田学租，本县无。自裁并大昌县，见载学田下田10亩，每亩应纳京斗租谷0.6石（所有田租皆清丈后所置）。
开县	雍正	1.82	咸丰《开县志》卷8。原资料记：雍正十二年知县沈震世捐建盛山书院，置田地二处，一处载粮0.16石，一处载粮0.13石，每年收租谷28石。田数按每亩载粮0.0094石折算。
酉阳州	乾隆	2.00	同治增修《酉阳直隶州总志》卷5。原资料记：乾隆三十七年署州邵陆置书院田一分计种4市斗，每年收租谷4市石。
酉阳州	嘉庆	2.05	同上。原资料记：嘉庆十四年署州姚钟英、州判丁必荣增置书院学田，载粮0.05两，每年租谷4市石。田数按每亩载粮0.0064两折算（依据见同书卷6）。
酉阳州	同治	2.56	同上书，卷6。原资料引同治二年仓粮科存案记：本州义田332.25亩，每年收租谷425.6石。
黔江	乾隆	2.14	乾隆《酉阳州志》卷3。原资料记黔江县学田：孙家坝田二处，共载种京斗2.8石，收租30；庙前岩下皂角湾田上下两段，共载种京斗1石，每年租5石。田数按载种0.1石合1亩折算。
黔江	乾隆	1.00	
彭水	乾隆	1.20	同上书，卷4。原资料记彭水县学田：下田9.7亩，每亩收京斗租谷0.6石。
梁山	康熙	1.60	光绪《梁山县志》卷5。原资料记：梁邑学田共2.4亩，内中田1.1亩，每亩应纳京斗租谷0.8石；下田1.3亩，每亩应纳京斗租谷0.6石，现征京斗租谷1.66石，自康熙四年起每年折租银0.81两。
梁山	康熙	1.20	

续表

地 区	年 代	亩产（石/亩）	资料出处及说明
梁山	乾隆	2.20	同上。原资料记桂香书院有夏家观田二处共田租153石，又据《拨夏家观田入书院碑记》，乾隆时拨入书院之夏家观田数为139.246亩。
	道光	3.29	同上书，卷3。原资料记：道光二十年褛流所置买田一分，载粮0.1586石，每年收租谷40石。田数按中田每亩载粮0.00653石推算（依据见同书卷4）。
	咸丰	2.40	同上书，卷5。原资料记：咸丰十年邑令王必遒置买宾兴田，计高姓上田一分，载粮0.8083石，每岁额收租谷130石。田数按每亩载粮0.00746石推算（依据见同书卷4）。

附表3-18 清代南方水稻亩产量：云南

地 区	年 代	亩产（石/亩）	资料出处及说明
全省平均		**2.56**	
昆明	康熙	1.80	光绪《昆明县志》卷4。原资料记：康熙二十四年建育材书院（初名昆明书院），买置田300亩，岁收租米135石。折算稻谷产量入表。
	雍正	0.95	光绪《云南通志》卷82。原资料记：雍正十三年县义学十三馆共计田亩721.995亩（据原资料合计），除完纳条粮外，年收京斗米171.08石。又记：雍正八年以城西三十里高岘村士民李清臣垦熟田15亩入该村义学，年收市斗租谷4石（该县每市斗合京斗3斗）。
		1.60	
富民	康熙	2.88	同上。原资料记：康熙四十八年知县谢天麟置义学田80亩，年收京斗租米57.6石。
	雍正	5.65	同上。原资料记：中乡城登三教殿义学有田二分共8.5亩（分别为康熙五年、雍正十一年置），除完纳条粮外，年收京斗米12石。
	乾隆	1.60	同上。原资料记九峰书院：乾隆三十八年知县李登瀛捐设，置田100余亩，年收租谷80余石。又记：城南黄土坡义学雍正十三年、乾隆元年共置田18.5亩，除完纳条粮外，年共收京斗租米30石。
		6.49	
	光绪	2.00	叶新藻《宦滇略存》卷上。原资料记："一亩之种，收谷仅二石余。"
宜良	乾隆	3.93	民国《宜良县志》卷1。原资料记：乾隆四十七年查明，北屯上栗者村共计平田9.65亩，共该市斗租谷9.47石；北屯下栗者村共计平田、山田23.25亩，共该市斗租谷20.4石。按1市斗合2京斗折算产量。
		3.51	

续表

地 区	年 代	亩产（石/亩）	资料出处及说明
罗次	康熙	1.60	光绪《云南通志》卷82。原资料记义学田：二中所山后田50亩、小营村田3亩，年共收京斗租谷42.5石。
	雍正	1.25	同上。雍正十三年知县任温拨绝户田25.59亩入义学，年收京斗租谷16石。
晋宁州	康熙	2.51	同上书，卷83。原资料记城东门内文昌宫义学学田：康熙四十一年知州秦采断入龙场田9亩，五十一年知州徐克祺批入清水沟田8亩，共年收京斗租米10.65石。
	雍正	3.54	同上。原资料记城西河泊所望海阁义学学田：雍正十三年张上喆送入田10亩，年收京斗租米8.86石。又记城西北八里大营土主庙义学学田：雍正十三年置田4处共8亩，年收京斗租米10.9石。
		5.45	
	乾隆	4.24	同上。原资料记城西北团山义学学田：乾隆三年置田10.1亩，年收京斗租米10.7石。
呈贡	雍正	2.40	同上书，卷83。原资料记义学田：雍正十二年知县曾应兆查出田84.2亩，召佃耕种，年收京斗租米50.52石。
	乾隆	2.10	同上。原资料记义学田：乾隆五十年知县李榕丈得田136亩，年收租米71.44石。
安宁州	康熙	1.07	同上。原资料记义学田：康熙三十二年知州王琬捐田93.34亩，年收京斗米25.05石。又记：康熙三十年知州张学圣倡同士民沈明等捐田5亩，年收京斗租谷11.25石。
		4.50	
	雍正	1.93	同上。原资料记义学田：雍正十一年李林妻杨氏送田22亩，年收京斗谷21.24石。又记：雍正三年士民保学梦等捐义学田9.3亩，年收京斗谷15.6石。又记：雍正九年杨琛等公捐义学田9亩，年收京斗谷11.4石。又记：雍正二年绅士叶洞等捐买田4.95亩，年收京斗租谷13.2石。
		3.35	
		2.53	
		5.33	
	乾隆	1.88	同上。原资料记义学田：乾隆四年凤仪村村民李凤林等报出凤翔寺内田8亩，年收京斗谷7.5石。
昆阳州	康熙	10.80	同上。原资料记义学田：康熙二十四年知州唐之柏倡同绅士捐田2亩，内甸地一块，年收京斗米5.4石、荞10.8石。又记：康熙二十七年知州唐之柏同士民捐军民田2亩，年收京斗米9石。以上荞租不计入产量。又按此两例田亩数疑均应为20亩，姑仍依原数据推算产量。
		18.00	
	雍正	1.90	同上。原资料记义学田：雍正八年兴旺村村民公报垦田37.8亩，年收京斗租米18石。又记：雍正十二年老高村村民共同捐买田2亩，又李鸣凤捐田4亩，共年收京斗米15石。又记：雍正十二年阳村村民公捐田22亩，年收京斗谷40石。又记：雍正十二年知州刘际平查出公田5.9亩，
		10.00	
		3.64	

附录三　清代的粮食亩产记录 | 307

续表

地　区	年　代	亩产 （石/亩）	资料出处及说明
昆阳州	雍正	5.42	又拨官地15亩，均入义学，年收京斗米8石。最后一例不计官地数。
	乾隆	6.30	同上。原资料记义学田：乾隆二年谭元英等捐典田2亩，年收京斗谷6.3石。
易门	乾隆	2.20	同上。原资料记义学田：乾隆初知县路光岱、梅予搏等共捐买田29.05亩，年收京斗谷37石。
嵩明州	康熙	2.05 3.67 1.87 2.61 5.00 0.89 4.50 5.30 4.16 4.52	同上。原资料记义学田：康熙二十八年阖学生买捐置沐氏田10.4亩、地15亩，年收京斗租谷26石。又记：康熙五十三年马旗屯上下两村士民共捐银买田24亩，年收京斗谷44石。又记：康熙五十九年小街子阖里士民共捐银买田8.911亩，年收京斗谷8.32石。又记：康熙六十一年王四坝阖里士民捐田9.2亩，年收京斗谷12石。又记：康熙四十八年木丛龙民人共捐田14.4亩，年收京斗租谷36石。又记：康熙六十一年西边营士民共捐屯田9亩，年收京斗谷4石。又记：康熙五十五年甸头村士民杨藻等捐田3.2亩，年收京斗谷7.2石。又记：康熙四十二年苏海村共捐田3.6亩，又地3.5亩，年收京斗谷18.8石。又记：康熙五十五年得食村民周文彩送田4亩，又阖里士民共捐屯田1亩，年收京斗谷10.4石。又记：康熙四十七年村民公捐田6.2亩，年收京斗谷14石。
	雍正	1.94 0.52 3.76 4.00	同上。原资料记义学田：雍正十年狗街子里民张经等捐田7亩，年收京斗租谷6.8石。又记：雍正八年知州苏暻查出田20亩入义学，年收京斗米2.6石。又记：雍正十二年猴街子阖里共捐民田3.4亩、屯田1亩，又公买民田2.1亩，又原有公捐地2亩，年收京斗谷16石。又记：雍正九年前所士民共买田10亩，年收京斗谷20石。
太和	康熙 至乾隆	2.81	同上。原资料记府、县义学田：原资料记康熙三十一年、乾隆元年府、县义学三馆共捐置95亩（内含在宾川州者66亩），年收京斗谷豆麦129.52石、京斗米1.92石。
	雍正	3.35 4.52 5.62	同上。原资料记县义学田：雍正十三年署府蒋大成捐田27.18亩，收京斗谷45.47石。又记：雍正十三年知县唐世梁捐田13.34亩，年收京斗谷30.16石。又记：雍正六年、十二年知县罗昕、唐世梁先后捐田6亩，又沙村民李月进送田2.5亩，共年收京斗谷23.9石。

续表

地　区	年　代	亩产（石/亩）	资料出处及说明
赵州	康熙	1.00	道光《赵州志》（民国3年重刊本）卷2。原资料记学宫修理田：康熙四十五年知州程鼎捐俸置中田215.95279亩、下田18.44248亩，共年收市斗租谷77.84石。按1市斗合1.5京斗折算产量（依据见同卷）。
	雍正	2.65	同上。原资料记：雍正十二年续置学宫修理田4.53亩，年收市租谷4石。又记义学田：知州汪邦彦断买私垦田74亩，岁收京斗谷37石；知州程迟仁捐买屯田24亩、民田5亩，岁收京斗谷36石；程迟仁又捐买上中下三则田地共59.879亩，岁收京斗谷79.5石；程迟仁又捐买田44.24583亩，岁收京斗谷36石；民人王瑜、王熙送田10.389亩、地9.291亩，共岁收京斗谷25.855石。
		1.00	
		2.48	
		2.66	
		1.63	
		2.63	
		2.54	光绪《云南通志》卷83。原资料记：雍正十年至十三年间义学五馆并龙翔书院共置田196.799亩，年收京斗谷250石。
邓川州	康熙	4.01	同上。原资料记府义学田：康熙二十年知府王兴禹捐买邓川州田70亩，年收京斗谷140.3石。
	雍正	2.44	同上。原资料记宏文书院：雍正六年知州李毓元详留官庄中则田30.4亩、下则田19.6亩，年收京斗谷61石。又记联云书院：雍正六年知州李毓元拨官庄中则田43.3亩，年收京斗谷39石。又记毓英书院：雍正七年署知州罗弥素查出官庄上则田18亩、上则地2.1亩，年收京斗谷19石。又记龙登书院：雍正十三年知州施震捐田9亩、地22亩，年收京斗谷44石。又记罗俊书院：雍正十三年知州施震查出欺隐田24亩入义学，年收京斗谷19石。
		1.80	
		1.89	
		2.84	
		1.58	
	乾隆	1.00	同上。原资料记玉泉书院：乾隆元年知州施震于官庄荒田内拨生童招佃开垦成熟下则田38.49亩，年收京斗谷19.2石。
浪穹	乾隆	0.95	同上。原资料记义学田：乾隆间郡人阿雯捐田274亩，年收租谷130石。
	同治	1.52	光绪《浪穹县志略》卷5。原资料记：同治十二年知县谢联庆详定拨回逆叛绝产田304.19亩入观澜书院，年收仓斗谷231.1石。
宾川州	雍正	2.94	光绪《云南通志》卷83。原资料记大理府义学田：雍正十年迤西道雷之瑜报出宾川州普连湖官庄田132.6亩，除完纳条粮及修沟、修仓、管庄盘费谷8石外，年收京斗租谷190.6石。修沟修仓及管庄盘费谷8石计入产量。

续表

地区	年代	亩产（石/亩）	资料出处及说明
建水	雍正	4.93	同上书，卷84。原资料记：雍正七年清出废龙泉寺田33.8亩、地14.9亩，年收市斗租谷60石。又记：雍正十年布政使陈宏谋檄知州夏治源清出146.42亩，年收京斗谷105石。以上第一例按市斗1石合京斗2石折算产量。
		1.43	
	乾隆	2.10	同上。原资料记崇文、焕文二书院乾隆时有田190.56亩，年收京斗谷200石。
石屏州	雍正	3.24	同上。原资料记义学田：雍正十三年署知州杨于泽清出田20亩，又十二、十三两年买田12亩，年收京斗谷51.84石（原总数为96.3石，内减去拨入归公官庄每年余京斗谷44.46石）。
阿迷州	雍正	1.87	同上。原资料记义学田：雍正元年知州元展成率绅士捐买田161亩，年收京斗谷150.61石。
宁州	雍正	0.37	同上。原资料记义学田：雍正十二年拨原勋庄田758.247亩为义学公产，又捐买田19.466亩，又拨入田地16.8亩，共年收京斗谷148.97石。
通海	乾隆	1.55	同上。原资料记义学田（至乾隆初合计数）共316.6亩，年收京斗谷245石。
河西	雍正、乾隆间	2.11	同上。原资料记义学田：乾隆二年知县戴允成置田68.166亩，年收京斗米36石。
峨峨	康雍正、乾隆间	7.74	同上。原资料记义学田：乾隆二年知县王铎捐田二分共5.17亩，年收京斗谷20石。又记：雍正十三年孙姓绅士捐田10亩，乾隆二年续捐田1亩，共年收京斗谷20石。又记：知县王铎置义学田8亩，又耆民李龙本送义学田4.2亩，共年收京斗谷20石。
		3.64	
		3.28	
楚雄	雍正	1.41	同上。原资料记义学田：雍正十三年知县方廷英将废寺田41.1亩归入义学，年收京斗谷29石。又记：雍正十三年知县方廷英共买田26.71亩，年收租谷20.7石。又记：雍正十三年南乡白喇村村民李应鳌报出东山古寺田72.69亩，年收京斗谷26.3石。
		1.55	
		0.72	
镇南州	康熙	0.88	同上。原资料记义学田：康熙五十五年知州张伦至捐田二分共73.5亩，年收京斗谷32.18石。
	康熙、雍正间	1.13	同上。原资料记义学田：康熙五十五年知州张伦至捐田9.3亩，又儒学报出归公学田19.9亩，又雍正十三年署州孙必容捐置民田22.5亩，又捐买田54亩，又知州钱研断入义学27.51亩，又断入9.46亩，以上共年收京斗谷80.514石。

续表

地区	年代	亩产（石/亩）	资料出处及说明
安南州	雍正	0.26	同上。原资料记义学田：夷民李学义捐田二分共382.704亩，又公产七分田地303.421亩，以上共年收京斗谷89.425石。
广通	雍正、乾隆间	1.67	同上。原资料记：义学十三馆共置田275.3435亩，年收京斗谷229.75石（原总数245.43石，从中减除官庄余租10.68石，又官庄减征公件每年结存京斗谷5石）。
定远	雍正	1.40	同上。原资料记义学田：雍正十三年知县马德至查出田168.3亩、地91.76亩，年收京斗租米91.157石。
河阳	雍正	1.95	同上。原资料记义学田：雍正十二年知府来谦鸣查出官庄屯田54.61亩，又查出隐垦归公田5.6亩，又来谦鸣捐买田四分共16.18亩，以上田亩共年收京斗租米37.3石（原总数47.3石，从中减除河阳官庄田租京斗米9.9石）。
江川	康熙、雍正间	1.62	同上。原资料记义学田：康熙五十四年署县王藩招佃开垦田72.75亩，又五十五年知县张钟拨入田26.2亩，又雍正十三年布政使陈宏谋捐买田3.4亩，以上田亩共年收京斗谷83石。
新兴州	雍正、乾隆间	2.92	同上。原资料记义学田：雍正七年知州王元烈查出官田三分共43.1亩，年收京斗谷62.96石。又记：雍正三年以州民争讼田35.2亩拨入义学，又乾隆元年知州来谦鸣、知州芮时行捐买田25亩，又知州芮时行置沙地6.26亩，又沙滩隙地6.46亩，又乾隆二年署州严三网查出官田6亩，又同年知州王日忠详拨入10.3亩，又9.1亩，又田10.2亩，以上田亩共年收京斗谷103.08石（原总数115.08石，从中减除仙岩寺香火田内拨入之京斗谷12石）。又记：仙岩寺香火田13.35亩，年收市斗谷5石。以上市斗租谷按1市斗合3京斗折算产量。
新兴州	雍正、乾隆间	1.90	^
新兴州	雍正、乾隆间	2.25	^
新兴州	嘉庆、道光间	2.29	同上。原资料记玉溪书院：嘉庆二十一年置田70余亩，道光二年监生李金安送田191亩，皆多荒芜，每年收市斗谷99.52石。按1市斗合3京斗折算产量。
顺宁	康熙、雍正间	2.06	同上书，卷85。原资料记育贤书院：康熙二十四年知府郎廷极拨入官田38.7亩，年收京斗谷39.81石。又记养正书院：康熙二十七年通判张稷谟捐田3段共12亩，又税地1块，又雍正通判王思谦断入隐垦田2.5亩，共年收京斗谷44.66石（原总数39.33石，此外另有每年拨达丙义学京斗谷5.33石）、银3两（本例银租不计入产量）。又记义学田：雍正十二年知府朱粲英查出府学额田二分共86.96亩，又署通判沈宏新查出绝田5处共138.37亩，以上共年收京斗谷123.97石（原总数129.3石，从中减除每年外拨达丙义学京斗谷5.33石）。
顺宁	康熙、雍正间	6.16	^
顺宁	康熙、雍正间	1.10	^

续表

地区	年代	亩产（石/亩）	资料出处及说明
南宁	康熙	1.86	同上。原资料记府义学田：康熙五十七年知府刘均捐田54.7亩、秧田5丘，年收京斗谷51石。又记：康熙二十九年总督王继文捐田二分共47.3亩，又士民送田5亩、地4.9亩，年收京斗谷39石。
		1.36	
	康熙、雍正间	0.94	同上。原资料记义学田：康熙、雍正间共置田204.7亩、地296.6亩，年收京斗谷95.7石、京斗麦4.52石、京斗荞28石。地亩数及麦、荞租均不加计算。
	光绪	0.76	同上。原资料记义学田：光绪四年知县吴申佑查出现在成熟田170.46亩、成熟地345亩，年收京斗谷195.57石。
沾益州	雍正	2.32	同上。原资料记义学田：雍正十二年署州金文宗详拨土司田97.82亩，年收京斗米56.7石。又记：雍正十三年夕址营目鲁正清捐田20亩，年收京斗米9.06石。
		1.81	
马龙州	雍正	2.85	同上。原资料记义学田：雍正间共置田48.285亩（未计麦地5.333亩），年收京斗谷68.75石（原总数91.25石，从中减除另拨京斗谷共22.5石）。又记：雍正十一年知州周铨报出官庄田666.34亩，年收京斗谷108.55石。
		0.33	
寻甸州	顺治	1.20	民国《寻甸州志》卷7。原资料记学田：顺治八年知府吴思温置下则田一形25亩，征租谷15石。
	康熙	1.38	同上。原资料记学田：康熙三十三年知州黄肇新将报出下则官田74亩拨入义学，每年收市斗租谷17石，合京斗谷51石；又拨入上则田38亩，每年收京斗谷30石；四十一年何其贵送入下则学田50亩，每年收京斗谷30石；四十六年王公书等送入下则学田50亩，每年收京斗谷30石；四十八年吏目胡朝捐垦成下则田130亩，年收京斗谷90石；五十二年拨入喻公祠祭田30亩，年收京斗谷12石；又拨入李公祠祭田16亩，年收京斗谷7.8石。
		1.58	
		1.20	
		1.20	
		1.38	
		0.80	
		0.98	
	雍正	1.50	同上。原资料记学田：雍正十二年查出康熙六年送入下则田280亩，年收京斗谷210石。
	乾隆	1.50	同上。原资料记学田：乾隆二年知州陈齐庚报出田140.66亩，年收京斗谷105.33石。
平彝	雍正	4.00	光绪《云南通志》卷85。原资料记义学田：雍正十一年知县高为阜查出田共20亩，年实收京斗米20石。折算稻谷产量入表。
	道光	1.00	刑科题本（转自黄冕堂《清史治要》123页）。据原表，本例年代为道光八年，田数0.1亩，租额米0.05石。

续表

地区	年代	亩产（石/亩）	资料出处及说明
宣威州	雍正	0.50	光绪《云南通志》卷85。原资料记义学田：雍正六年拨给土官归公田600亩，十三年定年收斗米75.21石。
	嘉庆	3.05	道光《宣威州志》卷4。原资料记文昌阁祭田：来宾铺人李荆捐田共10.5亩，嘉庆二十一年定岁征额租8市石。按1市石合2京石折算产量。
	道光	0.48	同上。原资料记文昌阁祭田：郡贡生王思安捐田5亩，每年租米0.3市石。按1市石合2京石、米1石合谷2石折算产量。
丽江	雍正	1.01	光绪《云南通志》卷85。原资料记义学田：雍正十一年知府靳治岐捐买田16亩，又田20亩，又田20亩，共年收京斗谷、麦28.3石。
鹤庆州	康熙	3.80	同上。原资料记义学田：康熙五十六年知府孟以恂捐买田8亩，年收京斗谷、豆15.2石。
	雍正	4.00	同上。原资料记义学田：雍正七年知府姚应鹤请动充公银买田8亩，年收京斗谷16石。又记：姚应鹤捐买田13.2亩，年收京斗谷12.8石。又记：姚应鹤捐买田25亩，买田5亩，年共收京斗谷14.4石。又记：姚应鹤捐买田5亩，年收京斗谷13.2石。
		1.94	
		0.96	
		5.28	
剑川州	雍正	2.05	同上。原资料记义学田：雍正十二、十三年共置义学田55.7亩，年收京斗租谷57石。
维西厅	雍正	3.00	同上。原资料记义学田：雍正间共捐买水田8亩，年收京斗租谷12石。
	乾隆	6.13	同上。原资料记义学田：乾隆二年通判汤涵动支充公银并捐银买田6亩，年收京斗租谷18.4石。又记：通判汤涵捐买田10.75亩，又头人报出绝户田3亩，二共收京斗谷21石、京斗杂粮4石。
		3.64	
腾越厅	雍正	1.07	同上书，卷86。原资料记义学田：雍正十二年绅士捐田162.5亩，又垦田71亩，又署州侯如树断入垦田2亩，又捐买田57.842亩，年共收京斗谷157.58石。
永平	雍正	2.15	同上。原资料记义学田：雍正十三年知县胡正笏、署知县王祚显查出官庄田20.5亩，年收京斗谷22石。
文山	道光	2.17	道光《开化府志》卷6。原资料记：东安里多衣坤田二分计6亩，招佃立租，净交干谷6.5石。
东川府	道光	7.00	刑科题本（转自黄冕堂《清史治要》123页）。据原表，本例年代为道光七年，田数1亩，租额3.5石。

续表

地 区	年 代	亩产（石/亩）	资料出处及说明
会泽	雍正	0.54	光绪《云南通志》卷86。原资料记西林书院：雍正六年知府黄士傑捐买上则田232亩、中则田137.73亩、下则田7.64亩，年收京斗米51.15石。又记义学田：知府黄士傑拨归公官田61亩，年收京斗米9石。又记：雍正间禄世雄妻安氏捐90.38亩，年收京斗米25.18石。又记：知府黄士傑拨归公官田92.16亩，年收京斗米25石。又记：雍正十二年林汝兆报出绝户田5亩，又绝户田25亩，又乡约张尔茂报出绝户田6.28亩，以上共年收京斗米10.5石。
		0.59	
		1.11	
		1.09	
		1.16	
	乾隆	0.86	同上。原资料记义学田：乾隆二年开垦成熟田46.6亩，年收京斗米10.03石。又记：乾隆三年知县池玉置田30亩，年收京斗米5.973石。
		0.80	
巧家厅	乾隆	7.10	同上。原资料记义学田：乾隆四十年职员刘汉鼎捐田26.61亩，年收京斗米47.251石。
	光绪	3.20	同上。原资料记月潭书院：光绪元年监生张国祥捐田25亩，年收市斗谷20石；五年同知胡秀山详拨叛产田12亩，年收市斗租谷8石。按1市斗合2京斗折算产量。
		2.67	
镇雄州	雍正	0.50	同上。原资料记义学田：雍正十二年详官田200亩，年收京斗米24.82石。又记：雍正九年州判许夑捐买田53亩，年收京斗米16石。
		1.21	
大关厅	雍正	0.90	同上。原资料记义学田：雍正十三年布政使陈宏谋、同知张坦捐买田四共83.4亩，年收京斗谷37.51石。又记：同知张坦置永安乡义学田3处共66亩，年收京斗谷19石。
		0.58	
	乾隆	1.05	同上。原资料记义学田：乾隆元年巡检王景周捐垦绝户田35.15亩，年收京斗谷18.46石。
鲁甸厅	雍正	0.40	同上。原资料记义学田：雍正十一、十二年通判姜之松捐垦田135亩，又查出垦田二分共92亩，共年收京斗谷45.4石。
景东厅	雍正	1.85	同上。原资料记义学田：雍正十三年陶绍周首田20.2亩，年收京斗谷18.73石。又记：雍正十三年同知徐树闳捐田5.5亩，又招佃垦田17.2亩，共年收京斗谷20.22。又记：士民公置田25亩，年收京斗谷20石。又记：同知徐树闳捐田16.5亩，年收京斗谷20.2石。又记：同知徐树闳捐田二段共19.955亩，年收京斗谷16.96石。又记：徐树闳捐田七段共13.61亩，又捐田6亩，共年收京斗谷17.76石。又记：徐树闳捐田二段共20.125亩，年收京斗谷18.1石。又记：徐树闳断入田20亩，年收京斗谷18.64石。又记：徐树闳查出田二段共20亩，年收京斗谷18.64石。又记：徐树闳捐田三段共22.53亩，年收京斗谷
		1.78	
		1.60	
		2.45	
		1.70	
		1.81	
		1.80	
		1.86	
		1.86	

地 区	年 代	亩产（石/亩）	资料出处及说明
景东厅	雍正	1.68 1.86 1.68	谷18.9石。又记：徐树闷断入田3.2亩，又查出田16.8亩，年收京斗谷18.6石。又记：雍正十三年土目陶维先等捐垦田30亩，年收京斗谷25.2石。
蒙化厅	康熙	1.28	同上书，卷87。原资料记义学田：康熙五十四年生员黄金色等捐垦田87.6亩，年收京斗谷56石。
永北厅	乾隆	1.86	同上。原资料记义学田：乾隆二年土知州高龙耀捐田30.27亩，年收京斗谷28.1石。
镇沅厅	乾隆	0.66 2.14	同上。乾隆元年署知府章元佐查出新垦下则田415.7亩，年收京斗谷137.53石；又章元佐捐买贺村田24.2亩，年收京斗谷25.84石。
恩乐	雍正	3.66	同上。原资料记义学田：雍正十二年知县汤涵置田共98.28亩，年收京斗谷180石。
弥勒	康熙	1.03 4.85	同上。原资料记甸溪书院：康熙时贡生王佐才捐田二分共78.912亩，年收京斗谷40.7石。又记义学田：康熙三十五年城南十八寨阖乡士民报垦田30.51亩，年收京斗谷74石。
弥勒	乾隆	1.88 2.91	同上。原资料记义学田：康熙知州朱点倡同绅士公捐田180.54亩，又乾隆元年将净乐庵常住田41.639亩拨入义学，共年收京斗谷208.68石。又记：雍正时绅士姜廷祖等捐田二分共22.04亩，又乾隆元年归入7.4亩，共年收京斗谷42.9石。
	道光	0.21	刑科题本（转自黄冕堂《清史治要》123页）。据原表，本例年代为道光九年，田数6亩，租额0.64石。
禄劝	康熙	2.82	光绪《云南通志》卷87。原资料记义学田：康熙三十七年知州孟以恂捐墨庄田50.4亩，年收京斗谷71.1石。
新平	乾隆	6.09 0.59	同上。原资料记桂香书院：乾隆三年知县殷良栋详请土弁李毓芳请抵田二分共32.82亩，年收京斗谷100石。又记义学田：知县殷良栋先后拨叛产田648.11亩，年收京斗谷190.68石。

附表3-19 清代南方水稻亩产量：贵州

地 区	年 代	亩产（石/亩）	资料出处及说明
全省平均		2.64	
贵阳府亲辖	道光	1.20	道光《贵阳府志》卷43。原资料记：贵阳府亲辖实在成熟学田55.33亩，征仓斗租米16.599石。

续表

地区	年代	亩产（石/亩）	资料出处及说明
贵筑	道光	1.37	同上。原资料记学祭田：实在成熟征米田共192.1亩，征仓斗租米65.9257石；征谷田25亩，征仓斗租谷14.2857石。
		1.14	
定番州	清前期	1.20	同上。原资料引赋役全书记：原额粮米全熟学田9.33亩，每亩科米0.3石，共该原额全征本色学租仓斗米2.8石。
	嘉庆	1.80	同上。原资料记书院田：墨底田载种1石，纳租18石；三岔河田载种0.27石，纳租10石；墨禄上坝田载种0.2石，纳租8石；大芦坝田载种0.3石，纳租8石；红室塘田载种0.25石，纳租5.5石；鹅榜田载种0.35石，纳租8石；马桥田载种0.2石，纳租5石；墨禄坝两格田载种0.2石，纳租4.2石；管驿田载种0.15石，纳租4.5石；榜陆田载种0.3石，纳租7.5石；后头坝田载种0.35石，纳租12石；白虎山寨门田载种0.03石，纳租0.8石；麦西坝田载种0.1石，纳租2石；八耳洞天田载种0.1石，纳租2石。田数按每斗种合2亩计算。
		3.70	
		4.00	
		2.67	
		2.20	
		2.29	
		2.50	
		2.10	
		3.00	
		2.50	
		3.43	
		2.67	
		2.00	
		2.00	
开州	乾隆	1.20	同上。原资料引开州志（乾隆间修）记课士田十一分共190.95亩，征米57.181石。又记：乾隆二十七年知州吕正音建东皋书院，置田1.5亩，每年纳租4.5石。
		6.00	
贵定	清前期	2.22	同上。原资料引赋役全书记：实在成熟学田35.5179亩，征学租仓斗谷39.35石。
	道光	2.22	同上。原资料记魁山书院田产：响水寨田载种0.18石，纳租4石；长冲田载种0.3石，纳租10石；猪下扒干河沟田载种0.16石，纳租15石；谷栗堡抬水河田载种0.04石，纳租2石；甲壤西犁秧田载种0.15石，纳租8石；西门长塘坎上田载种0.08石，纳租6石；甲壤牛丫坝田载种0.05石，纳租2.07石；阳雀花黄泥田载种0.08石，纳租4.2石。田数按每斗种合2亩计算。
		3.33	
		9.38	
		5.00	
		5.33	
		7.50	
		4.14	
		5.25	

续表

地区	年代	亩产（石/亩）	资料出处及说明
贵定	道光	3.21	同上书，卷46。原资料记义仓：道光十四年买谷里堡栗山山脚田二丘载种0.1石、捕獐田三丘载种0.18石，每年共收租谷9石；又买中坡脚田四丘载种0.12石，每年收租谷7.3石。
		6.08	
修文	道光	1.20	同上书，卷43。原资料记：学田170.969亩，征租米51.2908石。
永宁州	道光	3.33	道光《永宁州志》卷6。原资料记义学田：州城义学田二分共约种1.2石，每年租谷合京斗40石；关岭义学约种1.4石，每年租谷合京斗44石。田数按种1斗合2亩计算。
		3.14	
安平	康熙	4.06	道光《安平县志》卷6。原资料记学田：康熙四十七年田、张、易、黄、彭等七姓共捐马场堡土山场40亩，佃纳租谷30石、豆租7石，年载粮米5.225石、丁银0.3507两，外有斗面谷3.6石不在此数。按据原资料，"以上租谷均系市石，每市石合京斗二石"。
	道光	2.25	同上。原资料记书院义学田：道光六年捐买田8亩，租谷9石（京斗）。
独山州	康熙	1.60	乾隆《独山州志》卷4。原资料记：康熙三十八年周牧赵完璧立义学，捐牛角寨庄田20余亩，岁收赁谷大斗7石，合仓斗16石，作养教育火。
镇远	乾隆	1.12	乾隆《镇远府志》卷8。原资料记学田：实存成熟田51亩。该学租谷28.596石。
天柱	乾隆	1.40	同上书，卷13。原资料记：中则学田33亩，系苗田，每亩征租谷0.6985石；下则学田23.7亩，系民田，每亩征租谷0.3227石。
		0.65	
思南府	道光	2.00	道光《思南府续志》卷3。原资料记：原额全熟赈田59.8亩，每亩起科谷1石；实在成熟学田40亩，每亩起科谷0.5石。
		1.00	
安化	雍正	0.62	同上书，卷5。原资料记凤阐书院：雍正九年知府史瑗以无主荒田77.6亩充入书院，岁收谷24石；十二年又捐买民田30亩，岁收谷36石。
		2.40	
	道光	2.44	同上书，卷5。原资料记府义学田：地名熊坪荒熟田10.2亩，每年纳斗租谷6.225石；地名大木树田7.3亩，每年纳市斗谷4.8石；地名穿岩田18.8亩，每年纳市斗租谷8石；地名江村田10.1亩，每年谷熟临田均分，中岁可收市斗谷3石；地名沙都田2.2亩，每年纳市斗谷0.8石。谷数按1市斗合2仓斗计算。
		2.63	
		1.70	
		1.19	
		1.45	

续表

地区	年代	亩产（石/亩）	资料出处及说明
印江	道光	2.00 0.60 12.15 7.99	道光《印江县志》（民国24年石印本）卷1。原资料记（道光十四年数据）：赈田91.314亩，征租谷91.314石；祭田8.923亩，租谷2.6799石；书院学田33.136亩，租谷201.3石；又学田11.635亩，租谷46.5石。
婺川	道光	0.40	道光《思南府续志》卷3。原资料记：学田每亩起科谷0.2石。
思州府	康熙	1.08	康熙《思州府志》卷4。原资料记：赈田19.9亩，征租谷10.7142石。
铜仁府亲辖	嘉庆	3.35	道光《铜仁府志》卷4。原资料记：嘉庆三年勘丈府属小竹山教匪逆产计378.61466亩，招佃耕种，每年征仓斗谷634.0968石。
铜仁府亲辖	道光	2.00 0.80 1.00	同上。原资料记：官庄赈恤田每亩科谷1石；学田每亩科米0.2石；实在成熟学田每亩科仓斗谷0.5石。
黎平府	乾隆	7.00 5.50	爱必达《黔南识略》（台湾成文出版社1968年影印本）卷21。原资料记："农功视全黔差异，上田一亩值二十余金，丰年可收谷七石，稍次五六石。""稍次"田产量以中值入表。
古州厅	乾隆	5.00 4.00 3.00	张广泗《议覆苗疆善后事宜疏》，载乾隆《贵州通志》卷36。原资料记："苗人所种水田，上田每亩可出稻谷五石，中田可出四石，下田可出三石。"
大定府亲辖	道光	0.43 0.50 0.69 0.64	道光《大定府志》卷20。原资料记：大定课士田，乐贡里一甲田19.1亩，地13亩，除每年上纳秋粮4.75石外，余学租2.1石；乐贡里四甲田3亩，除每年上纳秋粮0.45石外，余学租0.3石；仁育里一甲田41.8亩，地2亩，除每年上纳秋粮12.62石外，余学租2.4石；仁育里二甲田50亩，除每年上纳秋粮15石外，余学租1.05石。
平远州	道光	1.19	乾隆《平远州志》卷9。原资料记学田：向化里戈仲马场54亩，岁收租谷32石。
黔西州	清代	1.94 1.62 2.00 2.82	民国《黔西州志》卷3。原资料记学田：一分在城西二里打鱼寨，成熟田31亩，租谷30石；一分在城南四里许化龙寨，成熟田21亩，租谷17石；一分在治中，成熟田30亩，租谷30石；一分在东门外，成熟田4.4亩，租谷6.2石，乾隆二年置。

续表

地区	年代	亩产（石/亩）	资料出处及说明
毕节	清前期	0.60	光绪《毕节县志》卷8。原资料记：原额学田48亩，收谷14.4石。
毕节	光绪	1.91	同上。原资料记：文庙，共计田40亩一丘，岁收谷38.18石；又看祠田15亩，岁收谷20.7石。
		2.76	
兴义府	嘉庆	2.03	爱必达《黔南识略》卷27。原资料记："自嘉庆三年戡定苗变后，逆绝入官田土共一千六亩零，额收科租谷一千二百二十二石有奇。"
普安	乾隆	1.00	咸丰《兴义府志》卷18。原资料引贵州通志记：旧学田10亩，岁征租谷5石。
普安	光绪	4.50	民国《兴仁县志》卷7。原资料记：光绪八年设培风书院。提拨新城善后查办归公之逆绝产入书院，计田80亩，年收租约180余石。
安南	雍正	2.40	咸丰《兴义府志》卷18。原资料引雍正安南志记学庄田：新化里三甲田二区共计18亩，租米10.8石；新化里四甲田一区计14亩，租米10.8石。又记：祭田3亩，租谷5石。
		3.09	
		3.33	
		2.04	民国《安南县志·祠祀志、田赋志》（抄本）。原资料记：籍田4.9亩，征谷5石。
安南	乾隆	1.00	咸丰《兴义府志》卷18。原资料引贵州通志记：学田44亩，租米11石。
贞丰州	乾隆	5.00	爱必达《黔南识略》卷28。原资料记："州属上江之田以种计，上田每斗种约十五斤，下田八九斤。丰年上田可收草谷十石，稍次六七石。一夫力耕，可至四斗。"本例按每斗种田合2亩计算（从郭松义说）。
		3.25	
仁怀	乾隆	1.00	同上书，卷31。原资料记："其稻谷植于当弯处，可斗种而石收。平坝向阳之地，可收二石。"
		2.00	
仁怀	道光	0.63	道光《遵义府志》（光绪十八年补刻本）卷15。原资料记：仁怀县入官田135.86677亩（内上田7亩，中田11亩），招佃收租，岁纳租谷42.89石。
正安州	嘉庆	1.00	光绪《续修正安州志》卷6。原资料记：嘉庆十五年周牧赵宜霨查勘饬令各户捐置米粮渡义田，载种1.4石，出谷28石，每年分谷14石。田数按载种0.2石合1亩计。
普安厅	光绪	1.00	光绪《普安直隶厅志》卷9。原资料记：旧辖赈田每亩起征谷0.5石，新归版田每亩起征谷0.55石，学田每亩起征谷0.6石。
		1.10	
		1.20	

参考文献

一 档案资料

中国第一历史档案馆档案：

朱批奏折；军机处录副奏折；内阁汉文题本；内阁六科史书；户部汇奏各省民数谷数清册

中国社会科学院经济研究所藏清档抄件：

户部档案抄件；刑部档案抄件；清代各省灾荒表；清代农业生产收成表；清代粮价单；屯溪档案

已出版的清代档案及其他历史资料汇编

故宫博物院文献馆编《史料旬刊》，北京：北京图书馆，2008。

中国第一历史档案馆编《康熙朝汉文朱批奏折汇编》，北京：档案出版社，1985。

中国第一历史档案馆编《雍正朝汉文朱批奏折汇编》，南京：江苏古籍出版社，1989。

中国第一历史档案馆编《光绪朝朱批奏折》，北京：中华书局，1996。

台北故宫博物院编《宫中档雍正朝奏折》，台北：1982。

《宫中档乾隆朝奏折》，台北：1982。

台北故宫博物院编《宫中档光绪朝奏折》，台北：1975。

故宫博物院明清档案部编《李煦奏折》，北京：中华书局，1976。

中国第一历史档案馆编《嘉庆道光两朝上谕档》，桂林：广西师范大学出版社，2000。

中国第一历史档案馆编《咸丰同治两朝上谕档》，桂林：广西师范大学出版社，1998。

中国第一历史档案馆编《光绪宣统两朝上谕档》，桂林：广西师范大学出版社，1996。

中国社会科学院经济研究所编《清代道光至宣统间粮价表》，桂林：广西师范大学出版社，2009。

中国人民大学编《康雍乾时期城乡人民反抗斗争资料》，北京：中华书局，1979。

中国第一历史档案馆编《清代地租剥削形态》，北京：中华书局，1982。

中国第一历史档案馆编《清代土地占有关系与佃农抗租斗争》，北京：中华书局，1988。

中国史学会编《中国近代史资料丛刊·太平天国》，上海：上海人民出版社，1957。

《户部井田科奏咨辑要》，清末印本。

刘岳云编《光绪会计表》，光绪辛丑（1901）教育世界社印本。

《湖南省例成案》，清刻本。

朱耘辑《粤东成案初编》，1828。

福建师范大学历史系编《明清福建经济契约文书选辑》，北京：人民出版社，1997。

四川省档案局、四川大学历史系合编《清代乾嘉道巴县档案选编》，成都：四川大学出版社，1989。

北洋政府农商部总务厅统计科编《农商统计表》，1914~1924。

国民政府主计处统计局编《中华民国统计提要》，上海：商务印书馆，1936。

浙江省地方农事试验场编《浙江省地方农事试验场成绩报告》，1924。

民国政府中央农业实验所与金陵大学农业经济系合编《农情报告》，1933。

〔美〕卜凯（John L. Buck）编《中国土地利用》，台北：学生书局，1985（南京金陵大学1937年初版）。

李文海、夏明方、朱浒主编《中国荒政书集成》，天津：天津古籍出版社，2010。

严中平等编《中国近代经济史统计资料选辑》，北京：科学出版社，1955。

李文治编《中国近代农业史资料》第一辑（1840~1911）北京：三联书店，1957。

章有义编《中国近代农业史资料》第二辑（1912~1927），北京：三联书店，1957。

彭泽益编《中国近代手工业史资料》，北京：中华书局，1962。

姚贤镐编《中国近代对外贸易史资料》，北京：中华书局，1962。

许道夫编《中国近代农业生产及贸易统计资料》，上海：上海人民出版社，1983。

冯和法编《中国农村经济资料》，黎明书局，1933。

卜凯（John L. Buck）编著《中国土地利用统计资料》，上海：商务印书馆，1937。

国家统计局农村社会经济调查司编《中国农业统计资料汇编1949~2004》，北京：中国统计出版社，2006。

国家统计局国民经济综合统计司编《新中国五十年统计资料汇编》，北京：中国统计出版社，1999。

梁方仲编著《中国历代户口、田地、田赋统计》，上海：上海人民出版社，1980。

日本外务省编《清国事情》，1907。

〔日本〕东亚同文会编《中国省别全志》，北京：国家图书馆出版社，2015。

二 古籍官私文献

《大清历朝实录》

朱寿朋：《光绪朝东华录》

康熙《大清会典》

雍正《大清会典》

乾隆《大清会典》、《大清会典则例》

嘉庆《大清会典》、《大清会典事例》

光绪《大清会典》、《大清会典事例》

《清朝文献通考》，1936年上海商务《十通本》

刘锦藻：《清朝续文献通考》，1936年上海商务《十通本》

《钦定户部则例》（嘉庆二十二年、道光十一年、咸丰元年、同治十三年）

《钦定平定准噶尔方略》

《钦定授时通考》

乾隆《御题棉花图》

雍正《上谕内阁》

雍正《朱批谕旨》

乾隆《续修大清一统志》

嘉庆《重修一统志》

《明熹宗实录》

万历《明会典》

《明史》

《清史稿》，中华书局标点本，1977

《汉书·地理志》

杜佑：《通典》

汪喜荀：《从政录》

李士桢：《抚粤政略》

田文镜：《抚豫宣化录》

叶新藻：《宦滇略存》

贻谷：《垦务奏议》

王茂荫：《王侍郎奏议》

王家相：《王艺斋奏疏稿》

尹会一：《尹少宰奏议》

于成龙：《于清端公政书》

贺长龄辑《皇朝经世文编》

盛康辑《皇朝经世文续编》

琴川居士辑《皇清奏议》

王延熙、王树敏辑《皇朝道咸同光奏议》

龚景瀚：《澹静斋文钞》

陈确:《陈确集》

何嗣焜:《存悔斋文稿》

堵允锡:《堵文忠公集》

方苞:《方望溪全集》

魏象枢:《寒松堂全集》

胡林翼:《胡文忠公遗集》

韩梦周:《理堂外集》

李鸿章:《李文忠公全书》

陈道:《凝斋先生遗集》

徐继畬:《松龛先生全集》

王韬:《弢园文录外编》

屈大均:《翁山文外》

徐光启:《徐光启集》

王先谦:《虚受堂文集》

徐经:《雅歌堂集》

张履祥:《杨园先生全集》

杨炳堃:《杨中议公自订年谱》

张之洞:《张之洞全集》

包世臣:《安吴四种》

凌介禧:《程安德三县田赋考》

俞正燮:《癸巳存稿》

唐甄:《潜书》

顾炎武:《日知录》

严如熤:《三省边防备览》

严如熤:《三省山内风土杂识》

魏源:《圣武记》

王庆云:《石渠余纪》

陆世仪:《思辨录辑要》

冯桂芬:《校邠庐抗议》

陶煦:《租核》

甘熙：《白下琐言》

汪辉祖：《病榻梦痕录》

徐缙、杨廷撰：《崇川咫闻录》

檀萃：《滇海虞衡志》

梁清远：《雕丘杂录》

屈大均：《广东新语》

王士性：《广志绎》

张春华：《沪城岁事衢歌》

张鉴等：《雷塘庵主弟子记》

姚廷遴：《历年记》

钱泳：《履园丛话》

徐珂：《清稗类钞》

吴震方：《说铃》

陈盛韶：《问俗录》

郑光祖：《醒世一斑录》

何宇度：《益部谈资》

叶梦珠：《阅世编》

张德坚：《贼情汇纂》

徐庆辑《信征录》（见《说铃》第15册）

赵学敏：《本草纲目拾遗》

何刚德：《抚郡农产考略》

祈隽藻：《马首农言》

郭柏苍：《闽产录异》

褚华：《木棉谱》

徐光启：《农政全书》

赵梦龄：《区种五种》

姜皋：《浦泖农咨》

文柱：《蚕桑合编·附图说》

陆耀：《烟谱》

吴树声：《沂水桑麻话》
黄厚裕：《栽苎麻法略》
饶敦秩：《植棉纂要》
吴其濬：《植物名实图考》

张燮：《东西洋考》
陈云程：《闽中摭闻》
陈懋仁：《泉南杂志》
黄叔璥：《台海使槎录》
金友理：《太湖备考》
朱仕玠：《小琉球漫志》
张仁美：《西湖纪游》
吴焘：《游蜀日记》
孙桐生：《国朝全蜀诗钞》

申报，光绪元年至十年（1875~1884）

三 地方志

直隶

康熙《畿辅通志》　　　　　　康熙《灵寿县志》
光绪《畿辅通志》　　　　　　嘉庆《滦州志》
乾隆《宝坻县志》　　　　　　道光《内丘县志》
同治《昌黎县志》　　　　　　乾隆《宁河县志》
光绪《重修天津府志》　　　　乾隆《钦定热河志》
光绪《大城县志》　　　　　　民国《青县志》
乾隆《河间府新志》　　　　　民国《任县志》
乾隆《河间县志》　　　　　　光绪《束鹿县乡土志》
乾隆《获鹿县志》　　　　　　乾隆《束鹿县志》
光绪《获鹿县志》　　　　　　光绪《顺天府志》
民国《静海县志》　　　　　　光绪《唐县志》
民国《景县志》　　　　　　　乾隆《天津府志》

民国《井陉县志料》　　　　光绪《完县乡土志》
光绪《开州志》　　　　　　民国《完县新志》
乾隆《口北三厅志》　　　　光绪《望都县乡土图说》
乾隆《乐亭县志》　　　　　民国《望都县志》
乾隆《无极县志》　　　　　乾隆《正定府志》
乾隆《武清县志》　　　　　咸丰《直隶定州续志》
光绪《续修故城县志》　　　乾隆《直隶易州志》
光绪《续修赞皇县志》　　　乾隆《直隶遵化州志》
嘉庆《枣强县志》　　　　　民国《涿县志》

山东

康熙《山东通志》　　　　　乾隆《临清直隶州志》
雍正《山东通志》　　　　　乾隆《平原县志》
光绪《曹县志》　　　　　　乾隆《蒲台县志》
乾隆《曹州府志》　　　　　民国《齐东县志》
嘉庆《长山县志》　　　　　咸丰《青州府志》
道光《重修胶州志》　　　　光绪《日照县志》
顺治《登州府志》　　　　　康熙《单县志》
乾隆《续登州府志》　　　　嘉庆《寿光县志》
光绪《增修登州府志》　　　乾隆《泰安府志》
道光《东阿县志》　　　　　康熙《堂邑县志》
乾隆《东昌府志》　　　　　乾隆《潍县志》
乾隆《高苑县志》　　　　　道光《文登县志》
道光《冠县志》　　　　　　康熙《新修齐东县志》
乾隆《黄县志》　　　　　　民国《续修钜野县志》
乾隆《胶州志》　　　　　　康熙《续修汶上县志》
道光《济南府志》　　　　　民国《沾化县志》
乾隆《济宁直隶州志》　　　康熙《邹平县志》
乾隆《乐陵县志》

河南

顺治《河南通志》　　　　　道光《泌阳县志》
道光《宝丰县志》　　　　　嘉庆《长垣县志》

民国《重修临颍县志》

光绪《重修卢氏县志》

光绪《范县乡土志》

乾隆《巩县志》

乾隆《光山县志》

乾隆《光州志》

乾隆《固始县志》

道光《河内县志》

康熙《兰阳县志》

嘉庆《洛阳县志》

民国《孟县志》

嘉庆《密县志》

嘉庆《渑池县志》

潘守廉：《南阳府南阳县户口土地物产畜牧表图说》

光绪《内黄县志》

光绪《淇县舆地图说》

嘉庆《商城县志》

民国《商水县志》

乾隆《嵩县志》

嘉庆《郁川县志》

道光《尉氏县志》

乾隆《武安县志》

民国《项城县志》

乾隆《新安县志》

乾隆《新修怀庆府志》

乾隆《信阳州志》

乾隆《新郑县志》

民国《续荥阳县志》

民国《郾城县记》

道光《鄢陵县志》

民国《偃师县风土志略》

乾隆《宜阳县志》

民国《禹县志》

道光《禹州志》

乾隆《原武县志》

乾隆《彰德府志》

顺治《柞城县志》

山西

康熙《山西通志》

雍正《山西通志》

康熙《保德州志》

光绪《长治县志》

乾隆《大同府志》

道光《大同县志》

乾隆《广灵县志》

乾隆《解州平陆县志》

乾隆《解州芮城县志》

乾隆《蒲县志》

乾隆《蒲州府志》

光绪《浑源州续志》

康熙《介休县志》

雍正《辽州志》

光绪《辽州志》

乾隆《陵川县志》

顺治《潞安府志》

乾隆《宁武府志》

光绪《平陆县续志》

雍正《平阳府志》

康熙《文水县志》

乾隆《闻喜县志》

光绪《沁源县续志》　　　　　康熙《武乡县志》
民国《沁源县志》　　　　　　民国《襄垣县志》
民国《芮城县志》　　　　　　道光《阳曲县志》
光绪《寿阳县志》　　　　　　乾隆《榆社县志》
乾隆《太古县志》　　　　　　光绪《左云县志》
光绪《天镇县志》

陕西

万历《陕西通志》　　　　　　嘉庆《汉南续修郡志》
康熙《陕西通志》　　　　　　嘉庆《汉阴厅志》
雍正《陕西通志》　　　　　　雍正《鄠县重续志》
王志沂：《陕西志辑要》　　　民国《黄陵县（中部县）志》
道光《安定县志》　　　　　　雍正《蓝田县志》
民国《安塞县志》　　　　　　乾隆《临潼县志》
乾隆《白水县志》　　　　　　乾隆《醴泉县志》
民国《澄城县附志》　　　　　嘉庆《洛川县志》
民国《重修鄠县志》　　　　　光绪《沔县新志》
宣统《重修泾阳县志》　　　　光绪《宁羌州志》
道光《重修延川县志》　　　　道光《宁陕厅志》
乾隆《大荔县志》　　　　　　乾隆《蒲城县志》
乾隆《凤翔府志》　　　　　　卢坤：《秦疆治略》
乾隆《府谷县志》　　　　　　康熙《三水县志》
乾隆五年刻本《富平县志》　　乾隆《三水县志》
康熙《邠州志》　　　　　　　光绪《三原县新志》
光绪《高陵县志》　　　　　　民国《商南县志》
光绪《高陵县志》　　　　　　乾隆《同州府志》
乾隆《韩城县志》　　　　　　乾隆《西安府志》
乾隆《兴安府志》　　　　　　乾隆《宜川县志》
光绪《新续渭南县志》　　　　康熙《永寿县志》
康熙《西乡县志》　　　　　　道光《榆林府志》
道光《西乡县志》　　　　　　道光《增修怀远县志》
民国《西乡县志》　　　　　　乾隆《朝邑县志》

乾隆《续商州志》　　　　　　　民国《镇坪县乡土志》
乾隆《续耀州志》　　　　　　　乾隆《直隶商州志》
民国二年补抄乾隆《延长县志》　民国《盩厔县志》
康熙《洋县志》　　　　　　　　道光《紫阳县志》
光绪《洋县志》

甘肃

乾隆《甘肃通志》　　　　　　　道光《靖远县志》
光绪《甘肃新通志》　　　　　　道光《兰州府志》
光绪《重修皋兰县志》　　　　　康熙《岷州志》
乾隆《重修肃州新志》　　　　　乾隆《宁夏府志》
民国《创修临泽县志》　　　　　光绪《洮州厅志》
乾隆《甘州府志》　　　　　　　乾隆《武威县志》
乾隆《皋兰县志》　　　　　　　民国《西宁府续志》
民国《古浪县志》　　　　　　　道光《续修山丹县志》
嘉庆《徽县志》　　　　　　　　乾隆《庄浪志略》
康熙《金县志》

江苏

康熙《江南通志》　　　　　　　乾隆《崇明县志》
乾隆《江南通志》　　　　　　　道光《重修宝应县志》
光绪《安东县志》　　　　　　　光绪《重修华亭县志》
光绪《常昭合志稿》　　　　　　嘉庆《重修扬州府志》
乾隆《长洲县志》　　　　　　　光绪《川沙厅志》
嘉庆《丹徒县志》　　　　　　　光绪《青浦县志》
嘉庆《东台县志》　　　　　　　咸丰《壬癸志稿》
乾隆《奉贤县志》　　　　　　　乾隆《如皋县志》
乾隆《甘泉县志》　　　　　　　同治《上江两县志》
光绪《高淳县志》　　　　　　　嘉庆《上海县志》
嘉庆《高邮州志》　　　　　　　乾隆《山阳县志》
嘉庆《海州直隶州志》　　　　　嘉庆《松江府志》
乾隆《淮安府志》　　　　　　　光绪《松江府续志》
光绪《淮安府志》　　　　　　　道光《苏州府志》

乾隆《华亭县志》　　　　　　道光《泰州志》
光绪《嘉定县志》　　　　　　道光《铜山县志》
嘉庆《江都县续志》　　　　　乾隆《吴县志》
乾隆《江都县志》　　　　　　乾隆《吴江县志》
康熙《江阴县志》　　　　　　光绪《武进阳湖县志》
道光《江阴县志》　　　　　　嘉庆《无锡金匮县志》
乾隆《金山县志》　　　　　　黄印：《锡金识小录》
光绪《金山县志》　　　　　　嘉庆《新修江宁府志》
道光《昆山新阳两县志》　　　乾隆《盱眙县志》
光绪《溧水县志》　　　　　　道光《续增高邮州志》
光绪《六合县志》　　　　　　光绪《盐城县志》
乾隆《娄县志》　　　　　　　乾隆《元和县志》
光绪《南汇县志》　　　　　　乾隆《镇洋县志》
光绪《清河县志》　　　　　　乾隆《震泽县志》
乾隆《青浦县志》　　　　　　乾隆《直隶通州志》

安徽

道光《安徽通志》　　　　　　嘉庆《备修天长县志稿》
民国《安徽通志稿》　　　　　道光《巢县志》
康熙《安庆府志》　　　　　　乾隆《池州府志》
光绪《滁州志》　　　　　　　光绪《庐江县志》
康熙《当涂县志》　　　　　　嘉庆《宁国府志》
道光《繁昌县志》　　　　　　乾隆《潜山县志》
嘉庆《凤台县志》　　　　　　乾隆《歙县志》
光绪《凤阳府志》　　　　　　道光《宿州志》
道光《阜阳县志》　　　　　　乾隆《太和县志》
光绪《贵池县志》　　　　　　道光《太湖县志》
民国《涡阳县志略》　　　　　乾隆《太平府志》
嘉庆《合肥县志》　　　　　　乾隆《铜陵县志》
康熙《和州志》　　　　　　　嘉庆《五河县志》
民国《怀宁县志》　　　　　　民国《芜湖县志》
嘉庆《怀远县志》　　　　　　乾隆《无为州志》

道光《徽州府志》
乾隆《霍邱县志》
乾隆《霍山县志》
光绪《霍山县志》
雍正《建平县志》
乾隆《绩溪县志》
道光《来安志》
乾隆《灵璧县志》
嘉庆《六安直隶州志》
乾隆《六安州志》

嘉庆《无为州志》
道光《休宁县志》
乾隆《续石埭县志》
光绪《宣城县志》
光绪《续修庐州府志》
光绪《续修舒城县志》
道光《续修铜陵县志》
道光《黟县志》
道光《颍上县志》
光绪《直隶和州志》

浙江

康熙《浙江通志》
雍正《浙江通志》
光绪《常山县志》
嘉庆《长兴县志》
嘉庆《重修嘉善县志》
康熙《德清县志》
光绪《定海厅志》
道光《东阳县志》
光绪《奉化县志》
光绪《富阳县志》
光绪《归安县志》
乾隆《海宁州志》
乾隆《杭州府志》
光绪《黄岩县志》
同治《湖州府志》
光绪《建德县志》
嘉庆《嘉兴府志》
光绪《嘉兴县志》
光绪《金华县志》
光绪《开化县志》

光绪《淳安县志》
雍正《处州府志》
光绪《处州府志》
雍正《慈溪县志》
光绪《慈溪县志》
嘉庆《山阴县志》
乾隆《绍兴府志》
同治《嵊县志》
嘉庆《石门县志》
光绪《松阳县志》
乾隆《遂安县志》
康熙《天台县志》
康熙《桐乡县志》
光绪《桐乡县志》
乾隆《乌程县志》
道光《象山县志》
嘉庆《西安县志》
民国《萧山县志稿》
道光《新城县志》
康熙《秀水县志》

康熙《会稽县志》　　　　　道光《宣平县志》
道光《会稽县志》　　　　　光绪《严州府志》
嘉庆《兰溪县志》　　　　　乾隆《鄞县志》
同治《丽水县志》　　　　　光绪《永嘉县志》
康熙《宁海县志》　　　　　嘉庆《余杭县志》
光绪《宁海县志》　　　　　同治《云和县志》
乾隆《平湖县志》　　　　　嘉庆《於潜县志》
康熙《仁和县志》　　　　　乾隆《余姚县志》
嘉庆《上虞县志》

福建

康熙《福建通志》　　　　　同治《长乐县志》
道光《重纂福建通志》　　　乾隆《长泰县志》
乾隆《安溪县志》　　　　　光绪《长汀县志》
民国《崇安县新志》　　　　康熙《重修台湾府志》
光绪《重纂邵武府志》　　　乾隆《续修台湾府志》
同治《淡水厅志》　　　　　乾隆《汀州府志》
光绪《福安县志》　　　　　乾隆《同安县志》
乾隆《福宁府志》　　　　　民国《同安县志》
乾隆《福清县志》　　　　　道光《厦门志》
乾隆《福州府志》　　　　　乾隆《仙游县志》
道光《噶玛兰厅志略》　　　民国《霞浦县志》
乾隆《古田县志》　　　　　乾隆《兴化府莆田县志》
乾隆《海澄县志》　　　　　光绪《续修浦城县志》
嘉庆《惠安县志》　　　　　嘉庆《续修台湾县志》
民国《建瓯县志》　　　　　乾隆《延平府志》
康熙《建宁府志》　　　　　道光《永安县续志》
民国《建宁县志》　　　　　民国《永春县志》
民国《建阳县志》　　　　　乾隆《永春州志》
乾隆《晋江县志》　　　　　民国《永定县志》
乾隆《龙溪县志》　　　　　乾隆《永福县志》
道光《龙岩州志》　　　　　民国《尤溪县志》

民国《南平县志》　　　　　　道光《漳平县志》
乾隆《宁德县志》　　　　　　康熙《漳浦县志》
康熙《宁化县志》　　　　　　光绪《漳州府志》
民国《沙县志》　　　　　　　康熙《诸罗县志》
嘉庆《顺昌县志》

江西

康熙《江西通志》　　　　　　同治《德化县志》
（于成龙等修54卷本）　　　同治《德兴县志》
康熙《江西通志》（白潢修206卷本）　道光《定南厅志》
同治《德安县志》　　　　　　同治《都昌县志》
道光《丰城县志》　　　　　　乾隆《南昌府志》
道光《浮梁县志》　　　　　　同治《南昌府志》
乾隆《赣州府志》　　　　　　同治《南昌县志》
同治《赣州府志》　　　　　　同治《南康府志》
同治《高安县志》　　　　　　道光《宁都直隶州志》
同治《广丰县志》　　　　　　道光《鄱阳县志》
乾隆《广信府志》　　　　　　同治《清江县志》
同治《广信府志》　　　　　　同治《饶州府志》
道光《贵溪县志》　　　　　　同治《瑞昌县志》
同治《贵溪县志》　　　　　　道光《瑞金县志》
同治《会昌县志》　　　　　　同治《万年县志》
光绪《吉安府志》　　　　　　道光《武宁县志》
同治《建昌县志》　　　　　　乾隆《新昌县志》
雍正《江西通志》　　　　　　同治《兴安县志》
康熙《进贤县志》　　　　　　同治《新建县志》
同治《九江府志》　　　　　　同治《义宁州志》
同治《乐安县志》　　　　　　同治《弋阳县志》
道光《乐平县志》　　　　　　同治《袁州府志》
道光《临川县志》　　　　　　同治《余干县志》
同治《临江府志》　　　　　　道光《玉山县志》
乾隆《南安府大庾县志》　　　刘洪辟：《昭萍志略》

广东

康熙《广东通志》	道光《重修电白县志》
道光《广东通志》	雍正《从化县志》
乾隆《博罗县志》	光绪《德庆州志》
光绪《潮阳县志》	民国《东莞县志》
乾隆《潮州府志》	民国《恩平县志》
嘉庆《澄海县志》	宣统《番禺县续志》
同治《番禺县志》	乾隆《南海县志》
道光《封川县志》	乾隆《南雄府志》
乾隆《丰顺县志》	嘉庆《平远县志》
道光《高州府志》	光绪《清远县志》
道光《广宁县志》	道光《琼州府志》
光绪《广州府志》	光绪《曲江县志》
乾隆《归善县志》	光绪《饶平县志》
乾隆《海丰县志》	同治《仁化县志》
乾隆《鹤山县志》	同治《韶州府志》
道光《鹤山县志》	嘉庆《石城县志》
乾隆《河源县志》	乾隆《顺德县志》
光绪《化州志》	光绪《四会县志》
雍正《惠来县志》	嘉庆《翁源县新志》
光绪《惠州府志》	光绪《吴川县志》
光绪《嘉应州志》	咸丰《兴宁县志》
乾隆《揭阳县志》	道光《新会县志》
光绪《九江儒林乡志》	道光《西宁县志》
同治《乐昌县志》	道光《阳江县志》
同治《连州志》	道光《阳山县志》
康熙《连山县志》	民国《英德县续志》
嘉庆《龙川县志》	嘉庆《增城县志》
道光《龙门县志》	道光《肇庆府志》
乾隆《陆丰县志》	光绪《镇平县志》
光绪《茂名县志》	道光《直隶南雄州志》

顺治《南海九江乡志》

广西

嘉庆《广西通志》
光绪《广西通志辑要》
光绪《北流县志》
民国《宾阳县志》
同治《苍梧县志》
乾隆《岑溪县志》
民国《崇善县志》
光绪《富川县志》
光绪《恭城县志》
民国《桂平县志》
光绪《归顺直隶州志》
民国《贺县志》
民国《河池县志》
光绪《横州志》
民国《怀集县志》
民国《灵川县志》
嘉庆《临桂县志》
乾隆《柳州府马平县志》
乾隆《柳州府志》
民国《龙安县志》
道光《龙胜厅志》
民国《龙州县志》
民国《陆川县志》
道光《南宁府志》
光绪《宁明州志》

光绪《百色厅志》
道光《白山司志》
光绪《平乐县志》
道光《平南县志》
光绪《平南县志》
道光《庆远府志》
道光《钦州志》
嘉庆《全州志》
民国《融县志》
嘉庆《上林志稿》
同治《藤县志》
道光《天河县志》
乾隆《梧州府志》
乾隆《象州志》
光绪《新宁州志》
道光《修仁县志》
嘉庆《续修兴业县志》
乾隆《浔州府志》
道光《浔州府志》
民国《邕宁县志》
光绪《郁林州志》
民国《昭平县志》
乾隆《镇安府志》
光绪《镇安府志》

湖北

康熙《湖广通志》
雍正《湖北通志》
嘉庆《湖北通志》

同治《当阳县志》
光绪《当阳县补续志》
同治《大冶县志》

道光《安陆县志》　　　　　　光绪《大冶县志后编》
光绪《大冶县志续编》　　　　民国《麻城县志续编》
光绪《德安府志》　　　　　　光绪《沔阳州志》
同治《房县志》　　　　　　　民国《南漳县志》
同治《公安县志》　　　　　　康熙《潜江县志》
乾隆《广济县志》　　　　　　光绪《蕲水县志》
同治《谷城县志》　　　　　　乾隆《蕲州志》
同治《汉川县志》　　　　　　光绪《蕲州志》
乾隆《汉阳府志》　　　　　　道光《施南府志》
嘉庆《汉阳县志》　　　　　　同治《石首县志》
道光《鹤峰州志》　　　　　　同治《通山县志》
光绪《黄安县志》　　　　　　光绪《武昌县志》
道光《黄冈县志》　　　　　　乾隆《襄阳府志》
光绪《黄梅县志》　　　　　　康熙《咸宁县志》
同治《黄陂县志》　　　　　　光绪《孝感县志》
光绪《黄州府志》　　　　　　同治《续辑汉阳县志》
康熙《湖广武昌府志》　　　　光绪《续辑均州志》
同治《监利县志》　　　　　　同治《宜昌府志》
乾隆《江陵县志》　　　　　　同治《宜城县志》
道光《建始县志》　　　　　　同治《宜都县志》
同治《江夏县志》　　　　　　光绪《应城县志》
同治《荆门直隶州志》　　　　民国《英山县志》
光绪《京山县志》　　　　　　同治《应山县志》
光绪《荆州府志》　　　　　　同治《远安县志》
同治《来凤县志》　　　　　　道光《云梦县志略》
光绪《罗田县志》　　　　　　光绪《云梦县志略》
光绪《麻城县志》　　　　　　同治《钟祥县志》

湖南

嘉庆《湖南通志》　　　　　　同治《安福县志》
同治《安仁县志》　　　　　　道光《耒阳县志》
乾隆《安乡县志》　　　　　　同治《醴陵县志》

嘉庆《巴陵县志》
光绪《巴陵县志》
道光《宝庆府志》
嘉庆《茶陵州志》
同治《茶陵州志》
嘉庆《常德府志》
同治《常宁县志》
乾隆《长沙府志》
嘉庆《长沙县志》
同治《城步县志》
乾隆《辰州府志》
道光《辰州府义田总记》
光绪《道州志》
光绪《东安县志》
道光《凤凰厅志》
民国《沣县县志》
同治《桂东县志》
同治《桂阳直隶州志》
道光《衡山县志》
康熙《衡州府志》
同治《衡阳县志》
道光《晃州厅志》
光绪《华容县志》
光绪《会同县志》
民国《嘉禾县图志》
光绪《靖州直隶州志》
民国《蓝山县图志》
同治《蓝山县志》
嘉庆《宜章县志》
乾隆《永顺府志》
同治《永绥直隶厅志》

民国《醴陵乡土志》
同治《酃县志》
光绪《零陵县志》
同治《临湘县志》
嘉庆《浏阳县志》
同治《浏阳县志》
嘉庆《宁乡县志》
嘉庆《宁远县志》
同治《平江县志》
乾隆《黔阳县志》
乾隆《清泉县志》
同治《祁阳县志》
乾隆《桑植县志》
嘉庆《善化县志》
光绪《善化县志》
光绪《邵阳县志》
光绪《桃源县志》
同治《武冈州志》
嘉庆《湘潭县志》
道光《湘乡县志》
光绪《湘阴县图志》
道光《兴宁县志》
同治《新化县志》
光绪《新宁县志》
嘉庆《新田县志》
同治《续修慈利县志》
同治《续修宁乡县志》
同治《益阳县志》
嘉庆《沅江县志》
同治《沅陵县志》
乾隆《沅州府志》

光绪《永兴县志》　　　　　　　乾隆《岳州府志》
道光《永州府志》　　　　　　　同治《芷江县志》

四川

雍正《四川通志》　　　　　　　嘉庆《华阳县志》
嘉庆《四川通志》　　　　　　　嘉庆《夹江县志》
道光《安岳县志》　　　　　　　道光《江安县志》
乾隆《巴县志》　　　　　　　　道光《江北厅志》
道光《保宁州志》　　　　　　　道光《江油县志》
康熙《成都府志》　　　　　　　光绪《江油县志》
嘉庆《成都县志》　　　　　　　嘉庆《金堂县志》
同治《重修成都县志》　　　　　咸丰《开县志》
道光《重庆府志》　　　　　　　道光《夔州府志》
光绪《重修长寿县志》　　　　　咸丰《阆中县志》
嘉庆《达县志》　　　　　　　　光绪《雷波厅志》
民国《大邑县志》　　　　　　　嘉庆《乐山县志》
民国《大竹县志》　　　　　　　道光《乐至县志》
嘉庆《大足县志》　　　　　　　光绪《梁山县志》
嘉庆《峨眉县志》　　　　　　　同治《隆昌县志》
乾隆《富顺县志》　　　　　　　嘉庆《罗江县志》
同治《高县志》　　　　　　　　道光《绵竹县志》
乾隆《珙县志》　　　　　　　　民国《绵竹县志》
乾隆《灌县志》　　　　　　　　道光《南部县志》
嘉庆《汉州志》　　　　　　　　嘉庆《南充县志》
同治《合江县志》　　　　　　　光绪《南川县志》
光绪《洪雅县志》　　　　　　　同治《南溪县志》
民国《内江县志》　　　　　　　乾隆《威远县志》
道光《内江县志要》　　　　　　嘉庆《温江县志》
嘉庆《彭县志》　　　　　　　　光绪《巫山县志》
光绪《重修彭县志》　　　　　　民国《新都县志》
嘉庆《彭山县志》　　　　　　　同治《新繁县志》
道光《蓬溪县志》　　　　　　　道光《新津县志》

光绪《蓬州志》
嘉庆《郫县志》
同治《郫县志》
光绪《蒲江县志》
嘉庆《犍为县志》
道光《綦江县志》
光绪《庆符县志》
嘉庆《清溪县志》
嘉庆《邛州直隶州志》
同治《仁寿县志》
道光《荣县志》
光绪《荣昌县志》
光绪《射洪县志》
道光《石泉县志》
嘉庆《双流县志》
张澍：《蜀典》
乾隆《潼川府志》
光绪《铜梁县志》

云南

康熙《云南通志》
乾隆《云南通志》
光绪《云南通志》
道光《澂江府志》
宣统《楚雄县志》
乾隆《大理府志》
光绪《东川府续志》
乾隆《东川府志》
康熙《富民县志》
光绪《鹤庆州志》
雍正《建水州志》
道光《晋宁州志》

同治《续汉州志》
同治《续金堂县志》
民国《宣汉县志》
光绪《叙州府志》
乾隆《盐亭县志》
乾隆《雅州府志》
嘉庆《宜宾县志》
光绪《永川县志》
同治增修《酉阳直隶州总志》
乾隆《酉阳州志》
咸丰《云阳县志》
同治《彰明县志》
嘉庆《直隶泸州志》
嘉庆《直隶叙永厅志》
同治《直隶绵州志》
民国《中江县志》
咸丰《梓潼县志》
咸丰《资阳县志》

嘉庆《阿迷州志》
雍正《安宁州志》
光绪《呈贡县志》
光绪《普洱府志稿》
民国《石屏县志》
乾隆《石屏州志》
光绪《腾越厅志稿》
道光《威远厅志》
康熙《武定府志》
康熙《嶍峨县志》
民国《新平县志》
乾隆《新兴州志》

道光《开化府志》　　　　道光《宣威州志》
道光《昆明县志》　　　　道光《寻甸州志》
道光《昆阳州志》　　　　民国《续修建水县志稿》
光绪《浪穹县志略》　　　光绪《续修嵩明州志》
民国《陆良县志稿》　　　民国《宜良县志》
民国《路南县志》　　　　光绪《永昌府志》
光绪《罗次县志》　　　　康熙《云南府志》
康熙《罗平州志》　　　　光绪《云南县志》
民国《禄劝县志》　　　　道光《赵州志》
乾隆《蒙自县志》　　　　民国《昭通志稿》
乾隆《弥勒州志》　　　　光绪《镇南州志略》
咸丰《南宁县志》　　　　光绪《镇雄州志》
道光《普洱府志》

贵州

乾隆《贵州通志》　　　　咸丰《安顺府志》
爱必达：《黔南识略》　　民国《八寨县志稿》
傅玉书：《桑梓述闻》　　光绪《毕节县志》
民国《安南县志》　　　　道光《大定府志》
道光《安平县志》　　　　乾隆《独山州志》
道光《广顺州志》　　　　光绪《天柱县志》
道光《贵阳府志》　　　　道光《铜仁府志》
民国《开阳县志稿》　　　民国《桐梓县志》
光绪《湄潭县志》　　　　民国《瓮安县志》
乾隆《南笼府志》　　　　民国《兴仁县志》
乾隆《平远州志》　　　　咸丰《兴义府志》
光绪《普安直隶厅志》　　光绪《续修正安州志》
乾隆《普安州志》　　　　道光《印江县志》
《黔西州志》　　　　　　道光《永宁州志》
道光《清平县志》　　　　光绪《增修仁怀县志》
道光《思南府续志》　　　嘉庆《正安州志》
康熙《思州府志》　　　　乾隆《镇远府志》

乾隆《绥阳县志》	道光《遵义府志》

新疆

《回疆志》（抄本）	《新疆乡土志稿二十九种》
《钦定皇舆西域图志》	椿园：《新疆舆图风土考》
《钦定新疆识略》	椿园：《西域记》
祁韵士：《西陲要略》	椿园：《西域闻见录》
《新疆图志》	

东北地区

民国《奉天通志》	民国《辽阳县志》
宣统《抚顺县志略》	杨宾：《柳边纪略》
《黑龙江志稿》	乾隆《盛京通志》
宣统《怀仁县志》	民国《双山县乡土志》
光绪《吉林通志》	民国《铁岭县志》
萨英额：《吉林外记》	宣统《新民府志》
民国《开原县志》	民国《新民县志》

四　当代著作

中文专著

卜凯（John L. Buck）：《中国农家经济》，张履鸾译，商务印书馆，1936。

曹树基：《中国人口史》第四卷《明时期》，上海：复旦大学出版社，2000。

曹树基：《中国人口史》第五卷《清时期》，上海：复旦大学出版社，2001。

陈春声：《市场机制与社会变迁——18世纪广东米价分析》），广州：中山大学出版社，1992。

陈恒力：《补农书校释》，北京：中国农业出版社，1983。

陈世松、贾大泉：《四川通史》第六卷《清》，成都：四川人民出版社，2010。

方行、经君健、魏金玉主编《中国经济通史》（清代经济卷），北京：经济日报出版社，2000。

葛剑雄：《中国人口发展史》，福州：福建人民出版社，1991。

葛全胜、戴君虎、何凡能等：《过去三百年中国土地利用变化与陆地碳收支》，北京：科学出版社，2008。

龚胜生：《清代两湖农业地理》，武汉：华中师范大学出版社，1996。

国家信息中心和原国家土地管理局"耕地问题研究组":《中国耕地递减问题的数量经济分析》,北京:经济科学出版社,1992。

何炳棣:《明初以降人口及其相关问题:1368~1953》,葛剑雄译,北京:三联书店,2000。

何炳棣:《中国古今土地数字的考释和评价》,北京:中国社会科学出版社,1988。

黄冕堂:《清史治要》,济南:齐鲁书社,1990。

黄宗智:《华北的小农经济与社会变迁》,北京:中华书局,1986。

黄宗智:《长江三角洲小农家庭与乡村发展》,北京:中华书局,1992。

姜涛:《中国近代人口史》,杭州:浙江人民出版社,1993。

〔日〕岸本美绪:《清代中国的物价与经济波动》,刘迪瑞译,北京:社会科学文献出版社,2010。

西蒙·库兹涅茨:《各国的经济增长:总产值和生产结构》,常勋等译,北京:商务印书馆,1985。

李伯重:《多视角看江南经济史(1250~1850)》,北京:三联出版社,2003。

李伯重:《江南农业的发展》,上海:上海古籍出版社,2007。

李伯重:《中国的早期近代经济:1820年代华亭—娄县地区GDP研究》,北京:中华书局,2010。

李绍强、徐建青:《中国手工业经济通史》(明清卷),福州:福建人民出版社,2004。

李文治、江太新:《清代漕运》,北京:中华书局,1995。

刘佛丁、王玉茹:《近代中国的经济发展》,济南:山东人民出版社,1996。

刘逖:《前近代中国总量经济研究(1600~1840):兼论安格斯·麦迪森对明清GDP的估算》,上海:上海人民出版社,2010。

刘巍、陈昭:《大萧条中的美国、中国、英国和日本:对不同供求态势国家的研究》,北京:经济科学出版社,2010。

刘巍:《近代中国50年GDP的估算与经济增长研究(1887~1936年)》,北京:经济科学出版社,2012。

罗仑、景甦:《清代山东经营地主底社会性质》,济南:山东人民出版社,1959。

马士（H. B. Morse）：《中华帝国对外关系史》第一卷，张汇文等译，北京：商务印书馆，1963。

彭凯翔：《清代以来的粮价——历史学的解释与再解释》，上海：上海人民出版社，2006。

彭信威：《中国货币史》，上海：上海人民出版社，2007。

〔美〕德·希·珀金斯：《中国农业的发展（1368～1968年）》，宋海文等译，上海：上海译文出版社，1984。

〔美〕彭慕兰（Kenneth Pomeranz）：《大分流：欧洲、中国及现代世界经济发展》，史建云译，南京：江苏人民出版社，2010。

史志宏：《清代前期的小农经济》，北京：中国社会科学出版社，1994。

巫宝三：《中国国民所得（一九三三年）》，北京：商务印书馆，2011（初版：上海中华书局，1947）。

吴慧：《中国经济史若干问题的计量研究》，福州：福建人民出版社，2009。

吴慧：《中国历代粮食亩产研究》，北京：中国农业出版社，1985。

吴廷燮：《清财政考略》，1914。

厦门大学历史研究所中国社会经济史研究室：《福建经济发展简史》，厦门：厦门大学出版社，1989。

新疆社会科学院历史研究所：《新疆简史》（第一册），乌鲁木齐：新疆人民出版社，1980。

许涤新、吴承明主编《中国资本主义发展史》第一卷《中国资本主义的萌芽》，北京：人民出版社，1985。

许涤新、吴承明主编《中国资本主义发展史》第二卷《旧民主主义革命时期的中国资本主义》，北京：人民出版社，1990。

许涤新、吴承明主编《中国资本主义发展史》第三卷《新民主主义革命时期的中国资本主义》，北京：人民出版社，1993。

徐新吾主编《江南土布史》，上海：上海社会科学院出版社，1992。

徐新吾主编《中国近代缫丝工业史》，上海：上海人民出版社，1990。

徐新吾主编《近代江南丝织工业史》，上海：上海人民出版社，1991。

张心一：《中国农业概况估计》，南京：金陵大学农业经济系，1933。

张仲礼：《中国绅士的收入—〈中国绅士〉续篇》，费成康、王寅通译，上海：上海社会科学院出版社，2001。

赵冈、陈钟毅：《中国土地制度史》，北京：新星出版社，2006。

赵冈等：《清代粮食亩产量研究》，北京：中国农业出版社，1995。

周宏伟：《清代两广农业地理》，长沙：湖南教育出版社，1998。

周棠：《中国财政论纲》，上海政治经济学社，1912。

中文论文

卜风贤：《传统农业时代乡村粮食安全水平估测》，载《中国农史》，2007，26（04）：19 – 30。

曹雪、金晓斌、周寅康：《清代耕地数据恢复重建方法与实证研究》，载《地理学报》，2013，68（2）：245 – 256。

陈春声：《论清代中叶广东米粮的季节差价》，载《中山大学学报（哲学社会科学版）》，1989（1）：67 – 80。

陈国生、罗文：《清代贵州土地开发的新变化》，载《贵州师范大学学报（社会科学版）》，1993（2）：18 – 20。

陈树平：《玉米和番薯在中国传播情况研究》，载《中国社会科学》，1980（03）：187 – 204。

杜恂诚、李晋：《中国经济史"GDP"研究之误区》，载《学术月刊》，2011（10）：74 – 81。

方慧：《清代前期西南边疆地区农业生产的发展》，载《中国边疆史地研究》，1997（02）：28 – 34。

方行：《对清代前期经济发展的一些看法》，载《中国经济史研究》，2008（02）。

高王凌：《关于清代中国的耕地面积》，载《平准学刊》第5辑，1989。

高王凌：《明清时期的耕地面积》，载《清史研究》，1992（03）：61 – 66。

葛全胜、戴君虎、何凡能等：《过去300年中国部分省区耕地、资源数量变化及驱动因素分析》，载《自然科学进展》，2003，13（8）：825 – 832。

耿占军：《清代陕西经济作物的地理分布》，载《中国历史地理论丛》，1992（04）：57 – 71。

龚胜生：《清代两湖地区茶、烟的种植与分布》，载《古今农业》，1993（3）：17 – 23。

龚义龙：《试析清代巴蜀地区的人口压力及其缓解途径》，载《中国经济史研究》，2012（01）：89-100。

管汉晖、李稻葵：《明代GDP及结构试探》，载《经济学季刊》，2010（03）：787-828。

管汉晖：《20世纪30年代大萧条中的中国宏观经济》，载《经济研究》，2007（02）：16-26。

郭松义：《明清时期的粮食生产与农民生活水平》，载陈祖武主编《中国社会科学院历史研究所学刊》（第一集），北京：社会科学文献出版社，2001，第373~396页。

郭松义：《清前期南方稻作区的粮食生产》，载《中国经济史研究》，1994（01）：1-30。

郭松义：《清代北方旱作区的粮食生产》，载《中国经济史研究》，1995（01）：22-44。

郭松义：《清代的量器和量法》，载《清史研究通讯》，1985（01）：6-10。

郭松义：《清代的亩制和流行民间的田土计量法》，载《平准学刊》第3辑，北京：中国商业出版社，1986。

郭松义：《清代粮食市场和商品粮数量的估测》，载《中国史研究》，1994（04）。

郭松义：《清代田土计量种种》，载《清史研究通讯》，1984（01）：3-9。

郭晓刚、侯铭峰：《论清代初期恢复及强化封建土地关系的政策措施》，载《广西社会科学》，2013（03）：110-113。

何凡能、田砚宇、葛全胜：《清代关中地区土地垦殖时空特征分析》，载《地理研究》，2003，22（06）：687-697。

何炳棣：《南宋至今土地数字的考释和评价》，载《中国社会科学》，1985（02）：125-160；1985（03）。

胡阳：《清代江汉平原水稻生产探析》，载《衡阳师范学院学报》，2014（01）：65-67。

黄长义：《人口压力与清中叶经济社会的病变》，载《江汉论坛》，2000（12）：78-82。

黄冕堂：《清代农田的单位面积产量考辨》，载《文史哲》，1990（03）：27-38。

黄启臣：《清代前期农业生产的发展》，载《中国社会经济史研究》，

1986（04）：77－87。

江太新、苏金玉：《论清代徽州地区的亩产》，载《中国经济史研究》，1993（03）：36－61。

江太新：《关于清代前期耕地面积之我见》，载《中国经济史研究》，1995（01）：45－49。

江太新：《论清代前期耕地的挖潜与改造》，载《中国经济史研究》，1998（04）：66－75。

江太新：《谈粮食亩产研究中的几个问题——以清代为例》，载《中国经济史研究》，2009（02）：8－14。

李并成：《河西地区历史上粮食亩产量的研究》，载《西北师大学报（社会科学版）》，1992（02）：16－21。

李伯重：《从1820年代华亭—娄县地区GDP看中国的早期近代经济》，载《清华大学学报（哲社版）》，2009（03）。

李伯重：《一八二三年至一八三三年间华亭——娄县地区水稻亩产量》，载《历史研究》，2007（06）：55－64。

李辅斌：《清代直隶山西棉花种植和蚕桑业的变化及分布》，载《中国历史地理论丛》，1996（04）：55－65。

李柯、何凡能、张学珍：《基于MODIS数据网格化重建历史耕地空间分布的方法——以清代云南省为例》，载《地理研究》，2011，30（12）：2281－2288。

李令福：《清代山东省粮食亩产研究》，载《中国历史地理论丛》，1993（02）：185－205。

李卫东、昌庆钟、饶武元：《清代江西经济作物的发展及其局限》，载《中国农史》，2001，20（04）：50－54。

梁诸英：《清代皖南平原水稻亩产量的提高及原因分析》，载《古今农业》，2007（01）：73－83。

刘大钧：《中国农田统计》，载《中国经济学社社刊》第一卷，1927。

刘克祥：《清末和北洋政府时期东北地区的土地开垦和农业发展》，载《中国经济史研究》，1995（04）：85－107。

刘瑞中：《十八世纪中国人均国民收入估计及其与英国的比较》，载《中国经济史研究》，1987（03）：105－120。

刘逖：《1600～1840年中国国内生产总值的估算》，载《经济研究》，

2009（10）：144－155。

刘逖：《论安格斯·麦迪森对前近代中国 GDP 的估算》，载《清史研究》，2010（02）：48－55。

刘巍：《近代中国 GDP 估算：数量分析方法的尝试》，载《中国经济史研究》，2011（03）：14－17。

刘永成：《从租册、刑档看清代江苏地区的粮食亩产量的估计》，载《中国史研究》，1994（04）。

卢锋：《若干朝代农业生产效率水平蠡测》，载《中国人民大学学报》，1989（01）：51－64。

马波：《清代福建的垦殖与耕地分布述论》，载《中国历史地理论丛》，1996（03）：142－155。

马波：《清代闽台地区稻的分布与生产》，载《中国农史》，1995（04）：58－68。

马黎元：《中国耕地面积之又一估计》，载《经济建设季刊》，3（2）（1944 年重庆出版）。

马小鹤、赵元信：《明代耕地面积析疑》，载《复旦学报（社会科学版）》，1980（6）：71－76。

马雪芹：《明清时期河南省部分经济作物的种植与分布》，载《史学月刊》，2003（07）：36－41。

梅莉：《洞庭湖区垸田的兴盛与湖南粮食的输出》，载《中国农史》，1991（02）。

孟晋：《清代陕西的农业开发与生态环境的破坏》，载《史学月刊》，2002（10）：37－40。

闵宗殿：《清代的人口问题及其农业对策》，载《清史研究通讯》，1990（01）：1－8。

闵宗殿：《宋明清时期太湖地区水稻亩产量的探讨》，载《中国农史》，1984（03）：37－52。

倪玉平：《评〈前近代中国总量经济研究（1600～1840）〉》，载《中国经济史研究》，2013（01）。

潘喆、唐世儒：《获鹿县编审册初步研究》，载《清史研究集》第三辑，成都：四川人民出版社，1984。

彭恩:《清代湖北经济开发与森林生态环境变迁》,载《农业考古》,2013 (1): 216 - 220。

彭凯翔:《人口增长下的粮食生产与经济发展——由史志宏研究员的清代农业产出测算谈起》,载《中国经济史研究》,2015 (05): 38 - 49。

齐清顺:《清代新疆维吾尔族地区农业生产的发展》,载《中国历史地理论丛》,1996 (03): 174 - 193。

乔素玲:《清代广东的人口增长与流迁》,载《暨南学报(哲学社会科学版)》,1990 (2): 45 - 53。

饶伟新:《清代山区农业经济的转型与困境:以赣南为例》,载《中国社会经济史研究》,2004 (02): 83 - 91。

石涛、马国英:《清朝前中期粮食亩产研究述评》,载《历史研究》,2010 (02): 143 - 155。

史志宏、徐毅:《关于中国历史 GDP 研究的点滴思考》,载《中国经济史研究》,2011 (03): 3 - 5。

史志宏:《清代农业生产指标的估计》,载《中国经济史研究》,2015 (05): 5 - 30。

史志宏:《清代前期的耕地面积及粮食产量估计》,载《中国经济史研究》,1989 (02): 47 - 62。

史志宏:《清代前期的农业劳动生产率》,载《中国经济史研究》,1993 (01): 49 - 53。

史志宏:《十九世纪上半期的中国耕地面积再估计》,载《中国经济史研究》,2011 (04): 85 - 97。

史志宏:《十九世纪上半期的中国粮食亩产量和总产量的再估计》,载《中国经济史研究》,2012 (03): 52 - 66。

粟冠昌:《清代广西的土地问题》,载《广西社会科学》,1991 (02): 113 - 119。

谭天星:《清前期两湖地区粮食产量问题探讨》,载《中国农史》,1987 (03): 29 - 37。

谭天星:《清前期两湖地区农业经济发展的原因及其影响》,载《中国农史》,1990 (01)。

田砚宇、何凡能、葛全胜:《清代漠南蒙古耕地数字考释——以热察绥地区为例》，载《中国历史地理论丛》，2009，24（02）：144-151。

王宝卿：《我国历代粮食亩产量的变化及其原因分析》，载《莱阳农学院学报（社会科学版）》，2005（03）：12-19。

王笛：《清代四川人口、耕地及粮食问题》，载《四川大学学报（哲学社会科学版）》，1989（03）：90-106；1989（04）：73-87。

王芳：《乾隆御题〈棉花图〉——乾隆时期北方棉业管窥》，载《紫禁城》，2004（3）：36-39。

王社教：《清代安徽农业生产的地区差异》，载《中国农史》，1999（04）：58-66。

王业键、黄莹玉：《清代中国气候变迁、自然灾害与粮价的初步考察》，载《中国经济史研究》，1999（01）：5-20。

王宇尘：《清代安徽经济作物的地理分布》，载《中国历史地理论丛》，1992（04）：73-94。

吴慧：《从屯田资料来看清前期的粮食亩产》，载《中国农史》，1993（02）。

吴慧：《清前期北京、河北地区粮食亩产蠡测》，载《北京社会科学》，1997（04）：32-39。

吴慧：《清前期粮食的亩产量、人均占有量和劳动生产率》，载《中国经济史研究》，1993（01）：43-48。

吴慧：《清代粮食亩产的计量问题》，载《农业考古》，1988（01）：57-64。

吴建新：《明清广东粮食生产水平试探》，载《中国农史》，1990（04）。

吴建新：《明清民国顺德的基塘农业与经济转型》，载《古今农业》，2011（1）：96-104。

吴青林、颜晓红：《环境、移民与清代浙江山区经济开发》，载《山西高等学校社会科学学报》，2015（2）：85-89。

萧正洪：《清代陕南种植业的盛衰及其原因》，载《中国农史》，1988（04）：74-82。

许淑明：《清末黑龙江移民与农业开发》，载《清史研究》，1991（02）：21-25。

徐浩：《清代华北农村人口和土地状况的考察》，载《清史研究》，1999（02）：54-61。

徐建青：《清代前期的酿酒业》，载《清史研究》，1994（03）：45-54。

徐秀丽:《中国近代粮食亩产的估计——以华北平原为例》,载《近代史研究》,1996(01):165-181。

薛刚:《从人口、耕地、粮食生产看清代直隶民生状况—以直隶中部地区为例》,载《中国农史》,2008,27(01):60-68。

杨光震:《近七十余年来东北地区种植结构变化研究》,载《中国农史》,1985(01):12-21。

杨国安:《浅析清代经济作物种植的区域性特征》,载《中国农史》,2001,20(02):42-46。

杨伟兵:《贵州省农艺作物的品种改良与农业发展(1368-1949)》,载《贵州文史丛刊》,2012(2):50-57。

姚兆余:《清代西北地区农业开发与农牧业经济结构的变迁》,载《南京农业大学学报:社会科学版》,2004,4(2):75-82。

叶瑜等:《东北地区过去300年耕地覆盖变化》,载《中国科学》D辑《地球科学》,2009,39(3):340-350。

易管:《江宁织造曹家档案史料补遗(下)》,载《红楼梦学刊》,1980(02):305-326。

余龙生、孙丹青:《明清时期江西特产作物的种植及其影响》,载《农业考古》,2009(1):208-212。

余也非:《中国历代粮食平均亩产量考略》,载《重庆师范学院学报(哲学社会科学版)》,1980(03)。

张芳:《清代四川的冬水田》,载《古今农业》,1997(1):20-27。

张家炎:《粮棉兼种,各业发展——清代中期江汉平原作物结构研究》,载《古今农业》,1991(3):28-34。

张家炎:《清代江汉平原水稻生产详析》,载《中国农史》,1991(02)。

张敏波、刘锋:《清代玉米推广栽培对湘西种植业的影响》,载《湖南农业大学学报(社会科学版)》,2007,8(2):104-106。

章有义:《近代东北地区农田单位面积产量下降的一个实证》,载《中国经济史研究》,1990(03):35-41。

章有义:《近代中国人口和耕地的再估计》,载《中国经济史研究》,1991(01):20-30。

张正明、张梅梅:《明清时期山西农业生产方法的改进》,载《经济问题》，2002（12）：75-77。

赵常兴、周敏：《移民对清代陕南地区农业经济的开发与制约》，载《安徽农业大学学报（社会科学版）》，2004，13（1）：29-32。

赵冈：《从安徽省耕地统计来推估全国耕地面积》，载《中国社会经济史研究》，2011（04）：102-105。

赵冈：《从曲阜孔府的田产档案看清季山东地区土地生产力之变化》，载《农业经济史论集——产权人口与农业生产》，北京：中国农业出版社，2001，第150~165页。

赵冈：《清季农田的生产力》，载杨联升主编《国史释论：陶希圣先生九秩荣庆祝寿论文集》上册，台北：食货出版社，1987，第313~320页。

赵泉澄：《咸丰东华录人口考正》，载《齐鲁学报》，1941（01）：175-190。

赵泉澄：《同治东华录人口考正》，载《齐鲁学报》，1941（02）：103-130。

郑正、马力、王兴平：《清朝的真实耕地面积》，载《江海学刊》，1998（04）：129-135。

周楠：《从历史文献中考证清代河南山地丘陵的农业垦殖状况》，载《资治文摘（综合版）》，2015（1）：46-55。

周邦君：《清代四川粮食亩产与农业劳动生产率研究》，载《中国农史》，2005（03）：59-69。

周宏伟：《清代两广耕作制度与粮食亩产的地域差异》，载《中国农史》，1995（03）：62-70。

周荣：《清前期耕地面积的综合考察和重新估算》，载《江汉论坛》，2001（09）：57-61。

朱玉婷、徐峰：《18世纪中国农业生产的发展》，载《农业考古》，2013（4）：37-39。

〔日〕足立启二：《清代华北的农业经营与社会构造》，载《中国农史》，1989（01）：47-56。

英文著作

Allen, Robert C. et al., "Wages, Prices and Living Standards in China, 1738-1925: In Comparison with Europe, Japan and India", in *Economic Historical Review*, 2011, 64: 8-38.

Allen, Robert C., "Economic Structure and Agriculture Productivity in Europe,

1300 – 1800", in *European Review of Economic History*, 2000, 4 (4): 1 – 25.

Bairoch, Paul, "International Industrialization Levels from 1750 to 1980", in *Journal of European Economic History*, 1982, 11 (2): 269 – 333.

Bairoch, Paul, "The Main Trends in National Economic Disparities since the Industrial Revolution", in Paul Bairoch and Maurice Levy Leboyer, eds.: *Disparities in Economic Development since the Industrial Revolution*, New York: St. Martin'S Press, 1981.

Bray, Francesca, *The Rice Economies: Technology and Development in Asian Societies*, Oxford: Basil Blackwell, 1986.

Broadberry, Stephen, Bruce Campbell, and Bas van Leeuwen, "'When Did Britain Industrialise?': The Sectoral Distribution of the Labour Force and Labour Productivity in Britain, 1381 – 1851", in *Explorations in Economic History*, 2013, 50 (1): 16 – 27.

Buck, John L., *Chinese Farm Economy*, Nanjing: The University of Nanking and the China Council of the Institute of Pacific Relations, 1930.

Chang, Chung-li, *The Income of the Gentry: Studies on Their Role in Nineteenth Century Chinese Society*, Scattle: University of Washington Press, 1962.

Chuan, Han-sheng and Richard A. Kraus, *Mid-Ch'ing Rice Markets and Trade: An Essay in Price History*, East Asian Research Center, Harvard University, 1975.

Clark, Colin, *The Conditions of Economic Progress*, London: Macmillan, 1940.

de Vries, Jan, "The Industrial Revolution and the Industrious Revolution", in *Journal of Economic History*, 1994, 54 (2): 249 – 270.

Elivin, Mark, *The Pattern of the Chinese Past*, Standford: Standford University Press, 1973.

Feuerwerker, Albert, *The Chinese Economy, ca. 1870 – 1911*, Ann Arbor: Michigan Papers in Chinese Studies, Center for Chinese Studies, University of Michigan, 1969.

Ho, Ping-ti, *Studies on the Population of China, 1368 – 1953*, Cambridge: Harvard University Press, 1959.

Huang, Philip C. C., *The Peasant Family and Rural Development in the Yangzi Delta, 1350 – 1988*, Standford: Standford University Press, 1990.

Huang, Philip C. C., *The Peasant Economy and Social Change in North China*, Standford: Standford University Press, 1985.

Kuznets, Simon S., *Economic Growth of Nations: Total Output and Production Structure*, Belknap Press of Harvard University Press, 1971.

Li, Bozhong, and Jan Luiten van Zanden, "Before the Great Divergence? Comparing the Yangzi Delta and the Netherlands at the Beginning of the Nineteenth Century", in *The Journal of Economic History*, 2012, 72 (4): 956 - 989.

Lippit, Victor, "TheDevelopment of Underdevelopment in China", in Philip Huang ed., *The Development of Underdevelopment in China*, White Plains: M. E. Sharpe, 1980.

Liu, Ta-chuen, *China's National Income, 1931 - 1936: An Exploratory Study*, Washington: Brookings Institution, 1946.

Liu, Ta-chung, and Yeh Kung-chia, *The Economy of the Chinese Mainland: National Income and Economic Development, 1933 - 1959*, Princeton: Princeton University Press, 1965.

Maddison, Angus, *Chinese Economic Performance in the Long Run*, Paris: OECD Development Centre, 1998

Maddison, Angus, *Monitoring the World Economy, 1820 - 1992*, Paris: OECD Development Centre, 1995.

Maddison, Angus, *The World Economy: A Millennial Perspective*, Paris: OECD Development Centre, 2001.

Maddison, Angus, *The World Economy: Historical Statistics*, Paris: OECD Development Centre, 2003.

Morse, Hosea Ballou, *The Chronicles of the East India Company Trading to China 1635 - 1834*, Oxford: Clarendon Press, 1926.

Morse, Hosea Ballou, *The International Relations of the Chinese Empire*, Vol. 1. London: Longmants, Green & Co., 1910.

Moulder, Frances V., *Japan, China, and the Modern World Economy: Toward a Reinterpretation of East Asian Development, ca. 1600 to ca. 1918*, Cambridge: Cambridge University Press, 1977.

Naquin, Susan and Evelyn Rawski. Chinese Society in the Eighteenth Century,

New Haven: Yale, 1987.

Pemeranz, Kenneth, *The Great Divergence: China, Europe and the Making of the Modern World Economy*, Princeton: Princeton University Press, 2000.

Perkins, Dwight H., *Agricultural Development in China, 1368 - 1968*, Chicago: Aldine Publishing Company, 1968.

Perkins, Dwight H., *China's Modern Economy in Historical Perspective*, Standford: Standford University, 1975.

Rawski, Evelyn, *Agricultural Change and the Peasant Economy of South China*, Cambridge: Harvard University Press, 1970.

Rawski, Thoms G., *Economic Growth in Prewar China*, Berkeley: University of California Press, 1989.

Rawski, Thoms G. and Li, Lillian eds., *Chinese History in Economic Perspective*, Berkeley: University of California Press, 1992.

Smits, Jan-Pieter, Edwin Holings and Jan Luiten van Zanden, "Dutch GNP and Its Components, 1800 - 1913", *Ggdc Research Memorandum*, 2000, 23 (July): 21 - 30.

Wang, Yeh-chien, "Secular Trends of Rice Prices in the Yangtze Delta, 1632 - 1935", in Thomas Rawski and Lillian Li eds., *Chinese History in Economic Perspective*, Berkeley: University of California Press, 1992.

Wong, R. Bin, *China Transformed: Historical Change and the Limits of European Experience*, Ithaca: Cornel University Press, 1998.

Wrigley, Edward Anthony, "The Limits to Growth: Malthus and the Classical Economists", in Michael S. Teitelbaum and Jay M. Winter eds., *Population and Resources in Western Intellectual Traditions*, Cambridge: Cambridge University Press, 1989.

Zanden, Jan Luiten van, *The Long Road to the Industrial Revolution: The European Economy in a Global Perspective, 1000 - 1800*, Leiden: Brill, 2009.

Zanden, Jan Luiten van., and Bas van Leeuwen, "Persistent but Not Consistent: The Growth of National Income in Holland 1347 - 1807", in *Explorations in Economic History*, 2012, 49 (2): 119 - 130.

图书在版编目(CIP)数据

清代农业的发展和不发展:1661～1911年/史志宏著.--北京:社会科学文献出版社,2017.10
(中国量化经济史丛书)
ISBN 978-7-5097-9920-8

Ⅰ.①清… Ⅱ.①史… Ⅲ.①农业史-研究-中国-1661-1911 Ⅳ.①F329.049

中国版本图书馆CIP数据核字(2016)第261182号

中国量化经济史丛书
清代农业的发展和不发展(1661～1911年)

著　　者/史志宏

出　版　人/谢寿光
项目统筹/周　丽　陈凤玲
责任编辑/陈凤玲　黄　丹

出　　版/社会科学文献出版社·经济与管理分社(010)59367226
　　　　　地址:北京市北三环中路甲29号院华龙大厦　邮编:100029
　　　　　网址:www.ssap.com.cn
发　　行/市场营销中心(010)59367081　59367018
印　　装/三河市尚艺印装有限公司

规　　格/开　本:787mm×1092mm　1/16
　　　　　印　张:22.75　字　数:370千字
版　　次/2017年10月第1版　2017年10月第1次印刷
书　　号/ISBN 978-7-5097-9920-8
定　　价/99.00元

本书如有印装质量问题,请与读者服务中心(010-59367028)联系

版权所有 翻印必究